Hans Ruh / Klaus M. Leisinger (Hrsg.)

Ethik im Management
Ethik und Erfolg verbünden sich.

Ethik im Management

Ethik und Erfolg verbünden sich.

Hans Ruh und Klaus M. Leisinger (Hrsg.)

Einleitung, Zusmmenfassung und Danksagung von Hans Ruh, Klaus M. Leisinger, Maria Luise Hilber und Viviane von Orelli

orell füssli Verlag AG

«Die Fähigkeit zu Wert ist selber ein Wert – der Wert aller Werte – und damit auch die Fähigkeit zu Unwert, insofern die blosse Zugänglichkeit für den Unterschied von Wert und Unwert allein schon dem Sein die absolute Wählbarkeit über das Nichts sichern würde. All dies gilt aber nur, wenn der Begriff des Wertes gesichert ist.»

Hans Jonas

Hans Ruh / Klaus M. Leisinger (Hrsg.)

Ethik im Management

Ethik und Erfolg verbünden sich.

Dietrich Böhler
Frank Figge
Reinhard Friesenbichler
Maria Luise Hilber
Ervin Laszlo
Klaus M. Leisinger
Hans Lenk / Matthias Maring
Tobias Meier
Guido Palazzo
Hans Ruh
Thomas Rusche
Jeffrey Sachs
Sybille Sachs
Adreas G. Scherer / Dorothée Baumann
Joseph E. Stiglitz
Peter Ulrich
Josef Wieland
Matthias Voigt / Martin Kratochwil

© 2004 Orell Füssli Verlag AG, Zürich
www.ofv.ch
Alle Rechte vorbehalten

Umschlag- und Buchgestaltung: intosens ag, Zürich
Druck: fgb • freiburger graphische betriebe, Freiburg i. Brsg.
Printed in Germany
ISBN 3-280-05104-5

Die Deutsche Bibliothek verzeichnet diese Publikation in der Deutschen Nationalbibliografie; detaillierte bibliografische Daten sind im Internet über http://dnb.ddb.de abrufbar.

Inhalt

Maria Luise Hilber / Viviane von Orelli: Who cares, wins – Dank	11
Hans Ruh: Ethik und Erfolg verbünden sich	15
Klaus M. Leisinger: Einleitende Zusammenfassung	23

Teil I Ethik in der Wirtschaft und im Unternehmen
Ausgangspunkt – Auftakt – Kernfragen

Hans Lenk / Matthias Maring: Ist es rational, ethisch zu sein?	31
Thomas Rusche: Ethik und Wirtschaft im Dialog	43
Peter Ulrich: Unternehmensethik – integrativ gedacht	59
Joseph E. Stiglitz: Ist globalisierte Ethik möglich?	79
Dietrich Böhler: Moral und Sachzwang?	111

Teil II Ethik ist unverzichtbar
Ethische Unternehmensführung fördert den Gewinn

Ervin Laszlo: Zukunftsverantwortung der Marktwirtschaft und die Rolle der Ethik	143
Klaus M. Leisinger: Zur Umsetzung unternehmensethischer Ambitionen in der Praxis	151
Jeffrey Sachs: Ethik im Management und nachhaltige Entwicklung	203
Josef Wieland: Ethik als Managementaufgabe	213

Teil III Implementierung von Ethik ins Unternehmen
Methoden und Instrumente

Sybille Sachs: Neudefinition der Unternehmung in der heutigen Gesellschaft	221
Guido Palazzo: Trojanische Pferde	237
Maria Luise Hilber: Trau, schau wem	247
Frank Figge: Stakeholder und Shareholder Value	255
Reinhard Friesenbichler: Ethikanalyse	269

Teil IV Ethik in der Praxis
Integration und Umsetzung von Unternehmensethik

Adreas G. Scherer / Dorothée Baumann: Corporate Citizenship bei der PUMA AG	285
Tobias Meier: Von der Nische in den Massenmarkt	299
Matthias Voigt / Martin Kratochwil: Wie ethisch sind Ethikfonds?	309

Einleitung

Who cares, wins*

Durch Umdeutung, Umwertung, nicht durch Abbruch und Umsturz schreitet der Schaffende fort. Franz Marc, 1915

«Die Zeiten der hungrigen Leoparden gehören nahezu der Vergangenheit an. Der Mensch bekennt sich dazu, als einziges Lebewesen nicht biologisch vollgesteuert zu sein. Er verfügt über Alternativen, seinen Hunger zu stillen. Der Leoparde jagt die Gazelle, wenn er hungrig ist. Der Mensch besitzt Vernunft, Achtung, Würde, Anstand. Wir brauchen Massstäbe, die die Natur nicht liefert: Ethik als Instinkt-Ersatz.» Kurz vor Redaktionsschluss dieses Buches, im Juli 2004, ging bei uns die «Swiss-community Mini-Letter» zum Thema «Managerethik und Respekt» ein. Eine Reihe von Aussagen aus einem Vortrag von Professor Hans Ruh für die Geschäftsleitung wurde darin zusammengefasst und die Mitarbeiter zur Auseinandersetzung mit ethischen Fragen eingeladen.

Solche Aktionen verdeutlichen, wie praxisbezogen und aktuell der Diskurs über Ethik heute angegangen werden kann. Er ist in den letzten Jahren zunehmend aus den Universitäten und Akademien in unseren Alltag gelangt und beeinflusst unsere täglichen Entscheidungen mit. Wie steht es aber um die Ethik in den Machtzentren unserer Gesellschaft? Ethik im Kleinen mag ja noch umsetzbar sein, denkt man schnell, wie aber werden diese grossen Fragen im obersten Kader der multinationalen Unternehmen behandelt? Werden sie ernst genommen, wird Rücksicht gelehrt, oder gilt nach wie vor das Prinzip des hungrigen Leoparden?

Der Aspekt der Ethik im Management liegt im Fokus dieses Buches. Die heutigen Wirtschaftsführer sind zu einflussreichen Schlüsselfiguren unserer Gesellschaft avanciert und geniessen – nicht zuletzt durch die Explosion ihrer Gehälter in den letzten Jahren – eine grosse Medienpräsenz. Gleichzeitig hat sich die Öffentlichkeit als neue Grossmacht eingerichtet, und wir beobachten eine Moralisierung der Gesellschaft. Die Implikation eines ethischen Gedankenguts und deren Umsetzung ist für die heutigen rein profitorientierten Zielsetzungen von Unternehmen von grösster Wichtigkeit. Gesucht sind fairer Handel, grüne Produkte, ethische Anlagen.

* UN Global Compact

Die Neugierde und das Interesse am interdisziplinären Thema «Ethik im Management» im Schnittpunkt von Philosophie, Wirtschaft und Gesellschaft hat uns (Maria Luise Hilber, Gründerin und Geschäftsführerin der intosens ag, Zürich, und Viviane von Orelli, Assistenzärztin im Bezirksspital Affoltern am Albis) im Dezember 2003 veranlasst, in eigener Initiative die Konzept- und Recherchearbeiten zu diesem Buch aufzunehmen.

In kürzester Zeit konnten wir die beiden Herausgeber, Klaus M. Leisinger und Hans Ruh, sowie eine stattliche Anzahl namhafter Wunschautorinnen und -autoren für unser Buchprojekt begeistern und zu unserer grossen Freude ausnahmslos alle zur Mitarbeit gewinnen. Wir sind überwältigt von der schnellen positiven Reaktion auf unsere Anfrage und haben die persönliche und effiziente Zusammenarbeit mit allen Autorinnen und Autoren sehr geschätzt.

An erster Stelle möchten wir uns bei den Herausgebern Hans Ruh und Klaus M. Leisinger für ihre erstklassigen Beiträge und für ihre zuverlässige und starke Unterstützung während der Entstehung dieses Buches wärmstens bedanken.

Wertvolle internationale Kontakte sind zustande gekommen mit Joseph E. Stiglitz und Jeffrey Sachs von der Columbia University in New York, mit dem Präsidenten des Club of Budapest Ervin Laszlo aus Italien, mit Dietrich Böhler, Hans Lenk, Matthias Maring und Thomas Rusche aus Deutschland sowie mit Reinhard Friesenbichler und Frank Figge aus Österreich. Anlässlich eines Vortrags an der Universität Zürich im Januar 2004 ist mit dem Nobelpreisträger Joseph E. Stiglitz sogar ein persönlicher Kontakt zustande gekommen. Seine sofortige spontane Zusage zu einem Buchbeitrag hat uns beeindruckt.

Für die Beiträge von Dorothée Baumann, Tobias Meier, Sibylle Sachs, Andreas G. Scherer und Guido Palazzo aus der Schweiz sowie Matthias Voigt und Martin Kratochwil aus Liechtenstein bedanken wir uns an dieser Stelle sehr herzlich. Allen Mitautorinnen und Mitautoren gilt unser Dank für die kooperative, speditive Zusammenarbeit und das äusserst grosse persönliche Engagement für dieses Buch.

Bedanken möchten wir uns ganz besonders bei Hans Ramseier, Orell Füssli Verlag, für den Support und die angenehme Zusammenarbeit; bei Kirsten Brähler, Katharina Gattiker und Jens Soth für die Übersetzungen der englischsprachigen Beiträge; bei Sandrina Gruber für die Lektoratsarbeiten und bei Thomas Kronenberg für die Gestaltung des Layouts. Sie machten es uns schliesslich möglich, dieses Buch in Rekordzeit fertig zu stellen. Herzlichen Dank.

Ein besonderer Dank gilt Jürgen Dormann, ABB, der nach ursprünglicher Zusage eines Beitrags aus zeitlichen Gründen zurücktreten musste; er hat das Buch nicht mit einem wörtlichen, sondern mit einem finanziellen Beitrag unterstützt. Ebenfalls haben die Novartis Foundation for Sustainable Development, Basel, die Binding Stiftung, Schaan, und die H.E.M. Stiftung, Vaduz, das Buch unterstützt. Dr. Peter Goop möchten wir für seine spontane Unterstützung unseren speziellen Dank aussprechen.

Das grosse positive Echo hat unser Anliegen an dieses Buch mehr als erfüllt: Die Beschäftigung mit Ethik in der Wirtschaft bedeutet heute mehr als philosophischer Luxus – wer sich mit dem Thema auseinandersetzt, realisiert, dass sie bereits zu einem entscheidenden Erfolgsfaktor avanciert ist: Who cares, wins.

Maria Luise Hilber
Viviane von Orelli

Einleitung

Ethik und Erfolg verbünden sich

Ein neues Bündnis

Der Prozess des Wirtschaftens muss in einer Beziehung zur Ethik stehen, wenn dieser Prozess seine Zielsetzung, nämlich das Wohl der Menschen, sicherstellen soll. Es wird gleich zu zeigen sein, dass die Einsicht in die Verbindung von Ethik und Wirtschaft in unserem Kulturraum durch Jahrhunderte hindurch, immer wieder in anderer Form, einen festen Platz eingenommen hat. Es wird aber auch sogleich zu zeigen sein, dass die seit kurzer Zeit neu akzentuierte Globalisierung der Wirtschaft einen tiefen Einschnitt hinsichtlich der Verbindung von Ethik und Wirtschaft bedeutet. Dieser Einschnitt ist in gewisser Weise ambivalent: Einerseits bedeutet die Globalisierung das Ende eines Modells, anderseits die Chance für ein neues Modell.

Hans Ruh, Prof. Dr. (*1933) studierte protestantische Theologie und ist emeritierter Ordinarius und Direktor des Instituts für Sozialethik der Universität Zürich. Er ist anerkannter Fachmann in Wirtschafts-, Unternehmens-, Arbeits- und Umweltethik und bekannt durch vielfältige Medienauftritte. Seit langem befasst sich Hans Ruh mit Geldanlagen und Ethik. Damit will er die Kapitalströme für eine bessere Welt aktivieren. Hans Ruh ist Verwaltungsratspräsident der BlueValue AG, Zürich. Das Unternehmen widmet sich der ethischen Analyse von Wertschriften und Ländern, entwickelt neue ethisch korrekte Finanzprodukte und berät Unternehmen in Fragen der Ethik. Seit 1998 ist er Stiftungsrat der Stiftung für Angewandte Ethik.

Hans Ruhs ethisches Denken ist geprägt von seinem Lehrer Karl Barth, bei dem er promoviert hat und für den er oft in geheimer Mission im Ostblock unterwegs war. Zu Beginn seiner ethischen Tätigkeit setzte er sich mit Friedens- und Armutsfragen auseinander. Später kam das Engagement für die Umwelt hinzu. In den letzten Jahren hat er sich ethischen Fragen gewidmet, die sich aus der Wirtschaftsliberalisierung und der Arbeitslosigkeit ergaben. Dabei hat er Sachzwänge entlarvt und darauf hingewiesen, dass Lebensqualität und Solidarität gegenüber der Produktivität der Wirtschaft Vorrang haben. Hans Ruh ist Verfasser einschlägiger Publikationen und Bücher (rund 500).

Das Wohl der Menschen sicherstellen

Wir beginnen mit ein paar Überlegungen zur Globalisierung. Die hervorstechendste Wirkung der Globalisierung besteht sicher in der Abnahme der Bedeutung der ethischen und sozialen Regelwerke für die Wirtschaft. Man bezeichnet diesen Vorgang meist mit dem Begriff der Deregulierung, der eigentlich für sich selbst bzw. für das, was er meint, spricht. Wesentliche Determinanten für die Globalisierung der Wirtschaft waren und sind die Freiheit des Kapitalverkehrs, die Konvertibilität der Währungen, die Verflechtung der nationalen Volkswirtschaften, die Aufhebung der Staatsgrenzen für Güter, Kapital und Produktionsstandorte, die gesunkenen Transport- und Kommunikationskosten, die leistungsfähige Informationstechnologie und die international ungebundenen Investitionen. Die Folge dieser und anderer Einflüsse besteht in der Herstellung eines einzigen, globalen Konkurrenzmarktes. Dabei gibt es keine dieser weltweiten Konkurrenz adäquaten Regelmechanismen. Es gibt nur einen globalen Markt, aber keine globale ethische Steuerung des Marktes. Es gibt keine hinreichend legitimierte Interventionsmechanismen, die vergleichbar wären mit den ordnungspolitischen Steuerungsmechanismen im Zeitalter der sozialen Marktwirtschaft. Die internationale Gemeinschaft hat zwar die Herstellung des globalen Marktes gefördert oder toleriert, sie hat aber keine angemessene Steuerungsmechanismen bzw. Institutionen aufgebaut.

Das alles wäre kein Problem, wenn wir darauf vertrauen könnten, dass der Markt nicht nur die ökonomischen, sondern auch die ökologischen, sozialen und ethischen Probleme löst. Nun wissen wir aber, dass die Institution des Marktes hohe Kompetenzen hat, z. B. hinsichtlich der ökonomischen Anreize, der Produktivität, der effizienten Nutzung der Ressourcen usw. Aber der Markt hat eben gerade aus ethischer Sicht schwerwiegende Kompetenzdefizite. Diese liegen vor allem im ökologischen und sozialen Bereich, dann auch im Zusammenhang mit der Sinnstiftung. Um diese Defizite haben wichtige ökonomische Denker immer gewusst, und sie haben gerade deshalb immer wieder Modelle der Verbindung von Ethik und Wirtschaft aufgebaut.

Das ethische Vakuum

Die aktuelle Globalisierung hat nun aber zu einem ethischen Vakuum geführt, eben aus dem Grunde, weil auf globaler Ebene keine griffigen Institutionen der ethischen Steuerung entwickelt worden sind. Dass dieses Manko zu schwerwiegenden, aus ethischer Sicht negativen Folgen führen musste, war Kennern der Ökonomiegeschichte immer klar. Sie sind heute Zeugen solcher problematischen Entwicklungen, die sich seit etwa fünfzehn Jahren akzentuiert haben. Da ist einmal die gigantische weltweite Umweltzerstörung, welche höchstwahrscheinlich zu klimatischen Instabilitäten führen wird, die für unzählige Menschen unerträglich sein werden. Da ist die Schere zwischen Arm und Reich zu nennen, auch in der Form der neuen Armut oder der Working Poor in den Industrieländern. Da ist von der weltweiten Arbeitslosigkeit zu reden, um hier nur einige der problematischsten Folgen der Globalisierung zu benennen. Die Erfahrungen dieser Defizite rufen uns eine alte Erkenntnis in Erinnerung, die bis vor kurzem zum Grundbestand unserer Kultur gehörte: dass nämlich der Markt ohne ethische Bindung negative Folgen produzieren muss. Sogar der Begründer der Marktwirtschaft, der schottische Moralphilosoph Adam Smith, hat an dieser Bindung festgehalten. Er vertrat zwar mit der Metapher der «Unsichtbaren Hand» (invisible hand) die These, dass das Streben nach eigenem Nutzen das Wohl der Gesamtheit fördere. Aber er hat in seinem Buch «Theorie der Ethischen Gefühle» des Langen und Breiten ausgeführt, dass dies nur funktioniert im Rahmen einer Gesellschaft von moralischen Subjekten. Diese Erkenntnis von Adam Smith wurde zwar von der ökonomischen Klassik nicht durchgehalten, sie erschien aber sozusagen in einer Neuauflage im 19. Jh., nämlich in der Idee des Sozialstaates. Der Sozialstaat zielt auf die ethische Korrektur negativer Folgen des Marktes. Im 20. Jh. gab es eine weitere Auflage der Verbindung von Ethik und Markt: Das Konzept der Sozialen Marktwirtschaft. Diese kurze Ideengeschichte der Ökonomie zeigt, dass bis vor kurzem die Vorstellung geherrscht hat, dass der Markt mit der Ethik verkoppelt werden muss.

Diese Vorstellung haben wir nun gründlich über Bord geworfen, und wir müssen uns mit den schon genannten negativen Folgen auseinander setzen. Die entscheidende Frage heisst also, welche Strategie sollen wir wählen, wenn es darum geht, Ethik und Markt wieder zu verbinden. Das Problem wird dadurch verschärft, dass die Nationalstaaten immer schwächer werden im Blick auf die Durchsetzung von ethischen Regelungen und dass gleichzeitig die traditionellen Institutionen der Ethikvermittlung wie Kirchen, Familien, Schulen, Parteien ebenfalls schwächer geworden sind. Das heisst wir müssten eigentlich eine Strategie finden, in der wir Ethik und Markt jenseits staatlicher Einflussnahme verbinden können und in der zugleich der ökonomische Erfolg zu erwarten ist. Man könnte über eine Reihe möglicher Strategien nachdenken, ich will im Folgenden diejenige Strategie ausführen, in der zwei Anliegen zugleich gut aufgehoben sind:
- die Schaffung einer besseren Welt und
- der ökonomische Erfolg

Natürlich kann man die Frage stellen, ob eine solche Sicht nicht schlicht illusorisch sei, gerade wenn man herkommt vom Zusammenbruch ethischer Regelmechanismen im Zeitalter der Globalisierung oder eben Deregulierung.

Man kann dies paradox finden, weil Ethik und ökonomischer Erfolg meistens als Gegensätze und nicht als positive Korrelation verstanden werden. Ich halte trotzdem an dieser Idee fest, und zwar aufgrund von Beobachtungen, die wir in der heutigen Gesellschaft bzw. Wirtschaft mehr und mehr entdecken können.

Die Begründung für die These, dass eine neue Verbindung von Ethik und Wirtschaft, Ethik und ökonomischem Erfolg möglich ist, bekommen wir dann, wenn wir in der heutigen gesellschaftlichen und ökonomischen Entwicklung auf Tendenzen aufmerksam werden, welche in einer Spannung stehen zu den bisherigen Schilderungen des Zeitalters der Globalisierung.

Man kann heute tatsächlich neue Entwicklungen wahrnehmen. In ausgewählten Bereichen und bei einsichtigen Unternehmen, Aktionären und Managern setzt sich die Idee der Selbstverantwortung, der ethischen Selbstbindung, neu durch. Die genannten Defizite werden wahrgenommen und als Ethikversagen gedeutet. Die Folgerung ist klar: Wenn die Ethik nicht mehr staatlich, nicht mehr von aussen, aber auch nicht mehr von der Kirche durchgesetzt wird, dann müssen die aufgeklärten Unternehmen diese Ethik in freier Verantwortung und Selbstbindung selber durchsetzen. Es gibt also so etwas wie eine unternehmensinterne ethisch orientierte Gegenbewegung gegen die Schäden der ungehinderten Marktwirtschaft in der globalisierten Welt. Man kann von einem eigentlichen Paradigmenwechsel sprechen, der allerdings nicht überall gleich stark am Werk ist. Konkrete Ausdrucksweisen dieser neuen Paradigmen der Unternehmensführung bzw. des Managements sind etwa die Vielzahl von Normen und Managementsystemen wie ISO 14000, SA 8000, Swiss Code of Best Practice, AA 1000, Global Compact usw. Die Grundidee hinter diesen Normen ist die einer freiwilligen Zertifizierung. Das heisst das neue Paradigma geht von einer Transparenz und Überprüfbarkeit des eigenen unternehmerischen Handelns aus, das zudem ethische, ökologische und soziale Ansprüche berücksichtigt. Das Instrument der ökologischen oder ethischen Geldanlage funktioniert ebenso: Hier bietet man den Anlegerinnen und Anlegern die Chance, in ethisch geprüfte Werte anzulegen. Dieses Paradigma geht also davon aus, dass es notwendig ist, in der Unternehmensführung ethische Werte zu berücksichtigen, und dass eine solche Strategie sich auch ökonomisch, d.h. marktlogisch, lohnt.

Wie kann man diesen Paradigmenwechsel erklären?
Nun, es gibt eine Reihe von gesellschaftlichen Veränderungen, welche die Sinnhaftigkeit dieses Paradigmenwechsels plausibel machen:
- Die steigende Bedeutung der Öffentlichkeit. Immer mehr wachsen die Möglichkeiten einer öffentlichen Beurteilung und Verurteilung von Unternehmen an. Dies hängt mit neuen technologischen Entwicklungen zusammen. Aber es gibt auch einen steigenden Bedarf nach Information, z.T. gefördert von Medien, die nicht bloss ethische Ziele verfolgen, die aber insbesondere für Unternehmen unangenehme Fakten publik machen. Dies hat Folgen für das unternehmerische Image. Die Öffentlichkeit wird zu einer neuen Grossmacht.
- Das Anwachsen von moralischen Ansprüchen. In manchen Schichten wachsen die moralischen Ansprüche an, z.B. bei Managern, bei Kundinnen und Kunden, bei Anlegerinnen und Anlegern. Dieses Anwachsen von moralischen Ansprüchen hat auch mit dem höheren Stellenwert des Subjektiven in der postmateriellen Gesellschaft zu tun. Diese Ansprüche werden nun aber ökonomisch relevant, sie werden marktrelevant, d.h., sie werden zu Faktoren, auf die der Markt Rücksicht zu nehmen hat.
- Das ethische Bewusstsein in den Unternehmen. Immer mehr Unternehmer und Manager, aber Mitarbeiter insgesamt, suchen nach innovativ-kreativen Lösungen, welche sich mit Menschlichkeit, mit sozialer Gerechtigkeit, mit Sinnstiftung, mit Erhaltung von Lebensgrundlagen vertragen.
- Die neue Bedeutung der Sinnstiftung. Bei vielen Menschen wächst die Einsicht, dass die wirtschaftlichen Leistungen auf Dauer nur dann ökonomisch Sinn machen, wenn sie für die Menschen Sinn machen.
- Das Anwachsen eines Unbehagens über neue Risiken. Ökologische, soziale, terroristische Risiken werden wahrgenommen und in einen Zusammenhang mit der ungebundenen Globalisierung gesehen.
- Das Anwachsen eines neuen Protestpotenzials. Die Globalisierung schafft sich Gegner, die politisch mehr und mehr als Faktor wahrgenommen werden.

Das von uns so genannte neue Paradigma der Selbstbindung, der Selbstverantwortung der Unternehmensführung ist eine Antwort auf die Wahrnehmung solcher gesellschaftlicher Veränderungen. Natürlich werden diese lange nicht von allen Unternehmen wahrgenommen und strategisch umgesetzt. Aber es gibt doch die begründete Annahme, dass sich solche Strategien nicht bloss ethisch und sozial aufdrängen, sondern dass sie ökonomisch durchaus interessant, ja gewinnbringend sein können.

Wiederum ist nach den Begründungen für eine solche Annahme zu suchen. Die These, die es zu begründen gilt, heisst: Weil die Orientierung an ethischen Grundsätzen wichtigen gesellschaftlichen Veränderungen entgegenkommt, ist damit die begründete Aussicht auf ökonomischen Erfolg bzw. auf Nutzen verbunden.

Man kann den zu erwartenden Nutzen auf zwei Ebenen ansiedeln: unternehmensintern und unternehmensextern.

Unternehmensintern sind die folgenden Punkte relevant.
- Ethische Orientierung steigert die Mitarbeitermotivation und fördert den Aufbau einer Wertegemeinschaft im Unternehmen.
- Der Umgang mit gesetzlichen Vorschriften und Konflikten wird wegen der höheren Sensibilisierung erleichtert. Dies senkt Friktionskosten und kann Haftungsvermeidung präventiv bewirken.
- Die ethische Orientierung hilft beim Aufdecken von Schwachstellen und kann zu Innovationen führen, die auch ökonomisch interessant sind.

Unternehmensextern sind folgende Nutzenerwartungen möglich:
- Das Image des Unternehmens wird positiv beeinflusst.
- Die Marktposition kann sich verbessern, weil ein Unternehmen über die ethische Orientierung zu einem USP gelangt, das eine Marktdifferenzierung erbringt.
- Der Umgang mit Behörden und gesetzlichen Vorschriften wird erleichtert: Das Vertrauen in das Unternehmen wächst.
- Die ethisch proaktive Einstellung macht neue gesetzliche Vorschriften teilweise überflüssig.

Zusammenfassend kann man sagen, dass wirtschaftliche Unternehmen, welche in freier Verantwortung ethische Gesichtspunkte implementieren, einerseits einen positiven Beitrag für eine bessere Welt leisten und andererseits auch mit gutem Recht ökonomischen Erfolg erwarten können.

Umrisse eines neuen Modells werden sichtbar
Man kann die begründete Hoffnung aussprechen, dass in dieser neuen Verbindung von Ethik und Wirtschaft so etwas wie die Umrisse eines neuen Modells sichtbar werden. Ein Modell, das in die Landschaft der globalisierten Wirtschaft passt und das zumindest die Zeitspanne bis zur Etablierung einer globalen sozialen Marktwirtschaft überbrücken könnte.

Aus theoretischer Sicht ist ein Element dieses Modells besonders interessant: Nachdem in den vergangenen Jahrhunderten bzw. Modellen die ethische Steuerung des Marktes exogen erfolgte, d.h., dass die ethische Steuerung von aussen, politisch, an den Markt angelegt wurde, gibt es in dem neuen Modell so etwas wie eine endogene ethische Steuerung des Marktes. In gewisser Weise wird die Ethik zu einem Teil des Marktes; der Marktwert der Ethik steigt, natürlich vermittelt durch Marktteilnehmer wie Kundinnen, Anleger, Manager usw. Dadurch steigt die marktlogische Bedeutung der Ethik, und diese kann so marktimmanent, nicht mehr nur von aussen gesteuert, wirksam werden.

Weiter kann man sagen, dass ein solches Modell, dessen Umrisse wir skizziert haben und das in dem vorliegenden Band von verschiedenen Seiten her beleuchtet wird, die Herausforderungen der wirtschaftlichen Globalisierung anzunehmen bereit ist. Denn es kann keine Frage sein: Die Entwicklung hin zur globalisierten Wirtschaft kann man nicht mehr zurückdrehen. Aber man kann angemessene ethisch-soziale Steuerungsmechanismen entdecken und entwickeln.

Diese Herausforderung bedeutet auch eine grosse Anstrengung für die wirtschaftlichen Unternehmen. Insbesondere ist die Implementierung der Ethik gefragt. Modelle dafür werden in dem hier vorliegenden Band vorgestellt und diskutiert. Alles in allem werden die Herausforderungen der wirtschaftlichen Unternehmen nicht einfacher, aber dafür interessanter. So ist es zweifellos eine interessante Herausforderung für Manager, zwei Ziele gleichzeitig und aufeinander abgestimmt zu realisieren: eine Wohlfahrt für immer mehr Menschen und zugleich einen ökonomischen Erfolg. Diese Herausforderung bedeutet auch einen Innovationsschub, teilweise eben gerade über die Ethik induziert. So muss die Produktion auf Zukunftsfähigkeit ausgerichtet werden. Aber eben gerade diese Zukunftsfähigkeit wird ihren ökonomischen Erfolg sichern. Grössere Kundennähe, höhere Sinnstiftung und qualitativ hohe Dienstleistungen sind gefragt. Neue Formen der Kooperation, z. B. von kleinen und mittleren Unternehmen einer Branche, sind zu entwickeln. Die Aus- und Weiterbildung ist zu verstärken, aber insbesondere hinsichtlich der Kompetenzen, welche eine ethische Unternehmensführung ermöglichen: Orientierungskompetenz, soziale Kompetenz, kommunikative und kreative Kompetenz. Neue Marketingstrategien sind zu entwickeln, unter Einbezug der ethische Dimension, die zu einer wirksamen Marktdifferenzierung führen kann.

Endlich sind neue Investitions- und Finanzierungsmodelle notwendig, z. B. der Aufbau von Institutionen für Direktinvestitionen in ethisch geführte junge Unternehmen, aber auch die Förderung neuer ethischer Anlagefonds.

Damit sind die Umrisse einer neuen Verbindung von Ethik und Wirtschaft dargestellt. Sie werden in diesem Buch vielfach beleuchtet und vertieft.

Einleitende Zusammenfassung zum Buch «Ethik im Management»

von Klaus M. Leisinger

Der Mensch, so Hans Ruh, besitzt Vernunft, Achtung, Würde und Anstand. Bei aller Fremdbestimmung durch institutionelle Sozialisation, konditionierende Signale und Hierarchien – es sind letztlich *Menschen*, die in Unternehmen Verantwortung tragen für die wirtschaftlichen, sozialen und ökologischen Entscheidungen, welche in ihrer Gesamtheit die Weltwirtschaft gestalten. Wenn wir davon ausgehen, bei Menschen, die in Unternehmen arbeiten, die gleiche «moralische Gaussverteilung» finden zu können wie in anderen Institutionen, wo liegt dann das Problem?

Das vorliegende Buch geht dieser komplexen Frage nach und gibt plausible Hinweise darauf, dass nachhaltiger unternehmerischer Erfolg ganzheitliche Vernunft sowie Achtung vor dem Mitmenschen und seiner Würde geradezu voraussetzt. Die hier zu Worte kommenden Autorinnen und Autoren nähern sich dieser These aus unterschiedlichen Richtungen, mit unterschiedlichen Wertprämissen und mit verschiedenen theoretischen und praktischen Perspektiven.

Hans Ruh sieht in der freiwilligen, aber zertifizierten Übernahme von unternehmerischer Verantwortung über eventuell defizitäre nationale gesetzliche Vorschriften hinaus eine Möglichkeit, globalisierungsbedingte Freiräume konstruktiv auszufüllen. Einer globalen Öffentlichkeit mit steigenden ethischen Ansprüchen an Unternehmen wächst je länger je mehr in die Rolle eines «Hüters der Moral» zu; sie ersetzt dadurch zumindest teilweise fehlende ordnungspolitische Steuerungsmechanismen auf globaler Ebene.

Hans Lenk und **Matthias Maring** geben einen Überblick über verschiedene Ansätze wirtschaftsethischen Denkens und weisen dabei auf die Grenzen einer streng individualistischen Universalmoral sowie auf die Gefahren von «sozialen Fallen» im Sinne des Gefangenendilemmas hin. In der Einbettung von Wirtschafts- und Unternehmensethik («Spielzüge») in grössere gesellschaftliche Institutionen und Ordnungen («Spielregeln») sehen sie die Chance, grössere Breitenwirkungen zu erzielen, da der «moralisch Gute» dann nicht der «ökonomisch Dumme» ist. Die Übernahme von Eigenverantwortung als

Teil eines grösseren Massnahmenpakets bringt den Vorteil, dass im Sinne des Subsidiaritätsprinzips nur soviel Gebote und Verbote wie unbedingt erforderlich aufgestellt, aber so viele Anreize wie möglich geboten werden.

Auch **Thomas Rusche** nimmt die von Karl Homann in den unternehmensethischen Diskurs eingebrachte Unterscheidung von ordnungspolitischen «Spielregeln» und unternehmenspolitischen «Spielzügen» auf: Ihm kommt es darauf an, sicherzustellen, dass Unternehmen in ihrer operativen Funktionalität und strategischen Effizienz nicht bis zur Schwächung der Wettbewerbsfähigkeit beeinträchtigt werden. Unternehmerischer Erfolg – auf gemeinwohlverträgliche Weise erzielt – stiftet insbesondere dann gesellschaftlichen Nutzen, wenn eine *stakeholder*-orientierte moralische Unternehmenskultur entsteht.

Peter Ulrich geht den unternehmensethisch zentralen Fragen nach, welche Werte für wen in welcher Rangordnung geschaffen werden sollen und wer dafür welche Kosten in Kauf zu nehmen hat. Als Konsequenz aus der Tatsache, dass rein wirtschaftlicher Erfolg noch keine hinreichende Bedingung für das Gütesiegel «moralisch gut» ist, stellt Peter Ulrich seinen Ansatz einer integrativen Unternehmensethik vor, durch die konfligierende Ansprüche nach Massgabe der tangierten Ansprüche aller *Stakeholder* – also auch der *Shareholder* – berücksichtigt werden. «*Good Corporate Citizens*», also Unternehmen, die mit ihrer Geschäftstätigkeit von vorneherein nur solche Erfolgsziele und -strategien verfolgen, welche sich in ein gutes und gerechtes Zusammenleben freier und gleicher Bürger einordnen lassen, verdienen aus der Perspektive Peter Ulrichs nicht nur nachhaltigen Erfolg, sondern auch gesellschaftliches Ansehen.

Joseph Stiglitz zeigt die verschiedenen ethischen Dimensionen im Spannungsfeld nachhaltiger Entwicklung und internationaler Wirtschaftspolitik und weist auf die Dilemmata hin, die daraus entstehen, dass jede Art von wirtschaftspolitischem Handeln Nutzen *und* Risiken hat. Eine besondere ethische Problematik entsteht dann, wenn die Nutzen bei denjenigen Ländern oder Bevölkerungsschichten anfallen, denen es ohnehin schon gut geht, während die Risiken gerade diejenigen treffen, denen es besonders schlecht geht und denen eigentlich geholfen werden sollte. Die Anwendung von fünf moralischen Imperativen, nämlich Ehrlichkeit, Fairness, Sozialgerechtigkeit, Berücksichtigung von intertemporalen und internationalen Externalitäten sowie ganzheitliche Verantwortung auf die Handels- und Kapitalbeziehungen zwischen Nord und Süd sowie für das Pflichtenheft von internationalen Wirtschaftsberatern (inkl. des Internationalen Währungsfonds) würde, so Stiglitz, zu einer kritischeren Betrachtung von komplexen Alternativen führen. Die Folge wäre mehr Entwicklung mit menschlichem Antlitz. Daher ist eine humanistisch inspirierte Ethik eine Ergänzung und kein Gegensatz zur harten wirtschaftlichen Argumentation.

Dietrich Böhler analysiert die Problematik der tatsächlichen, lediglich empfundenen oder gar vorgeschobenen Sachzwänge und deren Konsequenzen für die Moralität unternehmerischen Handelns. Er tut dies in Reflexion der Diskussionsbeiträge, die Karl-Otto Apel, Hans Jonas, Peter Ulrich und andere Autoren zu diesem Thema geleistet haben. Böhler legt grossen Wert auf die Glaubwürdigkeit von Diskurspartnern – angenähert durch den guten Willen, Kohärenz zwischen der Diskursargumentation und gelebter Praxis zu schaffen. Die Entwicklung einer moralisch glaubwürdigen Unternehmenskultur bringt, so Dietrich Böhler, auch unternehmerisch grössere Vorteile als lediglich reaktive Situationsbewältigungen.

Ervin Laszlo sieht in den Wirtschaftsführern die Schlüsselfiguren eines «positiven Weges in die Zukunft». Ihnen kommt die Aufgabe zu, eine neue, mehr auf Ethik fokussierte und verantwortungsbewusste Managementphilosophie zu entwickeln und umzusetzen. Eine Unternehmenskultur, die ganzheitliche Verantwortung empfindet gegenüber allen von den positiven und negativen Auswirkungen unternehmerischen Handelns betroffenen Akteuren sowie die Wahrung ihrer berechtigten Interessen führt ein Unternehmen nicht nur auf den rechten, weil «positiven Weg», sondern verhindert tendenziell auch zunehmende staatliche Regulierung.

Klaus M. Leisinger zeigt am Beispiel des Pharmaunternehmens Novartis auf, wie unternehmensethische Ambitionen konkret im globalen Geschäftsalltag umgesetzt werden können. Als Referenzrahmen dienen die nunmehr 10 Prinzipien des Global Compact der Vereinten Nationen (UNGC). Bei Novartis führte die unternehmensethische Reflexion der praktischen Relevanz (Breite und Tiefe) der UNGC Prinzipien, die Analyse der potentiellen Verwundbarkeiten sowie das Ausloten von Grauzonen und potentiellen Dilemmata (z.B. möglichst profitable Pharmapreise versus das Interesse von in absoluter Armut lebenden Patientengruppen) zu einer Reihe von neuen Unternehmensrichtlinien. Diese werden mit Hilfe der normalen Managementprozesse (von der Kommunikation bis zur Erfolgs-Verifikation) weltweit umgesetzt. Die praktische Komplexität eines aufgeklärten

Stakeholder-Verständnisses wird am Beispiel der Umsetzung der beiden UNGC Menschenrechtsprinzipien aufgezeigt.

Für **Jeffrey Sachs** hat der gute Ruf eines Unternehmens einen hohen Wert. Ein langfristig gesicherter *Goodwill* des gesellschaftlichen Umfelds und ein guter Markenname kommt dadurch zustande, dass das jeweilige unternehmerische Handeln auch ethischen Kriterien standhalten kann. Zur Überwindung der potenziellen Diskrepanz zwischen dem Handeln, welches hauptsächlich den *Shareholder Value* hebt und jenem, das mehrheitlich gesellschaftlichen Wohlstand schafft, fordert Jeffrey Sachs «strenge Gesetze» und Regulierungen: Wenn Selbstbeschränkung nicht greift, muss die Politik Schranken setzen. Freiwillige Selbstbeschränkung bzw. die Verpflichtung, soziale und ökologische Standards einzuhalten, sind insbesondere dort gefordert, wo die gesetzliche Qualität defizitär ist oder die Umsetzung des gesetzlich Geforderten umgangen werden kann. Ohne grössere Solidaritätsleistungen für die Armen dieser Welt, seien es Entwicklungshilfe, Spenden privater Akteure oder wohlverstandenes unternehmerisches Handeln, gibt es keinen Ausweg aus der Sackgasse zunehmender globaler Ungleichheiten.

Josef Wieland stellt das von ihm entwickelte integrative «WerteManagementSystem» vor und zeigt die vier wesentlichen Managementbereiche auf, die als «Triebkräfte» in diesem Zusammenhang von Bedeutung sind: Risikomanagement, weit verstandenes Qualitätsmanagement, Umweltmanagement und *Corporate Citizenship*. Durch klare Grundwerte der Organisation, Leitlinien zu ihrer Umsetzung und entsprechende Anreize sowie durch vorbildliches Verhalten der Führungskräfte wird Ethik im Management zum normalen Bestandteil der Leistungserbringung und Existenzsicherung eines Unternehmens.

Sybille Sachs hinterfragt die Rolle der Unternehmung in der heutigen modernen Gesellschaft und fordert ein strategisches Management, das der an Bedeutung und Komplexität gewachsenen Rolle Rechnung trägt. Auf klar definierten normativen Grundlegungen basierende *Stakeholder*-Beziehungen helfen dem Management bei der Entscheidung, welchen gesellschaftlichen Erwartungen sie auf welche Weise gerecht werden können.

Guido Palazzo beleuchtet den Zusammenhang von *Corporate Branding* und angewandter Unternehmensethik. Da beim *Corporate Branding* das Unternehmen und seine gelebten Werte im Mittelpunkt stehen, sind die Konsistenz und Kohärenz von «Reden» und «Handeln» von besonders grosser Bedeutung: Eventuelle Diskrepanzen zwischen den kommunizierten Werten und den tatsächlichen Praktiken haben besonders fatale Auswirkungen – die Kraft der Marke verdreht sich dann ins Gegenteil und ruiniert den Ruf auf lange Zeit.

Maria Luise Hilber beschäftigt sich mit der «Werbe-Wahrheit» und der manchmal unwiderstehlich erscheinenden Versuchung, die Welt schöner darzustellen, als sie angesichts der tristen Handlungsrealität ist. Sie macht eine wichtige Unterscheidung zwischen «Mangel an Wahrhaftigkeit» und einer notwendigen Reduktion von Komplexität: Wer Menschen mit attraktiven Designs verführen will, «Ungerades» mit «Geradem» zu verwechseln, handelt unethisch. Wenn Verbraucher nicht zu heimlichen Komplizen oder gar nützlichen Idioten solchen Tuns werden wollen, ist stete und geschulte Aufmerksamkeit erforderlich.

Frank Figge vergleicht die hinter den Begriffen *Stakeholder Value* und *Shareholder Value* stehenden Konzepte und zeigt auf, dass die sich ergänzenden Elemente sehr viel stärker sind als eventuell inhärente Widersprüche. Sowohl *Stakeholder* als auch *Shareholder* stellen einem Unternehmen Ressourcen zur Verfügung – und beide sind von Bedeutung für den langfristigen Erfolg. Mit Hilfe einer Wertbeitragsanalyse von *Stakeholder*-Beziehungen wird es möglich, den Beitrag einzelner Anspruchsgruppen zum Unternehmenswert zu messen.

Reinhard Friesenbichler bietet einen Vorschlag zur externen Beurteilung der ethischen Leistung von Unternehmen. Mit der «Ethikanalyse» soll die klassische Aktienanalyse ergänzt und verfeinert werden; ausserdem ist ein Unternehmen besser in der Lage, den sozialen und ökologischen Ansprüchen seiner Investoren gerecht zu werden. Der Autor sieht die Bedeutung explizit ethisch orientierter Anlage-Portfolios steigen und vertritt die Ansicht, dass «Ethik» auch zunehmend im Rahmen des konventionellen *Asset Management* als wertrelevant betrachtet wird – mit langfristig positiven Effekten auf den Anlageerfolg.

Andreas Scherer und **Dorothée Baumann** zeigen anhand eines Fallbeispiels aus der Sportartikelbranche (PUMA) auf, wie ein global arbeitendes Unternehmen sich für die Durchsetzung von Menschenrechten und sozialen und ökologisch verantwortbaren

Mindeststandards an Produktionsstandorten in Entwicklungsländern beteiligen können. *Good Corporate Citizenship* – d.h. unternehmerisches Handeln über die lokalen gesetzlichen Standards hinaus – hat insbesondere dort positive soziale, ökologische und menschenrechtsrelevante Auswirkungen, wo Regierungen den ihnen obliegenden Pflichten nicht nachkommen.

Tobias Meier geht auf die Notwendigkeit der Zusammenarbeit verschiedener Akteure der zivilen Gesellschaft ein und zeigt am Beispiel der Fair-Trade-Organisation Max Havelaar die positiven Auswirkungen von Multistakeholder-Projekten auf, an denen sich Nichtregierungsorganisationen, Unternehmen und Regierungsbehörden beteiligen. Als wesentliche Ingredienzien für nachhaltigen Erfolg sieht der Autor den «Druck von der Strasse», Unterstützung durch staatliche Behörden, unternehmerisches Engagement, Unterstützung durch die Medien sowie persönlicher Mut und Zivilcourage von wesentlichen Akteuren auf allen Seiten.

Schliesslich zeigen **Matthias Voigt** und **Martin Kratochwil** die Entwicklung der Bedeutung sozial verantwortbarer Anlagefonds auf und analysieren die Vielzahl der sozialen, ökologischen und ethischen Indikatoren, die letztlich über die Investition in ein bestimmtes Unternehmen entscheiden. Ihr Tenor: Angewandte «Moral» erzeugt zwar Kosten, bringt jedoch auf vielfältige Weise letztlich auch Vorteile und damit «Kapital».

I. Ethik in der Wirtschaft und im Unternehmen

Ausgangspunkt – Auftakt – Kernfragen

Hans Lenk / Matthias Maring
Thomas Rusche
Peter Ulrich
Joseph E. Stiglitz
Dietrich Böhler

Ist es rational, ethisch zu sein?

Ökonomische Rationalität und Ethik

Hans Lenk, Prof. Dr. phil. Dr. h.c. mult. (*1932), ist emeritierter ordentlicher Professor für Philosophie an der Universität Karlsruhe (TH) und ehrenamtlich Dekan der Europäischen Fakultät für Bodenordnung sowie mehrfach Ehrenprofessor u.a. in Budapest, Moskau, Texas. Studium der Mathematik, Philosophie, Soziologie, Sportwissenschaft, Psychologie in Freiburg und Kiel und Kybernetik in Berlin. Er war Präsident der Allgemeinen Gesellschaft für Philosophie in Deutschland und ist derzeit Präsident der internationalen bilateralen Philosophischen Gesellschaften mit Argentinien, Chile, Rumänien, Russland (Wissenschafts- und Technikphilosophie) und Ungarn. Seit 1994 ist er Mitglied des Institut International de Philosophie (Weltakademie der Philosophen) und seit 1995 der Internationalen Akademie für Philosophie der Wissenschaften sowie seit 2003 Ordentliches Auslandsmitglied der Russischen Akademie der Wissenschaften. 1998 bis 2003 war er Vizepräsident der Fédération Internationale des Sociétés de Philosophie (Weltdachgesellschaft). Arbeitsschwerpunkte: Philosophie der Interpretationskonstrukte, Erkenntnis- und Wissenschaftstheorie, Philosophie der konkreten Humanität, Technik-, Wissenschafts-, Medizin- und Wirtschaftsethik, Technikphilosophie und Techniksoziologie, Sozialphilosophie der Leistung und des Sports.

Matthias Maring, Dr. phil. habil. Dipl. rer. pol., ist Privatdozent am Institut für Philosophie und Leiter des Ethisch-Philosophischen Grundlagenstudiums an der Universität Karlsruhe (TH). Studium der Volkswirtschaftslehre und Philosophie an der Universität Karlsruhe (TH). Er ist Mitglied im VDI-Ausschuss «Ethische Ingenieurverantwortung» seit 1998 und im Ausschuss «Wirtschaftsethik» der Deutschen Gesellschaft für Philosophie seit 1999. Arbeitsschwerpunkte: Curriculum für das Ethisch-Philosophische Grundlagenstudium, Wirtschaftsethik, Wissenschaftsethik, Technikphilosophie und Technikethik, Gender-Studien und Wissenschaftstheorie der Sozial- und Wirtschaftswissenschaften.

Wirtschaftsethik zwischen sozialen Fallen und Kodizes der Branchen und Unternehmen

Wirtschaftsethik ist ein vieldeutiger und vielfältig verwendeter Begriff für «Ethik für die Wirtschaft», «Ethik in der Wirtschaft» und «Ethik mit ökonomischen Mitteln». Wieder entdeckt wurde die Wirtschaftsethik vielfach als Reaktion auf soziale Probleme und Umweltfragen. Die Ökonomisierung und neoliberale Durchdringung aller Lebensbereiche, die Shareholder-Value-Ideologie und Globalisierung taten ein Übriges. Ob es eine eigenständige *theoretische Disziplin* «Wirtschaftsethik» mit eigenen Prinzipien und Kriterien und ob es eine Sondermoral für die Ökonomie gibt, ist umstritten. In der Praxis hat sich tatsächlich eine Sonderdisziplin Wirtschafts- bzw. Unternehmensethik entwickelt: Lehrstühle, Institute und eigene Kurse usw. wurden eingerichtet.

Wirtschaftsethik – Ökonomie und Ethik

Die Wirtschaftsethik lässt sich – wie die allgemeine Ethik selbst – in eine deskriptive, normative und metaethische (metatheoretische) einteilen: Die *deskriptive* Wirtschaftsethik untersucht beschreibend und u.a. auch mit erfahrungswissenschaftlichen Mitteln reale moralische Phänomene in der Wirtschaft – z.B. Einstellungen von Führungskräften; die *normative* Wirtschaftsethik begründet die Grundsätze und -regeln «guten» und richtigen wirtschaftlichen Handelns und beurteilt entsprechende Normen bzw. führt Fallanalysen durch; die *metatheoretische* Wirtschaftsethik analysiert Begriffe, Konzepte und Sprache wirtschaftsethischer Sätze einschliesslich der Methoden ihrer Rechtfertigung. Die normative, präskriptive Wirtschaftsethik ist die eigentliche, inhaltliche Wirtschaftsethik. Wirtschaftsethik ist angewandte bzw. anwendungsorientierte Ethik, welche die Massstäbe des guten Handelns, der Gerechtigkeit, der Gleichberechtigung und Fairness, der Anerkennung der Menschenwürde, der Leistungsangemessenheit, der sozialen Partnerschaft und Solidarität sowie ein Wohlwollens- und Wohltunsprinzip einbezieht. Sie verbindet Individual-, Institutionen-, Korporationen- und Sozialethik und inhaltlich orientierte – materiale – Ethikansätze sowie formale Prinzipien der Verallgemeinerbarkeit, prädistributive Rechte, d.h. Menschenrechte, Befriedigung von existenziellen Grundbedürfnissen, Gerechtigkeitsüberlegungen usw. Wirtschaftsethik kann auch als Teilbereich der Praktischen Philosophie angesehen werden.

Angesichts der wechselseitigen Beeinflussung von theoretischer Ökonomik und realer Ökonomie reicht es weder aus, sich nur mit der realen Wirtschaft allein zu befassen noch bloss mit der ökonomischen Theorie. Die Güte einer Wirtschaftsethik hängt entscheidend von der Sachanalyse der Wirtschaft ab und vom Verständnis des Ökonomischen: Versteht man unter Ökonomik eine deskriptive, empirisch-theoretische Sozialwissenschaft, die sich auf einen – nur unscharf abgrenzbaren – Phänomenbereich Wirtschaft oder allgemeiner auf Knappheitsbereiche und Tauschbeziehungen bezieht, so besteht die Aufgabe des Ökonomen u.a. in der Beschreibung, Erklärung und Prognose ökonomischer und sozialer Phänomene und nicht etwa in der Formulierung normativer Empfehlungen. Normative Aussagen sind dann ein genuines Feld der Ethik. Versteht man unter Ökonomik die traditionelle neoklassische Gleichgewichtstheorie, dann schliesst diese Position jegliche Wirtschaftsethik aus: In Modellwelten, in denen nicht gehandelt wird, sondern lediglich reaktive Anpassungen geschehen, ist für ethische Überlegungen kein Platz. Versteht man unter Ökonomie eine u.a. Handlungsanweisungen formulierende präskriptive Wissenschaft, in deren Mittelpunkt ein normativ-vorschreibendes ökonomistisches Rationalprinzip, Zweck-Mittel-Prinzip, steht, dann können die betreffenden Sollens-Aussagen eines i.d.R. individuenorientierten Kosten-Nutzen-Kalküls in Konflikt, im Widerspruch oder auch in Übereinstimmung mit nicht ökonomischen normativen, ethischen Aussagen stehen.

(Meta-)Theoretische Fragen der Wirtschaftsethik sind beispielsweise begriffliche «*Rückfragen der Wirtschaftsethik an die Ethik und Metaethik*» und die «*wirtschaftsethische Aufarbeitung ökonomischer Grundbegriffe und Theorien*» (Enderle 1983, 18 ff.): So werden Arten der Rationalität und Nutzenbegriffe, die Wirklichkeitsadäquatheit und Ceteris-paribus-Klauseln ökonomischer Theorien analysiert. Eher theoretisch, aber durchaus mit praxisrelevanten Folgen, sind Fragen der Werturteilsfreiheit, der reflexiven, selbstbezüglichen Prognosen, der welt- und menschenbildprägenden Potenz ökonomischer Modelle und der Zweck-Mittel-Neutralität.

In der abendländischen Tradition bezogen sich ethische Begründungen, universalmoralische Regeln und die Konzepte des *Homo oeconomicus* fast ausschliesslich auf das Handeln und Leben von Individuen. In den heutigen Gesellschaften treten demgegenüber Phänomene des *kollektiven* und *korporativen Handelns* auf – etwa bei Grossprojekten. Es gibt synergetische und kumulative Wirkungen von strategisch Handelnden, Gerechtigkeitsprobleme der Verteilung öffentlicher, kollektiver sozialer Güter mit Einzelansprüchen an das erwirtschaftete Gemeinschaftsgut – Probleme, die mit einer streng individualistischen Universalmoral nicht mehr erfasst werden können. Man denke nur an die «Tragödie der Gemeingüter» (Hardin 1968, vgl. Lenk 1998, 349 ff.) in der Umweltproblematik. Hier wie auch allgemeiner stellen sich «soziale Fallen», indem einzelne Handelnde Vorteile ausschliesslich daraus beziehen, dass alle anderen sich an Gemeinschaftsregeln halten.

Wählt man einen *systemtheoretischen Ansatz* zur Analyse, so ergeben sich drei eng verzahnte wirtschaftsethische Problembereiche (Maring 2001, 327 ff.):
1. die *Makroebene* des Wettbewerbssystems und der (Welt-)Gesellschaft,
2. die *Mesoebene* der Korporationen und
3. die *Mikroebene* der Individuen.

Auf der Mikroebene stellen sich Fragen individuellen Handelns; dieses ist in eine Mesoebene – mit Unternehmen, Korporationen, Märkten, Arbeitsteilung usw. – und in die Makroebene – Staat, Gesamtgesellschaft, Moral, Recht usw. – eingebettet und wird von Faktoren dieser Ebenen beeinflusst. Typisch sind hier Verantwortungs- und Rollenkonflikte im Rahmen von Arbeitsverhältnissen – betriebliche Interessen vs. Sicherheit usw. Die Mesoebene stellt wegen der Bedeutung korporativen Handelns einen besonders wichtigen unternehmensethischen Bereich dar. Einschlägig sind etwa die Fragen der internen und externen Verantwortung von und in Unternehmen, Probleme der Arten und Typen der Verantwortung: Wem gegenüber sind Korporationen, Unternehmen in welcher Hinsicht verantwortlich? Können Korporationen selbst handeln, und sei es in sekundärer bzw. nicht reduzierbarer Art? Können Korporationen insofern moralisch verantwortlich sein? Zur Mesoebene gehören neben den Unternehmen auch intermediäre Organisationen wie Gewerkschaften, Arbeitgeberverbände, Konsumentenorganisationen. Zur Makroebene zählen die Ethik der Eigentums- und Wirtschaftsordnung, der wirtschaftsrelevanten Gesetze, der Steuer- und Sozialpolitik (usw.), der nationalen und internationalen Arbeitsteilung und Wirtschaftsordnung – z.B. im Hinblick auf Tausch- und Verteilungsgerechtigkeit.

Für diese Ebenen sind handhabbare Modelle der Verantwortungsverteilung und ein ebenenintern zu differenzierendes Hierarchieebenenmodell zu entwickeln, das die Verantwortlichkeiten auf den jeweiligen Ebenen lokalisiert bzw. verbindet und das den sozial geregelten Verantwortungsverteilungen gerecht wird. Es geht also um eine *Ergänzung* und *Vermittlung* der Verantwortungstypen und nicht um eine Ersetzung oder Abschiebung der Verantwortlichkeiten. Als Leitlinie könnte ein *Prinzip der grösstmöglichen Eigenverantwortung* bzw. ein *Prinzip der Subsidiarität* (Maring 2001, 345 ff.) für alle

Hierarchieebenen gelten: so viel individuelle Selbst-, Eigenverantwortung wie möglich, so viel Verantwortung auf der nächsten Ebene wie nötig – unter Beachtung der humanen, sozialen – evtl. auch ökologischen (s. Lenk i.Dr.) – Verantwortbarkeit, Zumutbarkeit. Was die untere Ebene faktisch nicht leisten kann, ist auf einer übergeordneten Ebene anzugehen und zu regeln. Und generell gilt gemäss dem Subsidiaritätsprinzip: so wenig Eingriffe von ranghöheren gesellschaftlichen Ebenen wie möglich, so viele wie eben gerade nötig!

Ethik und Universalmoral müssen sich also von der ausschliesslichen Beschränkung auf individualistische Aspekte lösen, die soziale Verortung und systemische Verbundenheit moralischer Probleme und Phänomene berücksichtigen, ohne nun ins andere Extrem einer kollektivistischen oder korporativistischen Moral zu verfallen. Eine *Vermittlung* und *Ergänzung* der unterschiedlichen Ansätze ist dringlich und geboten. Gerade im Bereich der Auswirkungen von Ökonomie und Technik zeigen sich Entwicklungen, die mit der herkömmlichen Individualmoral allein und einer ihr entsprechenden politischen und rechtlichen Regelung nicht mehr sinnvoll gesteuert werden können. Dabei ist Steuerbarkeit eine zwar notwendige Voraussetzung der Verantwortbarkeit, damit sind aber die inhaltlichen Probleme der normativen Ziele nicht gelöst – doch hierfür ist eine Ethik der konkreten Humanität (Lenk 1998) gut geeignet.

Weiche Bekenntnisse – harte Kontrolle
Schwerpunkte praktischer oder angewandter Wirtschaftsethik – Enderle (1983, 23 ff.) spricht von «*Institutionalisierung der Wirtschaftsethik*» – sind u.a. Umwelt-, Sozialbilanzen, Eide für Ökonomen, (internationale) Verhaltens- und Ethikkodizes, Verbands-, Branchenkodizes, Unternehmensethiken, Unternehmenskulturen, Unternehmensleitbilder. *Organisatorische* Formen der Institutionalisierung sind Ethik-Audits, Ethikbeauftragte, Ethikkomitees, Ethik-Hotlines, Ethik-Netzwerke und Ethikkurse. Zur praktischen Wirtschaftsethik zu rechnen sind auch u.a. Konzepte der Nachhaltigkeit als Konkretisierung der Wirtschaftsethik, das Durchsetzungsproblem wirtschaftsethischer Überlegungen (s.a. Lenk i. Dr.). Es lassen sich insgesamt weiche – verbale Bekenntnisse mit bzw. ohne Folgen – und harte – gesetzliche und Kontrolle bzw. Überwachung durch unabhängige Dritte umfassende – Formen der Institutionalisierung unterscheiden. Wichtig ist, dass die Regelungen nicht eine blosse Alibifunktion aufweisen, nicht *allein* als Effizienzsteigerungsinstrument eingesetzt werden bzw. nicht lediglich Etikettenschwindel oder «schöner» Schein sind, die auch dazu dienen, gesetzlichen Regelungen, die oftmals strik-

ter wären, zuvorzukommen. Die Institutionalisierungen sind eingebettet in gesellschaftliche Institutionen und Ordnungen – in die Rechts-, Staats- und Wirtschaftsordnung – und von diesen geprägt. Rahmenordnungen steuern nie vollständig; sie sind unterbestimmt und ergänzungsbedürftig; Institutionalisierungen füllen diese Lücke allenfalls teilweise. Wie alle Institutionen haben sie eine Entlastungsfunktion und senken die Transaktionskosten – genauso wie die Moral. Nicht nur deshalb ist das Handeln des Einzelnen wichtig; moralisch gesehen hat der verantwortlich Handelnde Vorbildcharakter. Auch kann Vertrauen innerhalb von Unternehmen und zwischen Unternehmen als moralischer Kostensenkungsfaktor gesehen werden. Es können sich also u.U. Marktvorteile, praktische Nutzeffekte durch Ethik ergeben.

Beispiele für Verhaltenskodizes sind der «Globale Pakt» («Global Compact») des UN-Generalsekretärs Kofi Annan (1999); durch diesen Pakt soll die Zusammenarbeit zwischen UNO, Wirtschaft und anderen gesellschaftlichen Gruppen verbessert werden, um Ziele der UNO wie Beachtung der Menschenrechte, menschengerechte Arbeitsbeziehungen und Schutz der Umwelt zu verwirklichen. Weltweit sagten viele namhafte Unternehmen zu, dass sie diese Ziele unterstützen werden. Auch die deutsche Bundesregierung fördert diese Ziele. *Internationale Kodizes* führten auch die OECD, die EG, die ILO (International Labour Organization der UN), die WHO ein – der Kodex der ILO etwa soll zur Verbesserung der Arbeitsbedingungen beitragen. Die ICC (International Chamber of Commerce) und viele multinationale Unternehmen stellten Leitsätze auf für Investitionen im Ausland. Zum Inhalt haben letztere Kodizes das Verhalten multinationaler Firmen in den verschiedensten Gastländern. Neben Verhaltenskodizes, die beispielsweise Kinderarbeit auch bei Zulieferern verbieten, sind Kontrollen bei den betreffenden Zulieferern vor Ort notwendig, die z.B. bei Verstössen gegen die Kodizes den Verlust von Aufträgen androhen.

Davoser Manifest – Verhaltenskodex für das Management
Europaweit gibt es seit längerem das *Davoser Manifest* (in Lenk/Maring 1992, 397 f.), einen Verhaltenskodex für das Management. In diesem wird u.a. gefordert: «Zielsetzung des professionellen Wirtschaftsmanagements ist es, seinen Kunden, Anlegern, Arbeitern und Angestellten sowie den Gemeinschaften, innerhalb deren es tätig ist, zu dienen und deren unterschiedliche Interessen in Einklang zu bringen.»

Zentrale Inhalte der *Unternehmenskodizes* sind: Führungsgrundsätze, Verhaltensleitlinien, Handlungsmaximen, Mitarbeiterverhalten, Zusammenarbeit im Unternehmen, Verantwortung gegenüber Anteilseignern, Kunden, Umwelt, Mitarbeitern, Gesellschaft usw. In Unternehmenskodizes wird darüber hinaus eingegangen auf: spezifische Unternehmensziele, Stellung des Unternehmens in der Gesellschaft, Geschäftspolitik, Verhältnis von Gewinn und anderen Zielen usw. Des Weiteren wird in den Firmenkodizes das Verhältnis von Ertrag und anderen Zielen des Unternehmens behandelt (in Lenk/Maring 1992, 358 ff., 374), z.B. bei BASF: «Wirtschaftliche Belange haben keinen Vorrang gegenüber dem Umwelt- und Arbeitsschutz», bei Bayer: «Es ist vornehmlich unsere Aufgabe, einen angemessenen Ertrag zu erwirtschaften. Dies ist notwendige Voraussetzung für Bestand und Erfolg des Unternehmens, für Investitionen und damit für die Sicherung unserer Arbeitsplätze», bei Hoechst: «Wirtschaftliche Gesichtspunkte dürfen niemals zu Lasten der Sicherheit gehen.»

Ein Beispiel auf der Mesoebene und für einen Verbands-, *Branchenkodex* sind die vom Verband der Chemischen Industrie (VCI) entwickelten «Leitlinien Verantwortliches Handeln»; sie wurden in der Nachfolge zu den «Umwelt-Leitlinien» von 1986 entwickelt und sind für die Mitgliedsfirmen des VCI verbindlich (beschlossen von der Mitgliederversammlung des VCI im Oktober 1995). In ihnen wird ausgeführt: «Die deutsche chemische Industrie will ihren Beitrag [zum Rio-Leitbild «sustainable development»] leisten. Unter Berücksichtigung ökologischer, ökonomischer und sozialer Aspekte bemühen wir uns, die Natur als Lebensgrundlage für die heute lebenden und die kommenden Generationen zu erhalten.»

Selbstverpflichtung – der Königsweg?
Als «Königsweg» zur Lösung der Probleme des Umweltschutzes, der externen Effekte und allgemeiner als eine Ausprägung praktischer Wirtschaftsethik gelten in Wirtschaft und Industrie *Selbstverpflichtungen*. Selbstverpflichtungen setzen auf Eigenverantwortung und sind eine Art von Verhandlungslösung bzw. ein Tauschgeschäft der beteiligten Unternehmen – oftmals zur Vorbeugung staatlicher Massnahmen; sie werden als Alternative zu staatlichen Auflagen v.a. von der Industrie beispielsweise als Mittel empfohlen, um die Umwelt zu schützen – man denke etwa an Selbstverpflichtungen der deutschen Industrie zur Minderung von CO_2-Emissionen, deren Einhaltung Probleme mit sich bringen könnte (2000–2002 gab es jährlich mehr CO_2-Emissionen als in den Vorjahren) und an den Streit in Deutschland um die Einführung des europaweiten Emissionshandels. Selbstverpflichtungen und Kodizes können auch als Versuche angesehen werden, um Rationalitäts- und soziale Fallen (Gefangenendilemma-Situationen) zu vermeiden. So

sind Branchenkodizes ein Versuch zur Vermeidung des «Prisoners' Dilemma» bezüglich einzelner Unternehmen; solche könnten z.B. Bankrott gehen, falls sie allein in Umweltschutzmassnahmen investieren würden. Was auf Unternehmensebene nicht lösbar scheint, weil es etwa zum Ruin führen könnte, wird mit einem Branchenkodex auf der nächst höheren gesellschaftlichen Ebene angegangen. Allgemein lassen sich soziale Fallen kennzeichnen als Situationen, in denen strukturelle Anreize individuell rationales Handeln zu kollektiver Irrationalität, zu einem Schlechter-Stellen aller Beteiligten bzw. Dritter oder zum Vorteil von wenigen zu Lasten der Allgemeinheit, also zu paradoxen Effekten, ökonomisch gesprochen zu pareto-inferioren Resultaten führt. Allgemein gilt bei diesen sozialen Strukturproblemen die Logik kollektiven Handelns (Olsen), d.h., es ist für einzelne Wirtschaftssubjekte – Personen oder Unternehmen – von Vorteil, wenn diese nicht zu einem kollektiven Gut beitragen bzw. sich nicht an soziale Regeln und Normen halten, während (fast) alle anderen dazu beitragen bzw. sich daran halten. Die erwähnten Dilemmata sind auch Beispiele für *Rationalitätsfallen*: Die je individuell rationalen Handlungsstrategien und Kostenkalkulationen führen zu kollektiver, sozialer Irrationalität, und diese wiederum kann Erstere zunichte machen. Individuelle Rationalität kann also unter bestimmten Bedingungen selbstzerstörerisch für das System und die Akteure wirken. Ein besonders schwieriges motivationales Hauptproblem besteht in einer quasinegativen Einstellung des Einzelnen in und zu den Sozialfallen-Situationen: Was bewirkt denn schon mein Unterlassen von minimal schädigenden bzw. allein nicht schädigenden Handlungen (z.B. bei der Kumulation unterschwelliger Umwelteinträge)?

Mit den Branchenkodizes und Selbstverpflichtungen entsteht ein weiteres Dilemma, nämlich das Assurance- und Trittbrettfahrer-Problem: Bei diesem hat kein Unternehmen ausreichende Sicherheit, dass andere Unternehmen die Selbstverpflichtung einhalten bzw. überhaupt «unterschreiben». Am besten ist es für jedes einzelne Unternehmen, wenn es auf Kosten der anderen «Trittbrett-Fahren» kann, d.h., sich nicht an die Selbstverpflichtungen und Kodizes hält – und gegebenenfalls zusätzlich noch Imagegewinne durch diese Massnahmen oder durch Vortäuschungen derselben verbuchen kann. Branchenkodizes sind aber auch gleichzeitig eine Massnahme zur Stärkung der Beteiligten und u.U. zur Marktabschottung.

Neben diesem Assurance-Problem sind die Hauptprobleme bei Kodizes, Selbstverpflichtungen usw. – und allen institutionellen Regelungen – i.d.R. die Höhe der Standards, der Mangel an Konkretheit, der blosse Empfehlungscharakter, mangelnde moralische und motivationale Unterstützung der Mitarbeiter (z.B. durch Ethik-Hotlines), Fehlen von Kontrollen und Sanktionen; ohne Letztere bleiben die Kodizes weitgehend «schöner Schein», wobei Anspruch und Wirklichkeit der Kodizes weit auseinander klaffen – wie z.B. bei manchen Sportartikelherstellern und beim Einhalten der «Konvention» der OECD gegen Korruption. Kinderarbeit, Diskriminierung, Recht auf (gewerkschaftliche) Interessenorganisation und sichere Arbeitsumgebung sind die kritischsten Punkte. Oft sollen die Kodizes v.a. die Kunden beruhigen.

Die Gemeinschaft das tragende Element
Der Einzelne das initiative Element

Was können nun Einzelne angesichts sozialer Fallen tun, um die verschiedenen Abwärtsspiralen zu stoppen? Sicherlich können einzelne Unternehmer eine Vorreiterrolle spielen, doch dies reicht nicht aus. Wir brauchen u.a. institutionelle Massnahmen – wie z.B. den verbindlich vorgeschriebenen Öko-Audit und ein entsprechendes Umweltmanagement. Um zu verhindern, dass zweck-mittel-rational kalkulierende Personen, Positionsinhaber, Unternehmen oder andere korporative Akteure nicht als rücksichtslose Trittbrettfahrer u.a. strukturelle Mängel ausnutzen, ist es mit (moralischen) Appellen allein nicht getan. So müssten Preise den eigentlich ökonomischen Kriterien Preiswahrheit – die Preise entsprechen den tatsächlichen Kosten einschliesslich der externen Effekte und spiegeln die Knappheitsverhältnisse wider – und Preisklarheit genügen. Doch dies gerade ist etwa ökologisch gesehen bislang nicht der Fall. Institutionelle Rahmenbedingungen, rechtliche Regelungen usw. wären entsprechend zu ändern. Einzelne Unternehmer beispielsweise können zwar sicherlich Vorbild und zugleich im schumpeterschen Sinne schöpferische Pionierunternehmer sein und dadurch – Wettbewerbsvorteil – z.B. extra Gewinne erzielen; Nachahmeffekte können sich überdies ergeben. Doch all dies nur, wenn Unternehmer und Manager nicht blosses Outsourcing und Downsizing als Höhepunkte unternehmerischen Handelns ansehen. So entdeckten japanische Elektronikkonzerne gerade Ernst Ulrich von Weizsäckers «Faktor vier» und beginnen entsprechend zu planen. Weitere beispielhafte Firmen sind der Otto-Versand mit der «Pure Wear»-Kollektion aus Biobaumwolle und Hoechst im Hinblick auf konkreten Umweltschutz im Sinne der Nachhaltigkeit – heute leider nur Einzelfälle. Zielführend im Sinne der «Menschengerechtigkeit» (Rich) bzw. «Menschenzuträglichkeit» (s. Lenk i. Dr.) könnte auch der «etwas andere» Weg der Unternehmensführung sein, den Götz Werner, Chef der zweitgrössten europäischen Drogeriemarkt-Kette dm praktiziert. Werner, der 2003 den Fairness-Ehrenpreis der deutschen Fairness-Stiftung erhielt, betont die Wichtigkeit fairer

Führung und fairer Unternehmenskultur mit Maximen wie «Gewinn ist nicht Zweck, sondern Mittel für Entrepreneurship», «Entrepreneurship erfordert Selbstverantwortung, soziale Verantwortung und Wagemut» und hebt das Prinzip hervor, das «Subsidiarität» mit «dialogische[r] Führung» verbindet, denn «*die Gemeinschaft [sei] das tragende Element und der Einzelne das initiative Element*».

An einem recht trivialen Beispiel lässt sich besonders gut verdeutlichen wie der Einzelne vor Probleme gestellt ist, wenn er sich umweltbewusst verhalten möchte: Nach Berechnungen des deutschen Umweltbundesamts betragen die jährlichen Kosten von Stand-by-Geräten etwa 3,5 Milliarden Euro. Rechnet man diesen Betrag in Kosten pro Tag um, so sieht man, warum kein individueller Anreiz besteht, *keine* Stand-by-Schaltungen zu benutzen: 12 Cent pro Tag stellen keinerlei Anreiz dar, um auf die Bequemlichkeit einer Fernbedienung zu verzichten. Eine weitere Schwierigkeit zeigt sich auch hier: Wer war bzw. ist eigentlich verantwortlich für die Einführung bzw. Nutzung von Stand-by-Geräten – die Techniknutzer oder die Technikhersteller?

Auf Eigenverantwortung in Form von Kodizes und Selbstverpflichtungen zu setzen, ist zweifellos – so meinen wir – ein sinnvoller Ansatz. Wichtig ist insgesamt ein Mix individuenbezogener *und* institutioneller Massnahmen: Denn was auf individueller Mikroebene allein nicht lösbar ist, sollte auf der nächst höheren gesellschaftlichen Ebene angegangen werden («Ebenensubsidiarität»). Dies ist die Mesoebene der einzelnen Unternehmung oder Korporation, die z.B. ein verbindliches integriertes Umweltmanagement-System mit klaren Zielvorgaben und Kontrollen einführen könnte. Das einzelne Unternehmen kann allerdings in eine Falle geraten. Ebenfalls zur Mesoebene würden Branchenvereinbarungen zählen, in denen etwa definitiv hohe Umweltstandards festgeschrieben werden könnten bzw. sollten. Branchenkodizes vermögen (annähernde) Wettbewerbs- und Chancengleichheit herzustellen und sind sicherlich sinnvoll, um industrieweit einheitliche Standards zu etablieren. Auf der Makroebene sollten dann Massnahmen für solche Probleme ergriffen werden, die nicht ausreichend auf Mikro- und Mesoebene zu lösen sind. Gesetze, verbindliche Kontrollen usw. wären auf der Makroebene zielführende Instrumente. Massnahmen auf der Makroebene lösen nicht die Verantwortlichkeiten beispielsweise der Unternehmen (Mesoebene) und der Individuen (Mikroebene) auf, sondern differenzieren diese auf eine andere, jeweils genauer zu bestimmende Weise. Falls Freiwilligkeit («freiwillige Selbstverpflichtungen») keine ausreichende Gewähr für die Erreichung von hochrangigen Gemeinschaftsgütern und entsprechenden Zielen bieten kann, so ist staatliches, rechtliches Handeln nötig. Dies bedeutet zwar keine Verrechtlichung um jeden Preis; vielfach sind aber rechtliche Massnahmen die einzige Chance zur Wirksamkeit. Einzelmassnahmen genügen fast nie; es ist stets ein Mix von Massnahmen auf Eignung für das je spezifische Problem hin zu untersuchen und entsprechend auszuprobieren bzw. einzuführen – so z.B. die Eignung von Zertifikaten, Steuern in Bezug auf Umweltschädigungen. Als notwendigerweise allgemeine Leitlinie könnte gelten: nur so viele Gesetze, Gebote und Verbote wie nötig, aber so viele Anreize, so viel Eigeninitiative und Eigenverantwortung wie möglich – ganz im Sinne des Subsidiaritätsprinzips.

Literatur
- Enderle, G. (1983): Wirtschaftsethik in den USA. St. Gallen 1983.
- Hardin, G. (1968): The Tragedy of the Commons. S. 1243–1248 in Science (162) 1968.
- Lenk, H. (1998): Konkrete Humanität. Vorlesungen über Verantwortung und Menschlichkeit. Frankfurt a. M. 1998.
- Lenk, H. (i. Dr.): Umweltverträglichkeit und Menschenzuträglichkeit.
- Lenk, H. – Maring, M. (1992): Wirtschaftsethik – ein Widerspruch in sich selbst? S. 7–30 Lenk/Maring (Hg) 1992.
- Lenk, H. – Maring, M. (Hg.) (1998): Technikethik und Wirtschaftsethik. Fragen der praktischen Philosophie. Opladen 1998.
- Lenk, H. – Maring, M. (Hg.) (1992): Wirtschaft und Ethik. Stuttgart 2002.
- Maring, M. (2001): Kollektive und korporative Verantwortung. Begriffs- und Fallstudien aus Wirtschaft, Technik und Alltag. Münster 2001.

Ethik und Wirtschaft im Dialog

Die Spannung von Moralität und Rentabilität in der kommunikativen Unternehmensethik

Thomas Rusche, Dr. rer pol. Dr. phil. (*1962 in Münster), Gründungsmitglied. Von 1992 bis 2002 Leiter der Forschungsgruppe EWD (Ethik und Wirtschaft im Dialog) des Hans-Jonas-Zentrums, Berlin, seit 2002 dessen Kurator. Von 1993 bis 1996 Universitätslektor des Instituts für Unternehmensführung an der Karl-Franzens-Universität Innsbruck. Seit 1997 unterrichtet er Unternehmensethik an der Universität Hannover. Er ist alleiniger geschäftsführender Gesellschafter der SØR Rusche GmbH, mit 25 Niederlassungen von Sylt bis München, Marktführer im Premiumsegment der deutschen Herrenausstatter, führt das Familienunternehmen in der vierten Generation.

Thomas Rusche besuchte das private Mauritius-Gymnasium des Jesuitenkollegs Büren und studierte Wirtschafts- und Sozialwissenschaften, Philosophie und Theologie an der Universität Fribourg/CH und Freien Universität Berlin. 1986 erlangte er den Grad des Lic. rer. pol., 1991 Dr. rer. pol., 1992 M. A. phil., 2001 Dr. phil.

Veröffentlichungen über Wirtschaft und Ethik, Kleidungskultur und Ästhetik: Philosophische versus ökonomische Imperative einer Unternehmensethik (1992); Zukunftsverantwortung in der Marktwirtschaft (2000); Aspekte einer dialogbezogenen Unternehmensethik (2002); Wirtschaft und Ethik – Strategien contra Moral? (2004).

1. Sind Ethik und Erfolg miteinander verbündet oder überkreuz?

Ethic pays – Ethik zahle sich aus und sei mit dem Erfolg verbündet: «Business ethics, rightly conceived, is just good business».[1] Diese ursprünglich aristotelische und heute in der amerikanischen Literatur verbreitete Grundüberzeugung postuliert, dass man Unternehmen mit mehr Ethik zu mehr Erfolg führen könne. Diese Sichtweise verstellt jedoch den Blick auf die oftmals problematische Beziehung von Ethik und Erfolg. Eine ethische Theorie der exzellenten Praxis neigt dazu, das vielschichtige Verhältnis von Moralität und Rentabilität auf eine harmonische Konvergenz zu reduzieren. Eine solche Konvergenz kann jedoch in der Realität der Wirtschaftswelt nicht unterstellt werden – sie ist erstrebenswert, aber nicht vorauszusetzen.[2] Insbesondere auch im Zeitverlauf kann es zu einem Perspektivenwechsel kommen. Hansen erweitert deshalb die von Homann bekannte Vierfeldertafel um eine Zeitachse und verdeutlicht so die kurz- bis langfristigen Aspekte des Spannungsverhältnisses von ökonomischer und ethischer Effizienz.

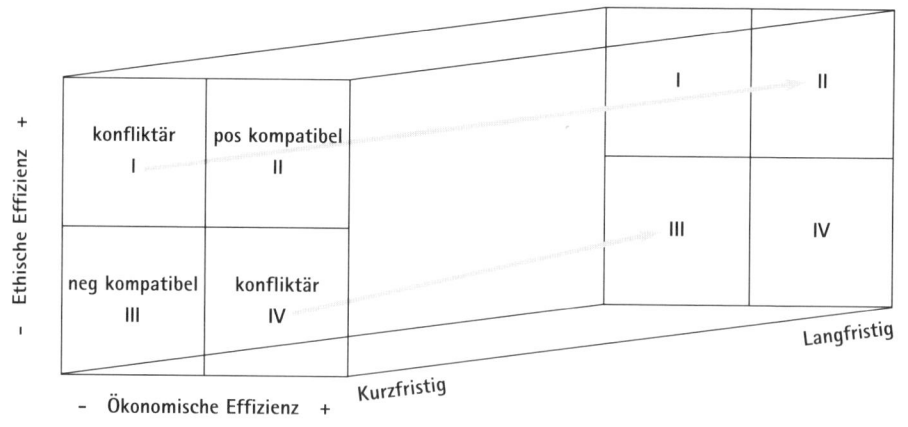

Abb. 1 Hansen-Schema[3]

Zumindest langfristig können Moralität und Rentabilität konvergieren: So führen unternehmerische Entscheide, die kurzfristig ökonomisch effizient sein mögen, aber die Arbeitszufriedenheit belasten, langfristig zu einer sinkenden Arbeitsproduktivität. Soziale Kosten für Betriebskindergärten und Alterssicherung belasten zunächst die Erfolgsbilanz der Unternehmung, sichern jedoch die Loyalität der Mitarbeiter und damit die wichtigste Voraussetzung für den langfristigen Erfolg. Zukünftige Erfolgspotenziale der Unternehmung können häufig nur durch investive Kosten geschaffen werden, die den Periodengewinn zunächst beeinträchtigen. Dabei geht es nicht um eine Beschränkung des Gewinnprinzips, sondern um die langfristige Überlebenssicherung der Unternehmung.

Auch der *Common Sense* stützt die These einer tendenziellen Komplementarität von Ökonomie und Ethik auf der Zeitachse. Verhalte dich korrekt, denn *man sieht sich im Leben immer zwei Mal*. Es ist bereits beim ersten Mal effizient, glaubwürdig zu sein, um beim Wiedersehen nicht gegen einen Vertrauensverlust ankämpfen zu müssen.

Mittels des Hansen-Schemas kann jedoch auch die potenzielle Divergenz von ökonomischen und ethischen Zielen verdeutlicht werden. Die Moralität führt nicht immer zum geschäftlichen Erfolg, sondern kann auch das unternehmerische *Aus* bedeuten. Wer sich in Kolumbien an öffentlichen Ausschreibungen beteiligt, ohne zu korrumpieren, verringert die Aussicht auf einen erfolgreichen Zuschlag. Der geschäftliche Erfolg muss durch Schmiergelder erkauft werden. Hier führt also Bestechung zum Erfolg und nicht die moralisch *weisse* Weste. Das Handeln in der Wirtschaftswelt ist eben von Systemzwängen und amoralischen Akteuren geprägt. Es wäre deshalb ein harmonistischer Fehlschluss, in der Unternehmensführung eine grundsätzliche Konvergenz des ethisch Guten und ökonomisch Erfolgreichen ohne weiteres zu unterstellen.

Unsere kapitalistische Fortschrittsgesellschaft ist durch eine *schöpferische Zerstörungskraft* gekennzeichnet. «Der Streit ist das Gesetz der Welt und der Krieg das Gemeinsame und der Vater und König aller Dinge.»[4] Der österreichische Nationalökonom Josef Schumpeter verdeutlicht, dass «jene Konkurrenz, die über einen entscheidenden Kosten- oder Qualitätsvorteil gebietet und die bestehenden Firmen nicht an den Profit- und Produktionsgrenzen, sondern in ihren Grundlagen, ihrem eigentlichen Lebensmark trifft ein Bombardement im Vergleich zum Aufbrechen einer Tür».[5] Die unternehmerische Steuerung des kreativen Zerstörungsprozesses durch den systematischen Aufbau von Konkurrenzvorteilen entscheidet den Wettbewerbskampf. Auf vielen Märkten unserer globalisierenden Weltwirtschaft «gibt es tatsächlich überhaupt kein bestimmtes Gleichgewicht, und es zeigt sich die Möglichkeit, dass dort eine endlose Folge von Bewegungen und Gegenbewegungen, ein unablässiger Kampfzustand zwischen den Unternehmen besteht».[6] Dieser Kampfzustand des Wettbewerbs ist für die Unternehmungsführung konstituierend. Ziel ist das Erringen von Wettbewerbsvorteilen. Der Konkurrent soll durch uneinholbare Vorteile deklassiert werden. Erstrebt wird dabei oftmals nicht nur ein relativer Wettbewerbsvorteil, sondern ein absoluter, der schliesslich zum

Bankrott des Konkurrenten führt. Die von Schumpeter beschriebene Realität des marktwirtschaftlichen Wettbewerbskampfes entspricht der Maxime von Clausewitz, den Feind wehrlos zu machen und ihn vernichtend zu schlagen. Diese spannungsreiche Dramatik des erfolgsorientierten Handelns in antagonistischen Selbstbehauptungssystemen kann nicht geleugnet werden. Vielfach sind eben die Anwendungsbedingungen moralischen Handelns in der Welt der Wirtschaft nicht vorauszusetzen. Wie aber können sich Ethik und Erfolg in diesem herausfordernden Umfeld vernichtender Wettbewerbsschlachten verbünden?[7]

Der Frage, ob Ethik und Erfolg in der Unternehmensführung überkreuz liegen oder sich trotz der vielfältigen Herausforderungen verbünden können, kommt in der marktwirtschaftlichen Ordnung unserer kapitalistischen Gesellschaft allerdings eine besondere Bedeutung zu: Es sind Unternehmen, die Ressourcen allozieren, Güter produzieren und distribuieren, um am richtigen Ort zur richtigen Zeit in der gewünschten Qualität und Quantität den Menschen die Produkte zur Befriedigung ihrer Bedürfnisse zur Verfügung zu stellen. Wirtschaftsunternehmen sind die Schrittmacher der technologischen Entwicklung und ermöglichen gesellschaftlichen Wohlstand. Die *Spielregeln* der marktwirtschaftlichen Ordnung sind den Unternehmen dabei vorgegeben. Aufgabe der Unternehmen ist es, durch kreative *Spielzüge* Wettbewerbsvorteile zu erringen und die Konsumenten besser zufrieden zu stellen als die Wettbewerber.[8] Steuerungsgrösse für den unternehmerischen Erfolg ist der Gewinn, durch den die jederzeitige Zahlungsfähigkeit sowie die langfristige Lebenserhaltung und Wertsteigerung der Unternehmung sichergestellt werden soll.[9]

Ethische Normen sind deshalb nur dann verantwortbar, wenn das Unternehmen in seiner operativen Funktionalität und strategischen Effizienz nicht bis zur Schwächung der Wettbewerbsfähigkeit beeinträchtigt wird. Im Umkehrschluss ist aber nicht alles verantwortbar, was der Gewinnmaximierung der Unternehmen dient. Vielmehr bedarf es einer reflexiven Ebene der Unternehmensführung, um die Spielzüge des Managements nicht nur erfolgreich, sondern auch *fair* zu gestalten. Dabei muss die Unternehmung jederzeit damit rechnen, dass die anderen Wirtschaftsakteure Verträge brechen und sich nicht an die vereinbarten Spielregeln halten. Angesichts amoralischer Gegenspieler kann deshalb der Einsatz von ebenso amoralischen Konterstrategien ethisch geboten sein, um dadurch zunächst einmal die Anwendungsbedingungen moralischen Verhaltens herzustellen. Ohne derartige Konterstrategien können unmoralische Erfolgsvorteile für die skrupellosen Widersacher nicht verhindert werden; so brächte der unfair agierende Wettbewerber den ethisch aufgeklärten Konkurrenten um seinen wohlverdienten Unternehmenserfolg.[10] Auch derartige *Strategiekonterstrategien* stehen allerdings immer unter dem Vorbehalt der regulativen Reflexion und fordern damit zur Bereitschaft auf, die Realisierungsvoraussetzungen der Moral sukzessive zu verbessern. Dabei gilt es, unter Berücksichtigung der Erfolgszwänge diskretionäre Spielräume für die ethische Orientierung des Managements zu eröffnen.

Ohne diese verantwortungsvolle Ausgestaltung der Spielzüge angesichts der notwendigen Erfolgsorientierung der Unternehmung und des möglichen Defektuierungsverhaltens der anderen Wirtschaftsakteure, liegen Ethik und Erfolg in der Unternehmensführung überkreuz und können sich nicht verbünden.

2. Nutzenstiftung durch idealen Rollentausch als Voraussetzung für ein Bündnis von Ethik und Erfolg

Auf Dauer kann eine Unternehmung nur Erfolg haben, wenn es für andere Nutzen stiftet, ohne dabei die vitalen Interessen der anderen relevanten Anspruchssubjekte zu verletzen.[11] Offensichtlich sind die Anteilseigner (Shareholder) nicht die einzigen Interessenträger (Stakeholder) einer Unternehmung. Anspruchsträger sind vielmehr alle individuellen und institutionellen Aktoren, die aktiv die Unternehmungsführung mitgestalten oder beeinflussen bzw. durch die Unternehmungsentscheide betroffen werden: Kunden und Mitarbeiter, Anteilseigner und Lieferanten, Wettbewerber und Gewerkschaften, Bankiers und Vermieter, Frauenvereine und Kirchen, Konsumentenschutzvereine und Parteien, kommunale, regionale, staatliche und internationale Behörden, Verbände und NGO's bilden die potenziell unendliche Liste möglicher Stakeholder einer Unternehmung.

Diese Stakeholder zufrieden zu stellen, bedeutet, Nutzen zu stiften. Stakeholder sind die Adressaten der unternehmerischen Nutzenstiftung. *Nutzen stiften* wird so zur Maxime der erfolgreichen und zugleich auch ethisch verantwortbaren strategischen Unternehmungsführung. Dabei ist jedoch kritisch zu berücksichtigen, dass die Befriedigung von ungerechtfertigten Stakeholderinteressen selbst unmoralisch sein kann. Dann verkommt das gegenseitige Nutzenstiften zu einer Tauschmoral, die keiner ethischen Reflexion standhält. Somit wäre das Kriterium der Nutzenstiftung moralisch blind und könnte doch keinen Massstab für die ethische Verantwortung in der Unternehmensführung darstellen.

Nutzenstiftung setzt die weitgehende Fähigkeit zum gedanklichen Rollentausch voraus. «Indem wir uns in die Lage eines anderen Menschen versetzen und es gleichsam mit seinen Augen und von seinem Standort aus betrachten»[12], vollziehen wir den gedanklichen Rollentausch mit den Stakeholdern der Unternehmung. Lawrence Kohlberg bezeichnet diese regulative Idee des universellen Rollentausches im Anschluss an G. H. Mead als *ideal role-taking* im Sinne der vollständigen Umkehrbarkeit der Perspektiven.[13] Erst wenn die Erfolgsorientierung der Unternehmung eine reziproke, d. h. an den Bedürfnissen aller möglichen Anspruchssubjekte ausgerichtete, soziale Verschränkung erfährt, kann sie sich mit der Ethik verbünden. Nur wenn ein idealer, universaler Rollentausch vollzogen wird, der über die Erfolgsinteressen hinausgeht, indem z. B. der Manager die Rolle des kritischen Sozialethikers und ökologischen Experten einnimmt, kann das Bündnis von Ethik und Erfolg gelingen. Der praktisch vollzogene ideale Rollentausch dient der ethischen Verantwortbarkeitsprüfung von Unternehmensstrategien. Das zugrunde liegende ethische Reziprozitätsprinzip setzt eben die intellektuelle Fähigkeit und praktische Bereitschaft zum gedanklichen Rollentausch voraus, der kommunikativ vollzogen werden sollte.[14] Ein solcher Rollentausch fordert von der Unternehmensführung, sich vom grünen Tisch der strategischen Planspiele zu erheben, um in einen faktischen argumentativen Diskurs mit den Stakeholdern über die wechselseitigen Nutzenerwartungen zu treten.[15]

3. Eine kommunikativ-ethische Unternehmenskultur ermöglicht den idealen Rollentausch

Die Unternehmenskultur ist die Gesamtheit der Wertvorstellungen und Denkhaltungen und damit nichts anderes als die Moral der Unternehmung. Gegenstand der Unternehmensethik ist eben diese Unternehmensmoral. Zweck der Unternehmenskultur ist die Verankerung strategiekonformer Werthaltungen im strategischen und operativen Handeln der Unternehmung. Der Ethik geht es darum, diese unternehmenskulturellen Werte und Handlungsorientierungen normativ zu prüfen und zu begründen. Die kritische Reflexion der unternehmensspezifischen Kultur ist Aufgabe der Unternehmensethik.

Unternehmens-ethik	prüft / begründet	Unternehmens-kultur	reguliert	Strategisches Handeln	erzielt	Unternehmens-erfolg
Prinzipien Normen		Wertvorstellungen Denkhaltungen		Operatives Handeln		Gewinn Lebenserhaltung Wertsteigerung

Abb. 2 Ethik und Erfolg in der Unternehmensführung

Ohne kommunikative Verständigung kann ethische Reflexion nicht gelingen. Die sprachlich-kommunikative Konsensbildung setzt Sinn-Verständigung voraus. Der Sinnzusammenhang des Handlungssystems *Unternehmung* wird weder von der Gewinnerzielung noch von der Lebenserhaltung und Wertsteigerung der Unternehmung allein konstituiert: Unternehmen können nur so lange Gewinne erzielen, wie sie ihre Lebensfähigkeit sichern, indem sie als produktive Sozialsysteme für alle Stakeholder durch Nutzenstiftung *Sinn* erzeugen.

Die Unternehmenskultur dient der Vermittlung von sinnstiftenden Werthaltungen, die unternehmensethisch zu reflektieren sind. Solche sinnstiftenden Wert- und Denkhaltungen führen zur Ausbildung einer unternehmensspezifischen Identität (Corporate Identity). Durch die Ausbildung dieses *Wir-Gefühls* werden die Mitarbeiter in der Unternehmung zusammengeführt. Eine solche konventionelle *dicke Moral* der identitätsstiftenden, sinnvermittelnden Werte *hält den Laden zusammen* und gibt der Unternehmung ein klares Profil nach innen und aussen. Die unternehmensethische Problemstellung besteht nun darin, auf normativ begründbare Weise zu sinnstiftenden Werten zu gelangen, die sich im idealen Rollentausch argumentativ im Blick auf alle legitimen Ansprüche rechtfertigen lassen. So bietet sie allen unter Erfolgsdruck stehenden Akteuren in der Unternehmung die notwendige Handlungsorientierung, um sowohl *moralisch* als auch *erfolgreich* sein zu können.

Die Ausgestaltung einer kommunikativ-ethischen Unternehmenskultur bedarf der Normen und *Prinzipien*. Prinzip bedeutet *Anfang* und *Herrschaft*. In diesem Sinne sollen ethische Prinzipien am Anfang stehen und überall gültig sein. Gemäss dieser Auslegung sind die Prinzipien ein vorausgesetzter, d.h. letztverbindlicher Massstab für die Ausprägung von ethischen Normen. Prinzipien werden durch Massbegriffe (Normen) konkretisiert, für die allgemeine Anerkennung gefordert wird. Unternehmensethische Normen (UEN) konkretisieren die Prinzipien für die jeweilige Unternehmung und ermöglichen so die Analyse und Begründung der konkreten Werte der Unternehmenskultur. Dementsprechend wird folgende Definition der Unternehmensethik vorgeschlagen:

«Unternehmensethik ist die prinzipienorientierte normative Prüfung und Begründung der Unternehmenskultur (Wertvorstellungen, Denkhaltungen), die das strategische (operative) Handeln reguliert, um den Unternehmenserfolg (Gewinn, Lebenserhaltung, Wertsteigerung) auf moralisch verantwortbare Weise zu erzielen.»

Unternehmensethik setzt eben nicht bei einer direkten Analyse und Kritik des zu erstrebenden Unternehmenserfolges an. Dass Unternehmen nach grösstmöglichem Gewinn, langfristiger Lebenserhaltung und ständiger Wertsteigerung streben, ergibt sich aus den Spielregeln der Marktwirtschaft, die in der Rahmenordnung vorgegeben sind, allerdings vom Unternehmen mitgestaltet werden können.[19] Die Unternehmensethik steuert auch nicht unmittelbar das strategische und operative Handeln, sondern dient der normativen Reflexion und Weiterentwicklung der Unternehmenskultur, die ihrerseits das erfolgsorientierte Handeln der individuellen Akteure in der Unternehmung reguliert.

Autoritäten, Traditionen und Religionen haben für die Ausbildung des persönlichen Ethos, d.h. für die individuellen Wertmassstäbe, die der Mensch sich im Laufe der Sozialisation erwirbt und für sich gelten lässt, ebenso grosse Bedeutung wie für die in der Lebenswelt faktisch geltende Moral, die für das konkrete Handeln der Menschen einen Orientierungsrahmen bildet. Auch die Unternehmenskultur kann durch Autoritäten wie den Gründerpatriarchen und ausdrückliche Gewohnheiten «Wir haben das doch immer so gemacht» geprägt werden. Solche in der jeweiligen Unternehmung faktisch geltenden Wertvorstellungen und Denkhaltungen bedürfen einer vernunftmässigen Begründung, die für alle Unternehmensmitglieder und darüber hinaus für alle Stakeholder unabhängig von ihrer Religion und Lebensüberzeugung einsichtig ist, weil sie im Dialog überprüft werden kann.

Für das vernünftige Begründen ist die sprachgebundene Argumentation eine unbestreitbare Voraussetzung. Diese Einsicht in die Unhintergehbarkeit des Dialoges bringt der argumentierende Mensch implizit zum Ausdruck. Wer argumentiert und dabei den idealen Rollentausch vollzieht, setzt voraus, dass alle möglichen Argumentationspartner bei der argumentativen Suche nach Wahrheit und Richtigkeit gleichberechtigt sind und nach Konsens streben. Dieser argumentative Konsenswille aller von Unternehmen betroffenen Anspruchs- und Argumentationssubjekte führt zum ersten unternehmensethischen Prinzip: «Prüfe bei unternehmerischen Entscheiden, ob dafür ein argumentativer Konsens, der alle relevanten Perspektiven und alle guten Gründe aller Anspruchssubjekte einschliessen würde, möglich ist, wie er beschaffen sein würde und in der unternehmerischen Entscheidung umgesetzt werden kann.»

Unternehmerische Entscheide sind letztlich nur dann ethisch zu rechtfertigen, wenn sie von allen möglichen Anspruchssubjekten als gleichberechtigte Argumentationspartner, die Geltungsansprüche erheben, geprüft und anerkannt werden.[20] Das Konsensstreben ist in der Wirtschaftswelt allerdings vielfältig beeinträchtigt: Zeit, Erfolgs- und Handlungsdruck, fehlende Informationen und abwesende Betroffene kennzeichnen die reale Kommunikationssituation in der Unternehmung. Gerade angesichts dieser Dilemmata ist der Mensch als Argumentationssubjekt verpflichtet, schrittweise solche Voraussetzungen zu schaffen, mittels deren die Differenzen zwischen der realen Erfolgsorientierung und den ethischen Kommunikationsidealen minimiert werden können. Deshalb ist die offene Kommunikation im Unternehmen zu fördern, indem hierarchische Blockaden abgebaut werden. Nicht Rang und Namen der Anspruchssubjekte entscheiden, sondern deren bestes Argument! «Wähle solche unternehmerischen Entscheidungen, die eine Annäherung der realen Kommunikationsverhältnisse der erfolgsverpflichteten Unternehmung an die Bedingungen der idealen Konsensorientierung ermöglichen.»

Entsprechend diesem zweiten unternehmensethischen Prinzip sollen die tatsächlichen Kommunikationsverhältnisse der Unternehmung in Richtung der idealen Konsensorientierung entwickelt werden. Die in der Unternehmung faktisch bereits gegebenen Dialogmöglichkeiten sind zu erhalten (konservativer Teil-Imperativ) und «gemäss der Idee des unbegrenzten argumentativen Dialogs zu verbessern (progressiver Teil-Imperativ)».[21] Wenn sich die Mitglieder der Unternehmung auf diese beiden universell gültigen, weil nicht sinnvoll bestreitbaren unternehmensethischen Prinzipien aus freier Einsicht selbst verpflichten, können nur noch kommunikationsfördernde Strukturen, Traditionen und Verfahrensweisen legitimiert werden. Die sukzessive Verbesserung der realen Kommunikationsverhältnisse in der Unternehmung ist durch die Entwicklung von dialogunterstützenden und das Abbauen dialoghemmender Einflussfaktoren jederzeit anzustreben! So kann schrittweise eine Unternehmenskultur entstehen, die den idealen Rollentausch ermöglicht und Chancen für ein Bündnis von Ethik und Moral eröffnet.

4. Unternehmensethische Empfehlungen für eine erfolgreiche Ausgestaltung der Unternehmenskultur

Im Rahmen eines Aktionsforschungsprojektes[22] der Forschungsgruppe EWD (Ethik und Wirtschaft im Dialog) des Hans-Jonas-Zentrums Berlin[23] werden in einer mehrjährigen Studie die Chancen und Schwierigkeiten der Implementierung einer kommunikativen Unternehmensethik in der Praxis untersucht. Damit die faktischen Kommunikationsverhältnisse im Unternehmen durch die Anwendung unternehmensethischer Prinzipien schrittweise verbessert werden können, bedarf es zunächst einer unternehmensspezifischen ethischen Situationsanalyse: Um die Ausgangssituation klarer zu erkennen, werden die ethisch relevanten Phänomene im Unternehmen systematisch untersucht. Eine solche Situationserkenntnis ist offensichtlich auf kommunikative Sinnverständigung angewiesen.[24] Da sich Situationen insbesondere auch im dynamischen Umfeld einer Unternehmung permanent weiterentwickeln und diese trotz bestmöglicher Situationserkenntnis falsch eingeschätzt werden können, steht die unternehmensethische Situationsanalyse immer unter Irrtumsvorbehalt. Die Analyse des Argumentationsverhaltens und problemspezifischen Sprachgebrauchs sowie die Rekonstruktion der Entscheidungs- und Verfahrensabläufe in den unterschiedlichen Unternehmensbereichen dient der möglichst umfassenden, aber immer auch falliblen Analyse der Unternehmenskultur.[25]

Auf Grundlage der unternehmensspezifischen, situativen Einschätzung der ethischen Stärken und Schwächen werden im Dialog unternehmensethische Normen (UEN) als Zielvorgaben für die Unternehmensführung formuliert. Die UEN dienen der inhaltlichen Ausgestaltung der zuvor begründeten Prinzipien und berücksichtigen die Erkenntnisse der vorausgegangenen unternehmensethischen Analyse.

Entsprechend dem ersten unternehmensethischen Prinzip ist diskursiv zu prüfen, wie die situationsspezifischen Normen inhaltlich auszugestalten sind. Die von einer konkreten Norm potenziell Betroffenen sind zu hören und an der konsensualen Entscheidungsfindung zu beteiligen. Können ihre Argumente aufgrund von Zeit- und Handlungsdruck nicht gehört werden, sind die Betroffenen von den Entscheidungsträgern advokatorisch zu vertreten. Advokatorische Vertretung verpflichtet zum idealen Rollentausch und zur einfühlenden gegenseitigen Parteinahme. Alle Stakeholder der Unternehmung sind berechtigt und verpflichtet, jedes vernünftige Argument in den Dialog einzubringen, um die unternehmensspezifischen ethischen Normen auszuformulieren. Ihre Argumente finden unabhängig von der hierarchischen Stellung innerhalb und ausserhalb der Unternehmung Berücksichtigung. Externe Betroffene und Fachleute, insbesondere auch praktische Philosophen, sollten an der unternehmensspezifischen Konkretisierung der ethischen Normen beteiligt werden!

Die vereinbarten UEN können in einem Codex verbindlich zusammengefasst werden. Ein solcher unternehmensethischer Codex wird gemeinsam mit allen Argumentationssubjekten erarbeitet und so zu einem *einklagbaren* Dokument, auf das sich ein jeder Mitarbeiter bei Verstössen beziehen kann.

Der Codex kann durch eine Präambel philosophisch fundiert werden. Die Präambel verankert die ethischen Prinzipien, aus denen die konkreten Normen des Codex abgeleitet werden, und bildet das ethische Grundsatzdokument der Unternehmung.[26]

Bei der konkreten Ausgestaltung der einzelnen UEN sind alle Stakeholder zu berücksichtigen, indem die unternehmensrelevanten Beziehungen zu den betroffenen Akteuren

---

Unternehmensethischer Codex

Präambel

Die Unternehmenskultur der SØR Herrenausstatter bedarf der unternehmensethischen Reflexion und normativen Begründung. SØR verpflichtet sich, für jede unternehmensethische Norm zu prüfen, ob ein Konsens aller Argumentierenden möglich ist, die als Diskurspartner unabhängig von ihrer gesellschaftlichen und unternehmenshierarchischen Stellung gleichberechtigt sind. SØR wählt nur solche unternehmensethischen Normen, die eine Annäherung der realen Kommunikationsverhältnisse unserer erfolgsverpflichteten Unternehmung an die Bedingungen der idealen Kommunikationsgemeinschaft ermöglichen.

1. Beteiligung: Vor Entscheidungen sind die Betroffenen zu hören und an der konsensualen Entscheidungsfindung möglichst zu beteiligen.
2. Einfühlen/Vertreten: Die Betroffenen sind von den Entscheidungsträgern advokatorisch zu vertreten, wenn ihre Argumente aufgrund von Zeit- und Handlungsdruck nicht gehört werden können.
3. Rollentausch: Konsensorientierte Unternehmensführung verpflichtet zum idealen Rollentausch, zur einfühlenden Parteinahme von Alter und Ego.
4. Wahrhaftigkeit: In der Kommunikation verpflichten wir uns zur Wahrhaftigkeit.
5. Offenheit: *Etwas sagen* und *Sich-etwas-sagen-Lassen* sind Ausdruck der aktiven und passiven Kritikfähigkeit und wechselseitige Voraussetzung für offene, konsensbezogene Klärung und Auseinandersetzung.
6. Personalität: SØR stellt den Menschen in den Mittelpunkt des unternehmerischen Handelns und verpflichtet sich zur Entwicklung der menschlichen Potenziale durch kreative Arbeit.
7. Sozialität: Durch kollegiale Zusammenarbeit wird allen Mitarbeitern das wechselseitige *Aufeinanderangewiesen-Sein* der Menschen in unserem Unternehmen bewusst.
8. Solidarität: Solidarität bedeutet gegenseitige Unterstützung und Hilfsbereitschaft von Alter und Ego, wenn dieser der Unterstützung bedarf und jener dazu in der Lage ist. Solidarität verpflichtet das Unternehmen zur Verantwortung für die Mitarbeiter und schliesst die Verantwortung der Mitarbeiter für die Unternehmung ein.
9. Subsidiarität: Zur Entfaltung der menschlichen und unternehmerischen Potenziale wird jedem Mitarbeiter ein grösstmöglicher Verantwortungs- und Entscheidungsspielraum ermöglicht und die notwendige Unterstützung zugesichert.
10. Toleranz: Untereinander respektieren wir abweichende innere Überzeugungen und Wertvorstellungen.
11. Fairness: Unser Codex gilt für alle in gleicher Weise und verpflichtet durch seine Beachtung zur fairen Zusammenarbeit.
12. Zukunftsverantwortung: Die Macht der Zukunftsvernichtung verpflichtet uns zur Zukunftsverantwortung für unsere eine Welt und ihre zükunftigen Bewohner in Nord und Süd, Ost und West.

Abb. 3 Der unternehmensethische Codex der SØR Herrenausstatter

untersucht werden. Ethische Normen sind nur dann verantwortbar, wenn sie die rollenspezifische Erfolgsverantwortung der Stakeholder nicht gefährden. So wäre z. B. ein ethischer Normvorschlag der *Offenheit* zurückzuweisen, der bei Verhandlungen zwischen Unternehmung und Lieferanten grundsätzlich fordert, Preiskalkulationen offen zu legen. Dies kann im Einzelfall sinnvoll sein, widerspräche jedoch in vielen Fällen der gebotenen Erfolgsorientierung, da sich sowohl der Lieferant als auch die beziehende Unternehmung im Preiswettbewerb befinden. Auch gegenüber den Wettbewerbern wäre eine Norm der *Transparenz* oftmals unverantwortlich. Vielmehr ergibt sich aus den Spielregeln der Marktwirtschaft, dass die zurückhaltende Informationspolitik gegenüber den Wettbewerbern zumeist erfolgsstrategisch geboten ist. Bewusst muss dann der Mitbewerber im Unklaren über die eigenen Absichten gelassen werden, damit er die situationsspezifischen Chancen nicht vereitelt bzw. selber nutzt.

Die Formulierung der unternehmensethischen Normen eines Codex ist nicht der *Schlusspunkt*, sondern der *Schlussstein* einer unternehmensethischen Konzeption. Der Ethik-Codex bildet keinen Schlusspunkt, weil er sonst in den Schubladen der Manager verschwände; der Ethik-Codex ist vielmehr der architektonische Schlussstein der prinzipienorientierten Fundierung und situativen Konkretisierung ethischer Normen in der Unternehmung, die nun umgesetzt werden müssen. Dafür bedarf es der ethischen Ausgestaltung von Unternehmensstrukturen und Organisationsprozessen. Insbesondere das individuelle Vorbild der verantwortlichen Manager in der Unternehmensführung ist gefordert, die von der Notwendigkeit des Ethik-Codex überzeugt sein müssen. Dieses persönliche glaubwürdige Vorleben ist die wichtigste Erfolgsvoraussetzung für die Implementierung unternehmensethischer Normen in der Praxis. So werden die verantwortlichen Manager Impulsgeber für eine moralische Orientierung in der Unternehmensführung. Ethik und Erfolg können sich in der Wirtschaftswelt eben nur dann verbünden, wenn die verantwortlichen Manager persönlich dafür einstehen. Dabei geht es nicht nur um die erfolgreiche Ausgestaltung der Unternehmensführung, sondern um die Zukunftsverantwortung der Menschheit schlechthin: Die dynamische Globalisierung der Wirtschaft, die Zuspitzung der ökologischen Krise und die bedrohliche technologische Entwicklung sind eine neuartige Herausforderung für die Zivilisation. Die unter ökonomischem Erfolgsdruck stehende moderne Gefahrenzivilisation bedarf einer universell gültigen ethischen Orientierung. Jeder Mensch übernimmt dabei grosse Mitverantwortung für die Zukunft unserer einen Welt. Angesichts der spürbaren Überforderung jedes Einzelnen, die Weltenläufe zu beeinflussen, kann der Mensch jedoch in seiner jeweiligen

Lebenswelt konkrete Verantwortung übernehmen – indem er dazu beiträgt, die alltäglichen Dialogbedingungen zu verbessern und die kommunikative Ethik im konkreten *hic et nunc* der menschlichen Argumentation zu entfalten. Dies gilt auch für den Manager: Hier und jetzt im Gespräch mit den Mitarbeitern und Vorgesetzten, Kollegen und Geschäftspartnern entscheide ich mit darüber, ob ein Bündnis von Ethik und Erfolg in der Unternehmensführung gelingen kann![27]

1   Solomon, Excellence, S. 21.
2   Vgl. Rusche, Unternehmensethik, EWD Bd. 4, S. 150 f.
3   Vgl. Rusche, Unternehmensethik, EWD Bd. 4, S. 151 ff; vgl. Hansen, Umweltmanagement, S. 742; vgl. Homann, Blome-Drees, Unternehmensethik, S. 133.
4   Heraklit, Fragment, 80.
5   Schumpeter, Kapitalismus, S. 140.
6   Schumpeter, Kapitalismus, S. 132.
7   Auch «der Krieg ist nichts als ein erweiterter Zweikampf. Wollen wir uns die Unzahl der einzelnen Zweikämpfe, aus denen er besteht, als Einheit denken, so tun wir besser, uns zwei Ringende vorzustellen. Jeder sucht den anderen durch physische Gewalt zur Erfüllung seines Willens zu zwingen; sein nächster Zweck ist, den Gegner niederzuwerfen und dadurch zu jedem ferneren Widerstand unfähig zu machen» (Clausewitz, Kriege, S. 191).
8   Vgl. Homann, Blome-Drees, Unternehmensethik, S. 23.
9   Vgl. Hinterhuber, Unternehmensführung, S. 4 ff.
10 Vgl. Apel, Ethik, EWD Bd. 9, S. 170.
11 Vgl. Hinterhuber, Unternehmensführung, S. 40 ff.
12 Smith, Gefühle, S. 167.
13 Vgl. Kohlberg, Development, S. 199 ff.
14 «Von ethischer Reziprozität im Sinne des Standpunkts der Moral kann erst dort die Rede sein, wo die wechselseitige Rücksichtnahme aufgrund des unbedingt gebotenen – oder wie Kant formuliert: des kategorischen – Vorrangs der Menschenwürde und Autonomie der anderen Person vor allen egozentrischen Nutzenkalkülen um ihrer selbst willen anerkannt wird» (Ulrich, Wirtschaftsethik, S. 61).
15 «Muss man wirklich so weit gehen? Ich glaube, dass es effektiver ist und vor allen Dingen schneller zum Ziel führt, sich zuerst einmal gedanklich in die Rolle des anderen zu versetzen. In Amerika sagt man: Sich in die Schuhe des anderen zu stellen. Bevor ich anfange, mit dem Betriebsrat oder mit den Gewerkschaften oder Umweltschutzverbänden oder ähnlichen Institutionen zu reden, muss ich wie ein Schachspieler voraussehen, was der andere vermutlich für Argumente hat, und so handeln, dass diese Argumente abprallen bzw. angesichts meines vorausschauenden Handelns ins Leere laufen. Das Gespräch mit den ande-

ren Stakeholdern ist erst der zweite Schritt und nicht der erste. Auch für das ethische Handeln gilt das Gebot von Effektivität und Effizienz» (Peter Zinkann, persönliche Korrespondenz vom 14.4.04).

16 Ethik ist die vernunftbestimmte und methodische Reflexion, Kritik und Begründung von Moral. Die Moral (lat. *mores*, gr. *ethos*, dtsch. *Sitte*) bildet den Orientierungsrahmen für das Verhalten der Menschen, der das Handeln sich selbst, den Mitmenschen, der Gesellschaft und Unternehmung sowie der belebten und unbelebten Natur gegenüber grundlegend prägt (vgl. Höffe, Ethik, S. 169; vgl. Kaufmann, Moral, Sp. 1219, der auf den unscharfen Gebrauch der Begriffe *Ethik, Moral, Sitte* in der Umgangssprache hinweist).

17 «Werte sind somit konstitutive Elemente einer Kultur und jedes Sozialsystems, die kulturelle Sinn- und Bedeutungsgehalte vermitteln und damit das Verhalten und Handeln der einzelnen Menschen steuern und leiten» (Honecker, Werte, Sp. 1256 f.).

18 Vgl. Rusche, Diskursmodell, EWD Bd. 12, S. 151.

19 Vgl. Rusche, Anmerkungen, EWD Bd. 12, S. 70 ff.

20 «Dieser Satz (...) ist in seiner Absolutheit zweifelhaft: Manchmal gibt es Handlungen, die aus der Sicht eines der Argumentationspartner zwingend notwendig, für einen anderen jedoch absolut unannehmbar sind. Dennoch muss eine unternehmerische Entscheidung getroffen werden. *Ja* zu sagen, ist ebenso eine Entscheidung wie nein zu sagen, und wie ein Mensch nicht an zwei Orten gleichzeitig sein kann, wird er es nie allen Recht machen können. An einem alten Fachwerkhaus, das in Gütersloh in den Zwanzigerjahren abgerissen wurde, stand auf dem unteren Querbalken (der obere Querbalken war immer für geistliche Sprüche und der untere für weltliche Sprüche vorgesehen): *Wer allen Menschen Recht tun kann, der schreib hier seinen Namen an*. Niemand hat seinen Namen dort hingeschrieben» (Peter Zinkann, persönliche Korrespondenz vom 14.4.04).

21 Böhler, Zukunftsverantwortung, EWD Bd. 3, S. 65.

22 Vgl. Rusche, Sortimentsmanagement, S. 77 ff.

23 Die von Unternehmern, Philosophen und Wirtschaftswissenschaftlern gegründete Forschungsgruppe EWD des Hans-Jonas-Zentrums, Berlin, pflegt den interdisziplinären Diskurs über ethische Prinzipien und deren Anwendungsmöglichkeiten angesichts ökonomischer Restriktionen, marktlichen Konkurrenzdrucks und unternehmerischen Erfolgszwangs. Untersucht werden makroethische Probleme der Wirtschafts- und Gesellschaftsordnung, Fragen der Unternehmensethik sowie individualethische Aspekte der einzelnen Wirtschaftsakteure. Die Aktualität des Dialogs von Ethik und Wirtschaft wird allenthalben wahrgenommen und vielfach ausgesprochen – der Dialog selbst aber noch zu selten vollzogen. Dieser Aufgabe stellt sich EWD – rational und offen für die unterschiedlichen Standpunkte der Wirtschaft und Ethik.

24 Vgl. Böhler, Pragmatik, S. 310.

25 Eine Ethik-Checkliste zur Situationsanalyse findet sich in: Rusche, Unternehmensethik, EWD Bd. 4, S. 222; vgl. Rusche, Wirtschaftsethik, S. 23.

26 «Ein bemerkenswertes Praxisbeispiel für einen unternehmensethischen Kodex, der im Unterschied zu den

üblichen Ethik-Kodizes nicht einfach auf «*feste Werte*» des Verhaltens setzt, sondern vorrangig auf die strukturelle und kulturelle Verwirklichung der Voraussetzungen eines dialogischen Umgangs mit ethischen Fragen im Unternehmen ausgerichtet ist, bietet die Firma SØR Rusche GmbH; deren diskursethisch aufgeklärter Ethikkodex sei daher zum Schluss vollständig wiedergegeben. Für folgende praktische Quintessenz mag das gewiss noch aussergewöhnliche Beispiel stehen: Auch bevor sich dereinst vielleicht tief greifende vitalpolitische Reformen der Rahmenbedingungen des Wirtschaftens im Allgemeinen und des Unternehmensrechts im Besonderen abzeichnen, ist die wirtschafts- und unternehmensethische Vernunft – bei allen Widerständen, mit denen sie es in der rauer gewordenen real existierenden Marktwirtschaft zu tun hat – in einer sich entwickelnden Bürgergesellschaft noch lange nicht am Ende» (Ulrich, Wirtschaftsethik, S. 459).

27 Angesichts der ethischen Prinzipiengewissheit mahnt ein Wort von Meister Eckart zu Toleranz und Bescheidenheit in der konkreten Lebens- und Diskurssituation: «Achte Menschen, die versuchen, die Wahrheit zu finden, aber nehme dich in Acht vor Menschen, die sie gefunden haben» (Peter Zinkann, persönliche Korrespondenz vom 14.4.04).

Literatur

- APEL, K.-O. (Ethik): Institutionenethik oder Diskursethik als Verantwortungsethik. In: Harpes, H. P./Kuhlmann W. (Hrsg.): Zur Relevanz der Diskursethik, EWD, Bd. 9, Münster 1997
- BAUSCH, T./BÖHLER, D./RUSCHE, T. (Hrsg.): Wirtschaft und Ethik, EWD Bd. 12, Münster, Hamburg, 2004
- BÖHLER, D. (Pragmatik): Rekonstruktive Pragmatik. Von der Bewusstseinsphilosophie zur Kommunikationsreflexion: Neubegründung der praktischen Wissenschaften und Philosophie, Frankfurt a.M. 1985
- BÖHLER, D. (Zukunftsverantwortung): Idee und Verbindlichkeit der Zukunftsverantwortung. In: Böhler, D./Stitzel, M. u. a. (Hrsg.): Zukunftsverantwortung in der Marktwirtschaft, EWD, Bd. 3, Münster 2000
- BÖHLER, D./STITZEL, M., u. a. (Hrsg.): Zukunftsverantwortung in der Marktwirtschaft, EWD, Bd. 3, Münster 2000
- CLAUSEWITZ, C. von (Kriege): Vom Kriege, 19. Aufl., Bonn 1991
- GÖRRES-GESELLSCHAFT (Hrsg.): Staatslexikon, Freiburg 1987
- HANSEN, U. (Hrsg.): Marketing im gesellschaftlichen Dialog, Frankfurt a.M. 1996
- HANSEN, U. (Umweltmanagement): Umweltmanagement im Handel. In: Steger, U. (Hrsg.): Handbuch des Umweltmanagements, München 1992
- HARPES, H. P./KUHLMANN W. (Hrsg.): Zur Relevanz der Diskursethik, EWD, Bd. 9, Münster 1997
- HERAKLIT (Fragment): Fragment. In: Mansfeld, J. (Hrsg.): Die Vorsokratiker, Bd. I, Stuttgart 1983
- HINTERHUBER, H. (Unternehmensführung): Strategische Unternehmensführung, Bd. I, Strategisches Denken, 7. Aufl., Berlin, New York 2004
- HÖFFE, O. (Ethik): Lexikon der Ethik, München 1980

- HOMANN, K./BLOME-DREES, F. (Unternehmensethik): Wirtschafts- und Unternehmensethik, Göttingen 1992
- HONECKER, M. (Werte): Werte, Werturteilsfreiheit. In: Enderle, G./Hohmann, K., u. a. (Hrsg.): Lexikon der Wirtschaftsethik, Freiburg, Basel 1993
- KAUFMANN, A. (Moral): Moral. In: Görres-Gesellschaft (Hrsg.): Staatslexikon, Freiburg 1987
- KOHLBERG, L. (Development): Essays on Moral Development, Vol. 1: The Philosophy of Moral Development, San Francisco 1981
- MANSFELD J. (Hrsg.): Die Vorsokratiker, Bd. I, Stuttgart 1983
- RUSCHE, T. (Brent Spar): Shell und die Brent Spar. In: Hansen, U. (Hrsg.): Marketing im gesellschaftlichen Dialog, Frankfurt/M. 1996
- RUSCHE, T. (Sortimentsmanagement): Strategisches Sortimentsmanagement im Handel, Münster, Hamburg 1990
- RUSCHE, T. (Diskursmodell): Das Diskursmodell einer dialogbezogenen Unternehmensethik. In: Bausch, T./Böhler, D./Rusche, T. (Hrsg.): Wirtschaft und Ethik, EWD Bd. 12, Münster, Hamburg, 2004
- RUSCHE, T. (Unternehmensethik): Aspekte einer dialogbezogenen Unternehmensethik, EWD Bd. 4, Münster, Hamburg 2002
- RUSCHE, T. (Wirtschaftsethik): Aspekte einer Wirtschaftsethik, ISES-Workingpaper Nr. 123, Fribourg 1988
- SCHUMPETER, J. A. (Kapitalismus): Kapitalismus, Sozialismus und Demokratie, 5. Aufl., München 1980
- SMITH, A. (Gefühle): Theorie der ethischen Gefühle, Hamburg 1985
- SOLOMON, R. C. (Excellence): Ethics and Excellence, New York 1993
- STEGER, U. (Hrsg.): Handbuch des Umweltmanagements, München 1992
- ULRICH, P. (Wirtschaftsethik). Integrative Wirtschaftsethik, Bern, Stuttgart 1997

Unternehmensethik – integrativ gedacht

Was ethische Orientierung in einem «zivilisierten» Wirtschaftsleben bedeutet

Peter Ulrich, Prof. Dr. rer. pol. (*1948). Nach mehrjähriger Berufspraxis in der betriebswirtschaftlichen Unternehmensberatung in Zürich war er von 1984 bis 1987 ordentlicher Professor für Betriebswirtschaftslehre mit sozialwissenschaftlicher Ausrichtung an der Bergischen Universität Wuppertal. Seit Herbst 1987 ist er erster Inhaber des Lehrstuhls für Wirtschaftsethik an der Universität St. Gallen (HSG). Dort leitet er seit 1989 das von ihm gegründete Institut für Wirtschaftsethik.

Von 1992 bis 1996 war Peter Ulrich Member of the Executive Board des European Business Ethics Network (EBEN) und von 1997 bis 2001 Mitglied im Vorstand des Deutschen Netzwerks für Wirtschaftsethik. In jüngerer Zeit hat er den Aufbau der Unternehmensethik-Beratung civis am Instituut für Wirtschaftsethik getätigt.

Seine Veröffentlichungen über Wirtschaft und Ethik sind unter anderem: Integrative Wirtschaftsethik. Grundlagen einer lebensdienlichen Ökonomie (1. Aufl. 1997, 3. rev. Aufl. 2001); Unternehmensethik in der Praxis. Impulse aus den USA, Deutschland und der Schweiz. Herausgabe mit J. Wieland (1. Aufl. 1998, 2. Aufl. 1999); Der entzauberte Markt. Eine wirtschaftsethische Orientierung (2000); Brennpunkt Bankenethik. Der Finanzplatz Schweiz in wirtschaftsethischer Perspektive. Herausgabe mit U. Thielemann (2003); Wirtschaftsethik im philosophischen Diskurs. Herausgabe mit M. Breuer (2004); Reflexionsfelder integrativer Wirtschaftsethik. Herausgabe mit D. Mieth und O.J. Schumann (2004).

Das praktische Ausgangsproblem: Integrität im «Wirtschaftsleben»

Unternehmen sind gesellschaftliche Wertschöpfungsveranstaltungen, deren Handeln immer mehr mitten im Brennpunkt öffentlicher Wert- und Interessenkonflikte steht. *Welche Werte für wen* sollen in welcher Rangordnung geschaffen werden? Und welche Kosten (Werteverzehr) sind dafür von wem in Kauf zu nehmen?

Damit sind zwei eng zusammenhängende wirtschaftsethische Grundfragen zur unternehmerischen «Wertschöpfung» aufgeworfen: die Fragen nach der *Erfolgsphilosophie* des Unternehmens (Prinzipien- und Sinnorientierung des unternehmerischen Tuns) und nach dem *Stakeholder-Konzept* (Abgrenzung der Inhaber legitimer Ansprüche an die unternehmerische Wertschöpfung). Beide Grundfragen stehen in jüngster Zeit in der öffentlichen Debatte, und zwar im Zusammenhang mit tief greifenden Erschütterungen des Vertrauens in die Gemeinwohldienlichkeit des real existierenden Unternehmertums (Stichworte sind etwa: Shareholder-Value-Doktrin und ihre fragwürdige Sozial- und Umweltverträglichkeit, «kreative Buchführung» und «Abzockerei»).

Der Eindruck, dass da manches aus dem Ruder gelaufen ist und zwar nicht alle, aber doch auffallend viele Repräsentanten vor allem von «Big Business» die unternehmensethische *Orientierung* und das *Augenmass* verloren zu haben scheinen, ist nicht von der Hand zu weisen. Diese offenbar zeittypische Erscheinung des «Wirtschaftslebens» wird im Allgemeinen – und durchaus nicht ganz zu Unrecht – personalisiert. Es wird also, neben der Kritik an mangelhafter Corporate Governance, vor allem die *moralische Integrität* der obersten Führungskräfte der Wirtschaft bezweifelt. Allerdings ist kaum anzunehmen, dass diese Berufsgruppe generell «unmoralischer» ist, als andere Menschen es sind; plausibler ist die Vermutung, dass sich unter den Führungskräften vielleicht nicht gerade die ganze Bandbreite, aber doch ein recht breites Spektrum von Persönlichkeitstypen und unternehmensethischen Denkmustern findet.[1] Individualistische Erklärungsversuche dahin gehend, dass halt zu oft die «falschen Leute» in die Spitzenpositionen befördert würden oder die zu grosse Machtfülle und der Verlust des Kontakts zum «normalen» Leben zu einer «abgehobenen» Mentalität und teilweise zur Korrumpierbarkeit der Topmanager führten, sind deshalb unzureichend. Zwar mögen solche Momente sehr wohl eine Rolle spielen; aber sie gelten für die Spitzenpositionen in sämtlichen hierarchisch strukturierten Organisationen der modernen Gesellschaft und erklären deshalb kaum die spezifischen Erscheinungen eines fragwürdigen Geschäftsgebarens. Um diese unverkürzt erfassen und bewerten zu können, gilt es tiefer anzusetzen, nämlich bei der grundlegenden wirtschaftsethischen Problematik «guter» Unternehmensführung.

Diese wurzelt im dualistischen Charakter der Institution «Unternehmung» als solcher. Jedes Unternehmen ist nämlich in gewisser Weise ein Zwitter: Einerseits ist es ein *Subsystem des marktwirtschaftlichen Systems* und andererseits eine *gesellschaftliche Wertschöpfungsinstitution*, deren Handeln die Lebenswelt vieler Menschen in vielfältigen Formen betrifft (Abb. 1):

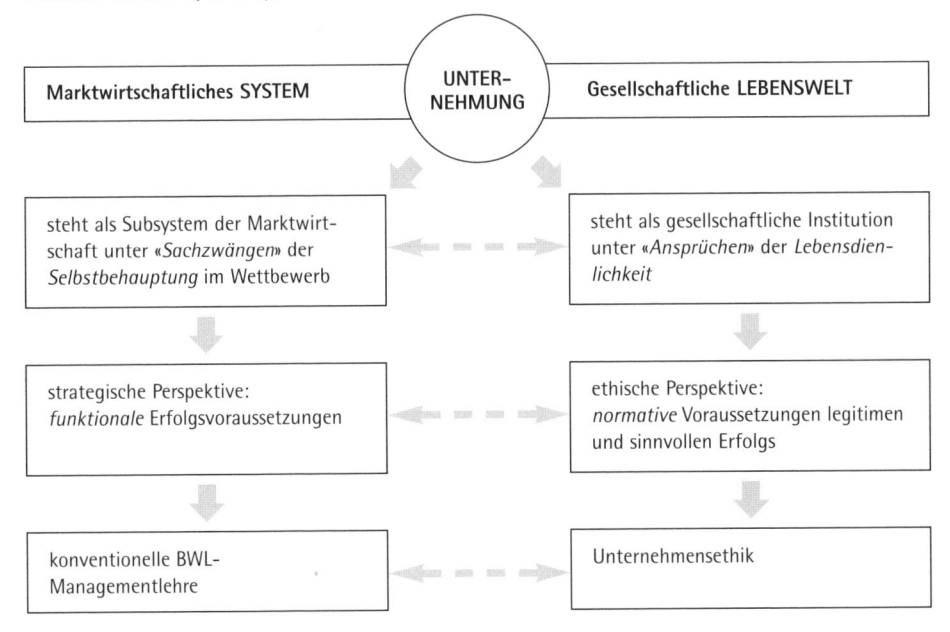

Marktwirtschaftliches SYSTEM	UNTER-NEHMUNG	Gesellschaftliche LEBENSWELT
steht als Subsystem der Marktwirtschaft unter «*Sachzwängen*» der *Selbstbehauptung* im Wettbewerb	⇔	steht als gesellschaftliche Institution unter «*Ansprüchen*» der *Lebensdienlichkeit*
strategische Perspektive: *funktionale* Erfolgsvoraussetzungen	⇔	ethische Perspektive: *normative* Voraussetzungen legitimen und sinnvollen Erfolgs
konventionelle BWL-Managementlehre	⇔	Unternehmensethik

Abb. 1: Die Unternehmung in systemischer und lebensweltlicher Perspektive

- In «systemischer» Perspektive geht es um die *Selbstbehauptung* (das «Überleben») der Unternehmung im marktwirtschaftlichen Wettbewerb, d.h. um die Frage, wie sie ihre Wettbewerbsfähigkeit und damit ihre Existenz dauerhaft sichern kann. Dem entspricht die betriebswirtschaftliche Aufgabe, die Wirkungszusammenhänge alternativer Geschäftsstrategien und Managementmethoden im Hinblick auf die Sicherung des Markterfolgs zu analysieren und zu gestalten. Es geht hier, kurz gesagt, um die *funktionalen* Erfolgsvoraussetzungen («Welche Strategien und Methoden funktionieren als Mittel der Erfolgssicherung?»).

- In «lebensweltlicher» Perspektive geht es hingegen um die *Lebensdienlichkeit* der unternehmerischen Wertschöpfung, d.h. um die schon erwähnte Frage, welche lebenspraktischen Werte die Unternehmung angesichts vielfältiger Wert- und Interessenkonflikte für wen schaffen will und welche *normativen Grundsätze* sie dabei im Hinblick auf die Verantwortbarkeit sämtlicher Nebenfolgen des unternehmerischen Erfolgsstrebens gegenüber allen Betroffenen beachten soll. Daraus ergibt sich die unternehmensethische Aufgabe, die Sinnzusammenhänge und Legitimitätsgrundlagen der Unternehmenspolitik zu reflektieren und zu begründen («An welchen Wertideen und normativen Grundsätzen soll sich die unternehmerische Erfolgsphilosophie orientieren?»).

Aus dem skizzierten Doppelcharakter der Unternehmung als Subsystem der Marktwirtschaft und gesellschaftlicher Institution erwächst ein spezifisches normatives Orientierungsproblem: Woran sollen sich die Führungskräfte der Privatwirtschaft im Spannungsfeld zwischen den Erfordernissen der Selbstbehauptung im Markt und den vielfältigen gesellschaftlichen (Wert-)Ansprüchen konkret halten? Mit andern Worten: Wie lassen sich Ethik und wirtschaftliche Erfolgslogik zusammendenken, so dass Führungskräfte der Wirtschaft beides zugleich können: geschäftlich erfolgreich sein und dabei integer bleiben?

Integer sein heisst zunächst ganz wörtlich: als verantwortungsbewusste Person «ganz» bleiben, sich nicht von seinen besseren Einsichten abspalten lassen und genau in diesem Sinne auch wahrhaftig bleiben. Darin kommt selbst schon die Voraussetzung einer klaren Orientierung im unternehmensethischen Denken zum Ausdruck. Es handelt sich hier um ein *systematisches Integrationsproblem* guter Unternehmensführung, dessen konzeptionelle Lösung einem bestimmten Verständnis persönlicher Integrität im Wirtschaftsleben immer schon vorausgeht. Umgekehrt nützen alle noch so gescheiten Konzepte zur Lösung des unternehmensethischen Integrationsproblems und die besten «Tools» zur praktischen Umsetzung nichts, wenn es am guten Willen zu einem integren Wirtschaftsleben als tragender Motivationsbasis mangelt. Die kognitive Seite (integratives Denkmuster) und die motivationale Seite (persönliches Ethos der Integrität) sind nicht gegeneinander auszuspielen, sondern bedingen sich wechselseitig.

Die Verantwortungsträger sind also immer auch in ihrem persönlichen Ethos angesprochen. Unter dem Ethos einer Person ist das subjektive Selbstverständnis, die (charakterprägende) Gesinnung oder Grundhaltung zu verstehen, in deren Lichte diese Person ihr Tun und Lassen vor sich selbst wie gegenüber andern zu rechtfertigen pflegt. Als Standes- oder Berufsethos dient es somit der gesellschaftlichen Rechtfertigung ebenso wie der «identitätspolitischen» Bestärkung der kollektiven Selbstachtung und Selbstmotivation eines Berufsstands. Natürlich handelt es sich hier von jeher um eine grundlegende Herausforderung für das Selbst- und Rollenverständnis von (selbständigen) Unternehmern und (angestellten) Managern. Es war schon die epochale Rolle des «klassischen» *Unternehmerethos*, die Berufung zum Unternehmertum (Motivation) mit einer ganz bestimmten Lösung des konzeptionellen Integrationsproblems zu verschränken. Prüfen wir also, wie das traditionelle Unternehmerethos diese Aufgabe gelöst hat und was sich daraus – bei aller nötigen Kritik – für eine zeitgemässe Motivations- und Orientierungsbasis ethisch guter Unternehmensführung auch heute noch lernen lässt.

Metaphysische Integration von Ethik und Erfolg: Das klassische Unternehmerethos
Der Kristallisationspunkt des herkömmlichen, in der frühen Moderne entstandenen Unternehmerethos ist das so genannte «Gewinnprinzip». Von Erich Gutenberg, dem Nestor der deutschen Betriebswirtschaftslehre, wurde es als «erwerbswirtschaftliches Prinzip» bezeichnet.[2] Dieses steht für die Vorstellung, die oberste Aufgabe des Managements bestehe in der (wie immer genau definierten) «nachhaltigen» Gewinn- oder Rentabilitätsmaximierung. Es handelt sich dabei um ein normatives Konzept mit unternehmensethischem Anspruch. Seine Pointe liegt darin, dass es nicht nur das moralische Recht, sondern sogar die moralische Pflicht des «metaphysischen Betriebswirts»[3] sei, sich (im Rahmen der geltenden Gesetze) strikt auf die Gewinnmaximierung zu konzentrieren: «The social responsibility of business is to increase its profits»[4] (and nothing else!). Den Rest, nämlich die Sicherung der Gemeinwohldienlichkeit, leiste die «unsichtbare Hand» (Adam Smith) des Marktes. Mit andern Worten: *The Business of Business is Business*. Die perfekte Affinität eines solchen (subjektiven) Unternehmerethos zu den (objektiven) Rechtfertigungsbedürfnissen des frühmodernen Wirtschaftsliberalismus und seines politischen Programms des *disembedding*,[5] der Freisetzung der eigensinnigen Marktkräfte aus allen «störenden» ethischen und politischen Bindungen, ist nicht zu übersehen.

Geistesgeschichtlicher Hintergrund der darin zum Ausdruck kommenden harmonistischen *Metapyhsik des Marktes* ist das schöpfungstheologische Urvertrauen, dass «die Welt ein gottgeordneter, also irgendwie ethisch sinnvoll orientierter Kosmos sei» und auch der «ökonomische Kosmos» des freien Marktes an dieser prästabilierten Harmonie (Leibniz) Anteil habe.[6] Diese sorgt dann dafür, dass von selbst alles gut wird, wenn sich nur jeder Akteur an den «Geboten» des Marktes orientiert. Es genügt dabei zu unterstellen, dass die naturwüchsig sich entfaltende Dynamik des freien Markts mit der – naturrechtlich gedeuteten – «natürlichen» Ordnung des Schöpfungsplans eins sei. Die Annahme einer solchen «Entsprechung von sozialer und kosmischer Struktur»[7] ist die grundlegende religiöse Hintergrundüberzeugung der naturrechtlichen Sozialmetaphysik.

Wie Max Weber in seiner berühmten religionssoziologischen Studie «Die protestantische Ethik und der Geist des Kapitalismus» gezeigt hat, hat das frühmoderne Unternehmerethos besonders durch den Calvinismus epochalen Schub erhalten. Unter dem prägenden Eindruck von Calvins Prädestinationslehre strebt der gläubige Christ schon im Diesseits nach göttlichen «Zeichen der Erwählung»[8], um dem Jenseits ruhiger entgegenzublicken. Zu diesen Zeichen gehört ganz wesentlich der berufliche und wirtschaftliche Erfolg. Während die katholische Soziallehre bis in die Gegenwart hinein einem entfesselten ökonomischen Erfolgsstreben skeptisch gegenübersteht, verlagerte so der Protestantismus, verbunden mit der Weltanschauung und Lebensform des liberalen Bürgertums, den «Ort» der Moral des Wirtschaftens gleichsam in den Markterfolg hinein: *Wirtschaftlicher Erfolg gilt selbst schon als moralisch gut.*

Hier kann es nicht darum gehen, diese an sich faszinierenden religiösen und metaphysischen Hintergrundannahmen des kapitalistischen Unternehmerethos genauer zu erhellen.[9] Was uns aber systematisch interessiert, ist seine *formale Struktur*. In ihm stellt nämlich die metaphysischreligiös gedeutete Harmonie in der Welt die tragende normative *Voraussetzung* eines aus lebenspraktischen Wertzusammenhängen herausgelösten «Gewinnprinzips» und der Erwartung ethisch guter Ergebnisse des freien Marktes dar; sie ist also konstitutiv für das ursprüngliche wirtschaftsliberale Ethos des Kapitalismus. Und insofern war dieses klassische Unternehmerethos strukturell ganz richtig angelegt!

Heute aber, unter der Flagge eines marktradikal gewordenen «Neoliberalismus»[10], ist der rezente Marktglaube zum «caput mortuum»[11] geworden, und die Argumentationslogik hat sich verkehrt: Nunmehr wird die gesellschaftliche Harmonie oder das Gemeinwohl nicht mehr als Voraussetzung, sondern gerade umgekehrt als die automatische *Folge* von nichts als dem funktionierenden Wettbewerb auf deregulierten Märkten erwartet oder ausgegeben. (Die Propheten eines voraussetzungslosen globalen «Standortwettbewerbs» lassen grüssen.) Der Markt wird damit selbst zur höchsten Instanz guter Ordnung in der sozialen Welt überhöht, also quasi als Marktgott an die Stelle gerückt, wo im ursprünglichen kapitalistischen Ethos der Schöpfergott als der grosse Garant der Harmonie in der Welt stand. Aus der «providentiellen Deutung der Profitchancen des Geschäftsmenschen»[12] ist so platter Ökonomismus geworden, der wie alle Ideologien dazu dient, handfeste Partikulärinteressen hinter Gemeinwohlrhetorik zu verbergen.

Was unternehmensethisch daher Not tut, ist die Wiederherstellung der sachlich richtigen Struktur des ursprünglichen Unternehmerethos, allerdings jetzt auf moderner, vernunftethisch ausweisbarer Grundlage, also auf der Basis einer philosophischen Ethik, die «innerhalb der Grenzen der blossen Vernunft» (Immanuel Kant) arbeitet.

Vernunftethische Integration von Ethik und Erfolg: Integrative Unternehmensethik
Erinnern wir uns: Die Lösung des unternehmensethischen Integrationsproblems sollte sowohl der normativen Orientierung im Denken (kognitive Funktion) als auch der Förderung der Bereitschaft zu entsprechendem Handeln (motivationale Funktion) dienen. Beides leistet der Mainstream der angelsächsischen Business Ethics ebenso wenig wie das vorherrschende Vorverständnis von Unternehmensethik in der Praxis – und zwar genau deshalb nicht, weil die aufgezeigte integrative Struktur eines handlungsorientierenden und -motivierenden Unternehmerethos regelmässig verfehlt wird. Dabei sind zwei solche nicht integrierenden Ansätze zu unterscheiden, die in je spezifischer Weise in einem unkontrollierten Restökonomismus stecken bleiben:[13]
- *Instrumentalistische Unternehmensethik* erschwindelt sich zwar in Form der herkömmlichen Ausrichtung auf das «Gewinnprinzip» die Motivationsfunktion, versagt gerade deshalb aber bezüglich der normativen Orientierungsfunktion. Denn hier wird Ethik (bzw. was dafür gehalten wird) einfach als ein weiterer strategischer *Erfolgsfaktor* wahrgenommen, etwa nach dem Motto «Sound ethics is good business in the long run».[14] Das Problem dabei ist nicht etwa, dass diese optimistische Annahme generell falsch wäre, sondern vielmehr, dass dieser Ansatz das spezifisch ethische Kriterium, nämlich die Rücksichtnahme auf legitime Ansprüche anderer um ihrer selbst willen (und nicht weil sich die «Rücksichtnahme» für den Akteur auszahlt), verfehlt und deshalb gerade in Situationen, in denen es darauf ankäme, da sich das ethisch Gebotene betriebswirtschaftlich auch längerfristig *nicht* rechnet, unternehmensethisch eine verkehrte Rangordnung der konfligierenden Wertgesichtspunkte suggeriert.
- *Korrektive Unternehmensethik* erfüllt umgekehrt zwar teilweise die normative Orien-

tierungsfunktion, nicht aber die Motivationsfunktion. Denn sie setzt Ethik einfach als «Gegengift» gegen das (konventionell motivierende) ökonomische Erfolgsdenken und -streben an. Die selbst verordneten ethischen Korrektive bleiben so der unternehmerischen Erfolgsorientierung äusserlich, als fallweiser *Verzicht* auf sie, statt von innen her eine andere, ethisch gehaltvollere Erfolgsphilosophie zu begründen und zu bewegen. Es ist deshalb für korrektive Unternehmensethik symptomatisch, dass sie «im Allgemeinen» an der alten betriebswirtschaftlichen Fiktion des «Gewinnprinzips» (das wir weiter unten noch genauer unter die Lupe nehmen werden) mitsamt dessen ökonomistischen Implikationen festhält und nur «im Einzelfall» (als Ausnahmefall) eine ethisch begründete Selbstbegrenzung in kompromisshafter Weise für nötig hält.[15]

Beiden skizzierten Denkmustern ist der Reflexionsstopp vor dem normativen Gehalt der betriebswirtschaftlichen Erfolgslogik, also des «Gewinnprinzips», gemein. Demgegenüber setzt *integrative Unternehmensethik* prinzipiell anders an, nämlich bei der handlungsorientierenden und -motivierenden Erfolgsidee oder «Erfolgsphilosophie» des Unternehmens als solcher. Der Leitgedanke ist die Begründung einer von Grund auf *ethisch integrierten Erfolgsorientierung* des Unternehmens *im Ganzen*. Die formale Struktur des klassischen Unternehmerethos, also die konstitutive Rolle des Ethos als der tragenden Grundlage des Unternehmertums, kann und soll erhalten bleiben – es kommt jetzt nur darauf an, seine überholten Hintergrundannahmen substanziell zu modernisieren!

Es ist also der implizite normative Gehalt der unternehmerischen Erfolgsorientierung selbst, an dem die unternehmensethische Reflexion anzusetzen hat. Statt sich mit dem zur ökonomistischen Ideologie verkommenen «caput mortuum» des alten metaphysischen Harmonieglaubens zu begnügen, ist jetzt eine ethisch vernünftige Lösung des Integrationsproblems zu leisten. Sie bedarf der Verankerung in einem realistischen Verständnis der konfliktreichen *gesellschaftlichen* Funktions- und Legitimationsbedingungen unternehmerischer Wertschöpfung und der sich daraus ergebenden Kriterien «guter» und «erfolgreicher» Unternehmensführung.

Damit ist im Prinzip die normative Orientierungsfunktion (kognitive Seite) integrativer Unternehmensethik geklärt: Sie soll nicht bloss die äussere Grenze, sondern die innere Grundlage all dessen bilden, was als unternehmerischer «Erfolg» betrachtet und daher überhaupt angestrebt wird. Unternehmensethik klärt buchstäblich die «Geschäftsgrundlagen», auf deren tragfähigem Boden sichergestellt wird, dass sämtliches unternehmerisches Handeln – im Markt und darüber hinaus – auf die Schaffung echter lebenspraktischer Werte in fairem Umgang mit konfligierenden Ansprüchen aller Beteiligten und Betroffenen zielt: *Wirtschaften heisst in legitimer Weise Werte schaffen.*

«In legitimer Weise» bedeutet dabei, dass konfligierende (Stakeholder-)Ansprüche an das unternehmerische Handeln und an seine Ergebnisse nicht gemäss ihrer strategischen Relevanz für vorentschiedene Unternehmensziele, sondern nach Massgabe der Berechtigung (Legitimität) der tangierten Ansprüche berücksichtigt werden. Nicht die ökonomische Logik des Vorteilstausches zwischen strikt eigennützigen Individuen, sondern die «normative Logik der Zwischenmenschlichkeit»[16] im Sinne der unbedingten wechselseitigen Achtung und Anerkennung aller Menschen als Personen gleicher Würde und mit gleichen moralischen Grundrechten bildet jetzt den vernunftethischen Standpunkt der Moral.

Die grundlegende unternehmensethische Konsequenz ist ein *ethisches Stakeholder-Konzept* der Unternehmung – im Unterschied zum herkömmlichen strategischen Stakeholder-Konzept, das bei näherem Hinsehen immer schon ein instrumentalistisch verkürztes Verständnis von Unternehmensethik impliziert:[17]
- Im *strategischen* Stakeholder-Konzept ist die Rücksichtnahme auf Stakeholder-Ansprüche nichts anderes als eine Investition in zukünftigen Unternehmenserfolg; sie bleibt also (vorteils)*bedingt.* Es geht um Kooperations- und Akzeptanzsicherung und sonst nichts. Ein eigenständiger ethischer Gesichtspunkt kommt überhaupt nicht ins Spiel. Die Gefahr ist deshalb gross, dass in Form eines Zirkelschlusses am Ende nur jene Ansprüche als «berechtigt» betrachtet werden, die mit der Maximierung des Shareholder Value harmonieren. Das herkömmliche Stakeholder-Konzept stellt somit, entgegen einem landläufigen Missverständnis, nur eine strategisch erweiterte Fassung der Shareholder-Value-Doktrin dar.
- In einem *ethisch gehaltvollen Stakeholder-Konzept* geht es demgegenüber um die Anerkennung legitimer Ansprüche aller vom unternehmerischen Handeln Betroffenen um ihrer selbst willen – es ist gerechtigkeits-, nicht macht- und interessenbasiert. Die Macht oder Ohnmacht von Stakeholdern gegenüber der Unternehmung soll hier gerade *keine* entscheidende Rolle spielen. Vielmehr kommt es auf die unparteiliche Begründbarkeit von Ansprüchen in einem verständigungsorientierten Dialog (Diskurs) und auf ihre faire Berücksichtigung vom vernunftethischen Standpunkt der Moral aus an.

Droht aber im ethischen Stakeholder-Konzept nicht eine hoffnungslose Anspruchsüberforderung von allen Seiten, die «auf Kosten» der Shareholder und letztlich zulasten der strategischen Selbstbehauptung des Unternehmens im Markt gehen muss? Dies ist, wiederum entgegen einem Standardmissverständnis, keineswegs der Fall, und zwar gleich aus zwei Gründen nicht:
- Erstens haben aus einer unparteilichen Perspektive, um die es im ethischen Stakeholder-Konzept ja geht, selbstverständlich *auch die Kapitaleigentümer legitime Ansprüche* auf eine angemessene Entschädigung (Rendite oder Verzinsung) ihres Kapitaleinsatzes. Die Berücksichtigung der Ansprüche anderer Stakeholder muss folglich auch ihnen gegenüber *zumutbar* sein. Allerdings verlangt das unternehmensethische Stakehoder-Konzept umgekehrt auch von den Kapitaleignern die Rücksichtnahme auf die legitimen Ansprüche der anderen Stakeholder. Zwischen den Postulaten der Verantwortbarkeit des unternehmerischen Handelns gegenüber allen Betroffenen und der Zumutbarkeit von deren Ansprüchen gegenüber den Handlungsträgern besteht eine faire Symmetrie.
- Zweitens sollte man nach der «Entzauberung» der marktmetaphysischen Unterstellung totaler Harmonie nicht in die (kaum weniger ideologieträchtige) polare Gegenannahme einer totalen Konfliktlage fallen. Zwischen vielen Stakeholder-Ansprüchen ist normalerweise durchaus eine *partielle Harmonie* realisierbar. Für die Erfüllung der meisten Ansprüche ist ja die Selbstbehauptung der Unternehmung im Markt eine Voraussetzung (Bereich A in Abb. 2). Nur eine strikte Gewinn-, Rentabilitäts- oder Shareholdervalue-*Maximierung* gerät unweigerlich in Konflikt zu anderen Wertgesichtspunkten (Bereich B in Abb. 2). Solange das Management nicht einseitig die Partikulärinteressen einzelner Stakeholder (oder gar nur seine eigenen Interessen) vertritt, sondern auf der Basis ethischer Geschäftsgrundsätze für die nachhaltige Existenz- und Erfolgssicherung des Unternehmens als Voraussetzung einer ausgewogenen, fairen Erfüllung aller legitimen Stakeholder-Ansprüche eintritt, befindet es sich auch aus unternehmensethischer Perspektive durchaus in einer starken Argumentationsposition.

Es gibt also keinen guten Grund, weshalb eine verantwortungsbewusste Unternehmensleitung sich gegen einen unternehmensethisch aufgeklärten Umgang mit den verschiedenen Stakeholder-Ansprüchen stellen müsste; vielmehr darf und soll sie ihre buchstäblich anspruchsvolle professionelle Aufgabe darin erkennen, die erfolgreiche unternehmerische Selbstbehauptung im Markt in einer gegenüber allen Beteiligten und Betroffenen gleichermassen vertretbaren Weise anzustreben. Eben darin wird sie ihren wahren Erfolg, nämlich die lebenspraktische Sinnerfüllung des unternehmerischen Tuns erkennen.

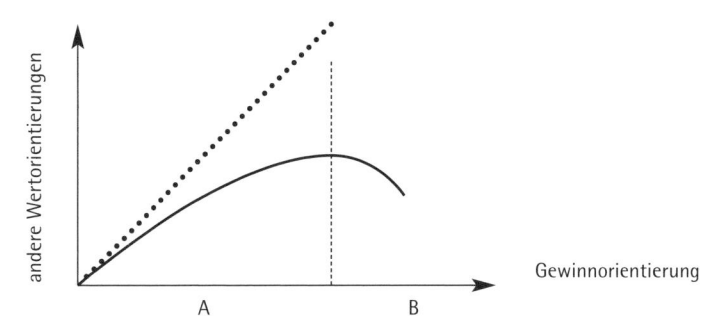

Abb. 2: Wechselbeziehung zwischen Gewinnorientierung und anderen Wertorientierungen

Damit sind wir nun konzeptionell gerüstet für die *ethische Integration des «Gewinnprinzips»*, das aus nüchterner vernunftethischer Sicht bloss auf der marktmetaphysischen Gemeinwohlfiktion beruht – oder wie es Nobelpreisträger Gunnar Myrdal schon vor mehr als 70 Jahren trefflich formulierte: auf der «kommunistischen Fiktion»[18] des marktgläubigen Wirtschaftsliberalismus. Es handelt sich dabei um eine schlechte Abstraktion von den konkreten Fragen nach einem sinnvollen «Qualitätsmix» und der fairen Verteilung der unternehmerischen Wertschöpfung. Indem nämlich die Maximierung einer bestimmten und erst noch höchstparteilichen Wertorientierung vorweg zum «Prinzip» erklärt (oder besser: verklärt) wird, werden ihr alle möglicherweise entgegenstehenden Wertgesichtspunkte pauschal und ungeprüft untergeordnet. Die ethische Reflexion auf eine situativ angemessene Rangordnung der verschiedenen Wertorientierungen findet bei dieser harmonistischen Verklärung der realen Konflikthaftigkeit des Wirtschaftens *nicht* statt. Wie jede ernsthafte ethische Grundhaltung beginnt aber auch die unternehmensethische Wahrhaftigkeit mit der Bereitschaft, das unternehmerische Vorteilsstreben von seiner ethischen Legitimität, d.h. seiner moralischen Berechtigung nach Massgabe guter Gründe, die gegenüber jedermann vertretbar sind, abhängig zu machen. Legitimes Gewinnstreben ist folglich stets nebenwirkungsgeprüftes und moralisch (selbst) begrenztes Gewinnstreben.

Der springende Punkt einer ethisch integrierten Gewinnorientierung ist dieser: Das unternehmerische Gewinnstreben ist mit all seinen alltäglichen Konsequenzen *Gegen-*

stand unternehmensethischer Reflexion, nicht selbst schon die ethische *Massgabe*. Es geht stets darum, vorbehaltlos zu prüfen, was angesichts der Vielzahl real konfligierender Wertgesichtspunkte unternehmerischer Wertschöpfung aus ethischer Sicht möglicherweise Vorrang vor dem Gewinnziel verdient. Gute Unternehmensführung ist deshalb auf die Orientierung an Wertschöpfungsideen und (Geschäfts-)Prinzipien angewiesen, in die das unternehmerische Erfolgsstreben *eingebettet* wird. So einfach ist das «im Prinzip»!

Motivationsbasis: Das Wirtschaftsbürgerethos einer «zivilisierten» Marktwirtschaft
Schwieriger zu beantworten ist die Frage, was denn nun Führungskräfte der Wirtschaft heutzutage zur dargelegten ethisch integrierten Erfolgsorientierung *motivieren* könnte oder sollte. Dabei handelt es sich zunächst um eine charakteristische Schwierigkeit aller modernen Ethik, dass die nur schwach motivierende Kraft vernünftiger Einsicht in der Regel nicht genügt, die Menschen zu entsprechendem Handeln zu bewegen. Nur für ein transzendentales Subjekt im Sinne Kants sind «reine» Vernunftgründe schon hinreichende, «zwingende» Handlungsmotive; ein spezielles Motivationsproblem stellt sich ihm daher nicht. Als reale Menschen haben wir jedoch in vielen Situationen *mixed motives*; schliesslich sind wir *frei* zum Guten wie zum Bösen. Für freie Personen gibt es (innerhalb der rechtsstaatlichen Gesetze) zum guten Glück kein zwingendes Müssen, sondern bestenfalls ein vernünftiges *Wollen*, das wir uns im gesellschaftlichen Zusammenleben selbst zum wechselseitig verbindlichen *Sollen* machen (und wo nötig rechtsstaatlich durchsetzen).

Die «transzendentale Nötigung»[19] einer autoritativen Morallehre funktioniert also in der Moderne nicht mehr. Was einer modernen Ethik als wirklich praktische Aufgabe verbleibt, ist die reflexive *Orientierungsfunktion* für autonome Personen, die eine moralische Grundhaltung und damit das Motiv, sich für eine vernunftethische Reflexion ihrer Handlungsweisen zu interessieren, schon mitbringen. Motiviert wird eine solche Haltung – wenn überhaupt – aus «starken» Lebenserfahrungen hinsichtlich der unverzichtbaren moralischen Grundlagen eines «zivilisierten» Umgangs unter den sich wechselseitig als frei und gleichberechtigt anerkennenden Bürgern und Bürgerinnen einer freiheitlich demokratischen Gesellschaft.

Nun besteht ja, wie wir gesehen haben, gerade im modernen Wirtschaftsleben eine charakteristische Spannung zwischen der normativen Logik der Zwischenmenschlichkeit (humanistischer Ethik) und der marktsystemischen Erfolgslogik. Wo sind die unter diesen Umständen besonders bedeutsamen lebenspraktischen Motivationsquellen eines ethisch integrierten Erfolgsdenkens zu finden oder – als praktische Aufgabe – zu entwickeln?

Mein praktischer Vorschlag geht dahin, diese Motivationsbasis im *Selbstverständnis moderner Wirtschaftsbürger(-innen)* zu lokalisieren und pädagogisch zu stärken – als deren *zivilisiertes Selber-Wollen*. Wirtschaftsbürger sind Wirtschaftssubjekte, die ihren «Geschäftssinn» von ihrem «Bürgersinn» nicht abspalten, sondern jenen in diesen integrieren wollen, um sich selbst als *integer*, d.h. buchstäblich als ganze Person, wahrnehmen und verstehen zu können. Sie wollen das, weil sie sich nicht nur als *bourgeois*, sondern als *citoyen*, d.h. als mitverantwortliches Mitglied der «bürgerlichen» Gesellschaft verstehen und das für eine solche Gesellschaft wesentliche *republikanische Ethos* verinnerlicht haben.[20] Dessen moralischer Kern besteht in der prinzipiellen Bereitschaft des Bürgers, seine privaten Interessen den Legitimitätsbedingungen der *Res publica*, d.h. der «öffentlichen Sache» des guten und gerechten Zusammenlebens freier Bürger zu unterstellen. Der republikanisch gesinnte Wirtschaftsbürger – und dies ist der springende Punkt – will auch im Wirtschaftsleben sehr wohl erfolgreich sein, aber er will gar keinen anderen Erfolg als jenen, den er vor sich selbst wie vor seinen Mitbürgern vertreten kann, da er mit den Grundsätzen einer wohl geordneten Bürgergesellschaft problemlos vereinbar ist. Was ihn dazu motiviert, ist schlicht seine Selbstachtung als Bürger, vielleicht sogar sein «Bürgerstolz», und der Wunsch, auch für andere ein achtenswerter Bürger zu sein.

Mit dem selbstlosen Altruismus eines hehren Idealisten, der bereit ist, auf sein eigenes Vorteilsstreben ganz zu verzichten und im Wirtschaftsleben mit fliegenden Fahnen unterzugehen, d.h. sich vom Markt die «rote Karte» zeigen zu lassen, hat dieses Wirtschaftsbürgerethos ebenso wenig zu tun wie mit dem Gegenpol eines rücksichtslosen Egoismus. Eher liesse sich sagen, dass aufgeklärte Wirtschaftsbürger *lebensklug* genug sind, ihr ökonomisches Vorteils- und Erfolgsstreben in die Voraussetzungen ihrer Selbstachtung zu integrieren, statt es zulasten ihres *im Ganzen* gelingenden und erfüllten Lebens zu verabsolutieren. Handlungsmotivierend wird das Bedürfnis nach solcher integritätstragender Integration freilich erst in Personen, die einerseits an die marktmetaphysische Gemeinwohlfiktion *nicht mehr glauben* und sich andererseits von den Erfordernissen («Sachzwängen») des marktwirtschaftlichen Wettbewerbs auch *nicht mehr zu-*

muten lassen, im Wirtschaftsleben wider ihr besseres Wissen und Gewissen strikt der partikulären Erfolgsmaximierung oder den entsprechenden Rollenzwängen des «Jobs» zu huldigen. Wer dies trotz der von ihm durchschauten ökonomistischen Gemeinwohlfiktion tut, riskiert *zynisch* zu werden. Denn Zynismus ist, wie Peter Sloterdijk so trefflich definiert hat, «das aufgeklärte falsche Bewusstsein», das «die bessere Einsicht den ‹Zwängen› geopfert hat» und aufgrund der «von sich selbst wissenden Anpassung» und der daraus fast unweigerlich resultierenden Selbstverachtung krank wird – «krank an dem Zwang, vorgefundene Verhältnisse, an denen es zweifelt, hinzunehmen, sich mit ihnen einzurichten und am Ende gar deren Geschäfte zu besorgen».[21]

Beachten sollte man in diesem Zusammenhang auch, was Sloterdijk nachgeschoben hat: «Wer von Zynismus redet, erinnert an Grenzen der Aufklärung.»[22] In der Tat versteht sich integrative Wirtschaftsethik als ein Stück nachholende Aufklärung in Bezug auf den (noch) herrschenden politischen Ökonomismus, der – journalistisch meistens als «Neoliberalismus» etikettiert – aus marktmetaphysisch verbrämten Interessen heraus einer totalen Marktgesellschaft das Wort redet. Demgegenüber argumentiert integrative Wirtschaftsethik für einen republikanischen Liberalismus.[23] Dieser zielt nicht einfach auf den «freien Markt», sondern auf die grösstmögliche verallgemeinerbare reale Bürgerfreiheit und auf eine dementsprechend in die Spielregeln einer wohl geordneten Gesellschaft freier und gleicher Bürger eingebettete, buchstäblich zivilisierte Marktwirtschaft. Es liegt auf der Hand, dass für diese entscheidende ordnungs- und gesellschaftspolitische Differenz nur empfänglich ist, wer persönlich den «Sinn» hat für das republikanische Wirtschaftsbürgerethos.

So sehr diese gesellschafts- und ordnungspolitischen Orientierungs- und Gestaltungsaufgaben den unternehmerischen Handlungsraum überschreiten, so wenig ist umgekehrt eine integrative unternehmensethische Orientierung im Denken und Handeln ohne diesen Reflexionshorizont möglich. Denn einerseits wurzelt jede Vorstellung «guter» Unternehmensführung letztlich in einem Leitbild einer guten Wirtschafts- und Gesellschaftsordnung, findet also wie gezeigt von dort her ihren Legitimations- und Motivationshorizont. Und andererseits kann nur im vollen Bewusstsein dieser vielschichtigen institutionellen Zusammenhänge die Gefahr einer naiven *Selbstüberforderung von Unternehmensethik* vermieden werden. Auch sie selbst darf sich nicht abspalten lassen von den wirkungsmächtigen institutionellen Zusammenhängen, denn die Reichweite der moralisch motivierten Integration von Ethik und marktwirtschaftlicher Erfolgslogik auf einzelwirtschaftlicher Ebene ist begrenzt. Wie reagieren unternehmensethisch aufgeklärte Führungskräfte auf dieses Problem?

Nun, wer es mit dem dargelegten wirtschaftsbürgerlichen Ethos einer ethisch integrierten Erfolgsorientierung ernst meint, der wird – gerade weil er sehr wohl nach (legitimem) Erfolg strebt – mit ordnungspolitischen Rahmenbedingungen, welche weniger verantwortungsbewussten Konkurrenten gestatten, aus *moral freeriding* unlautere Wettbewerbsvorteile zu ziehen, nicht einverstanden sein. Er wird also sein aufgeklärtes Eigeninteresse an ordnungspolitischen Reformen erkennen, welche der Bürgertugend derjenigen Akteure, die ihre Unternehmenspolitik und Geschäftsstrategie integer ausrichten wollen, die nötigen *institutionellen Rückenstützen* in Form von förderlichen gesetzlichen Rahmenbedingungen und wettbewerbspolitischen Anreizsystemen (z.B. durch Lenkungssteuern) geben.[24] Und er wird darüber hinaus in seinem Selbstverständnis als freier und mündiger Bürger, der an der politischen Gestaltung der «*Res publica*» partizipiert, auch seine angemessene *gesellschafts- und ordnungspolitische Mitverantwortung* für entsprechende Reformen anerkennen.

«Zivilisierte» Unternehmensführung – oder: Corporate Citizenship ernst genommen

Der gedankliche Weg ist nun nicht mehr weit, um das dargelegte wirtschaftsbürgerliche Verantwortungsverständnis auch auf ein Unternehmen zu übertragen, das sich wie ein «anständiger Bürger» verhalten möchte, indem es seine republikanische Mitverantwortung für die Legitimitätsbedingungen des unternehmerischen Erfolgsstrebens erkennt und wahrnimmt. Motivbildend ist dafür letztlich immer das wahrhaftige Interesse der Verantwortungsträger an einer buchstäblich «zivilisierten» Form der Unternehmensführung – also an begrifflich ernst genommener *Corporate Citizenship*.

Dieser in der Praxis leider bereits wieder inflationär verwendete Begriff steht hier nun für das Selbstverständnis eines Unternehmens, das sich konsequent den (republikanisch-)ethischen Voraussetzungen einer wahrhaften Bürgergesellschaft unterordnet und deshalb von vornherein nur solche Erfolgsziele und -strategien verfolgt, welche sich im Lichte des Leitbilds des guten und gerechten Zusammenlebens freier und gleicher Bürger(-innen) gegenüber jedermann vertreten lassen. Ganz im Gegensatz zum landläufigen Verständnis des Begriffs ist (Good) *Corporate Citizenship* somit nicht einfach eine andere Bezeichnung für Spendenethik, d.h. für «gutes Tun» möglichst weit ausserhalb des Geschäfts, sondern zielt auf die ganzheitliche Integration des bürgergesellschaftlichen Horizonts in das unternehmerische Handeln – eben auf eine ethisch integrierte Geschäfts- und Erfolgsphilosophie.

So orientierte Unternehmen wollen durchaus erfolgreich geschäften, aber sie wollen von ihrem ganzen Selbst- und Rollenverständnis her keinen anderen Erfolg als jenen, den sie vorbehaltlos vor und gegenüber jedermann – oder anders ausgedrückt: gegenüber allen Stakeholdern sowie der «bürgerlichen» Öffentlichkeit – vertreten können. Eine besonders interessante Konsequenz so verstandener Corporate Citizenship besteht darin, dass sie *zweistufig* gedacht werden muss:
- Unmittelbar im Marktgebaren, als «Geschäftsethik», kommt die Grundnorm der ethisch integrierten Erfolgsorientierung als *Geschäftsintegrität* zum Ausdruck, und zwar gegenüber sämtlichen Marktpartnern. Praktische Ansatzpunkte dafür sind eine sinngebende Wertschöpfungsidee («Mission Statement»), die Selbstbindung an klare Geschäftsprinzipien («Business Principles», «Code of Conduct»), klar definierte und respektierte Persönlichkeits- und Bürgerrechte aller Stakeholder («Bill of Stakeholder Rights»), insbesondere der Mitarbeiter als «Organisationsbürger»[25], und die ethische Bewusstseins- und Kompetenzbildung auf allen Führungsebenen («Ethics Training»). Hinzukommen muss ein System des Integritätsmanagements, das die angestrebte Integritäts- und Verantwortungskultur auf allen Ebenen unterstützt, indem die Konsistenz sämtlicher Führungssysteme im Unternehmen mit ihr und die Einhaltung der definierten Grundsätze und Standards sichergestellt wird («Integrity & Compliance Program»).[26]
- Darüber hinaus werden auch die gesellschaftlichen Rahmenbedingungen der einzelwirtschaftlichen Selbstbehauptung hinterfragt und eine *branchen-, ordnungs- und gesellschaftspolitische Mitverantwortung* der «Privatwirtschaft» für die öffentliche Sache («res publica») der Spielregeln eines fairen und gemeinwohldienlichen Wettbewerbs anerkannt. Das politische Engagement der Privatwirtschaft und ihrer Verbände erschöpft sich nicht mehr in der Fortsetzung des Geschäfts mit andern Mitteln, d.h. im Lobbyieren für möglichst kostengünstige Rahmenbedingungen der Gewinnmaximierung; vielmehr wird Mitverantwortung für eine republikanisch *eingebettete* Wirtschaft übernommen, deren Dynamik den vitalen Bedürfnissen der Bürgerinnen und Bürger dient.

Es geht auf dieser zweiten Ebene zum Ersten um das mitverantwortliche Engagement für die «subpolitische»[27] Etablierung von Branchenstandards oder anderen Formen kollektiver Selbstbindung – beispielsweise an den *UN Global Compact* – und zum Zweiten um den öffentlichen Einsatz für ordnungspolitische Rahmenbedingungen eines gemeinwohldienlichen, «zivilisierten» Wettbewerbs, unter denen die Wirtschaftsakteure eine faire Chance haben, ethisch verantwortbar *und* zugleich erfolgreich zu wirtschaften. Unternehmensleitungen, die es damit ernst meinen und die klug sind, erkennen darin die Möglichkeits- oder besser Zumutbarkeitsbedingung gelebter Geschäftsintegrität. Als *Unternehmer mit Prinzipien* wollen sie doch nicht im Markt das Nachsehen haben, bloss weil die ordnungspolitischen Anreize falsch gesetzt sind, so dass Akteure, die gesellschaftlich oder ökologisch weniger verantwortungsvoll handeln, mit unverdienten Kostenvorteilen belohnt werden. Und darum begreifen sie es als integralen Bestandteil von Corporate Citizenship, sich für eine «organisierte Verantwortlichkeit»[28] zu engagieren, die eine ethisch integrierte Erfolgsphilosophie der Unternehmen zumutbar macht.

Das heutzutage für die Protagonisten eines ökonomistisch verselbständigten Wirtschaftsliberalismus so charakteristische Ressentiment gegen alles Politische ist wirtschaftsbürgerethisch aufgeklärten Führungskräften der Wirtschaft deshalb fremd. Wie diese über Politik reden und wie Firmen sowie Branchenverbände auf dem politischen Parkett agieren, wird von der kritischen Öffentlichkeit durchaus zu Recht genauso scharf beobachtet wie ihr unmittelbares Geschäftsgebaren im Markt. Nur wenn ein Unternehmen in glaubwürdiger Weise in beiden Sphären den gleichen ethischen Standards folgt, wird man es als *integer* wahrnehmen. Und genau diese unteilbare Integrität erwartet man von einem *Good Corporate Citizen*.

Diese republikanisch-liberale Bestimmung von zweistufig verstandener Corporate Citizenship ist zukunftsträchtig. Denn im «gnadenlosen» Wettbewerb auf mehr oder weniger deregulierten und entgrenzten (globalisierten) Märkten dürften wirtschaftsbürgerethisch aufgeklärte und integre Führungskräfte sich immer mehr der institutionellen Voraussetzungen zumutbarer Geschäftsintegrität bewusst werden. Die Vorhut dieses *neuen Unternehmertypus* lässt sich empirisch bereits seit mehr als zehn Jahren ausmachen.[29] Die von ihm repräsentierte Neuorientierung im Denken ist weitreichend: Diente das alte marktmetaphysische Unternehmerethos gewollt oder ungewollt dazu, die Herauslösung oder das *disembedding* verselbständigter Erwerbs- oder Kapitalverwertungsmotive aus ethischen und politischen Kontexten zu rechtfertigen, so besteht die epochale Rolle des neuen republikanischen Unternehmerethos gerade umgekehrt in der Reintegration der bürgergesellschaftlichen Werte und Normen in das unternehmerische

Selbstverständnis, also im lebensdienlichen *(re-)embedding* der Kapitalverwertungsinteressen. Der wachsende öffentliche Erwartungsdruck in diese Richtung dürfte seinen Teil dazu beitragen.[30] Wohl nur noch auf dieser Grundlage kann sich in einer wirtschaftsethisch zunehmend aufgeklärten Bürgergesellschaft ein Unternehmen sein öffentliches Ansehen und seinen nachhaltigen wirtschaftlichen Erfolg redlich verdienen.

1   Vgl. das empirisch gefundene Spektrum solcher Denkmuster in Ulrich/Thielemann (1992).
2   Gutenberg (1976: 469) wusste das Gewinnprinzip, im Unterschied zu manchen seiner Nachfolger, durchaus zu relativieren: «Niemand wird heute mehr unvoreingenommen genug sein, in Zeiten grosser ökonomischer und sozialer Spannungen die Rendite als einziges Mittel zur Beseitigung dieser Spannungen anzusehen.»
3   Zu den Ausprägungen und empirischen Belegen dieses noch immer in der Praxis verbreiteten Denkmusters vgl. Ulrich/Thielemann (1992: 35 ff.).
4   So der Titel des millionenfach nachgedruckten Essays von Friedman (1970).
5   Vgl. den berühmten Kernsatz des Wirtschaftshistorikers Polanyi (1978: 88 f.) zum normativen Horizont des anhaltenden *disembedding* der kapitalistischen Marktwirtschaft aus der Gesellschaft (einem Prozess, der heute durch die Globalisierung der Märkte mächtig Schub erfährt): «Die Wirtschaft ist nicht mehr in die sozialen Beziehungen eingebettet, sondern die sozialen Beziehungen sind in das Wirtschaftssystem eingebettet.»
6   Beide Zitate aus Weber (1988: 564 bzw. 568).
7   Koslowski (1986: 29).
8   Weber (1988: 110).
9   Vgl. dazu Ulrich (2001: 132 ff., 168 ff.).
10 Der Begriff des Neoliberalismus wird journalistisch oft falsch verwendet. Für eine präzise Abgrenzung vom Alt- sowie vom Ordoliberalismus vgl. Ulrich (2001: 333 ff.) oder in kürzerer Form Ulrich (2002: 167 ff.).
11 Weber (1991: 373).
12 Weber (1988: 178).
13 Da wir uns mit diesen unzureichenden Konzepten nicht aufhalten wollen, wird für eine gründlichere Erörterung verwiesen auf Ulrich (2001: 416 ff.).
14 Zur fast einhelligen Zustimmung, die dieses Credo in mehreren empirischen Managerbefragungen fand, vgl. Ulrich/Thielemann (1993: 891 f.).
15 Dieser Einwand trifft namentlich die Konzeption von Steinmann/Löhr (1994: 106 ff.); für eine eingehende Kritik vgl. Ulrich (2001: 424 ff.).
16 Zur Entfaltung der «normativen Logik der Zwischenmenschlichkeit» und zur vernunftethischen Kritik der ökonomischen Logik des Vorteilstausches vgl. im Einzelnen Ulrich (2001: 44 ff. bzw. 184 ff.).

17 Repräsentativ für das übliche strategische Stakeholder-Konzept ist das Standardwerk von Freeman (1984). Zur Kritik sowie zur genaueren Unterscheidung von ethischem und strategischem Stakeholder-Konzept vgl. Ulrich (2001: 440 ff.).
18 Vgl. Myrdal (1976: 48, 113, 129, 188).
19 So der treffende Ausdruck von Habermas (1991: 20) in kritischer Absicht. Für nähere Erläuterungen zu der oben nur angedeuteten Trennung von Begründungs- und Motivationsproblem unter modernen Bedingungen vgl. Ulrich (2004: 132 ff.).
20 Vgl. dazu Ulrich (2001: 299 ff.). Zur «Wirtschaftsethik der Bürgergesellschaft» vgl. auch Maak (1999: 248ff.).
21 Sloterdijk (1983: 37, 41, 40).
22 Sloterdijk (1983: 44).
23 Vgl. die systematische Abgrenzung zwischen republikanischem und ökonomischem Liberalismus in Ulrich (2001: 293 ff.), knapper auch in Ulrich (2002: 72 ff.)
24 Vgl. dazu Ulrich (2001: 318 ff., 367 ff.).
25 Zu den wichtigsten Organisationsbürgerrechten und -pflichten vgl. Ulrich (2001: 324 ff.).
26 Ein auf dem Ansatz integrativer Unternehmensethik aufbauendes Modell des Integritätsmanagements bietet Waxenberger (2001).
27 «Subpolitik» meint nach Beck (1993: 149 ff.) die «Rückkehr der Individuen in die Gesellschaft» und die (von republikanisch gesinnten Bürgern getragene) vermehrte «Selbstorganisation des Politischen» unterhalb der staatlichen Ebene
28 In Abwandlung von Becks (1988) Formel von der «organisierten Unverantwortlichkeit».
29 Vgl. Ulrich/Thielemann (1993: 82 ff.).
30 Vgl. die repräsentative Meinungsbefragung von Lunau/Wettstein (2004).

Literatur
- Beck, U. (1988): Gegengifte. Die organisierte Unverantwortlichkeit, Frankfurt a.M.
- Beck, U. (1993): Die Erfindung des Politischen, Frankfurt a.M.
- Freeman, R.E. (1984): Strategic Management. A Stakeholder Approach, Boston.
- Friedman, M. (1970): The social responsibility of business is to increase its profits, in: The New York Times Magazine, 13. September, S. 32–33 und 122–126.
- Gutenberg, E. (1976): Grundlagen der Betriebswirtschaftslehre, I. Bd.: Die Produktion, 22. Aufl., Berlin.
- Habermas, J. (1991): Erläuterungen zur Diskursethik, Frankfurt a.M.
- Koslowski, P. (1986): Ethik des Kapitalismus, 3. durchges. Aufl., Tübingen.
- Lunau, Y./Wettstein, F. (2004): Die soziale Verantwortung der Wirtschaft. Was Bürger von Unternehmen erwarten, Bern/Stuttgart/Wien.

- Maak, Th. (1999): Die Wirtschaft der Bürgergesellschaft, Bern/Stuttgart/Wien.
- Myrdal, G. (1976): Das politische Element in der nationalökonomischen Doktrinbildung, 2. Aufl. der dt. Neuausg., Bonn-Bad Godesberg.
- Polanyi, K. (1978): The Great Transformation. Politische und ökonomische Ursprünge von Gesellschaften und Wirtschaftssystemen, Frankfurt a.M.
- Sloterdijk, P. (1983): Kritik der zynischen Vernunft, Frankfurt a.M.
- Steinmann, H./Löhr, A. (1994): Grundlagen der Unternehmensethik, 2. überarb. Aufl., Stuttgart.
- Ulrich, P. (2001): Integrative Wirtschaftsethik. Grundlagen einer lebensdienlichen Ökonomie, 3. rev. Aufl., Bern/Stuttgart/Wien.
- Ulrich, P. (2002): Der entzauberte Markt. Eine wirtschaftsethische Orientierung, Freiburg i.B.
- Ulrich, P. (2004): Prinzipienkaskaden oder Graswurzelreflexion? Zum Praxisbezug der Integrativen Wirtschaftsethik, in: P. Ulrich/M. Breuer (Hrsg.), Wirtschaftsethik im philosophischen Diskurs. Begründung und «Anwendung» praktischen Orientierungswissens, Würzburg, S. 127–142.
- Ulrich, P./Thielemann, U. (1992): Ethik und Erfolg. Unternehmensethische Denkmuster von Führungskräften – eine empirische Studie, Bern/Stuttgart/Wien.
- Ulrich, P./Thielemann, U. (1993): How Do Managers Think about Market Economies and Morality? Empirical Enquiries into Business-ethical Thinking Patterns, in: Journal of Business Ethics 12, S. 879–898.
- Waxenberger, B. (2001): Integritätsmanagement. Ein Gestaltungsmodell prinzipiengeleiteter Unternehmensführung, Bern/Stuttgart/Wien.
- Weber, M. (1988): Die protestantische Ethik und der Geist des Kapitalismus, in: Ders., Gesammelte Aufsätze zur Religionssoziologie I, 9. Aufl., Tübingen, S. 17–206.
- Weber, M. (1991): Die Entfaltung der kapitalistischen Gesinnung, in: Ders., Die protestantische Ethik, Bd. 1. Eine Aufsatzsammlung, 8. Aufl., Gütersloh, S. 358–376.

Ist globalisierte Ethik möglich?

Ethik, ökonomischer Ratschlag und ökonomische Politik

Joseph E. Stiglitz, Prof. (*1943 in Gary, Indiana/USA), war Professor für Volkswirtschaft in Yale, Princeton, Oxford und Stanford, bevor er 1993 in den Sachverständigenrat für Wirtschaftsfragen Bill Clintons wechselte, den er die ganze erste Amtszeit hindurch beriet. Anschliessend ging er als Chefvolkswirt zur Weltbank. 2001 wurde er mit dem Nobelpreis für Wirtschaft ausgezeichnet. Heute lehrt J. E. Stiglitz an der Columbia University in New York.

Joseph E. Stiglitz, der Ende 1999 als Chefökonom der Weltbank zurücktrat, ist Mitbegründer der «New Development Economics», die das reibungslose Funktionieren von Märkten aufgrund von Informationsproblemen anzweifelt. Diese Grundausrichtung hat ihn in eine Kontroverse zum Internationalen Währungsfonds gebracht, die sich insbesondere an den Politikempfehlungen des IWF im Vorfeld und nach dem Ausbruch der Asien-Krise entzündete und im Rücktritt von J. E. Stiglitz mündete. Dennoch hat Joseph Stiglitz aufgrund seines intellektuellen Gewichtes die Politik von Weltbank und IWF nachhaltig verändert. Er hat substanzielle Beiträge zur Makroökonomie, Geldtheorie, zum Aufbau von Nationalökonomien, Aussenhandelstheorien, zur öffentlichen Finanzwirtschaft und zu Unternehmensfinanzen, Theorien der Gewerbe- und Landwirtschaftsorganisationen sowie der Wohlfahrtsökonomie und zur Lehre von Ertrags- und Vermögensverteilung beigesteuert. In den Achzigerjahren hat er sich beachtlich für die Interessenbildung von Forschung und Entwicklung eingesetzt.

Sein Werk hilft die Umstände zu veranschaulichen, welche schlecht funktionierende Wirtschaftsräume bedingen, und gibt darüber Auskunft, wie mittels selektiver Regierungsinterventionen Gegensteuer gegeben werden kann und dadurch verbesserte Leistungen resultieren.

Ich möchte diese Gelegenheit nutzen, die ethischen Dimensionen im Spannungsfeld von Entwicklung und internationaler Wirtschaft zu besprechen, mit welchen ich während der letzten acht Jahre konfrontiert wurde.

Ökonomen haben in der Vergangenheit menschliches Verhalten und das Erbringen effizienter Resultate mit der Motivation des Eigeninteresses erklärt.

Sie sind sich aber schon lange über die Grenzen dieser Perspektiven bewusst. Häufig scheitert es am Eigeninteresse beziehungsweise am Marktparadigma, effiziente Resultate zu bringen, und selbst wenn, sind diese Resultate nicht konform mit den Begriffen der Sozialgerechtigkeit. Auf dem Gebiet der Wirtschaftspolitik rechtfertigen sogar Regierungen für gewöhnlich Auslandshilfe und Unterstützungen für arme Länder mit dem eigenen Interesse. Solche Entwicklungsunterstützungen stärken die Weltwirtschaft, wodurch die Exporte des eigenen Landes erhöht werden, oder sie stärken die globale politische Stabilität, was zum Nutzen aller ist. Solche Argumente lenken die Aufmerksamkeit von der moralischen Rechtfertigung dieser Unterstützungen ab.

Die Ethik in Beziehungen zwischen den entwickelten und weniger entwickelten Ländern schreibt vor, dass die entwickelten Länder die weniger entwickelten Länder gerecht behandeln. Sie müssen bewusst deren benachteiligte ökonomische Position schützen, und akzeptieren, dass Nutzen aus der eigenen ökonomischen Stärke zu ziehen unvermeidlich den Armen innerhalb der Entwicklungsländer schadet. Wir haben aber einige Fälle gesehen, in denen im globalen ökonomischen Verbund dieses Gebot auf das Gröbste verletzt worden ist: eine internationale Handelsagenda zur Förderung der Interessen der entwickelten Länder, dies zumindest teilweise auf Kosten der weniger entwickelten. In dem Ausmass, dass damit der Durchschnitt der ärmsten Regionen der Welt am Ende der letzten Runde der Handelsvereinbarungen schlechter dastand als vorher. Eine internationale Klimavereinbarung erlaubte zudem, dass jene reichen Länder, die heute die grössten Umweltverschmutzer sind, weiterhin mit eben dieser Verschmutzung fortfahren können.

Es gibt weitere Aspekte der Globalisierung, welche die Verletzung grundlegender ethischer Gebote veranschaulichen. Betrachten wir das Argument zum freien Kapitalfluss: Er soll global die Effizienz erhöhen. Niemand kümmert sich aber um die Verwüstung, die dieser freie Kapitalfluss in kleinen armen Ländern anrichtet. Bei Ländern, welche sich nicht gegen die irrationale Wankelmütigkeit der Investoren und die daraus resultierenden Umlenkungen des Geldflusses wehren können. Aber die Globalisierung in diesem Bereich ist gleichzusetzen mit der Globalisierung im Handel: Dort sehen wir, wie leistungsfähige Länder den weniger entwickelten Ländern erklären, ihre Märkte zu den Waren der Industrieländer öffnen zu müssen, während sie ihre geschlossen hielten. Das Gut, dass die entwickelten Länder exportieren, ist das Kapital, das Gut, das die Entwicklungsländer im Überfluss anbieten, ist Arbeitskraft. Von einem ökonomischen Standpunkt aus könnte globale Leistungsfähigkeit durch freie Mobilität der Arbeitskraft erreicht werden, gleich wie sie durch freie Mobilität des Kapitals erreicht werden kann. Aber die reichen Länder verhandeln nicht über die freie Mobilität der Arbeitskraft, sie öffnen nicht ihre Türen für die Armen der Welt. Der Grund liegt auf der Hand: Sie sind sich der sozialen Verschiebung bewusst – und des daraus entstehenden politischen Drucks, den eine solche Massenmigration hervorbrächte Aber sie können sich auch nicht einfach an die Stelle der Entwicklungsländer versetzen: Sie sind taub, wenn die Entwicklungsländer genau die gleichen Gegenargumente gegen die Öffnung der Märkte ihrer Länder zu den Waren vorbringen, welche im Überfluss in der entwickelten Welt vorhanden sind.

Ich werde meine Abhandlung auf eine pragmatische Ethik gründen. Das heisst: Ich werde nicht versuchen, ethische Grundprinzipien durch theoretische Überlegungen abzuleiten. Hingegen werde ich weit verbreitete ethische Regeln zur Gestaltung internationaler Wirtschaftsbeziehungen betrachten und weiterhin einige Wirtschaftsaktionen evaluieren, die als prinzipiengeleitete Aktivitäten angesehen werden können. Ich werde mir dabei nicht zum ehrgeizigen Ziel setzen, ethische Regeln zu definieren. Was ich ausführe, kann jedoch als Vorarbeit für diese Aufgabe fungieren. Ich werde also diese Gelegenheit nutzen, um Fragen zu stellen, aber auch, um Antworten zu geben.[1]

Es gibt fünf Grundregeln, auf die ich mich konzentrieren werde: Ehrlichkeit, Fairness, Sozialgerechtigkeit (das Interesse für die Armen sei hier eingeschlossen), Externalitäten (soziale/volkswirtschaftliche Kosten, die nicht von den verursachenden Wirtschaftsakteuren getragen, sondern Dritten aufgebürdet werden) und Verantwortung. Obwohl die Bedeutung der meisten dieser Begriffe selbstverständlich sein sollte, werde ich jeden kurz kommentieren.

Ehrlichkeit geht weiter als die Vermeidung des Lügens; sie ist eher ein Diktum der Wahrheit, der ganzen Wahrheit und nichts als der Wahrheit. Fehldarstellungen – zum Beispiel den Anschein einer Evidenz zu erwecken, die gar nicht besteht, verletzen die Grundregeln der Ehrlichkeit.[2]

Fairness schliesst ein, was auch Ökonomen Fairness nennen: Alle werden gleich behandelt (z.B. keine Diskriminierung aufgrund der Rasse oder des Geschlechts), oder aber es aufgrund relevanter Unterschiede eine erwünschte Ausnahme gemacht (z.B. brauchen alte Menschen und Behinderte eine gesonderte Behandlung). Die schwierige Frage ist nun, was sind diese relevanten Unterschiede, welche die gesonderte Behandlung rechtfertigen? Bevorzugung – einschliesslich der gesonderten Behandlung aufgrund speziellen Interesses - ist in sich eine Verletzung der ethischen Norm der Gerechtigkeit.

Soziale Gerechtigkeit bedeutet, denen in Not zu helfen, indem wir ihnen Sinn für Würde geben, und dass die Fähigkeit zur individuellen Selbstverantwortung gefördert wird. Beachtung von Externalitäten impliziert, dass das Individuum seine Kosten nicht auf andere abwälzt. Von diesem Standpunkt ist schon «littering» – das Fortwerfen von Abfall – eine Verletzung dieser ethischen Norm.

Verantwortung bedeutet, dass jede Einzelperson Verantwortung für ihre Tätigkeiten und deren Konsequenzen übernimmt.

Ethische Themen entstehen in jedem Aspekt der Wirtschaft und der korrespondierenden Politik. Wir anerkennen zum Beispiel ethische Probleme durch Interessenkonflikte. Bei der Vielzahl von Rollen und Aufgaben, die man als Individuum hat, sind solche Interessenkonflikte unvermeidlich. Heute fordern moderne ethische Normen die Offenlegung von Interessenkonflikten und reflektieren damit das Gebot der Ehrlichkeit. Es wird allgemein nicht als unmoralisch angesehen, aktiv in der Rolle des Treuhänders zu sein oder einen Rat zu geben, welcher einem selber nützt. Aber es ist unmoralisch, diesen Interessenkonflikt nicht offen zu kommunizieren, damit die Beeinflussten eventuell entsprechende Vorsichtsmassnahmen treffen können. Die moderne Unternehmenstheorie anerkennt, dass Mitarbeiter im Allgemeinen nicht die Überzeugungen ihrer Arbeitgeber vertreten. Es ist aber in der Verantwortung des Arbeitgebers, Strukturen zu schaffen, damit dieses Interesse möglichst konform ist. Der Mitarbeiter darf sich aber nicht zu illegalem Tun anhalten lassen, wie zum Beispiel, zu stehlen, Schmiergelder von Klienten zu erpressen oder in solcher Art aktiv zu sein.

Die Wirtschaft und ihre Ratgeber sehen sich mit ethischen Fragen konfrontiert. Auch Regierungsbeamte müssen sich mit ethischen Problemen, die mit Korruption assoziiert sind, auseinander setzen. Ebenso stehen Regierungen vor ethischen Fragen bezüglich der Entwicklung ihrer Programme, und auch internationale Institutionen sehen sich mit ethischen Themen konfrontiert.

Ich beginne diesen Abschnitt, indem ich die Rolle eines Wirtschaftsberaters ethisch analysiere. Was bedeutet es, ein ethischer Wirtschaftsberater zu sein? Die Frage ist wichtig, weil internationale Kreditinstitute aktiv ökonomische Beratungen geben. Verhalten sie sich ethisch, wenn sie dies tun?

Danach betrachte ich ein spezifisches Thema: Ethik im Umgang mit Entwicklungsländern durch entwickelte Länder, z.B. Ethik in Bereichen des Handels, der globalen Umweltpolitik, der Schuldenerlasse, der Wachstumsstrategien, des Krisenmanagements und der Bevölkerungspolitik.

Die Ethik des Wirtschaftsberaters
Die meisten Berufsgattungen haben klare ethische Grundregeln. In der Medizin werden diese mit dem Eid des Hippokrates geschworen. Dieser schliesst «tue keinen Schaden» ein. In diesem Sinne suchen die ethischen Normen die nachteiligen Konsequenzen des Eigeninteresses einzugrenzen, insbesondere dann, wenn ein Beteiligter durch Informationsvorsprung bevorzugt ist.

Das Verletzen ethischer Grundregeln schädigt den Ruf eines gesamten Berufsstandes (das ist in diesem Sinne auch eine Externalität). Dieser Missbrauch zerstört Vertrauen. Zum Beispiel wäre es unethisch von einem Arzt, eine bestimmte Medizin zu verschreiben, weil er dafür eine Provision vom Hersteller erhält. Der Patient, ohne Kenntnis des wahren Grundes, nimmt aber an, dass der Arzt die Medizin im besten Sinne des Patienten verschreibt und nicht, weil er Geld dafür erhält. Darum sind Tätigkeiten unethisch, welche zu einem Interessenkonflikt zwischen Fachperson und der zu beratenden Person führen. Sobald Information ein zentraler Teil einer Dienstleistung ist, wird Ehrlichkeit zu einer kritischen Tugend.

Durch die Zerstörung dieses Vertrauens entstehen grosse ökonomische Kosten. In stark vereinfachten Modellen führt Eigeninteresse zu effizienten Resultaten. Einzelne handeln in ihrem Eigeninteresse, was von ihnen auch entsprechend erwartet wird. In den modernen Theorien aber, in denen lückenhafte Informationen und inkompetente Märkte eine wichtige Rolle spielen, bringt eigennütziges Verhalten im Allgemeinen keine nachhaltigen Resultate. Das Gleichgewicht, das auf Vertrauen basiert, zeigt bessere Resultate als dessen Fehlen. Der Patient, zum Beispiel, wird misstrauisch eine zweite und dritte Meinung einholen, falls er annimmt, dass seine Behandlung nur durch kommerzielles Interesse bestimmt wird. Das zeigt, wie ethisches Verhalten zur Steigerung der Effizienz beitragen kann.

Einige Grundregeln, die das Verhalten von Wirtschaftsberatern beeinflussen, sind offensichtlich. Offensichtlich ist es ein ethisches Mandat, als Anlageberater keinen Vorteil aus Insiderinformationen zu ziehen oder die als Berater geknüpften Beziehungen direkt für den eigenen Profit zu nutzen. Zudem gibt es ethische (und häufig auch rechtliche) Normen für die Offenlegung seiner Handlungen. Transparenz reduziert die Gefahr, dass die Beratung nur für den eigenen Profit erfolgt. Aber sie beseitigt sie nicht ganz. Ein Berater mit einer Short-Position eines von ihm beratenen Unternehmens hätte einen guten Grund, eine Reduktion des Marktwertes (Börsenkurs) zu beeinflussen. Wenige Unternehmen würden in diesem Falle dem Berater erlauben, seine Beteiligungen zu behalten. Auch sollte ein Unternehmensberater bei der Suche nach einem Lieferanten für seinen Klienten kein finanzielles Eigeninteresse bei dieser Wahl haben. Und wenn doch, sollte er es kundtun; alles andere wäre unethisch.

Aber es gibt auch weniger offensichtliche Folgen. Und diesen möchte ich meine Aufmerksamkeit schenken. Zuerst einmal erfordert Ehrlichkeit volle Transparenz über vorhandene Wissensgrenzen. In der Naturwissenschaft akzeptiert man die Bandbreite der Schätzungen, eben den Vertrauensbereich, innerhalb dessen bestimmte Resultate erreicht werden.

In den Sozialwissenschaften ist die Anerkennung von Unsicherheitsfaktoren normal. So erhält jede einzelne Angelegenheit einen unterschiedlichen Vertrauensbereich. Zum Beispiel können Ökonomen mit ziemlicher Sicherheit behaupten, dass eine Regierung, die während eines längeren Zeitraumes mehr ausgibt, als sie einnimmt, mit grösster Wahrscheinlichkeit mit ökonomischen Problemen konfrontiert wird oder dass Hyper-inflation die Wirtschaft negativ beeinflusst. Wir können auch ziemlich sicher behaupten, dass die Liberalisierung des Kapitalmarktes mit grossen Risiken verbunden ist, dies besonders für kleine, offene, sich entwickelnde Ökonomien. Ebenso erfordert die Norm der Ehrlichkeit, dass ein Berater, welcher eine Liberalisierung des Kapitalmarktes empfiehlt, aufzeigt, dass es keinen empirischen Beweis dafür gibt, dass die Liberalisierung des Kapitalmarktes zu schnellerem Wachstum führt. Auch sollte er erwähnen, dass ökonomische Theorien, welche die Liberalisierung des Kapitalmarktes stützen, bestritten werden. Der Berater könnte eine ganze Reihe von Argumenten anführen, die besagen, dass die Freigabe der Kapitalkonten zur Generierung von ausländischen Direktinvestitionen nützlich ist. Jedoch muss er zugeben, dass China als das Entwicklungsland, das am erfolgreichsten ausländische Direktinvestitionen akquiriert hat, seine Kapitalkonten nicht liberalisiert hat.

Zweitens erfordert Ehrlichkeit das Aufdecken, dass es mehr als eine pareto-effiziente Strategie gibt. Es gibt Kompromisse, womit der Wirtschaftspolitik Teilen der Gesellschaft unterschiedliche Risiken aufgebürdet werden. Ökonomischer Ratschlag sollte das Sicherstellen der Leistungsfähigkeit politischer Richtlinien fokussieren (technisch ausgedrückt, sicherstellen, dass die Wirtschaft innerhalb der Grenzen des Pareto-Optimums operiert). Aber es liegt in der Verantwortung der politischen Prozesse, die Punkte dieser Grenzen zu bestimmen. Wenn ein Ökonom einen bestimmten Punkt auf dieser Grenze empfiehlt, benutzt er die Deckung angenommener ökonomischer Sachkenntnis, um einen politischen Vorteil zu erzielen. Das ist eine Fehlinterpretation. Es wird zu einer besonders ernsten Fehlinterpretation, wenn von ihm oder seiner Interessengruppe erwartet wird, überproportional zu profitieren, falls die empfohlene Politik ausgeübt wird. Zum Beispiel, wenn es eine Reihe von politischen Richtlinien gibt, von denen einige vorteilhaft für den Geldmarkt sind, wäre es für einen Berater einer Finanzgruppe unethisch, die Tatsache nicht zu erwähnen. In der Öffentlichkeit gibt es das Phänomen der Drehtür. Diejenigen, die den Spezialinteressen anderer gut dienen, während sie im öffentlichen Dienst stehen, werden durch lukrative Positionen nach ihrem Dienst belohnt. Viele Regierungen sind sich dieses Konfliktes bewusst. Um der unvermeidlichen Frage über Ethik auszuweichen, behaupten sie, dass ihre Regierung keine Personen mit Interessenkonflikten in ihren Dienst nimmt. Falls es einen solchen Konflikt während eines Zeitabschnittes geben könnte, würden deren Tätigkeiten eingeschränkt. Zweifellos wäre ohne dieses Konflikbewusstsein (aber selbst mit) eine Beratung unethisch, ohne beiden Parteien die Konsequenzen über das mögliche Interesse des Beraters offen zu legen. (Es ist schwierig, die Grenzlinie zu ziehen, ab wann treue Staatsdiener für geleistete Dienste belohnt werden.)

Drittens sollte ein Wirtschaftsberater sich besonders für die Sozialgerechtigkeit interessieren und auf die Konsequenzen der Politik für die Armen aufmerksam machen. Information beeinflusst Handlung, und während der Ökonom eine moralische Verantwortung hat, seine eigenen Werte nicht aufzudrängen, hat er auch eine moralische Verantwortung, sicherzustellen, dass die Information zur Verfügung gestellt wird, wenn es darum geht, moralische Entscheidungen zu treffen – z.B. Entscheidungen, die die Prinzipien sozialer Gerechtigkeit widerspiegeln.

Wenn eine Strategie risikoreich für die Wirtschaft ist, und wenn sie zum grossen Teil von den Armen getragen werden muss, dann sollte der Berater kreativ darüber nachdenken, welche Strategien die Chancen für die Armen verbessern könnten, damit sie mehr Selbstverantwortung für ihr eigenes Wohlergehen übernehmen können.

So wie es einen moralischen Imperativ gibt, sich um das Wohlergehen der künftigen Generationen zu kümmern, muss ein Berater sich für die Konsequenzen einer Strategie für die Umwelt interessieren.[3]

Es gibt generelle Regeln, welche auf alle Strategieberater anwendbar sind. Ich habe darüber gesprochen, dass einer der Vorteile der institutionellen Struktur des Rates der Wirtschaftsberater in den Vereinigten Staaten ist, dass er die Möglichkeiten für Interessenkonflikte reduziert[4]. Die Mitglieder werden nur für eine kurze Zeit ernannt und gehen dann wieder zu ihrer Akademie zurück. So haben sie einen Anreiz, verhältnismässig genaue Informationen zu liefern, und ihr Rat muss sich im Rahmen ihrer akademischen Peergroup behaupten. Die Normen der Berufsökonomen verlangen eine Unterscheidung zwischen Partikular- und Allgemeininteresse und eine Abwägung zwischen Effizienz- und Verteilungseffekten. (Zusätzlich erfordern die US-Regelungen, dass alle finanziellen Beteiligungen abgegeben oder in blinde Treuhandfonds eingelegt werden.

Eine der Hauptaktivitäten der internationalen Finanzinstitutionen ist die Beratung. Wenn man aber die Art, wie diese Beratungen durchgeführt werden, untersucht, glaube ich, dass viele der vorher beschriebenen Kriterien völlig unzureichend erfüllt werden.

Sie fordern politische Massnahmen – quasi als Kreditkonditionen –, anstatt die Bandbreite aller politischen Richtlinien und Kompromisse aufzuzeigen und die Länder zur Eigenverantwortung zu motivieren und sie selber aus den vorhandenen Alternativen wählen zu lassen. Sie versäumen, alle Unklarheiten ihrer Strategie zu klären, stellen aber Behauptungen über die Wirksamkeit ihrer Strategie auf, ohne irgendwelche Beweise dafür zu erbringen. Am wichtigsten ist jedoch, so war es zumindest in der Vergangenheit, dass Sie keinerlei Interesse bezüglich der möglichen schädlichen Wirkungen ihrer Vorgehensweise auf arme Bevölkerungsschichten hatten. Sie haben die möglichen Risiken nicht einmal offen dargelegt. Sie haben fortwährend ihre Politik forciert, offenbar unbeirrt, wer in diesem Land die Last der Politik ertragen muss. Viele ihrer Entscheidungen scheinen überproportional Finanzinteressen zu fördern, und sie versäumen, es offen zu zeigen. Dies ist, was ich als persönliche Interessenkonflikte beschrieben habe – die Tatsache, dass viele Mitarbeiter des IWF (oder Weltbank) später zu privaten Finanzinstituten wechseln, beweist dies[4].

Das moralische Dilemma der Wirtschaftsberater
Ich stelle nun die möglicherweise härteste moralische Frage an den Wirtschaftsberater: Was tut er, wenn er mit einer für ihn unmoralischen Politik konfrontiert wird? Sollte er darüber reden und dabei riskieren, seinen Einfluss zu verlieren? Ist Schweigen eine Form der Mitschuld? Es gibt keine einfache Antwort. Nachfolgend Beispiele, welche die Natur dieses Dilemmas veranschaulichen. Präsident Johnsons Wirtschaftsberater versuchten zu prognostizieren, wohin sich die US-amerikanische Wirtschaft entwickelt (und welche Makro-Politik zur Förderung der antiinflationären Vollbeschäftigung nötig war). Nun wurden sie mit dem folgenden Problem konfrontiert: Die US-Regierung gab mehr für den Vietnamkrieg aus, als sie zugab. Einerseits konnten nun die Berater vorgeben, dass die amtlichen Zahlen korrekt waren, und dadurch eine offenbar irreführende Steuerpolitik empfehlen. Andererseits konnten sie beschliessen, keine amtlichen Zahlen zu verwenden, sondern diese durch Genauere zu ersetzen. Dies würde jedoch ihr Vertrauensverhältnis zur Regierung stören.

Dieses Vertrauensverhältnis beizubehalten, war in sich schon moralisch fraglich. Denn es ist doch so, dass in den demokratischen Gesellschaften Offenheit und Transparenz ein moralischer Imperativ ist. Schliesslich ist ein Beamter ein Diener der Bürger, und die Bürger haben ein Recht zu wissen, was die Regierung tut. Einige Jahre später stand der Wirtschaftsberater Präsident Reagans, Marty Feldstein, vor einem ähnlichen Problem. Er drang auf grosse nationale Sparmassnahmen. Reagan veranlasste jedoch eine Steuerreduktion, welche zu einem riesigen Defizit führte und den zukünftigen Wohlstand des Landes möglicherweise gefährdete. Einige Ökonomen prognostizierten damals, entgegen jeglicher Beweise, dass die Steuerreduktion genügend Wachstum ohne Defizit erzeuge. Intellektuelle Ehrlichkeit hätte zumindest das vorherige Besprechen der fehlenden Beweise für diese Schlussfolgerungen und die Offenlegung der Risiken verlangt, die mit hohen Defiziten im Zusammenhang stehen. In diesem Fall ging Feldstein an die Öffentlichkeit. Er machte alle möglichen negativen Konsequenzen dieser Steuerpolitik publik. Damit untergrub er die Wirksamkeit des Rates der Wirtschaftsberater innerhalb der Regierung Reagans.

Als führender Ökonom der Weltbank stand ich einem ähnlichen Dilemma gegenüber. Ich war überzeugt, dass die IWF-Politik während der Finanzkrise in Ostasien zu einer tieferen und längeren Rezession und Depression führen würde, als notwendig. Ich sah, dass die finanziellen Interessen der ausländischen Gläubiger über die der Armen und Kleinbetriebe gesetzt wurden. Die politischen Massnahmen des IWF würden sie ruinieren und ihr Lebenswerk verwüsten. Ich versuchte also innerhalb der institutionalisierten Prozesse, diese politischen Massnahmen zu ändern oder eine offene Diskussionen über diese Politik zu beginnen. Es war meine Überzeugung, dass die Fehler so offensichtlich waren, dass durch diese Diskussion schnell ein Umdenken stattfinden würde. Aber aufgrund der grossen Starrheit der Institution (die mächtigen Einzelinteressen und ihrer Ideologien) konnte ich weder politische Richtlinien ändern noch einen offenen Diskurs führen. Es schien mir aber, dass hier eine grundlegende moralische Frage im Raum stand. Wie konnte ich dazu schweigen? Ich empfand eine starke moralische Verpflichtung, darüber zu sprechen oder zumindest die Gefahren dieser Politik aufzuzeigen.

Was soll man über die moralische Einstellung derer sagen, die öffentliche Diskussionen unterdrücken? Sie argumentierten damit, dass öffentliche Diskussionen das Vertrauen in die Politik zerstören könnten. Der Mangel an Vertrauen könnte wiederum die gewünschten Resultate behindern. Somit war in ihrem Sinne meine Offenheit falsch. Denn ohne Vertrauen würde das Kapital ausser Landes gebracht. Dieser Kapitalabfluss würde zudem die Wirtschaft schwächen, was wiederum die Armen schädige. Sie verlangten tatsächlich eine Einschränkung der Offenheit und Transparenz, wie auch eine Art Unehrlichkeit. Sie erklärten, dass die ökonomischen Massnahmen wahrscheinlich so wirkungsvoller wären. Die Gefahren dieser Politik liegen auf der Hand. In beinahe jedem Gebiet rechtfertigen Regierungen mit dieser Unehrlichkeit, dass der Zweck die Mittel heiligt. Tatsächlich glauben ihnen der Fiskus oder der IWF. Aber auch das Verteidigungsministerium könnte mit den gleichen Argumenten jede seiner Tätigkeiten rechtfertigen (von der Giftigkeit des Agent-Orange bis zur Übertreibung einer Drohung des Feindes). Solche Darstellungen sind nicht nur gefährlich, sondern sie untergraben die Demokratie und sind letzlich selbstzerstörerisch.

Wiederholte Behauptungen dieser Art untergraben die Glaubwürdigkeit einer Regierung. In der Ökonomie sind sie besonders problematisch, da unvermeidlich jede Prognose als falsch nachgewiesen wird und die nachfolgenden Entschuldigungen dafür immer absurd erscheinen. Tatsächlich trägt dieser Mangel an Glaubwürdigkeit an den vermeintlich vertrauenswürdigen Prognosen zum Scheitern der Politik des IWF bei. Am Ende half mir dieser Mangel, meine Entscheidung zu treffen. Ob ich nun sprach oder schwieg, es hatte eine geringe Wirkung auf das Vertrauen in die Politik. Aber wenn ich die Problematik thematisierte, könnte es einen kleinen Effekt an der gewählten Politik haben und dadurch Rezessionskonsequenzen abwenden oder zumindest verringern.

Es gibt keine einfache allgemeingültige Lösung in Sachen moralischer Dilemmata. Jede Situation ist wieder neu. Eine kritische Betrachtung der Tatsachen ist häufig schon das Beste, was getan werden kann. So werden moralisch richtige Taten am wahrscheinlichsten. In einigen Fällen ist sogar Resignation die wirkungsvollste Antwort. Aber selbst in diesem Fall ist der richtige Zeitpunkt dafür wichtig. Ein Rückzug zum richtigen Zeitpunkt kann eine grössere Veränderung auslösen, als jede Argumentation es je könnte. Die Resignation wird häufig als teure Massnahme angesehen. Die Tatsache, dass ein hoher Beamter des öffentlichen Dienstes, der lange darauf hingearbeitet hat, eine wichtige Position zu erreichen, einen derartigen Schritt in Betracht zieht, ist besonders ungewöhnlich. Damit wird ein wirkungsvolles Signal bezüglich des Ernstes der Lage gegeben.

Ethik und internationale ökonomische Politik

Ich habe erklärt, dass wir von Einzelpersonen erwarten, in ihrem Eigeninteresse zu handeln, und dass es Umstände gibt, angesichts deren wir sagen, dass dieses Verhalten unethisch ist. Das gilt auch für Länder. Wir erwarten von Ländern, die Politik auszuüben, die im Interesse ihrer Bürger ist. Auch hier gibt es unethisches Verhalten, oder ein Verhalten, das zumindest am äussersten Rand der Ethik liegt. Für einige, meist die reichen und leistungsfähigen Länder, ist das Unterbinden der freien Meinungsäusserung reale Politik: Welche Vergeltung hätten sie zu befürchten? Einige würden sogar noch weiter gehen und behaupten, dass Regierungsbeamte, welche dies nicht unterstützen, sich der Verantwortung gegenüber den Bürgern, für deren Wohl sie arbeiten, entziehen. Wenn sie dies tun können, indem sie lügen und betrügen, oder stehlen, so sei es denn. Wiederum kann man gegen ein solches Verhalten auch instrumentelle Argumente anführen. In der heutigen Welt braucht sogar ein mächtiges Land die Kooperation mit anderen Ländern. Das Image, Partnerländer mit Unehrlichkeit oder als Wortbrecher schlecht zu behandeln, macht es schwierig, diese Zusammenarbeit zu erzielen. Dieser Vertrauensmangel hat sogar weitgreifendere Konsequenzen auf dem internationalen politischen Parkett als auf dem ökonomischen. In der Ökonomie leisten rechtliche Handelsregelungen teilweise einen Ersatz für Vertrauen. Auf dem internationalen politischen Parkett ist das nicht der Fall.

In den folgenden Abschnitten möchte ich einige Angelegenheiten der internationalen Wirtschaftspolitik durch das Objektiv der praktischen Ethik beleuchten. Jeder dieser Punkte könnte auf vielfältige Art betrachtet werden. Ich beabsichtige daher nicht, eine vollständige Abhandlung zu liefern. Ich glaube jedoch, jede Frage, die ethisch analysiert wird, generiert neue Einblicke – einschliesslich des Verständnisses, warum einige dieser Tatsachen moralisch derart hoch bewertet werden.

Schuldenerlass – auch ein ethischer Akt
Schuldenerlass ist zum Thema öffentlicher Debatten geworden. Es erscheint absurd, wenn arme Länder Jahr für Jahr mehr Geld den reichen Ländern zahlen müssen. Viele Länder wenden einen sehr grossen Teil ihres Exporteinkommens auf, um ihre Schulden abzuzahlen. Der Schuldenberg behindert ihr Wachstum und den Abbau der Armut. Ohne Schuldenerlass sind die Entwicklungsaussichten für diese Länder gleich null. Ich möchte hier nicht die ökonomischen, sondern eher die moralischen Aspekte und ihre Dilemmata besprechen. Es gibt davon vier, welchen man nicht genügende Aufmerksamkeit schenkt.

Der erste Aspekt ist die Gerechtigkeit unter den Entwicklungsländern selbst. Der Fluss der Ressourcen von den Reichen zu den Armen ist in jedem Fall begrenzt. Die Frage ist, wer erhält Hilfsgelder? Das Kapital für die Schuldenerlasse der einen Länder könnte helfen, andere gleich arme Länder zu unterstützen. Ist es nun gerecht, dass es denen schlechter geht, die mit den Bedingungen der Darlehensverträge gelebt haben, als denen, deren Schulden erlassen werden?

Der zweite Aspekt ist die moralische Verantwortung der Kreditgeber. Betrachten wir die Darlehen, welche von Mobutu in seinen Glanzzeiten – zur Zeit des Kalten Krieges – aufgenommen wurden. Die Kreditgeber kannten seine korrupte Art. Sie waren sich bewusst, dass das Geld nicht für die Menschen im Land bestimmt war. Dadurch konnten die westlichen Firmen die reichen Bodenschätze im Kongo plündern. Warum sollen nun die Menschen vom Kongo – welche damals keine andere Wahl hatten, als Mobutu ihren Führer zu haben – dafür bezahlen, dass Mobutu die Mittel verschwendet und sich persönlich bereichert hat? Liegt nicht die moralische Verantwortung auf Seiten der Kreditgeber? Solche Schulden werden «otiose debts» genannt. (Kritiker der bestehenden Kreditpolitik plädieren dafür, dass es keine moralische Verpflichtung auf Seiten des Schuldners gibt, diese zurückzuzahlen, sondern dass es eine moralische Verpflichtung auf Seiten des Kreditgebers gibt, die Schulden zu erlassen.)

Dies ist ein einfacher Fall, bei dem moralische Verantwortung der Kreditgeber nicht verleugnet werden kann. Aber es gibt Fälle, die etwas problematischer sind. Betrachten wir den IWF-Kredit an Russland 1998. Es gab eine legitim gewählte Regierung, obwohl der Beweis ihrer Korruption beträchtlich war. Es war zu der damaligen Zeit völlig klar, dass der Wechselkurs Russlands überbewertet war. Dieser hatte eine schädigende Wirkung auf die Wirtschaft des Landes. Die vom IWF vertraglich verlangte Wirtschaftspolitik (Teil der Bedingungen zur Unterstützung) verursachte einen tiefen Fall der Wirtschaft, welcher zu einer grossen Zunahme der Armut führte (von 2% beim vorhergehenden Regime/beinahe 50% bis 1998). Die Politik der Privatisierung und des freien Kapitalflusses, die der IWF zusätzlich förderte, führten dazu, dass einige Oligarchen enormen Wohlstand zusammenraffen konnten. Hat nun der IWF Milliarden von Dollar verliehen, in Kenntnis, dass einige Oligarchen mit grösster Wahrscheinlichkeit diese Hilfe benutzten, um noch mehr Geld aus dem Land zu pressen und ausser Landes zu schaffen? Wusste er, dass dem Land noch höhere Verschuldung aufgebürdet wird, welche die Steuerzahler schliesslich zurückzahlen müssen? War er sich bewusst, dass es unwahrscheinlich wird, den Rückgang des Wachstums zu stoppen? (In der Tat hatte die Erhöhung der Verbrauchssteuer eine enorm schädigende Wirkung auf das Wachstum.) Und als der IWF dem Land das Geld nun tatsächlich lieh: Sollen nun die Bürger des Landes verpflichtet werden, das Darlehen zurückzuerstatten, oder soll der Kapitalgeber die Schulden des Darlehens erlassen? Wo ist die moralische Verantwortung für die irreführende Beratung und für die Komplizenschaft des IWF im offensichtlichen Missbrauch der Kreditgebung?

Der dritte Aspekt ist die Art des Schuldenvertrages und die Beratung der Länder. In gut funktionierenden Kapitalmärkten werden die Risiken unter allen Beteiligten aufgeteilt.

Die stärkste Partei trägt überproportional das grösste Risiko. Aber Kapitalmärkte arbeiten in der Praxis nicht wie in der Theorie. Es sind die schwachen Entwicklungsländer, die das Hauptgewicht der Risiken der unstabilen Wechselkurse und Zinssätze tragen. Diese starken Schwankungen in den Wechselkursen und den Zinssätzen führten viele Länder in ihre gegenwärtige Zwangslage. Die internationalen Kreditinstitute hätten selbstverständlich die Gelegenheit – ich könnte sogar Verpflichtung sagen – Verträge so zu verfassen, die eine angepasste Verteilung der Risiken festschreiben. Aber sie versagen alle in diesem Punkt. Und sie haben auch häufig versagt, die Länder über die Risiken der Kreditgebung aufzuklären. Zum Beispiel vor der russischen Krise 1998 riet der IWF Russland, Kredite in Dollar aufzunehmen, scheinbar, weil der Zinssatz niedriger war. Aber der IWF dachte an gut funktionierende Märkte und hätte aufzeigen müssen, dass, wenn Märkte gut funktionieren, der Unterschied zwischen Dollar und Rubel das Risiko des Wechselkurses reflektiert. Hätte Russland nun weitere Dollars geliehen, wären die Konsequenzen einer enormen Abwertung (die zu der damaligen Zeit höchstwahrscheinlich war) sehr drastisch gewesen. Die moralische Gewichtung für den Schuldenerlass scheint somit grösser aufgrund dieser schlecht aufgesetzten Verträge und der unvollständigen und zum Teil irreführenden Beratungen.

Der vierte Aspekt ist der Interessenkonflikt, den ich schon früher in diesem Essay erwähnt habe. Eine der Funktionen der grossen Absicherung für Darlehen ist, Kapital zur Verfügung zu stellen, mit dem die Schulden bei westlichen Banken zurückerstattet werden. Es gibt hier mögliche Interessenkonflikte auf dem Niveau der Einzelperson[5] und dem Niveau der Organisation[6]: Der grösste Teil des Nutzens eines solchen Darlehens geht an die Bank und andere westliche Finanzinteressen, die Kosten aber werden von den Arbeitern und Landbewohnern getragen. Ethische Beratung und Kreditpraxis verlangen hier, dass diese Punkte offen dargelegt werden. Wenn es aber keine ausreichende Offenlegung gegeben hat, welches sind dann die moralischen Verpflichtungen des Schuldners?

Die ethischen Aspekte im Zusammenhang mit der Schuldenrückzahlung sind althergebracht und kompliziert. Schuldnergefängnisse wurden im 19. Jahrhundert in Grossbritannien eingesetzt. Die meisten Leute würden heute eine solche Behandlung als grausam ansehen, unethisch, egal, wie hoch der Schuldenberg wäre. Aber auch die Leibeigenschaft, welche manchmal zum Eintreiben einer Forderung in Entwicklungsländern besteht, ist in den meisten Ländern nicht nur illegal, sondern auch unethisch. Sie ist nur einen kleinen Schritt entfernt von der Sklaverei. Auch wenn heute ein Land in ein anderes einmarschiert, um einen Schuldvertrag zu erzwingen, sähe man dies als unethisch an, obwohl es im 19. Jahrhundert mehrere Male stattfand. Es wird auch als unethisch angesehen, auf Niveau des Individuums, Wucherzinssätze zu verlangen.

Die zahlreichen Bedingungen des IWF im Zusammenhang mit der dringend notwendigen Kreditgebung an bedürftige Länder führen zur gleichen Frage: Wann repräsentieren solche Bedingungen einen Machtmissbrauch und sind in diesem Sinne unethisch? Auf diese Fragen werde ich später kurz eingehen.

Darlehen gewähren
Bei einem Darlehensantrag eines Landes muss die folgende Frage gestellt werden: Geht es dem Land mit oder ohne Darlehen besser, da sich auch seine Verschuldung folglich vergrössert? Bei der Möglichkeit, dass es eher schädigend für das Land sein könnte, ist es somit eine moralische als auch ökonomische Frage. Zum Teil unterscheiden sich aber die Ziele der Kreditinstitutionen und ihrer Mitarbeiter sowie der darlehennehmenden Regierung deutlich von diesen moralischen Prinzipien. Die Regierung könnte nun vorgeben, dass dem Land das Geld wahrscheinlich helfen wird zu überleben. Falls dies aber nicht funktioniert, ist es sowieso das Problem anderer. Ich beziehe mich auf das IWF. Darlehen an Russland. Einer der Gründe für das Darlehen war, dass es das Überleben von Jelzin, einem angesehenen Freund des IWF und der USA, sichert; respektive dass der Sturz von Jelzin als Versagen des IWF und der US-Handels- und Finanzpolitik gesehen würde.

Die Ziele des IWF und des US Treasury waren somit nicht notwendigerweise übereinstimmend mit den Interessen von Russland. Vielleicht sind sie jedoch davon ausgegangen, dass sie besser in der Lage waren, ein passendes politisches Urteil zu bilden, als Russlands Wähler. (Diese Diskrepanz zwischen den individuellen und institutionellen Zielen wird in der Literatur der Organisationslehre hervorgehoben. Zum Beispiel: die Theorie der steigenden Verpflichtungen, dass die Kosten für eine Einzelperson, welche die befürwortete Strategie verlässt, mehr Kosten verursacht als die für die ganze Organisation.)

Ein weiteres Beispiel: In der Argentinienkrise während des Darlehens vom August 2001 waren sogar Mitglieder des IWF-Aufsichtsrates skeptisch, dass das Geld einen Einfluss auf die Krise haben könnte. Dem Land wurden trotzdem mehr Schulden aufgebürdet.

Aber die Möglichkeit, dass das Land für mehr als ein paar Monate ohne Devaluation oder noch grössere Verschuldung überleben könnte, war sehr gering. Aber es war möglicherweise das Interesse eines damaligen leitenden Geschäftsführers, der kurze Zeit später zurücktreten wollte. Kein Darlehen zu gewähren, hätte eine sofortige Krise ausgelöst, und es wäre offensichtlich gewesen, dass seine politische Arbeit ein massives Versagen war. Wenn es eine minimale Wahrscheinlichkeit gab, dass das Programm funktionieren könnte, hätte es all seine politischen Massnahmen gerechtfertigt. Er trug die Kosten nicht, die das Programm verursachte. Es war die Bevölkerung Argentiniens, die die erhöhte Verschuldung tragen musste. So sagten einige zynische Mitglieder des Aufsichtsrates, dass die 8 Milliarden Dollar das Abgangsgeschenk für den abtretenden Geschäftsführer waren.

Kurz gesagt, es gibt Gründe zu glauben, dass sich die Interessen der darlehengebenden Regierungen und der Kreditinstitution (IWF) von denen der Menschen im entsprechenden Land deutlich unterscheiden. Der IWF möchte aber andere überzeugen, dass er anders ist als andere Institutionen. Er erkennt die Rolle der Zinsgeier und die verzerrten Ziele der Regierungsinstitutionen. Sie glauben, dass sie gegen solche Verzerrungen immun sind. Es gibt aber keine Beweise, die diesen Glauben unterstützen. Wenn Geld aus anderen Gründen als zur Förderung der Entwicklung des Landes an ein Land ausgeliehen wird (z.B. um Freundschaften mit der machthabenden Regierung im Kalten Krieg aufrechtzuerhalten), erhöht sich der ethische Grund des Schuldenerlasses. Die moralische Verpflichtung zur Rückzahlung wird geschmälert.

Bis jetzt habe ich Fälle hervorgehoben, in denen Darlehen gewährt worden sind, die nicht hätten werden sollen und somit ethische Fragen über die Rückzahlung aufgeworfen haben.

Es gibt ähnliche Fälle, bei denen man darüber streiten könnte, ob ein Darlehen gewährt werden soll. Aber das Geld wird zurückgehalten, oder es werden Bedingungen auferlegt, um Nutzen aus der geschwächten Position des Geldnehmers zu ziehen. Ecuador liefert dazu ein Beispiel. Soll man einem Land in einem kritischen Stadium Geld zur Verfügung stellen, welches einer Liquiditätskrise gegenübersteht, die von einer Reihe von Rückschlägen ausgelöst wurde? (tiefe Ölpreise, eine schwache landwirtschaftliche Situation wegen des El Niño, von Krankheit befallen Garnelen – einer seiner Hauptexportzweige). Es wäre ökonomisch sinnvoll und ethisch gewesen, dies zu tun (aufgrund seiner Ölreserven war die langfristiges Finanzlage positiver). Es hätte das Überleben einer demokratisch gewählten Regierung ermöglichen können. Aber der IWF war zuvor stark für seine grossen Ausstände kritisiert worden; nun kam der Druck für eine Einnahmepolitik durch Beteiligung des Privatsektors.

Es war zu riskant, diese neue Strategie bei reichen und leistungsfähigen Ländern wie Brasilien und Russland auszuprobieren. So wurden schwache Länder wie Rumänien und Ecuador für dieses Experiment gewählt, mit nachteiligen Konsequenzen für beide.

Handelspolitik der Entwicklungsländer
Die Demonstrationen in Seattle zeigten den Umfang der bestehenden Unzufriedenheit mit der Art und Weise, wie Handelsvereinbarungen erzielt wurden und wahrscheinlich zukünftig auch weiterhin erzielt werden. Die Tagesordnung wurde durch die reichen und leistungsfähigen Länder und deren nationale Interessen bestimmt. Und die Resultate zeigten auch ihre wirtschaftliche Macht. In der Tat ging es dem Sub-Sahara-Afrika nach der Uruguay-Runde (1994) schlechter als davor. Die Vereinigten Staaten verlangten die Liberalisierung der finanziellen Dienstleistungen und der Informationstechnologie, aber auch einen umfangreicheren Schutz des geistigen Eigentums. Sie waren weniger an anderen Sektoren, wie Marine und Bauwesen, oder an möglichen Nachteilen der sturen Durchsetzung des geistigen Eigentums auf Betroffene in den Entwicklungsländern interessiert, deren Leben unmittelbar von der Verfügbarkeit preiswerter Medikamente abhängig war. Handelsvereinbarungen mit Korea (und anderen Ländern) förderten schnelle Liberalisierung des Finanz- und Kapitalmarkts. Sie waren sich vollkommen der Risiken bewusst, welche solch neuen politischen Richtlinien einem Land auferlegten[7]. Aber der Wohlstand des Finanzsektors der USA wurde über den Wohlstand der Arbeiter in den Entwicklungsländern gesetzt. Bei den schleppenden Verhandlungen, die zur Aufnahme von China zur WTO führten, gingen die Vereinigten Staaten so weit, zu behaupten, dass China kein Entwicklungsland sei – obwohl die Weltbank (und jede andere internationale Institution) es als solches einstuft. Auf der einen Seite ist es nur natürlich für ein Land, seine eigenen Interessen zu vertreten. Aber wann wird es zu einer moralischen Frage, wenn es seine Interessen nur auf Kosten der Armen verfolgt?

Es gibt einen Aspekt dieser Diskussionen, der mich als Wirtschaftsberater besonders beschäftigt: die Unehrlichkeit der Argumentation der USA am Rande der Landwirtschaftskrise. Zum Beispiel während die USA (und der IWF) in den Entwicklungsländern über das Übel der Subventionen und die Tugenden des Freihandels sprachen, gewährten westliche Regierungen grosse Subventionen und Handelseinschränkungen in der Landwirtschaft, genau die Bereiche, in denen viele Entwicklungsländer Möglichkeiten für einen Aufbau haben. USA und Europa beschuldigten einander des Dumpings – und unter diesem Vorwand kreierten sie neue Handelseinschränkungen, obwohl einige Ökonomen schon dies als Dumping bezeichneten. Wäre es nicht besser gewesen, von Anfang an ehrlicher und geradliniger zu sein und zuzugeben, dass der politische Druck zu Massnahmen zwang, die schwer zu rechtfertigen waren?

Globale Externalitäten: Die Globale Umwelt

Wir lehren unsere Kinder früh, dass das Wegwefen von Abfällen falsch ist. Dieses ist ein Beispiel einer Externalität, einer Tätigkeit einer Einzelperson, die andere beeinträchtigt und für die sie nicht die Kosten zu tragen hat. Richtlinien der Regierung wurden entworfen, um Externalitäten zu begrenzen, aber sie sind unvollständig. Die sozialen Kontrollmechanismen – ein ethisches Gefühl, was recht und unrecht ist – sind wirkungsvoller. Ähnlich verhält es sich mit Ländern: bei Fehlen oder schwacher internationaler Gesetzgebung ist es notwendig, ethische Normen zu etablieren. Zum Beispiel ist es unrecht für ein Land, seinen Abfallberg an der Landesgrenze zu deponieren, da der Abwind die Luft des Nachbarn verschmutzt.

Das Bewusstsein, dass wir alle auf dem gleichen Planeten leben, die Ressourcen begrenzt sind, dass schlechte Politik diese Ressourcen verschwendet und der zukünftigen Generation das Risiko überlassen wird, hat sich erst langsam entwickelt. Es gibt jetzt eine allgemeine Anerkennung der Gefahr globaler Erwärmung. Die Vereinbarungen von Rio und Kyoto sind Zeugnis eines globalen Interesses. Aber es gibt einen störenden Aspekt dieser Konventionen. Er basiert auf Kürzungen im gegenwärtigen Niveau der Emissionen. Es ist schwierig eine faire Grundlage zu ermitteln: Die entwickelten Länder scheinen mehr als die weniger entwickelten Länder das Recht zu haben, weiter zu emittieren (auf einer Per-capita-Grundlage). Dies ist einfach, weil sie in der Vergangenheit schon mehr emittiert haben. Gibt es irgendeine moralische Rechtfertigung für eine solche Politik? Es gibt Alternativen, die eine Vereinbarung einer globalen Politik einbeziehen (z.B. Steuern auf Kohlenstoffemissionen), die eine stärkere ethische Grundlage zu haben scheinen. Die ethische Position der Vereinigten Staaten, des grössten Emittenten an Treibhausgasen (auf einer per capita und absoluten Basis), ist sogar noch schwieriger zu begreifen. Sie behauptet, dass sie nichts zu tun braucht, weil die Entwicklungsländer nichts tun. Obwohl der Anstieg der Treibhausgase hauptsächlich wegen den Industrieländern besteht, gingen sie nur eine Verpflichtung ein, das Niveau der USA auf einer Per-capita-Basis nicht zu übersteigen. Es werden Dekaden vergehen, bevor selbst diese Begrenzung verbindlich sein wird.

Generationengleichheit, die Umwelt, Bevölkerungspolitik

Es gibt moralische Grundsätze, wie wir die heutige Generation, aber auch die zukünftige behandeln sollten. Wenn wir die natürlichen Ressourcen aufbrauchen, ohne für ausreichenden Nachschub zu sorgen, wird unsere zukünftige Generation verarmen. Dieses verletzt die Grundregeln von Generationengleichheit und sozialer Gerechtigkeit. Viele Entwicklungsländer nutzen ihre limitierten natürlichen Ressourcen ohne ausreichenden Schutz für die Zukunft. Es gibt aber für eine grüne Buchhaltung (Ökobilanz) Rahmenbedingungen, die entworfen worden sind, um die Generationengleichheit zu fördern. Regierungen sollten ermutigt werden, diese Rahmenbedingungen zu nutzen, in physisches und menschliches Kapital zu investieren und entsprechende Fonds zu gründen.

Möglicherweise ist der wichtigste bestimmende Faktor der Klimaveränderung (einschliesslich Kohlenstoffemissionen) die Bevölkerungsexplosion. Sie begründet eine Vielzahl der Externalitäten (ein Punkt, der vor langer Zeit schon von Edgeworth, 1888, erkannt wurde[8]). Länder mit hoher Bevölkerungswachstumsrate haben es schwieriger, das Pro-Kopf-Einkommen zu steigern, und stehen folglich vor der Gefahr zunehmender Armut. In der Tat hat in der letzten Dekade des letzten Jahrhunderts das Rennen zwischen dem Verbessern des Lebensstandards und dem Bevölkerungswachstum Letzteres gewonnen. Während der Prozentsatz der Bevölkerung in Armut fiel, erhöhte sich deren absolute Zahl. Für Familien mit mehreren Kindern wird es nicht nur schwieriger, ihre Kinder zu ernähren (Mangelernährung hat lebenslange Auswirkungen), sie können es sich auch nicht leisten, diese in die Schule zu schicken. Dadurch überlassen sie auch die zukünftige Generation der Armut und dem Leid. Wir haben mittlerweile Möglichkeiten, die Bevölkerungszahl zu steuern. Ich behaupte, dass es eine moralische Verpflichtung der Regierungen ist, solche Massnahmen zu ergreifen.

Wie Krisen begreifen

Ich habe schon vorher auf die moralischen Dilemmata hingewiesen, mit denen ich während der globalen Finanzkrise konfrontiert wurde. Ich möchte hier auch nicht den Schuldigen für die Krise oder das Versagen des Krisenmanagements suchen. Ich konzentriere mich auf die Ethik der internationalen Beratungen und Unterstützungen. Sicher trug auch die Politik innerhalb der betroffenen Länder zur Krise bei. Korruption und untaugliche Finanzkontrollen spielten zusätzlich ihre Rolle. Aber das ist hier nicht das Thema. Das Thema ist, wie man bei Krisen eingreift, um den Schaden für die Armen zu minimieren, und gleichzeitig Grundlagen für das Beheben der Ursachen zur Verfügung stellt. Der IWF hat dies nicht geleistet[9].

Das Interesse ausländischer Gläubiger wurde über das Interesse der Arbeiter und der Kleinbetriebe gesetzt. Dies geschah mit verheerenden Wirkungen wie rasant steigende Arbeitslosigkeit und Lohnzerfall. Arbeiter und Kleinbetriebe waren aber nur Zuschauer; es war nicht ihr Darlehen, welches sie in die Krise führte. Lebensmittelhilfe für die Armen wurde gestrichen, als sie es am nötigsten hatten. Die politischen und sozialen Unruhen – mit vielen Toten – waren vorhersehbar und wurden auch vorausgesagt. Wo liegt nun die moralische Verantwortung derer, welche diese Politik förderten und damit diese verhängnisvollen Konsequenzen auslösten? Insbesondere angesichts der Tatsache, dass die vorangegangene Beratung, welche die rasche Liberalisierung des Kapitalmarktes anregte und forderte, vermutlich der wichtigste Faktor war, der die Krise auslöste? Und sogar dann, als die Politik weiterhin versagte, die versprochenen Resultate zu bringen, schoben der IWF und der US Treasury alle Schuld dem entsprechenden Land selber zu. So trugen sie zur Flucht von Investoren bei. Wie es Jeffrey Sachs aufzeigte, war es wie der Ruf «Feuer!» in einem vollbesetzten Theater. Das ist nicht nur schlechte Wirtschaftspolitik und ein Missbrauch des in die Institutionen gesetzten Vertrauens. Es ist ohne jeden Zweifel eine grundlegend unmoralische Tat, genau wie «Feuer!» grundlos im vollbesetzten Theater zu rufen. Und sie wussten, dass ihr Handeln ein Aufstand mit unnötigen Toten zur Folge haben konnte – somit war es ein unmoralischer Akt. Mit diesen Fragen haben sich alle innerhalb der internationalen Institutionen oder der machtbesessenen Regierungen zu selten befasst. Aber es sind genau die Fragen, die sich in zunehmendem Masse die gewöhnlichen Bürger der Dritten Welt und in den Industrieländern stellen.

Die machthabende Regierungen, welche in diese Politik einwilligten, tragen einen Teil der Verantwortung. Aber sie argumentieren, dass sie keine andere Wahl hatten und dass ihnen das auch so gesagt wurde. Die externen Berater hatten eine Wahl bezüglich ihrer Beratung. In der Tat gab es Kontroversen über die Angemessenheit der unterschiedlichen Wirtschaftspolitiken. So ist es auch keine Frage, ob die betroffenen Länder und ihre

Regierungen Verantwortung tragen müssen, denn sie tun es. Mein Bedenken liegt eher bei der moralischen Schuld des IWF, welche dieser auch anerkennen müsste. Ich möchte mich auf mehrere ethischen Dimensionen des Verhaltens des IWF beziehen.

Erstens: Schon bei der Beratung waren Berater nicht ehrlich, da weder die Risiken und Unsicherheiten noch mögliche Alternativen offen darlegt wurden.

Zweitens: Ein umstrittenes Thema ist der Kompromiss zwischen Währungsabwertung und Zinssatzanstieg und der moralischen Verantwortung.

Der IWF hielt fest, dass er nur durch Erhöhen der Zinssätze weitere Währungsabwertungen abfangen könnte. Tatsächlich war aber die Politik des hohen Zinssatzes erfolglos, die Abwertung der Währung zu verhindern. Sie könnte sie eher noch gefördert haben. Durch Rezession/Depression floss das Kapital ausser Landes anstatt in das Land. Dieses wirtschaftliche Fehlurteil[10] sollte nicht mit tiefer liegenden moralischen Aspekten verwechselt werden. Am Höhepunkt der Krise liehen sich mehrere Länder übermässig Geld im Ausland. Die Anleihen hätten gegen Kursschwankungen (effectively insurance) abgesichert werden sollen. Denn keine Regierung garantiert die Stabilität seines Wechselkurses. Es gibt keinen fixen Wechselkurs.

Wechselkurse schwanken, und es gibt allenfalls Unterschiede in Frequenz, Bandbreite und Regularien, die diese Bewegungen beeinflussen. Tatsächlich erklärte der Markt den Schuldnern, dass ein Risiko der Devaluation besteht (in equilibrium, the difference in interest rates at home and abroad is equal to the expected rate of change of the exchange rate, plus a risk premium). Der Standpunkt des IWF bei Auftreten der Krise war, Nothilfe an die zu leisten, die mit einem stabilen Wechselkurs gerechnet hatten und keine Absicherung vorgenommen hatten. Somit waren diejenigen, welche die Krise durch übermässige kurzzeitige Geldanleihen im Ausland verursacht haben, weg von der Schusslinie (zumindest teilweise). Dies auf Kosten derer, die Anleihen im üblichen Verfahren aufnahmen. Sehen wir es so, die Nothilfe erhöhte den moralischen Aspekt, das Muster der IWF-Nothilfen verringerte den Anreiz zur Absicherung der Anleihen.

Strategien für Wachstum und Reduktion der Armutsbekämpfung
Heute ist sich jeder der Wichtigkeit der Armutsbekämpfung bewusst. Der IWF änderte den Namen seines Programms für Entwicklungsländer von ESAF, um die Begriffe «Armut

und Wachstum» zu integrieren. Der Ansatz des «Trickle-down", mit dem Hilfsprogramme gerechtfertigt werden, bei denen die Reichen noch reicher werden, weil dann auch etwas zu den ärmeren Bevölkerungsschichten herabfliesst, wird immer mehr in Frage gestellt.

Nebst reiner Rhetorik wird heute ernsthaft über die Wirtschaftspolitik debattiert. Die Position der US-Zentralbank und des IWF kann als «Trickle-down plus» bezeichnet werden: Wachstum sei notwendig und genüge, um Armut zu verringern. Die beste Strategie, den Armen zu helfen, seien wachstumsmaximierende Reformen. Wieder die gleiche, seit zwei Dekaden vorherrschende neoliberale Tagesordnung, mit den Hauptgewichten Privatisierung und Liberalisierung, die lediglich mit den Themen Ausbildung und Geundheit erweitert wurde. Die Änderungen dieser traditionellen Formel sind wichtige Schritte in die richtige Richtung. Aber das Rezept ist in vielen Punkten mangelhaft. Tatsache ist, dass die Länder, welche sich in der letzten Hälfte des Jahrhunderts am erfolgreichsten entwickelt haben – die Länder Ostasiens, niemals die Weisungen von Washington befolgt haben. Und viele der Länder, welche die politischen Richtlinien von Washington befolgten, haben sich nicht erwartungsmässig entwickelt. Ehrlichkeit setzt volle Offenheit voraus: Der wirtschaftliche Erfolg durch das angepasste Befolgen der politischen Richtlinien und Massnahmen Washingtons ist bestenfalls gemischt. Offenheit nicht zuzulassen, wirft wiederum moralische Fragen auf[11].

Möglicherweise gibt es wichtigere, für die Armen wirkungsvollere Massnahmen, die über die Trickle-down-Ökonomie hinausgehen, welche zur Arbeitsbekämpfung beitragen. Einige Beispiele helfen, zu veranschaulichen, was ich mir vorstelle:
- Die Länder, welche ihr Bestes getan haben, die Lage der Armen zu verbessern, hatten eine gezielte Wachstumsstrategie für die Armutsbekämpfung, die weit über Lippenbekenntnisse bezüglich Ausbildung und Gesundheit hinausging.
- Wenn den Armen keine Aktiven gegeben werden – wie bei Landreformen, werden sie arm bleiben. Aber Landreformen können Rechtsfragen aufwerfen. Es ist bemerkenswert, dass der Reichtum in diesen armen Ländern wenig legitimiert ist (z.B. durch die brutale Ausübung von Gewalt der Kolonialherren). Wenn den heutigen Eigentümern dieser Reichtum aber genommen wird, gilt es als Verletzung grundlegender Eigentumsrechte.
- Die Ungleichheit von Besitz der Ressourcen (wie Land) und Arbeitskraft (Pächter) wird durch Verfahren wie dem «Sharecropping» (Entrichten einer Pacht durch einen

Teil der Ernte) verstärkt. Die immer schwächer werdende Motivation wird zu fallenden Resultaten führen. Beim «Sharecropping» leiden die Pachtbauern in Wirklichkeit unter einem Steuersatz von 50% oder mehr. Der IWF spricht sich laut gegen hohe Steuersätze und ihre demoralisierende Wirkung auf alle Initiativen aus. Aber er sprach sich nie zugunsten einer Landreform aus, welche diese Probleme verringern und die wirtschaftliche Leistungsfähigkeit verbessern und Gleichheit fördern würde.

- Einige der Wirtschaftsreformen durch den IWF und den US Treasury haben zweifelhafte Wirkung auf das Wachstum und erhöhen die Verwundbarkeit des Landes gegenüber ökonomischen Rückschlägen. Die Liberalisierung des Kapitalmarktes ist das offensichtlichste Beispiel: Die Armen tragen unvermeidlich die Hauptlast eines wirtschaftlichen Rückgangs, trotz der Zusicherungen zur Bildung sozialer Sicherheitsnetze. Ehrlichkeit würde hier heissen, dazu zu stehen, dass selbst in den entwickelten Ländern, Sicherheitssysteme für Landwirtschaft und selbständige Unternehmer unzureichend sind.

- Aber auch die Vorteile der Handelsfreiheit werden immer fragwürdiger, wenn sie keine neuen Unternehmensgründungen ermöglichen, die Arbeitsplätze schaffen. Bei den IWF-Programmen wird die Handelsliberalisierung häufig von hohen Zinssätzen begleitet, die selbst in einer gut funktionierenden Marktwirtschaft das Schaffen von Arbeitsplätzen massiv erschweren. Der Grund dafür ist einfach: Handelsliberalisierungen führen oft zu Arbeitsplatzverlust. Die Ideologie des freien Marktes sagt, dass sie den Fluss der Betriebsmittel von wenig Effizienz in Richtung höherer Effizienz bewirkt. Als ob dies der Fall wäre! Das Problem ist, dass in vielen unterentwickelten Ländern die Märkte überhaupt nicht funktionieren. Dies ist ja mitunter ein Grund, warum sie unterentwickelt sind. Die Arbeitslosenrate ist hoch. Schaffung von neuen Arbeitsplätzen ist schwierig. Wenn in Tieflohnländern nun noch die Arbeitslosigkeit steigt, erhöht sich die Armut, und das BSP des Landes geht zurück. Aber genau dies ist die Wirkung der IWF-Programme, in denen Liberalisierung mit hohen Zinssätzen kombiniert wird.

- Und selbst wenn das Land erfolgreich Arbeitsplätze schafft, könnten die Armen nachteilig davon betroffen werden. Eine Öffnung führt zu einer grösseren Empfindlichkeit gegenüber Rückschlägen aus der Aussenwelt. Die Last der Rückschläge wird wiederum von den Armen getragen. Unsicherheit ist eines der Hauptprobleme der Armen. Eine Politik, die diese Lage noch unsicherer macht, beeinflusst die Lage der Armen negativ.

- Programme zur Privatisierung haben häufig eine gegenteilige Wirkung, besonders

für die Armen. Die schnelle Privatisierung führt zur Privatisierung von Monopolen ohne Kontrollmechanismen. Diese Monopole, selbst wenn die Produktion leistungsfähiger ist, werden manchmal nur effizienter im Ausnutzen der Verbraucher. Privatisierung ist ein wichtiger Träger von Korruption und steigender Ungleichheit. Eine Tatsache, die durch die Erfahrungen mit Russland bewiesen ist. Einer der Anreize für eine schnelle Privatisierung war, dass alle, die Staatszuschüsse erhielten, einen Beitrag zu Jelzins Wiederwahl zahlen mussten (nicht nur finanziell, sondern auch bezüglich organisatorischer Unterstützung und Medienpräsenz). Das Schweigen in den Gesichtern der Korrupten in dieser «Darlehen-für-Mithilfe»-Affäre sprach Bände: Aber das Ziel rechtfertigte die Mittel!
- Der IWF hat eine besonders enge (und eigene) Definition einer guten Haushaltspolitik, in der die Auslandshilfe nicht enthalten oder aber als Einkommensquelle diskontiert ist. Dies, weil die Auslandshilfe angeblich volatil ist und deshalb nicht vorausberechnet werden kann. Die Weltbank analysierte diese Behauptung und zeigte auf, dass Steuereinkommen sogar noch volatiler sind. Entsprechend der Logik der Hilfsfonds dürften damit Steuereinkommen auch nicht als Einkommen gelten. In diesem Fall hätte kein Land einen ausgeglichenen Haushalt! Genauer gesagt, die passende Antwort zum volatilen Einkommen sind flexible Aufwendungen. Sobald das Geld fliesst, errichten diese Länder neue Schulen und Kliniken. Werden diese Hilfsmittel gestoppt, endet der Aufbau. In endlosen Diskussionen mit den Geldgebern habe ich hierzu nie eine ausreichende Rechtfertigung für diese Haltung erhalten. Aber die Konsequenzen sind deutlich. Es bedeutet, dass eine Zunahme der Auslandshilfe möglicherweise nicht für mehr Schulen oder Kliniken, sondern zur Reservenbildung des Landes verwendet wird.

Über Wirtschaftspolitik wird sowohl in Fachkreisen wie in der Öffentlichkeit debattiert. Wenn ich hier Fragen aufwerfe, möchte ich nicht die Debatten wiederholen, sondern deren moralische Dimensionen hervorheben. Die etatmässige Einstellung des Fonds bedeutet, dass weniger Schulen und Kliniken errichtet werden. Diese und alle anderen vorher beschriebenen Punkte erhöhen die Risiken für die Armen. In einigen Fällen (Liberalisierung des Kapitalmarktes) scheint der Nutzen selbst für das Land fraglich zu sein. Obwohl sie, dem Finanzsektor innerhalb und – wahrscheinlicher – ausserhalb der Landesgrenzen nutzen. Aber es gab Sünden des Unterlassens wie auch der Unterstützung: Landreformen hätten sicher zur Gleichheit sowie Effizienz beigetragen.

Wenn wir die ehemalige Kolonialpolitik Japans mit ihren unfairen Handelsverträgen während des Opiumkrieges betrachten, erschaudern wir an ihrem scheinbaren Mangel an moralischer Rechtfertigung. Wir schauen mit Hohn auf die Literatur über die Last des weissen Mannes, besonders wenn wir an Afrika und an viele andere Kolonialschauplätze denken. Wir brauchen heute keine militärische Macht mehr, um die Märkte zu öffnen – die Industrieländer benützen dazu ihre Wirtschaftsmacht. Damit werden internationale Verträge geschmiedet, in welchen ein überproportionaler Teil des Nutzens den entwickelten Ländern zufällt. In einigen Fällen stehen die unterentwickelten Länder danach schlechter da. Ich diesem Abschnitt habe ich analysiert, ob die gleichen Argu-mente gegen den Kolonialismus auch auf die Wirtschaftspolitik, die den Ländern aufoktroyiert wird, angewendet werden könnten. Selbst wenn diese Politik den Armen hilft, gäbe es alternative Strategien, die ihnen mehr helfen oder ihnen weniger Risiken auferlegen würden. Waren die internationalen Institutionen ehrlich, als sie diese Politik förderten, ohne die Risiken zu schildern? Waren sie nicht unehrlich, wenn sie die Beweise hinsichtlich des wirtschaftlichen Nutzens übertrieben (der Profit für Russland durch die wirtschaftlichen Reformen war um vieles kleiner als versprochen). Denn die Armutsrate stieg innerhalb von 10 Jahren von 2% auf beinahe 50%)! Wir sollten uns vielleicht fragen, ob die Kinder unserer Kinder, wenn sie auf die heutigen wirtschaftlichen Verhältnisse zurückschauen, geschockt sein werden. Genau, wie wir uns heute über die unmoralischen Verbrechen der Kolonialisierung entsetzen. Die Erfahrungen in Seattle und in Washington und in umfangreichen Gesprächen mit jungen Menschen in der ganzen Welt, zeigen mir, dass wir nicht so lange warten müssen: Die Jugend stellt die moralische Legitimität dieser Politik schon heute in Frage. Die Verteidiger sagen, dass es keine Alternativen gibt, dass dies das einzige und beste Rezept zum Erfolg sei. Diesbezüglich liegen sie aber falsch. Länder, die erfolgreich waren, gleichzeitig zu wachsen und die Armut zu verringern, haben aber gezeigt, dass es nicht so ist, wie die internationalen Institutionen behaupten. Denn diese schenken einer demokratischen, gerechten und nachhaltigen Entwicklung zu wenig Aufmerksamkeit.

Eine generelle Betrachtung
Ethik hat mit dem Verhalten einer Person zur anderen, zur Gemeinschaft und zur Gesellschaft zu tun. Ethik bezieht moralische Grundrechte mit ein, die erforderlich sind, um in einer gut funktionierenden Gemeinschaft zusammenzuleben. Es ist falsch, zu morden oder zu stehlen oder in anderer Art jemandem zu schaden. In den modernen Gesellschaften kann Schaden durch eine Vielzahl von Aktivitäten angerichtet werden. Wenn

jemand Abfall wegwirft, schädigt er die Umwelt, und verletzt folglich das Wohl derer, welche die Umwelt schätzen. Einfache Maximen wie «tu anderen an, was sie dir antun sollen» oder «tue nicht, was andere dir auch nicht antun sollen» und Prüfsteine wie Kants kategorischer Imperativ liefern weiterhin akzeptierte Regeln. Aber die Welt ist so komplex, dass deren Befolgung manchmal nicht offen auf der Hand liegt oder eindeutig erkennbar wäre. Wir haben gesehen, dass wir vom heutigen Standpunkt aus die Sklaverei und den Kolonialismus und dessen Mentalität mit Abscheu betrachten und als Verletzung grundlegender ethischer Normen erkennen. Aber ist es besser, einem Menschen oder einem Land seinen Willen durch ökonomische Macht aufzuzwingen als durch militärische Macht? Im 19. Jahrhundert funktionierten beide häufig zusammen. Militärische Macht wurde verwendet, um wirtschaftliche Verpflichtungen zu erzwingen. Heute sind Vorgehensweisen möglicherweise subtiler. Sind sie dadurch besser? Im normalen Leben wird es als Verletzung der ethischen Normen angesehen, wenn Nutzen aus dem temporärem Unglück eines Menschen gezogen wird. Aber auf dem internationalen Niveau wird dies häufig als normal akzeptiert. Sollte das Auferlegen von Bedingungen an Länder, die während der letzten globalen Krise Hilfe benötigten, als Bruch ethischer Normen angesehen werden? Diese Bedingungen hatten keinen Bezug zur Krise. Selbst wenn diese Bedingungen – zumindest aus der Perspektive derer, welche die Bedingungen auferlegten – nur zum Wohl der Empfänger sind?

Viele ethische Gebote beziehen sich auf Tätigkeiten, welche die Gemeinschaft verändern. Der Entwicklungsprozess, egal, wie gut er ausgeführt wird, beeinflusst gewöhnlich einige Werte und Aspekte der traditionellen Kultur. Wenn der Prozess falsch läuft, kann er eine verheerende Wirkung haben. Die Umstellung vom Kommunismus zur einer Marktwirtschaft in Russland war ein einziges Chaos. Die Armut explodierte (so weit, dass die Hälfte der Bevölkerung in Armut lebt), und die Produktivität fiel. Währenddessen häuften einige wenige riesige Reichtümer an. Kein Wunder, gab es dadurch einen kompletten Zerfall der Gemeinschaft und der grundlegenden Normen des Verhaltens sowie eine gewaltige Zunahme der Mafia-Aktivitäten. Ökonomen haben begonnen, über diese Ideen im Kontext des Sozialkapitals zu sprechen. Einer der Gründe für den Unterschied zwischen Chinas erfolgreichem Wechsel und Russlands Versagen ist die relative Bewahrung des Sozialkapitals beim einen und seine Zerstörung beim anderen[12]. Aber wir wissen auch, dass Wirtschaftspolitik eine kritische Rolle spielt: Die Umstellungen in der Art oder im Tempo der Bolschewiken, oder deren fehlendes Interesse für den sozialen Aufbau, führten zu einem Zerfall des Sozialkapitals. Im Fall von Russland erodierte die schnelle Privatisierung das minimale Sozialkapital, das von der kommunistischen Herrschaft übrig geblieben war. Das Resultat: Einige wenige übernahmen gewaltige Wirtschaftsposten, welche vorher Staatseigentum waren. Die Mobilität des freien Kapitals lud sie dazu ein, ihre unrechtmässig erzeugten Gewinne ausser Landes zu bringen. Gleichzeitig behauptete der Staat, er habe nicht genügend Geld, um die Renten zu bezahlen. Wir sprechen häufig über den «sozialen Vertrag». Er wird niemals formell geschrieben, aber das bedeutet nicht, dass er nicht gebrochen werden kann. Hyperinflation wird weithin kritisiert, weil sie den sozialen Vertrag untergräbt. Was in Russland geschah, wird als Verletzung des sozialen Vertrages angesehen. Der IWF beklagte mitten in der globalen Finanzkrise, dass Gläubiger, die ihr Darlehen nicht zurückzahlen, sich einer schweren Vertragsverletzung schuldig machen. Obwohl der Bankrott im Kapitalismus ein akzeptiertes zentrales Instrument ist, schienen sie der Verletzung eines weitaus wichtigeren Vertrages, eben des Sozialvertrags, wenig Aufmerksamkeit zu schenken. Man kann die verhängnisvollen Konsequenzen eines solchen Vertragsbruches auch in Indonesien beobachten. Wenn der Zerfall des Sozialvertrages zur Schwächung des sozialen Zusammenhangs führt und mehr Gewalt, mehr Korruption mehr Verbrechen entstehen: Ist dies die Schuld derer, die den Zerfall des sozialen Kapitals bewirkt haben? Wie weit sind diese moralisch verantwortlich für die Konsequenzen ihres Handelns? Vor allem, wenn es voraussehbar, um nicht zu sagen, unvermeidlich war?

Hier einige fundamentale Aspekte:
Ich stelle fest, dass die Wirtschaftspolitik die Wirkung auf die Armen und die Sicherheit zu wenig beachtet. Ich betrachte dies als eine Verletzung grundlegender ethischer Gebote. Aber die Wirtschaftspolitik ist wenig an der Wirkung auf die Gemeinschaft interessiert bezüglich ihrer traditionellen sozialen Netze und Werte. «Freier Arbeitsmarkt» bedeutet, dass Arbeitgeber Arbeitnehmer entlassen könnten, sobald sie nicht mehr benötigt werden. Es gibt keinerlei moralische Verpflichtung, Arbeitnehmer in harten Zeiten zu behalten. Jede Regel, die den Sinn der Gemeinschaft untergräbt – die sozialen Normen, die Kultur des Landes und seinen Stolz, kann aus dieser Perspektive als Verletzung der ethischen Grundregeln angesehen werden.

Individuelle und institutionelle Verantwortung
Wie verhalten sich die Länder bezüglich der grundlegenden Regeln des moralischen Verhaltens? Wie verhalten sich diejenigen, welche die Entwicklungsländer beraten? Wir haben gesehen, dass viele Leistungen der Regierungen und von aussen, einschliesslich

des IWF, sich nicht an die ehtischen Regeln halten. Dadurch gab es unnötig grosse nachteilige Konsequenzen für die Armen.

Auf viele Aspekte wie Aids, Drogen, Menschenhandel, Kinderprostitution konnten wir noch gar nicht eintreten.

In vielen amerikanischen Staaten gibt es in der Rechtsprechung das Prinzip der Mitschuld. Alle Beteiligten, die eine Rolle bei der Tat spielten, sind verantwortlich. Ähnliche Grundregeln gibt es im Bereich der Ethik. Zur Absicherung trafen die Regierungen eine abschliessende Entscheidung, welche Politik ausgeübt werden sollte. Aber die Regierungen mit dem Gefühl, keinen Raum für Verhandlungen zu haben, wurden häufig vom IWF gezwungen, seine politischen Entscheidungen zu übernehmen. Wir müssen hier nicht die Schuld analysieren. Es ist eindeutig, dass der IWF und alle anderen, welche diese Entscheidungen stützten, grosse moralische Schuld an den Konsequenzen tragen.

Nach dem Holocaust wurde akzeptiert, dass die, welche untätig die Gräueltaten anderer mitansehen, einen Teil der moralischen Mitschuld tragen. Die Institutionen in unserer Gesellschaft, die sich als Wächter der Moral bezeichnen, haben eine besondere Verantwortung, diese Aspekte zu beobachten. Dieses ist bei der Unzulänglichkeit der Systeme, welche teilweise die demokratischen Grundregeln ignorieren, besonders wichtig. Denn die Stimmen der Armen und der Entwicklungsländer werden kaum gehört, selbst in Angelegenheiten, welche ihr Leben direkt betreffen und ihren Lebensunterhalt beeinflussen. Es stimmt optimistisch, dass sich weltweit eine wachsende Aufmerksamkeit für diese Thematik entwickelt. Jetzt ist ein Zeitpunkt für alle, mit moralischer Autorität ihre Stimmen zu erheben und mit in den Chor einzustimmen.

Schlussbemerkung
Die letzte Hälfte des Jahrhunderts hat uns gezeigt, dass mit Wachstum Entwicklung möglich, jedoch nicht zwangsläufig ist. Auch Wachstum mit einer gleichzeitigen Verringerung von Armut ist möglich, aber schwierig zu erreichen. Viele politische Debatten über das Thema, wie mit Wachstum Armut zu verringern ist, zeigen das grosse Interesse. Ich möchte zeigen, dass es nützlich ist, diese Debatten vom ethischen Standpunkt aus (mit Werten wie Ehrlichkeit, Fairness, Sozialgerechtigkeit) zu führen. Einige werden nun sagen, dass hier das Herz spricht und nicht der Kopf. Aber ich argumentiere, dass Entscheidungen über allgemeine politische Richtungen unvermeidlich zum Herzen und

zum Kopf sprechen müssen. Es ist wichtig, an die moralischen Dimensionen unserer wirtschaftlichen Entscheidungen zu denken. Man kann und muss diese Art von moralischer Analyse mit einer genauen Analyse von Konsequenzen und Risiken möglicher alternativer Politiken kombinieren. In der Tat hat das Fehlen einer moralischen Forderung dem Vorherrschen einer Ideologie den Weg bereitet. Eine Ideologie, die unehrlich Nutzen verspricht, ohne diesen beweisen zu können. Eine Ideologie, die sinnvolle demokratische Diskussionen über Handlungsalternativen unterdrückt und die nachteiligen Konsequenzen für die Armen zu wenig gewichtet. So sehe ich die Ethik als neuen Humanismus, als Ergänzung und nicht als Gegensatz zur harten wirtschaftlichen Argumentation. Ich sehe eine Symbiose dieser beiden als ein grosses Versprechen für eine zukünftige internationale Wirtschaft, welche auf sozialer Gerechtigkeit basiert.

1   Viel von dem, was ich sage, könnte in allgemeinen Grundregeln ausgedrückt und begründet werden, z.B. in Kants kategorischem Imperativ oder der Rawlsian Analyse der Sozialgerechtigkeit. Das Letztere kann besonders hilfreich bei der Annäherung in Fragen der Gerechtigkeit sein: Welche Art der internationalen Sozial- und Wirtschaftsordnung würde man sich hinter dem Schleier der Unwissenheit wünschen, ohne zu wissen, ob man nun in ein entwickeltes Land oder in ein Entwicklungsland geboren wird. Am Ende dieser Abhandlung versuche ich, einige der ethischen Grundsätze in einen grösseren Kontext zu setzen: Richtlinien und Normen, welche die kooperative Sozialinteraktionen erleichtern.

2   Ehrlichkeit ist ein Gebot, das als eigenständiger Wert oder als Instrument betrachtet werden kann. Massnahmen, die aufgrund von verzerrter Information ergriffen werden, können zu nachteiligen Resultaten führen. Vermutlich ist einer der Gründe für die Unehrlichkeit, zu Massnahmen zu motivieren, was mit Wissen der ganzen Wahrheit nicht möglich wäre. Ohne die vollständige Darstellung der Risiken des freien Kapitalmarktes – einschliesslich der Behauptung, dass es Gewinne durch solch eine Liberalisierung gibt, ohne Beweis, ob es tatsächlich so ist – sind Länder verursacht, zu liberalisieren. Hingegen wenn sie genauere Informationen hätten, würden sie davon absehen. Selbst wenn das Land seine Kapitalmärkte liberalisiert hätte, die verzerrten Informationen könnte es dazu führen, das Sicherheitsnetz nicht zur Verfügung zu stellen, welches es getan hätte, wäre es völlig bewusst bezüglich aller Risiken gewesen.

3   Wir sollten «grüne Buchhaltung» nicht nur als Gegenstand der guten Buchhaltung, sondern als moralische Verpflichtung sehen. Beschrieben in Joseph Stiglitz, «Looking out for the National Interest: the Principles of the Council of Economic Advisers», American Economic Review, 87 (2), Mai 1997, pp. 109-113

4   Die Nummer eins des IWF wechselte erst kürzlich direkt zur Citibank Group als Vizeverwaltungsratspräsident.

5   Das heisst, viele von denen, die für das Aufnehmen der Darlehen verantwortlich sind, haben gute Verbindungen zu den Geldinstituten und werden es immer haben.
6   Das heisst, das Finanzministerium (US Treasury) und die Zentralbanken mit engen Verbindungen zu Finanzinstituten der industriellen Länder – die Kreditgeber – sind verantwortlich für die Entscheidung zur Aufnahme eines Kredites.
7   Diese Politik wurde durch den US Treasury gefördert, obwohl der Rat der Wirtschaftsberater nicht nur vor den möglichen Risiken dieser Politik und der dubiosen Gewinne für die Länder warnte, sondern auch aufzeigte, dass nur wenig Gewinn für die USA als Ganzes vorhanden war. Diese Politik war ein weiteres Beispiel für das beherrschende Partikularinteresse.
8   Siehe Edgeworth, Mathematical Theory of Banking, Journal of Royal Statistical Society, 1888
9   Der IWF behauptet, ein Beweis seiner Unterstützungsarbeit sei die schnelle Erholung einiger Länder, die von globalen Krisen getroffen wurden. Eine nähere Betrachtung der Eholungsmuster lässt keinen derartigen Schluss zu. In Thailand, einem Land, das als emsiger Nachfolger der IWF-Vorgaben gilt, liegt das BSP immer noch weit unter dem Niveau vor der Krise, und beinahe 40% der Dalehen erfüllen nicht die Vorgaben. Malaysia erholte sich rasch, aber war nie in einem IWF-Programm. Indonesien ist immer noch in einer tiefen Rezession. Teils aufgrund der durch das Versagen der IWF-Politik augelösten Demonstrationen, teils aufgrund der Tatsache, dass diese Politik zu massiven Bankrotten führte, von denen sich das Land immer noch erholen muss. Auch die Restrukturierung des Finanzsystems führte zu Verwerfungen, die das ganze private Bankwesen untergrub. Korea erholte sich zum Teil, weil es nicht auf die zentralen IWF-Punkte hörte. Hätte es den Rat des IWF befolgt, das überschüssige Kapital in die Chip-Industrie zu investieren, hätte es die globale Wende in diesem Markt verpasst, der zum wirtschaftlichen Wiederaufschwung beitrug. Das Wachstum in Russland und Brasilien fand aufgrund der Devaluation statt, welche die IWF-Politik allenfalls bremste.
10 Es gibt andere Fehler der ökonomischen Beurteilung: Der IWF folgerte (ohne gründlichen empirischen Untersuch), dass wenn der Wechselkurs fallen darf, es der Wirtschaft mehr schaden würde als der steigende Zinssatz. Tatsächlich war es in vielen Ländern nicht so. Zum Beispiel in Thailand: Immobilienfirmen nahmen Anleihen im Ausland auf (so waren auch deren Darlehensgeber). Die Darlehen waren schon zurückgezahlt, als die Immobilienblase platze, so hätte für sie ein Fall des Wechselkurses keine Auswirkungen gehabt (obwohl es umgekehrt die Zahl der möglichen ausländischen Darlehensgeber beeinflusst hätte). Oder die Exporteure, welche so viel Gewinn haben, wie sie auf ihrer Bilanzaufstellung ausweisen. Dies ist vielleicht der Grund, dass sie nicht in einer empirischen Studie der Auswirkungen aufgenommen wurden, weil dies nicht wirklich in ihrem Interesse war. Die Studie wurde mehr auf die Auswirkung der Rückzahlungsfähigkeit der Darlehen gerichtet. Aber dies war eine Änderung des Mandates vom eigentlichen Zweck der Gründung dieser Institution - Hilfe um ein bedrohtes Land zu unterstützen. Die Verschleierung der wahren Zielsetzung der Politik (wenn korrekt) ist für sich schon tief beunruhigend

und wirft moralische Fragen auf.

11 Interessanterweise wurde 1996 im Weltentwicklungsprogramm «From Plan to Market» über Systemwechsel auf den wohl erfolgreichsten Systemwechsel – den von China – nur kurz eingegangen, ihn weitgehend zur Randbemerkung degradierend. War dies, weil dieser Erfolg – einschliesslich die erfolgreiche Reduktion der Armut – so gegensätzlich zur allgemein geltenden Rechtgläubigkeit war?

12 Siehe Hussein, Stern, und Stiglitz, «Chinese Reforms from a Comparative Perspective» Incentives, Organization, and Public Economics: Papers in Honour of Sir James Mirrlees, Peter J. Hammond und Gareth D. Myles (eds.), Oxford University Press, 2000, pp. 243-277.

Moral und Sachzwang?

Moral als Zukunftsverantwortung: moralische Konter- und Langzeit-«Strategien» auch als Antwort auf amoralische System- und Strategievorgaben

Dietrich Böhler, Prof. Dr. (*1942), studierte in Tübingen, Hamburg und Kiel Philosophie, Theologie, wiss. Politik, Germanistik und Soziologie. 1970 promovierte er an der Universität Kiel mit der Schrift «Metakritik der Marxschen Ideologiekritik. Prologomena zu einer reflektierten Ideologiekritik und Theorie-Praxis-Vermittlung» (Suhrkamp Verlag 1971). 1981 habilitierte er sich an der Universität Saarbrücken mit der Schrift «Rekonstruktive Pragmatik und Hermeneutik», deren Hauptteil 1985 unter dem Titel «Rekonstruktive Pragmatik. Von der Bewusstseinsphilosophie zur Kommunikationsreflexion» im Suhrkamp Verlag erschien. Von 1969 bis 1972 war er an der Universität Saarbrücken als Assistent am Lehrstuhl Karl-Otto Apels und seit 1972 als Assistenzprofessor tätig. Ab 1975 lehrte er als ord. Professor für Sozialphilosophie und philosophische Grundlagen der Pädagogik an der PH Berlin. 1980/81 leitete er zusammen mit Karl-Otto Apel das «Funk-Kolleg Praktische Philosophie/Ethik». Er ist Mitherausgeber der interdisziplinären Forschungsreihe «Ethik und Wirtschaft im Dialog» (LIT-Verlag, Münster). Seit 1981 ist Böhler Professor für Praktische Philosophie, Ethik und Theorie der Sozialwissenschaften an der Freien Universität Berlin.

Unter seiner Leitung richtete das *Hans Jonas-Zentrum* zahlreiche öffentliche Veranstaltungen zur Zukunftsverantwortung und anderen ethischen Problemen aus; dazu gehören wissenschaftliche Kolloquien und (Ring-)Vorlesungen sowie die internationalen Kongresse «Berliner Hans Jonas-Tage». Die Lehr- und Forschungsschwerpunkte Böhlers sind: Grundlagen der Philosophie, Ethik, Theorie der Sozial- und Geisteswissenschaften bzw. Hermeneutik. Dazu hat er zahlreiche Aufsätze und auch Lexikonartikel wie «Moral und Politik» (Lexikon des Sozialismus, Köln 1986) oder «Diskurs» und «Konsens» (Hist. Wörterbuch der Rhetorik, Tübingen 1994 und 1998) veröffentlicht.

«Moral und Sachzwang in der Marktwirtschaft» lautete das Thema, das mir die Herausgeber freundlicherweise gestellt hatten, mit dem ich mich aber, so muss ich gestehen, heute nicht mehr anfreunden kann. Eine solche Distanzierung und der Vorschlag einer anderen Themenstellung bedürfen wohl einer Rechtfertigung. Dies umso mehr, als die vorgeschlagene Themenformulierung bereits der Titel eines Buches ist, nämlich des wesentlich von Jens Peter Brune verfassten EWD-Bandes 8.[1] Mehr noch: sie verweist darauf, dass Karl-Otto *Apel* seine «Architektonik» der Diskursethik mit dem schillernden Begriff des Sachzwangs und der Luhmannschen Systemtheorie in Verbindung gebracht hat. Diese von Peter Ulrich vehement attackierte Verbindung ist in der Tat problematisch. Kann sie doch die diskurstheoretische Einsicht verdunkeln, dass konkrete, empiriebezogene Diskurse fallibel sind, mithin auch die Anwendung theoretisch empirischer Konzepte wie «System» und «Sachzwang». Apel leitet prinzipielle Orientierungen im Sinne einer moralischen Entlastung aus jener Verbindung ab: Akteuren, die unter Sachzwang entscheiden und handeln müssen, sei die volle Last des Moralischen nicht zuzumuten. Das legt die Deutung nahe, es bestünden dort, wo Sachzwänge herrschten und ansonsten ein rechtlicher Rahmen gegeben sei, für den Akteur – etwa den Unternehmer in der Marktwirtschaft – moralfreie Räume. Also: Diskursethik nur für die Gestaltung der «Rahmenordnung» aber Strategiefreiheit für die unternehmerischen «Spielzüge» – mithin ein Dispens von moralischer Verantwortung? Für eine Rechtfertigungs- und Verantwortungsethik wäre diese Lösung fatal.

Es liegt hier allerdings eine Verteidigung Apels nahe, wie sie Falk Schmidt gegeben hat: Der normative Rahmen einer Diskursethik sei immer das Kriterium der argumentativen Zustimmungswürdigkeit, und diesem strengen Massstab müsse folglich auch das strategische Handeln unter Wettbewerbsbedingungen unterliegen? Explizit übt Schmidt damit Kritik an Ulrichs Missdeutung der transzendentalpragmatischen Diskursethik[3], aber wider Willen auch eine immanente Kritik an Apels Architektonik. Diese reicht tief, wenn man sie nur durchdenkt. Dann müsste nämlich die *Begründung* der Diskursethik in einer reflexiven Vergewisserung der Voraussetzungen für Zustimmungswürdigkeit bestehen. Etwa in diesen Schritten: «Wann bin ich ein *glaubwürdiger Diskurspartner*?» Der dialogreflexiv sokratischen Begründung müsste eine Wirtschaftsethik entsprechen, die direkt auf den Unternehmer zurückfragt: «Ist *deine Praxis* mit deiner Glaubwürdigkeit als Diskurspartner *vereinbar*?» Erst wenn diese Voraussetzung erfüllt ist, kann von der Zustimmungswürdigkeit einer Praxis gesprochen werden.

Dietrich Böhler

1. Von der transzendentalpragmatischen zur sokratisch reflexiven Moralbegründung
Eine solche dialogreflexive Ethikbegründung würde die theoretische Denkeinstellung sowohl der bisherigen Transzendentalpragmatik Apels und meiner *Rekonstruktiven Pragmatik* als auch der Habermasschen Diskurstheorie aufheben. Und das mit immanentem Recht, weil das sinnkritische Hauptargument jeder Diskursphilosophie, das des performativen Selbstwiderspruchs, dialogreflexiver Natur ist, weil zudem Apels Grundintuition einer Dialektik von realer und idealer Argumentationsgemeinschaft einzig durch eine sokratische Besinnung in einem jeweiligen Dialog auf die Diskursvoraussetzungen erweisbar ist,[4] und weil schliesslich Böhlers «transzendentalpragmatischer Grundsatz» schon eine unausgeführte Anwendung der sokratischen Dialogreflexion (auf «mich» als Denkenden bzw. Erkennenden) ist oder sich doch einer solchen verdankt.[5]

Apels Architektonik einer praktischen Vernunft unterscheidet zwischen einem Begründungsteil des Moralprinzips (Teil A der Ethik) und einem geschichts- und praxisbezogenen Anwendungsteil B der Ethik – mit der Pointe, dass es in Teil B um die Begründung moralischer Strategien angesichts amoralischer Handlungsrestriktionen zu tun sei. So entwickelte Apel 2001 die «Diskursethik als Ethik der Mit-Verantwortung vor den Sachzwängen der Politik, des Rechts und der Marktwirtschaft»[6]. Zwar lässt sich eine Begründungsdifferenzierung nach A- und B-Diskursen m.E. dialogreflexiv einholen,[7] problematisch ist jedoch deren umstandslose Verbindung mit dem, noch dazu kaum geklärten, empirisch-theoretischen aber moralisch sehr suggestiven Sachzwangbegriff. Daraus ergibt sich eine Tendenz zu Kategorienfehlern, zur Vermischung von moralischer Begründungsebene *und* empirisch-theoretischer Gesellschaftsinterpretation, von reinem Diskurs über das Gesollte *und* Hypothesenbildung über das (unter angenommenen geschichtlichen Umständen mit Sachzwangcharakter) praktisch Mögliche und moralisch Zumutbare.

Apel greift auf Habermas' Theorie der Ausdifferenzierung der modernen Gesellschaft in verschiedene Subsysteme sowie auf Niklas Luhmanns Systemtheorie zurück. Zudem kommt er Karl Homann nahe, insofern dieser die Wirtschaftsethik auf eine Beurteilung der marktwirtschaftlichen Rahmenordnung beschränkt und die unternehmerischen «Spielzüge» für die Strategien des Konkurrenzkampfes, mithin für eine blosse Orientierung an der strategischen Zweckrationalität freigibt.[8] So scheint auch Apel auf eine Unternehmensethik, als sei diese unzumutbar, zu verzichten und stattdessen alles auf eine Ethik der Rahmenordnung zu setzen:

«Die «Sachzwänge» des funktionalen Systems der Marktwirtschaft sind prinzipiell zu akzeptieren. Doch ihre Kontrolle im Sinne einer globalen Rahmenordnung ist nicht nur Sache der Ökonomen bzw. der ökonomischen Systemrationalität, sondern auch Sache der räsonierenden Weltöffentlichkeit auf der Ebene der «tausend Gespräche und Konferenzen» – und insofern Sache der Mit-Verantwortung aller Mitglieder des primordialen Diskurses der Menschheit. Das bedeutet, dass die schon von Kant erhobene Forderung nach einer ‹weltbürgerlichen Rechtsordnung› zu ergänzen ist durch die Forderung einer Weltwirtschaftsordnung; wobei die existierenden Institutionen, wie z.B. Weltbank, IWF, WTO etc., als Ausgangspunkte dienen mögen.»[9]

Seit 1987[10] hat sich in diesem Zusammenhang eine heftige Kontroverse zwischen Apel und Peter Ulrich ergeben, die von beiden Seiten mit harten Bandagen geführt worden ist.[11]

Die mir von den Herausgebern zugedachte Themenstellung *und* besagte Kontroverse, in die auch die diskursverantwortungsethische bzw. zukunftsverantwortungsethische Gruppe «EWD» samt meiner Person involviert gewesen ist, halte ich nicht für sonderlich fruchtbar. Was nämlich die Empirie anbelangt, so lässt sich fragen, ob die marktwirtschaftliche und technologische Globalisierung die Erklärungskraft der systemtheoretischen Unterscheidung von national-gesellschaftlichen Subsystemen der Wirtschaft, des Rechts und der Politik mit ihren spezifischen «Sachzwängen» nicht erheblich geschwächt hat. Doch überschritte es meine lediglich philosophische Kompetenz, eine empirisch gesättigte Theoriekritik geben zu wollen.

Was das *Grundsätzliche* jener Themenstellung betrifft, so ergibt sich ihre Aufhebung, wofern die Ethikbegründung nicht länger theoretisch angesetzt, sondern konsequent aus dem Dialog gedacht wird – aus dem argumentativen Diskurs, in dem «ich» und «du», die wir jetzt etwas denken, uns bereits befinden. Dazu möchte ich einen Anstoss geben.

Es kommt darauf an, die *Dialektik* von Begründungsdiskurs (Teil A der Ethik) und verantwortungsethischen Orientierungs- bzw. Situationsdiskursen (im Teil B der Ethik) unverrückt im Auge zu behalten. So nämlich, dass folgende diskurs-verantwortungsethische Grundeinsicht durchbuchstabiert wird: Auch der Teilnehmer eines verantwortungsethischen Situationsdiskurses, z.B. ein Wirtschafts- und Unternehmensethiker, der für «realistische» Strategien und Institutionen oder «anreizethische» Instrumente der Rahmenordnung plädiert, muss mit einem solchen Plädoyer ein *glaubwürdiger Diskurs-*

partner bleiben. Das heisst, dass seine Vorschläge den Kriterien und den regulativen Verpflichtungsideen gerecht werden müssen, die an der Rolle des ernsthaften Diskurspartners haften – und derer wir uns durch Besinnung auf diese Ur-Rolle vergewissern können. Das Ergebnis einer solchen Vergewisserung macht eigentlich den Grundlegungsteil der Ethik aus, den Apel als «Teil A» eingeführt hat. Die Berliner Diskurspragmatik hält das normative Ergebnis der dialogreflexiven Vergewisserung als das Prinzip der Moral fest, indem sie den Diskursgrundsatz «D» so einführt: «*Bemüht euch um reale Dialoge und um solche Entscheidungen, die alle sinnvollen Argumente zum Problem zu berücksichtigen erlauben (mithin irrtumsfähig und revisionsoffen sind), so dass sie die begründete Zustimmung aller verdienen!*»

1.1 Die doppelte Herausforderung der Zukunftsverantwortung

Ohne die von Jens Peter Brune und Falk Schmidt eingeführten Differenzierungen der Apelschen Architektonik oder auch Micha Werners Kontrapunkt einer «Diskursethik als Maximenethik»[12] würdigen zu können, beschränke ich mich darauf, die dialogreflexive Begründungslinie auszuziehen, die in Apels Programm einer Dialektik der idealen und realen Kommunikationsgemeinschaft und in meiner (jedenfalls ansatzweise) sokratisch reflexiven Bestimmung des philosophischen Diskurses schon angelegt war.[13] Eine konsequente Entwicklung dieser Begründungslinie scheint mir auch zur angemessenen Antwort auf die Herausforderungen der «ökologischen Krise» und der Moralkrise zu führen, die wir nicht abschatten sollten, wenn wir den Komplex «Globalisierung» diskutieren. Die Berliner Diskursethiker und die 1992 gegründete Theorie-Praxisgruppe EWD haben diese Herausforderungen als «Herausforderung Zukunftsverantwortung» gebündelt.[14]

Die Herausforderung der Zukunftsverantwortung ist eine doppelte. Zunächst ist es die *äussere* Herausforderung der Langzeit- sowie Kumulativwirkungen einer hochtechnologischen Industrie- und Wirtschaftsgesellschaft, die nicht allein die Ökologie sondern auch die Menschenwürde gefährden. Hans Jonas hat beides eindringlich bedacht. Sodann ist es die *geistige* Paralyse der rationalen Begründung einer Pflicht zur Mitverantwortung angesichts solcher Folgen. Die Paralyse ergibt sich aus der verkürzenden und verfälschenden Engführung der Vernunft bzw. der Rationalität in der verwissenschaftlichten, hochtechnologischen Zivilisation. Die Engführung besteht in der komplementären Annahme, dass eine moralfreie Analytik und das Kalkül von Mitteln *das* Paradigma der Rationalität sei, wohingegen Zwecke, Werte, Normen (logisch gesehen) allein durch arationale Entscheidung gesetzt werden könnten.

Zweckrationalität und arationale Wahl der Zwecke – diese Komplementarität hatte Apel in den sechziger Jahren als geistige Signatur des modernen Westens herausgearbeitet.[15] Ist das «Komplementaritätssystem» des sowohl szientistischen bzw. zweckrationalistischen als auch existentialistischen bzw. liberalistischen Westens, wie es sich beispielhaft im Denken von Max *Weber* und Karl R. *Popper* verkörpert, das letzte Wort des Geistes, das Ende der Geistesgeschichte? Oder lässt es sich aufheben in eine kommunikative, dialogbezogene Vernunft? Eine Vernunft, welche angesichts der zwiefachen Selbstbedrohung durch die hochtechnologische Marktgesellschaft, nämlich der Naturzerstörung und der Moralgefährdung, zu allgemeinverbindlicher Orientierung fähig ist?

Die sokratisch diskurspragmatische Antwort lautet: Durch Rückgang auf den Ort, an dem sich jede/r Behauptende, Fragende, Denkende schon befindet, nämlich den Diskurs, lasse sich das Moralprinzip samt den dazugehörigen materialen moralischen Gehalten zweifelsfrei erweisen und insofern letztbegründen. Dadurch sei ein verbindlicher moralischer Rahmen auch für situationsbezogene «praktische Diskurse» (Habermas) gewonnen, in denen die rationale, allerdings fallible Begründung konkreter Normen für eine jeweilige Situation zu leisten wäre. Das ist die *zweigestufte* Systemidee der Diskursethik.[16]

Durch die Auseinandersetzung mit Hans Jonas' Werk *«Das Prinzip Verantwortung»* und dank der Berliner Begegnung mit ihm vertiefte sich die Motivation, erweiterte sich die Perspektive zur Ethik der «Zukunftsverantwortung»: Jonas vermittelte den phänomenologischen Blick auf die ethischen, zumal die naturethischen Intuitionen aus Lebenswelt und Religion. In der Laudatio zur Ehrenpromotion der Freien Universität Berlin 1992 entwarf ich eine Arbeitsteilung, gewissermassen ein komplementäres Kooperationsverhältnis von dessen intuitionistischer Ontologie und der Diskursphilosophie.[17] Denn als intuitionsbezogene «Heuristik ist eine ontologische Wertlehre gut für das diskursive Zusammenspiel mit einer Sollensethik geeignet: Die ontologische Wertheuristik würde für Verantwortung empfänglich machen; die normative Ethik würde Massstäbe dafür aufstellen, zu welcher Verantwortung wir verpflichtet sind, und Dialogverfahren entwickeln, um diese Massstäbe anwendbar zu machen. Beide Seiten wären aber nicht unabhängig voneinander anzusetzen, um erst nachträglich in ein Kooperationsverhältnis zu treten; vielmehr müssten sie von vornherein im Verhältnis wechselseitiger Ergänzung und Erläuterung stehen. Dabei käme der ontologischen Wertheuristik das inhaltliche und das Motivationsprius zu, während die Prinzipienreflexion und die Normenbegründungsdiskurse den logischen Primat beanspruchen könnten.»[18]

Überdies lehrt Jonas jenen äusserst sorgsamen Umgang mit lebensweltlichen ethischen Intuitionen, wie ihn allein die phänomenologische Schule methodisch vermitteln kann.[19] Den normativen Hintergrund bildet das Kohärenzkriterium des Wertethikers, demzufolge der Einklang mit (verallgemeinerbaren) lebensweltlichen Verantwortungsgefühlen und paradigmatischen Verantwortungsinstitutionen (wie der Elternschaft oder des Staatsmanns) zu einem wertvollen Leben gehöre. In diesem Sinne zielt Jonas' «wertethischer Diskurs auf die Explikation dessen, was wir [...] eigentlich wollen und wozu wir als ‹eigentliche Menschen› motiviert sein würden.»[20] Allein, was ist das? Lassen sich gültige Kriterien dafür erweisen? Was sollen wir vernünftigerweise wollen?

Unterminiert die unerbittliche Frage nach der Prinzipienbegründung die Motivationskraft der Kohärenzargumentation? Oder gibt es einen Ort, an dem das wohlverstandene Wollen und das letztbegründbare Sollen zusammenfallen, wo Motivation und Erkenntnis übereinkommen?

Die *Diskurspragmatik*, die den transzendentalpragmatischen Begründungsanspruch durch aktuelle Dialogreflexion einlöst,[21] führt auf diesen Ort: den *Diskurs als Dialog*. Denn im Diskurs *wollen* und *sollen* wir zugleich. Auf der Seite des Wollens bringen wir ein Stück Freiheit ins Spiel und erkennen dabei zugleich, auf der Sollensseite, Verantwortungspflichten an.[22] Und beides *wissen* wir. Mithin entspringt hier die Freiheit des Diskursteilnehmers nicht etwa allein aus dem Eigenwillen (als Willkürfreiheit), sondern geht auch aus dem Wissen über kommunikative Interaktion und deren interne Bedingungen hervor. Es handelt sich um kommunikative Freiheit; sie basiert auf einer reziprok-kommunikativen Erfahrung, auf die ‹meine› jeweiligen Anderen sich ‹mir› gegenüber berufen können. Daher ist sie moralisch von Belang und kein blosses kontingentes Faktum.[23]

In diesem Sinne sehe ich das philosophische wie überhaupt das legitimatorische A und O in dem reflexiv sokratischen Rückgang auf die Geltungsansprüche und weiteren Verbindlichkeiten eines Diskurspartners. Dieser Rückgang mündet in eine Aufforderung, die immer zugleich die Selbstaufforderung eines Diskursteilnehmers ist: «hic Rhodus, hic salta!», oder: «sei ein glaubwürdiger Diskurspartner, gleich in welchem Typ eines argumentativen Diskurses du dich befindest!». Die Reichweite dieser Aufforderung ist schlechterdings universal: Kein Denkender kann sich ihr mit guten Gründen entziehen. Denn jeder kann wissen, dass er, was er auch tue und erlebe, zugleich dazu Stellung nehmen kann und dass er, zumindest virtuell, auch bereits dazu Stellung nimmt. Er tut das mit den Geltungsansprüchen der Wahrhaftigkeit und Verständlichkeit, der Wahrheit und der normativen Richtigkeit.[24] Das Geltung beanspruchende Stellungnehmen zu einem jeweiligen Tun und Erleben, das sich von diesem nicht wegdenken lässt, *ist* der Diskurs.

Auch diejenigen, die Hals über Kopf in ihrer Praxis stecken, sind *zugleich*, und sei es noch so unausdrücklich, in einem Begleitdiskurs. Die sokratisch reflexive Aufforderung besagt nicht mehr, als dass sie dieses Zugleich-Sein ausdrücklich und konsequent praktizieren sollen – als glaubwürdige Diskurspartner. Die Rolle des Diskurspartners begleitet alle anderen Lebensrollen und Berufsrollen...

2. Sokratische Kohärenz: Vereinbarkeit von Praxis und Diskurs

Betrachten wir den logischen Stellenwert der Aufforderung, die eigene Diskurspartnerrolle glaubwürdig wahrzunehmen, so zeigt sich: sie ist schlechthin grundlegend oder primordial; denn sie umgreift und integriert alle normativen Sinnbedingungen des Diskurses. Daher ist sie zunächst ein diskursinternes Kohärenzkriterium, ein letztverbindliches und unteilbares. Und das in zweifacher Hinsicht. Einmal dient der Rückgang auf die Glaubwürdigkeit des Diskurspartners dazu, eine diskursinterne Kohärenz zwischen den vier verschiedenen *Geltungsansprüchen* im Blick zu behalten, dem auf Wahrhaftigkeit, dem auf Verständlichkeit, dem auf theoretische Wahrheit und dem auf normative Richtigkeit bzw. Gerechtigkeit.[25]

Ausserdem verweist die Forderung, der Diskurspartner solle glaubwürdig sein, auf eine den Diskurs überschreitende Kohärenz; nämlich darauf, dass ein stimmiger Zusammenhang bestehen soll zwischen <meiner> Wahrnehmung der *Diskurspartnerrolle* in einem Diskurs und der Wahrnehmung <meiner> *lebensweltlichen* bzw. *gesellschaftlichen Rollen*. Der Rechtsgrund zu dieser weitreichenden Forderung ist, wie schon gesehen, die Vermitteltheit von Diskurs und Praxis: Keine Praxis ohne möglichen Begleitdiskurs. Denn er ist für den Sinn und das Geltenkönnen einer Praxis konstitutiv. Ein Stellung nehmender, rechtfertigender Diskurs, der das eigene Verhalten als <meine> (aus bestimmten Gründen so und so beschaffene) Handlungsweise einholt, muss alle <meine> Handlungen begleiten können. Das ist eine Grundeinsicht der Berliner Diskurspragmatik.[26] Sie deckt auf, dass der praxisverwobene, vielfach unausdrücklich belassene aber vorausgesetzte Begleitdiskurs zugleich Ursprung der moralischen *Identität* von Handlungssubjekten und der *Normativität* von Diskursen ist. Denn sie setzt ein bei dem Schonvermitteltsein von Diskurs und Handlung, das zugleich ein Vermitteltsein der kommunikativen Freiheit des Denkens mit der natürlichen sowie institutionell-geschichtlichen Notwendigkeit des Anknüpfens bzw. Fortsetzens ist. Dadurch hebt sie den cartesisch-kantischen Dualismus von Subjekt und Objekt, Ich und Welt, Freiheit und Notwendigkeit auf,[27] um dessen Überwindung es auch Hans Jonas zu tun war.

Für uns genügt es hier festzuhalten, dass die Praxis-Seite des geforderten Kohärenzverhältnisses keinesfalls bloss diskurs*extern* sondern *in sich* auch diskursbezogen ist. Aus diesem Grunde wird das sokratische Kohärenzkriterium nicht etwa von aussen an die (womöglich ganz anders geartete) Praxis herangetragen; vielmehr ist es aus sich selbst ein Praxiskriterium.

In den genuin sokratischen Dialogen Platons spielt dieser Kohärenzmassstab mit: *Sokrates* nimmt dort für sich in Anspruch und will auch seine Gesprächspartner dahinbringen, dass er bzw. der Andere die eigenen lebensweltlichen Intuitionen oder Überzeugungen und die eigenen Handlungsweisen in *Einklang* zu bringen sucht mit dem Logos, der sich ihm im Diskurs, bei der Erwägung, als der beste zeigt.[28] Warum? Die diskurspragmatische Antwort darauf ist: Weil man dann der ersten Verpflichtung folgt, die man sich *als* Diskurspartner selbst auferlegt hat, nämlich das beste, mithin zustimmungswürdige Argument zu *suchen* und es als Geltungs- und Verbindlichkeitsinstanz zu *beachten*, indem man ihm Folge leistet.

Die praxisbezogene sokratische Kohärenz lässt sich nun genauer festlegen. Postuliert ist eine Stimmigkeit zwischen jenen Verpflichtungen, die wir im philosophisch reflexiven Begründungsdiskurs *als* Diskursverbindlichkeiten *erkennen*, und der Art und Weise, wie wir uns sowohl bei der Orientierung einer Praxis als auch im Vollzug dieser *realiter verhalten*. Die Orientierung ist Sache eines praktischen Begleitdiskurses (z.B. über <mein>/<unser> Unternehmen, aber auch bei der Vorbereitung «unserer» unternehmerischen Entscheidungen). Die Realisierung fällt, moralisch handlungsbezogen betrachtet und vorbehaltlich ihres objektiv gegebenen Möglichseins, in den guten Willen der Akteure. Der gute *Wille* ist die Bereitschaft zur moralischen Kohärenz.

2.1 Ethische Intuitionen als Elemente der Praxisorientierung
Ein bedeutsames Element der Praxisorientierung ist der Umgang mit lebensweltlichen ethischen Intuitionen. Dafür hat Hans *Jonas* Kohärenz eingefordert: insofern sich eine

Intuition als moralische Maxime verallgemeinern liesse, seien wir dazu verpflichtet, dafür zu sorgen, dass Kohärenz zwischen ihr *und* unserer Praxis bestehe. Jonas' kategorischer Imperativ bringt diese Kohärenzverpflichtung für die zukunftsrelevante Praxis zum Ausdruck. Er ist auch in der Formulierung eine Kohärenzforderung: «Handle so, dass die Wirkungen deiner Handlungen *verträglich* sind mit der Permanenz echten menschlichen Lebens auf Erden.»

Konsequenterweise macht Jonas das Kohärenzkriterium denn auch, und zwar in Verbindung mit dem (zukunftsbezogen verstandenen) Verallgemeinerbarkeitskriterium Kants, zum Leitfaden seiner moralischen Gedankenexperimente, die den Moralwilligen zur Zukunftsverantwortlichkeit, der Moralität in der technologischen Gefahrenzivilisation, motivieren sollen.[29] Freilich überführt er den Kohärenzmassstab ohne Umschweife in einen Handlungsimperativ. Deshalb konnte er den internen Dialogbezug dieses Kriteriums übergehen. Die Diskurspragmatik berücksichtigt diesen Bezug, indem sie den Gehalt von Jonas' Imperativ in Form einer zukunftsbezogenen Konkretion des Diskursgrundsatzes reformuliert, und zwar als den Handlungsgrundsatz «D–Z»: *«Verhaltet euch so, dass eure Verhaltensweisen die begründete Zustimmung aller verdienen und – mithin – der Permanenz menschenwürdigen Lebens auf Erden dienlich sind.»*

In dem EWD-Band 3 «Zukunftsverantwortung in der Marktwirtschaft» hat Horst Gronke die Diskurs-Glaubwürdigkeit als ein Diskurs-Kohärenzkriterium entwickelt, das auch für unseren Umgang mit naturethischen Intuitionen gilt: Wir seien nur dann glaubwürdige Diskurspartner, wenn wir jene *naturethischen* Intuitionen starkmachten und beachteten, die sich ernsthaft in einem Diskurs der Argumente vertreten lassen.[30]

Summa summarum ergibt sich, dass die Reichweite der Diskursglaubwürdigkeit in den *beiden* hier unterschiedenen Hinsichten, der diskursinternen und der praxisbezogenen Funktion, deckungsgleich ist mit der der moralischen Doppelfrage «Woran sollen wir uns legitimerweise orientieren? Was sollen wir tun?». In Begriffen der Geltungsansprüche formuliert, besagt das: Wenn das Bemühen, die Geltungsansprüche der Wahrhaftigkeit, der Verständlichkeit, der Wahrheit und Richtigkeit einzulösen, für den *Diskurspartner* verbindlich ist, und wenn seine Glaubwürdigkeit an diesem Bemühen hängt, dann gilt das für *alle* argumentativen Diskurse – auch für Diskurse über Wirtschaft im allgemeinen oder über ‹meine› Unternehmenspraxis im besonderen.

Jene Verbindlichkeiten sind unteilbar, sie schlagen auf jeden Diskurs durch, lassen sich also nicht auf den philosophischen Diskurs lokalisieren, oder, wie Habermas meint, auf den «praktischen Diskurs» über moralische Konflikte. Aus diesem Grund, eben aufgrund der einheitlichen Verbindlichkeit der Diskurspartnerrolle, muss eine Typologie verschiedener Diskurse deren *Verschränkung* und deren gemeinsamen *Verpflichtungsboden* erkennen lassen.[31] Die Unteilbarkeit jener Bemühungspflicht ist letztbegründbar.

Die *diskursinterne* Bedeutung des sokratischen Kohärenzkriteriums für Begründungsfragen ist die einer Prinzipienheuristik: alle letzten Kriterien und unbedingten moralischen Gehalte müssen sich an diesem Leitfaden finden lassen, sie müssen diesem Dialogkriterium erster Ordnung gerecht werden. Sein *praktischer* Witz ist, dass es nicht nur für Begründungsdiskurse unhintergehbar ist, sondern ebenso für Begleitdiskurse der Praxis und für den guten moralischen Willen in der Praxis. Es sagt, wie wir unsere Praxis prüfen, projektieren und realisieren sollen. Daher ist es zugleich oberste praktische Maxime, welche lautet: *Bei allem, was man im Diskurs vorbringe oder was man in der Praxis folgenträchtig tue bzw. mitmache, müsse man als glaubwürdiger Diskurspartner bestehen können.*[32]

3. Moralische Strategien
Vom Zwiespalt der Intuitionen zu einem geltungsfähigen Glaubwürdigkeitsgrundsatz
Die Wahrhaftigkeit unserer Rede als Übereinstimmung von Wort und Absicht ist das eine, die Verlässlichkeit unserer Praxis als Übereinstimmung von Rede und Tun, Ankündigung und Ausführung ist das andere Moment jener grundlegenden moralischen Begleiterwartung, die wir «Glaubwürdigkeit» nennen. In der Perspektive des Gegenübers ist sie die Entsprechung zur Wahrhaftigkeit und Verlässlichkeit eines Ego. *Der, welcher zu uns wahrhaftig redet und uns gegenüber verlässlich handelt, ist glaubwürdig* – so sagt es jedenfalls unsere lebensweltlich mitgebrachte ethische Intuition.

Aus einer realistisch nüchternen Erfahrungsperspektive lässt sich dieser Intuition sogleich eine Position der praktischen Vorsicht oder eine der strategischen Weltklugheit entgegenhalten – die uns ebenfalls lebensweltlich vertraut ist. Sie erinnert uns daran, dass wir die moralische Glaubwürdigkeitserwartung in der Praxis strategisch einschränken können – ja, dass wir sie vielleicht sogar manches Mal strategisch einklammern sollen oder auch müssen: Glaubwürdigkeit lasse sich – legitimerweise, diskursgerechtfertigterweise – nur unter Vorbehalt erwarten. Denn in der Realität haben wir für die Folgen unserer Handlungen sowohl angesichts der, von Max Weber hervorgehobenen, «durchschnittlichen moralischen Defekte»[33] der Menschen aufzukommen, als auch angesichts solcher gesellschaftlichen Handlungssysteme, deren funktionale Imperative bzw. Spielregeln ein strategisches Verhalten freigeben und eine strategische Generalorientierung erforderlich machen.

So verhält es sich etwa in dem Handlungssystem «Markt» mit der Generalorientierung «Gewinnerzielung durch Wettbewerbs- und Konkurrenzverhalten». Offenkundig unterliegt das wirtschaftliche Handeln einem Zwang, dieser Generalorientierung Folge zu leisten und demgemäss die konkreten Unternehmensentscheidungen, gleichsam die Spielzüge, wie Homann sagt, im Sinne der strategischen Zweckrationalität zu treffen – und nicht etwa im Sinne der Dialogrationalität.[34] Das ist eine systembedingte Strategievorgabe, die den einzelnen unternehmerischen Entscheidungen vorausgeht. Man mag das einen Sachzwang nennen; jedenfalls ist es eine Vorgabe, die durchaus *moralrestriktiv* sein kann, wie Apel pointiert.

Moralrestriktiv ist sie zumindest in einem unmittelbaren Sinne; nämlich insoweit sie verbietet, sich gegenüber allen Beteiligten offen sowie direkt dialogisch zu verhalten und statt dessen gebietet, die Beteiligten in das eigene Kalkül einzustellen, sie also der strategischen Rationalität zu unterwerfen. Das ist auch dann der Fall, wenn man sich als Unternehmer bemüht, nicht die schmutzigen Spiele des Tarnens, des Täuschens und Tricksens mitzuspielen. Das ist auch dann der Fall, wenn sich Unternehmer bzw. Manager davor zu hüten wissen, die noch schmutzigeren, jedoch üblichen Spiele einer unanständigen Selbstbereicherung oder gar das Spiel der Korruption mitzumachen. Selbst der untadelige Unternehmer und der sittlich ernsthafte Manager wird in Konkurrenzbeziehungen die moralischen und dialogischen Standarderwartungen der Glaubwürdigkeit und Wahrhaftigkeit mit Blick auf seine Gegenspieler klugerweise methodisch einklammern. Es ist dieses «spannungsreiche Verhältnis von ökonomischer und ethischer Rationalität», das die Unternehmensführung vor grosse Herausforderungen stellt.[35]

Analogien dazu finden sich auch sonst in der sozialen Welt. So kann es bereits in unmittelbaren zwischenmenschlichen Beziehungen geraten sein, die Glaubwürdigkeitserwartung unter Vorbehalt zu stellen und vorsichtig mit ihr umzugehen, wenn man nicht riskieren will, vom Anderen strategisch behandelt, getäuscht und manipuliert zu werden: «durch Schaden wird man klug» – auch «klug» im sozial strategischen Sinne.

Obzwar eine solche «Vorsicht» sich ihrerseits strategisch auf das Gegenüber eingestellt hat, können ihr – man denke nur an die verantwortungs*ethischen* Argumentationen Max Webers und Apels – gänzlich non-strategische, rein moralische und dialoggemässe Geltungsansprüche zugrunde liegen: zumal die Ansprüche der moralischen Richtigkeit und der Wahrhaftigkeit.

So erheben Max *Weber* und *Apel* die Ansprüche auf Wahrhaftigkeit und Richtigkeit *als* Diskurspartner, die sich fragen, was es heissen kann, sich unter nicht-dialogischen Bedingungen moralisch richtig, also auch folgenverantwortlich zu verhalten. In moralischer Absicht beantworten sie diese Frage etwa folgendermassen: Wenn der Handelnde eine – wir unterstellen: legitime – Verantwortungs- bzw. Fürsorge-Rolle gegenüber «den Seinen» wahrnimmt, dann darf er, ja soll er gegen Realitätswiderstände (wie z.B. egoistische Durchsetzungsstrategien Dritter oder moralrestriktive Systemzwänge) *Konterstrategien* einsetzen, um die ihm Anvertrauten zu schützen. Er dürfe, ja solle dann lügen, tricksen oder nötigenfalls Gewalt anwenden, sofern es die Situation erfordert.

Als Rechtfertigungsmassstab für derlei «schmutzigen Situationen» habe ich vorgeschlagen, der Akteur dürfe solche Gegenstrategien einsetzen, von denen er – idealiter im Diskurs mit anderen, nötigenfalls in alleiniger Einschätzung – «nach bestem Wissen und Gewissen» erkannt hat, dass sie zum «Erfolg des Moralischen beitragen». Derartige Orientierung am «Erfolg des Moralischen unter nicht moralanalogen Bedingungen»[36] müsste sich streng am Prinzip der Moral und dessen Geltungskriterium der argumentativen Zustimmungswürdigkeit messen lassen.

Solcherart *moralische* Rechtsansprüche müssen wir (bis zum Beweis des Gegenteils) auch einem wirtschaftsklugen Akteur zusprechen. Auch einer, der vielleicht aus Schaden klug geworden ist und seinem Gegenüber die Täuschung, das Tricksen usw. zutraut, kann für sich voraussetzen, dass es eigentlich, moralisch gesehen, «mit rechten Dingen zugehen» solle, und dass ihm sein gegenüber Wahrhaftigkeit *schulde*. Wenn der «Kluge» aber gute Gründe für die Befürchtung zu haben glaubt, der andere werde oder könne ihn «über den Tisch ziehen», sollte er dessen Worten und Versprechen bzw. Vertragsangeboten vorbehaltlos vertrauen (eben weil er ihm die Wahrhaftigkeit zutraut), dann sieht er sich dazu berechtigt, seinen Wahrhaftigkeitskredit zurückzuziehen, statt seinem Gegenüber vorbehaltlos als Dialogpartner oder Freund zu begegnen. Er fühlt sich (mit gutem

Grund) berechtigt, sich mit Vorbehalten und Strategien zu «wappnen», weil er sein Gegenüber als einen Gegner erkennt, dem er «gewachsen» sein muss.

Wer sich ein strategisches Schutzverhalten zulegt, der hat bereits einen stillschweigenden *Begleitdiskurs* vorausgesetzt oder geführt, in dem er sich entweder egoistisch einen parasitären Vorteil errechnet oder aber sich seiner moralischen Rechte vergewissert hat. Letzteres kann er folgendermassen tun: «Zu Recht erwarte ich vom Anderen Glaubwürdigkeit, d.i. wahrhaftige Rede und verlässliches Tun, wie ich ja auch für mich selbst Wahrhaftigkeit und Verlässlichkeit in Anspruch nehme, so dass Andere auch mir Glaubwürdigkeit zutrauen können. Aber dann, wenn Andere ihren Anspruch der Wahrhaftigkeit und Verlässlichkeit mir gegenüber nicht einlösen, so dass zwischen uns keine symmetrische Gegenseitigkeit gleichberechtigter und gleich verpflichteter Partner besteht, wie das in einem Dialog und einem dialoggestützten ehrlichen Vertragsverhältnis oder Bund der Fall ist, dann bin ich berechtigt, den Anderen meinerseits strategisch zu behandeln, statt mich dialogisch zu ihm zu verhalten.»

Eine andere Frage ist freilich, in welchem Grade es jeweils für ‹mich› bzw. für N.N. realisierbar und *zumutbar* ist oder auch inwieweit es sich gegenüber Dritten *verantworten* lässt, die konkreten Konsequenzen, die sich aus dem Begleitdiskurs über die Praxis ergeben haben, in die Praxis umzusetzen. Wie und in welchem Ausmass kann aus dem «Er sollte eigentlich» und «Wir sollten eigentlich» eine gelingende Tat und eine erfolgreiche Institution werden? Das führt auf die erfolgsverantwortungsethischen Probleme, die Apel als die geschichtsbezogene Ebene B der Diskursethik eingeführt hat, die aber differenzierungsbedürftig ist.

3.1 Bewahrung und Reform: zwei moralischstrategische Perspektiven
Eine erste Differenzierung ergibt sich aus der selbstkritischen Prüfung derer, die eine moralische Maxime – unterstellt, sie sei in praktischen Diskursen als Konkretion des Moralprinzips entwickelt worden – nun auch gesellschaftlich konkretisieren und institutionalisieren wollen. Glaubwürdige Diskurspartner müssten sich zuallererst, selbstkritisch gegenüber ihrem Reformeifer, die Frage stellen, ob sie nicht bereits ethische Traditionen und ethisch geladene Institutionen vorfinden, die mit dem Moralprinzip verträglich sind, so dass diese schonsam weiterentwickelt oder umsichtig globalisiert werden sollten. Welche bestehenden Sozialinstitutionen und Kulturinstitutionen (etwa Feiertage) sollten wir bei den anstehenden Effizienzreformen der Arbeitstarife, der

Arbeitszeit oder des Gesundheitssystems als moralischen Fortschritt anerkennen? Und wie können wir diesen Fortschritt trotz Reformbedarfs möglichst *bewahren* und schliesslich (jedenfalls in einer Langzeitstrategie) sogar *globalisieren*? Das ist die traditions- und institutionsethische *Bewahrungsfrage* im Sinne einer Stufe B1 der verantwortungsethischen Diskurse.

Ist das Kohärenzgebot hinsichtlich des Verhältnisses von Diskurs und Handlungsweise erkannt und anerkannt, dann ergeben sich verschiedene erfolgsverantwortungsethische Perspektiven: zunächst die moralische Verträglichkeitsprüfung und Bewahrungsprüfung der vorfindlichen Institutionen und Traditionen und erst dann, als zweiter erfolgsverantwortungsethischer Schritt, das regulative Bemühungsprinzip, eine solche Kohärenz auch *gegen* Realitätswiderstände strategisch durchzusetzen bzw. annäherungsweise herbeizuführen. Das wäre eine Diskursstufe B2. Erst jetzt und hier darf es um das Webersche und Apelsche Problem der moralischen *Strategiebildung* gehen. Insofern hat die von Hans Jonas' Verantwortungsprinzip eingenommene Bewahrungsperspektive – trotz Apels z.T. berechtigter Kritik an der Verengung auf den Horizont eines puren Bewahrungsimperativs[37] – den Vorrang, nämlich den Geltungsprimat, vor den Veränderungsstrategien.

Und was solche Strategiebildungen anbelangt, so darf dabei kein Rigorismus herrschen: Als glaubwürdige Diskurspartner können wir nur Strategien vertreten, die die Zumutbarkeit für die Beteiligten und die Folgen-Verantwortbarkeit gegenüber möglichen Betroffenen einschliesslich der mitbetroffenen öffentlichen Moral gewährleisten. Auch in konkreten Reform-Diskursen sind wir gebunden an das, was wir als glaubwürdige Diskurspartner rechtfertigen können.

Man sieht: das Kriterium der Diskursglaubwürdigkeit ist selber reflexiv; wir kommen nicht von ihm los, solange wir nachdenken; genauer gesagt, insofern wir nachdenkend nicht vergessen, was wir dabei *tun*, nämlich einen Diskurs mit Anderen bzw. mit Bezug auf andere zu führen, und was wir dabei von vornherein in *Anspruch* nehmen, nämlich den anderen ein ernsthafter Diskurspartner zu sein. – Im Sinne der angestellten diskurspragmatischen Überlegungen bitte ich die Leser noch um ein wenig Geduld und philosophischen Atem. Denn sie verlangt, ehe wir mit der Entwicklung der verantwortungsethischen Fragestellungen bzw. Diskursstufen fortfahren können, nach einer Präzisierung des Glaubwürdigkeitskriteriums.

Zunächst ist die Diskurspragmatik eine (distanzierend theoretisch eingestellte) *Rekonstruktion* der internen Denk- und Kommunikationsbedingungen, insofern eine rekonstruktive Pragmatik oder Diskursgrammatik. Sodann ist sie eine aktuelle *Reflexion* im Dialog auf diese internen Bedingungen: ein reflexiver Dialog mit dem Skeptiker, insofern dieser ihren moralischen Verbindlichkeitsgehalt in Zweifel zieht.[38] Jene Rekonstruktion erschliesst die Sinnbedingungen eines Diskurses und erklärt, dass zu diesen die Symmetrie <meines> *Wahrhaftigkeitsanspruchs* samt Verlässlichkeitsanspruch und der mir von anderen entgegengebrachten *Glaubwürdigkeitserwartung* gehört. Das zeigt sich daran, dass diese Sinnbedingungen geltungsmässig unhintergehbar sind; so nämlich, dass sie auch dann, wenn <ich> eine solche Diskursbedingung, etwa meine Wahrhaftigkeit als direkte Handlungsmaxime in einer *Interaktion* zurücknehme, indem <ich> mein Gegenüber täusche o.ä., gleichwohl in meinem *Begleitdiskurs* tragend bleiben. Sie sind unhintergehbar sowohl als Sinnbasis dieses Diskurses selbst wie auch als Geltungskriterium zur Beurteilung meiner Interaktion mit N.N., dem <ich> nicht über den Weg traue.

So kann <ich> in dem meine Interaktion begleitenden oder von ihr vorausgesetzten Diskurs weder meinen eigenen Wahrhaftigkeitsanspruch aufgeben, denn sonst zerstörte ich mein Selbstverhältnis, täuschte also mich selber und könnte meine Handlungen nicht mehr einholen; noch kann <ich> hier die moralische Berechtigung der grundsätzlichen Glaubwürdigkeitserwartung eines virtuellen oder realen Anderen an mich in Zweifel ziehen. Denn ich könnte *mich* in einem solchen Selbstgespräch gar nicht ernst nehmen, wenn ich die Erwartung meines Diskurs-Anderen, dass meine Gedankengänge ernst gemeint sind und dass sie mit Anspruch auf Wahrheit angestellt werden, missachten würde. Anderenfalls zerstörte ich die Geltungsbasis – gewissermassen die Geschäftsgrundlage – meines Selbstgesprächs und könnte meine Interaktionsweise weder als das verstehen, was sie ist, sondern würde mich auf irgendeine andere Handlung (nicht auf diese meine tatsächliche) beziehen; noch könnte ich *diese* meine Handlungsweise beurteilen bzw. rechtfertigen.

In letzterem Falle bliebe einem nur zu sagen übrig: «Was schert mich Moral und Legitimation, ich *wollte* eben so reagieren – basta!» Damit hätte <ich> jedoch im Diskurs meinen eigenen Wahrhaftigkeitsanspruch preisgegeben und meine Glaubwürdigkeit *als* Diskurspartner zerstört. Das heisst: <ich> wäre aus dem Begleitdiskurs *ausgeschieden*, hätte den Diskurs der Argumente ersetzt durch die *irrationale*, allen guten Gründen eine Abfuhr erteilende, *Entscheidung* für meine Willkür. Natürlich ist das immer möglich. Jeder von uns kann aus dem Begleitdiskurs in die Willkür springen. Nur kann er dann auch nichts mehr zur Geltung bringen, was zählen könnte. (Und empirisch soziologisch müsste er vermutlich mit sozialen Ausgrenzungen oder gesellschaftlichen Sanktionen rechnen.)

Was folgt aus dieser Überlegung für eine geltungsfähige Formulierung der lebensweltlichen Glaubwürdigkeitsintention? Es zeigt sich, dass die anfängliche Formulierung zu undifferenziert ist, gleichsam idealistisch-naivisch. Denn sie berücksichtigt nicht, dass es zwischenmenschliche Situationen und institutionelle Rahmen oder auch Gewaltverhältnisse gibt, in denen keine dialogische Symmetrie vorliegt *und* wo ein unmittelbar wahrhaftiges Verhalten Schadensfolgen haben kann, die unzumutbar für den Wahrhaftigen selbst oder unverantwortbar für mitbetroffene Dritte sind. Immer wenn das der Fall ist, können wir – als ernsthaft argumentierende, daher glaubwürdige Diskurspartner – nicht einfach die unmittelbare Wahrhaftigkeit zum Massstab moralischen Verhaltens machen, sehr wohl aber die *diskursbezogene Wahrhaftigkeit*. Vernünftig und moralisch verbindlich ist es, sich bei allen folgenträchtigen Handlungen um die begleitende Wahrhaftigkeit und Verlässlichkeit des Diskurspartners zu bemühen. *Glaubwürdig ist*, wer sich um solche Handlungsweisen *bemüht*, deren Folgen sich in einem rein *argumentativ* geführten Diskurs gegenüber *allen* relevanten Ansprüchen mit guten Gründen rechtfertigen liessen.

Ihren lebensweltlichen Ort bzw. «Sitz im Leben» hat die Glaubwürdigkeit in dem guten Willen, sich um *diskurskonsenswürdige* Verhaltensweisen zu bemühen, gleichviel, ob es sich um unmittelbar wahrhaftige und «ungeschützte» Interaktionen – auch die sollen folgenverantwortbar und damit diskurskonsenswürdig sein – oder um strategisch gewappnete Interaktionen handelt, welche in einem Diskurs *als* moralische Strategien verantwortungsethisch zu rechtfertigen sind. *Das* ist es, was wir voraussetzen (genauer gesagt: was wir voraussetzen und einbringen sollen), wenn wir uns alltagsweltlich darauf berufen, «nach bestem Wissen und Gewissen» gehandelt zu haben oder wenn wir dies zu tun versprechen.[39] Das Geltungskriterium für glaubwürdiges Verhalten kann demnach nicht die *unmittelbare* Wahrhaftigkeit meiner jeweils gesprochenen Worte oder meiner konkret getanen Tat sein, wohl aber der im Diskurs ausweisbare Versuch, so zu handeln, dass die Handlungsweise mitsamt ihren vermutbaren Folgen argumentativ zustimmungswürdig ist. Als glaubwürdig kann gelten, wer den diskursverantwortungsethischen Grundsatz befolgt: *«Handle so, dass du deine Handlungs-*

weise als ernsthafter Diskurspartner begründen und deine Gründe als zustimmungswürdig ansehen kannst!»

4. Guter Wille und moralische Strategien: die doppelte Bewährung als glaubwürdiger Diskurspartner

Unsere Erörterung hat vor allem die Dialektik der Reflexions- sowie Legitimationsebene A und der Verantwortungs- bzw. Konkretionsebene B der Diskursethik thematisiert. Dabei hat sie Geltungsprobleme behandelt, die sich stellen, wenn man die verantwortungsethischen Herausforderungen der Praxis ernst nimmt; was Philosophen übrigens nicht gerne und daher allzu selten systematisch tun. Bis hierher sind vor allem moralinterne, *intrinsische* moralische Bedingungen herausgeschält worden, die erfüllt werden müssen, damit jemand zu Recht als glaubwürdiger Diskurspartner gelten kann. Was ist damit erreicht? Nicht mehr und nicht weniger als dieses: Es ist erwiesen worden, dass der Standpunkt der Moral *argumentativ* unhintergehbar ist. Und es ist im wesentlichen klar, was es im Diskurs heisst, dass man sich als glaubwürdiger Diskurspartner bewähren soll.

Doch was besagt es *für die Praxis*, dass man sich als glaubwürdiger Diskurspartner bewähren soll? Was gehört zu solcher Bewährung dazu? Gehört nicht auch dazu, dass man unterscheidet zwischen der schönen Praxisform des *dialogischen* Miteinander-Argumentierens und der gleichsam schmutzigen des strategischen Gegeneinander-Handelns? Ist nicht das «Wirtschaften», das Agieren auf den Konkurrenzfeldern der Marktwirtschaft, primär von der zweiten Art? Und werden nicht deshalb «in den Unternehmen […] ethische Diskurse sehr selten geführt»[40], wie Thomas Bausch bemerkt? Diese Art von Fragen können wir «moralische Max-Weber-Fragen» nennen. Und mir scheint, dass, wer sie nicht zu beantworten versucht, kein glaubwürdiger Diskurspartner bleiben kann. Warum? Weil er sich als ein solcher nicht der Frage nach dem möglichen *Erfolg des Moralischen* unter *nicht* moralanalogen Handlungsbedingungen entwinden kann; und weil er diese Frage nur dann im Kontext des Wirtschaftens mitdiskutieren kann, wenn er die Dialograrionalität einer Geltungsprüfung zu unterscheiden weiss von der strategischen Rationalität des wirtschaftlichen Wettbewerbs.

Es ist jene Frageweise, die wir m.E. aus Max Webers Kritik der Kantschen Ethik und des christlichen Ethos als einer «Gesinnungsethik» zu lernen haben. Karl-Otto Apel hat sich davon mit Recht zu der Idee einer erfolgs-verantwortungsethischen Diskurs-Ebene B der

Ethik inspirieren lassen. Weber hatte dafür argumentiert, dass eine Prinzipienethik auf der Ebene formaler Prinzipien auch «die Verantwortung für die als möglich oder wahrscheinlich vorauszusehenden Folgen des Handelns, wie sie dessen Verflochtenheit in die ethisch irrationale Welt bedingt»[41], in Betracht ziehen müsse. Unter dieser ethisch irrationalen Welt hat er vorzüglich die «durchschnittlichen Defekte der Menschen»[42] verstanden. Hingegen berücksichtigt Apel einerseits den tendenziell egoistischen Selbstbehauptungswillen der Einzelnen und die eigensinnige Systemfunktionalität sozialer Institutionen bzw. gesellschaftlicher Systeme – andererseits aber die Notlagen und besonderen Zwänge, die das moralische Handelnkönnen von Betroffenen oder Verantwortungsträgern (z.B. in Notwehr, Krieg usw.) einschränken und sie ihrerseits zu Selbstbehauptungsstrategien oder Schutzstrategien greifen lassen. Deren Handlungsmodus sei «die Mittel-Zweck-Rationalität des strategischen Handelns»[43] bzw. die funktionalistisch strategische «Systemrationalität»[44].

Apel rekonstruiert dann das Spannungsverhältnis zwischen der Aussenorientierung von «Selbstbehauptungssystemen» wie Familie, Interessengruppe, Unternehmen, Staat *und* der Orientierungs- sowie Erkenntnisweise des Ethikers: strategische Kalkülrationalität samt funktionaler Systemrationalität *versus* konsensual kommunikative Diskursrationalität. In Fortsetzung der soziologisch und politisch gerichteten erfolgs-verantwortungsethischen Problemanzeige Webers postuliert er, dass der Ethiker im Teil B die strategische und systemfunktionale Rationalität anwenden bzw. berücksichtigen solle – freilich unter dem Primat der konsensual kommunikativen Diskursrationalität.[45] Aber buchstabiert er diesen Primat auch durch?

Was Apel mit seiner Version von Teil B ins Auge fasst, ist nicht der oben eingeführte *erste* Schritt der verantwortungsethischen Ebene in Antwort auf die Frage, welche ethischen Institutionen und Traditionen dem Moralprinzip «D» entsprechen und daher zu hüten sowie zu entfalten bzw. zu globalisieren seien (B1). Vielmehr scheint er sogleich den spezifisch strategischen Folgeschritt, logisch einen *zweiten* Schritt, im Blick zu haben: *Welche Widerständigkeiten gegen eine «D»-gemässe moralische Situationsnorm sollten mit welchen (noch mit «D» zu vereinbarenden) Strategien überwunden werden?* Im Lichte dieser Fragestellung (B2) sind dann in der Tat Diskurse zu führen, die nach Durchsetzungsstrategien suchen, welche sowohl für die Beteiligten zumutbar als auch gegenüber den möglichen Betroffenen, einschliesslich des öffentlichen Moralbewusstseins, folgenverantwortbar sind.[46]

Was hat die Ethik angesichts der harten, moralrestriktiven Handlungsbedingungen des Wirtschaftens bzw. der Unternehmensführung über den Umgang mit ihrem, geltungslogisch gesehen unhintergehbaren, Verbindlichkeitskriterium zu sagen? Was muss sie sagen können, wenn sie eine Ethik des sich Verantwortens *im Blick auf* solche moralrestriktiven Handlungsbedingungen sein will? Im Sinne der beiden Ebenen der diskurspragmatisch begründeten Diskursethik ergibt sich folgende *zweigestufte* Antwort, die Diskurse auf den Ebenen A und B postuliert.

In der Perspektive von A ist zu sagen: Auch die wirtschaftlichen Akteure sind mögliche Diskurspartner, denkfähige und moralfähige Menschen, die *als* solche von dem Moralprinzip «D» und dessen Konkretionen angesprochen und in Pflicht genommen werden. Sie können auf ihre Rolle als Diskursteilnehmer und auf den Glaubwürdigkeitsgrundsatz verwiesen werden. Der verlangt ihnen ab, sich um den sokratischen Einklang zwischen dieser *und* ihren lebenspraktischen Rollen zu bemühen. Es sind das die Rolle des Staatsbürgers und die des Unternehmers bzw. Managers.

Eine solche Inpflichtnahme bedeutet, dass sie sich jeweils dort, wo sie tätig sind und institutionelle Verantwortung tragen – auch über die Grenzen dieser institutionellen Konventionen und möglichen (rechtlichen, marktvermittelten, öffentlichkeitsvermittelten, standesmässigen und innerbetrieblichen) Sanktionen hinaus – mit allen Kräften darum bemühen sollen, dem Orientierungssinn von «D» genüge zu tun. Das bedeutet, dass sie sich in all ihrem konkreten Tun darum bemühen sollen, den Orientierungssinn von «D» soweit wie möglich zu konkretisieren, *mithin* auch die moralrestriktiven Sachzwänge soweit wie möglich zu überschreiten, sie aufzuweichen *und* sie langfristig im Sinne von mehr Gerechtigkeit, mehr Menschenwürde umzugestalten. Bei dieser Umgestaltung sollen sie auch ihren politischen Einfluss und ihre politische Mitbestimmungsrolle im regionalen, nationalen und globalen Rahmen entschieden wahrnehmen.

Während eine traditionelle Prinzipienethik, wie sie Kant und noch Jonas vertreten, durch einsam führbare Gedankenexperimente, *direkt* bzw. unmittelbar Handlungsmaximen ableitet, verfährt die Diskursethik grundsätzlich *kommunikationsbezogen* und diskursbezogen. So ist sie der Überzeugung, dass einsame Gedankenexperimente beim Ermitteln und Verstehen von Ansprüchen möglicher Betroffener schnell an die Grenzen von Analogieschlüssen stossen. Daraus haben wir bei Entwicklung der Diskursethik, zumal in dem «Funkkolleg Praktische Philosophie/Ethik», die Konsequenz gezogen, dass bereits die intrinsisch-moralischen «Was sollen wir tun?»-Diskurse als *kommunikative* Argumentationen zu denken und durchzuführen sind.[47] Und das gilt – in eingeschränktem bzw. qualifiziertem Rahmen – auch für die erfolgsverantwortungsethischen Fragestellungen.

So ist im Blick auf B zu sagen: Einschränkbar ist hier (natürlich) nicht die dialogisch-moralische Qualität der Kommunikation, die das Diskursprinzip von den Diskursteilnehmern einfordert und für sie auch vorsieht; wohl aber sind hier der Kreis und die institutionellen Orte der Diskursteilnehmer zu spezifizieren. Denn einzig diejenigen Personen, die dazu bereit sind, und solche Institutionen, die dafür geeignet sind, die Moralprinzipien «D» und «D-Z» strikt als verbindliche Richtschnur zu befolgen, können *als* Diskurspartner auftreten oder angemessen sein *als* gesellschaftliche Diskursorte und Diskursmedien bzw. als funktionale Annäherungen an Diskurse. (Bei solchen Annäherungen denke ich an Kontrollinstanzen, Governance-Strukturen oder Ethikcodices in Unternehmen.) Hingegen sind D-unwillige Personen von sich her ausgeschieden aus dem moralischen Diskurs; und D-inkompatible Foren (z.B. à la Talkshows) sowie strikt hierarchische Institutionen kommen von vornherein nicht in Frage.

4.1 Eine Richtschnur zur moralischen Bewährung erfolgsverantwortlicher Strategien

Worum geht es also in den Erfolgsverantwortungs-Diskursen?
(B 2) Zunächst ist in konkreten strategisch-zweckrationalen Diskursen, geführt in möglichst vielfältigem und kompetentem Kreis von Diskurs- und Moralwilligen, die das Prinzip «D-Z» praktisch umsetzen wollen, zu prüfen, mit welchen kurzfristigen Konterstrategien die vorhandenen Widerstände gegen eine Praktizierung von «D-Z» überwunden werden können.
(B 3) Sodann ist in konkreten moralischen Diskursen, die ebenso besetzt sein sollten, zu prüfen, welche dieser – nach bestem Wissen – erfolgsfähigen Strategien sich in vierfacher Hinsicht rechtfertigen lässt:

Welche Strategie kann ausgezeichnet werden
(B 3.1) als *zumutbar* für die im gegenwärtigen Handlungszusammenhang Beteiligten,
(B 3.2) überdies als *verantwortbar* gegenüber den (jetzt und künftig) Betroffenen und
(B 3.3) als *moralverträglich* mit den normativen Gehalten von «D-Z», dem argumentativen Konsenskriterium *und* «der ontologischen Idee des Menschen» (im Sinne von Jonas)?

Die letzte Rechtfertigungshinsicht (3.3) weist über die Aufgabenstellung der bisherigen Diskurse hinaus, denn sie verlangt eine grosse Zukunftsperspektive. Die situationsreaktive Aufgabe, eine Situations-Strategie zu entwickeln und zu rechtfertigen, geht nunmehr über in die Orientierungsaufgabe, eine *moralische Langzeit*-Strategie zu finden. Inwiefern? Nun, der Massstab für die Verträglichkeit einer Kurzzeitstrategie mit unserem Prinzip «D–Z» liegt eben darin, ob sich jene zwanglos und stimmig einbetten lässt in eine Langzeitstrategie zur *Verbesserung* der *Handlungsbedingungen* und *Akzeptanzbedingungen*, die die Diskursteilnehmer, welche «D–Z» in der sozialen Welt umsetzen wollen, tatsächlich vorfinden.

Daraus ergibt sich eine weitere Diskursaufgabe. Zu beantworten ist die erfolgsverantwortungs*ethische* Gretchenfrage:
(B 4) *«Bildet die vorgeschlagene Handlungsweise bzw. Maxime eine kohärente, erfolgsfähige Teilstrategie zu einer langfristigen Moralstrategie, die – ihrerseits erfolgsfähig – auf moralanaloge Handlungsbedingungen und auf die Stärkung der moralischen Motivation zielt?»*

Zu prüfen ist, ob es sich bei dem Strategievorschlag nicht nur um einen im Augenblick situationsangemessenen, sondern langfristig erfolgsverantwortlichen Schritt auf jenem Wege handelt, den die regulativen Ideengehalte des Moralprinzips weisen. Schon wegen der Komplexität der Situationsangemessenheit ist eine solche Prüfung auf interdisziplinäre Diskurse angewiesen. Es gilt also, in möglichst vielfältig und kompetent besetzten, teils zweckrational-strategisch, teils moralisch fragenden Diskursen zu erarbeiten, welche Langzeitstrategie erfolgsfähig und moralisch legitim, nämlich mit «D–Z» vereinbar ist. Muss sie doch dem Fernziel dienen, sowohl die persönliche Akzeptanz von «D–Z» zu erhöhen, als auch die institutionellen und systemischen Bedingungen für die Befolgung von «D–Z» oder doch für die faktische Übereinstimmung mit «D–Z» in der Wirtschaft, der Politik und dem Recht zu optimieren.

Wenn ich recht sehe, können *unternehmensethische Institutionen*, welche Ethik im Unternehmen mitinstitutionalisieren bzw. strukturell implementieren, die Brücke schlagen zwischen den bloss reaktiven Situationsstrategien eines Unternehmens *und* dessen Orientierung an einer langfristigen Moralstrategie mit konkret utopischer Perspektive. Hier wäre an einen Kranz ethikförderlicher Unternehmens*strukturen* zu denken: Unternehmensethik als «Eigenschaft der Organisation».[48]

Von Josef *Wielands* «Ethik der Governance»⁴⁹ über Peter *Ulrichs* Konzept einer «Geschäftsethik» als Vorstufe einer «Republikanischen Unternehmensethik»⁵⁰ und Horst *Gronkes* Entfaltung der «sokratischen Dialogmethode als Schlüssel zur Bildung unternehmensethischer Strategien»⁵¹ bis hin zu Thomas *Rusches* «Diskursmodell einer dialogbezogenen Unternehmensethik», das die Mitarbeiter auch an einen, mit regulativen Ideen gefüllten, unternehmensethischen *Codex* bindet,⁵² sind hierzu nicht allein bedenkenswerte sondern, wie ich hoffe, auch praktikable Modelle erarbeitet worden. Meines Erachtens sind solche Modelle in dem Maße fruchtbar, als sie institutionelle Orte des verantwortungsethischen Diskurses bezeichnen und diskursive Strukturen angeben, die einem Unternehmen über die Anwesenheitsdauer seiner jeweiligen Mitarbeiter hinaus eine verantwortungsethische Perspektive geben, *und* in dem Maße, als sie die Unternehmensagenten nicht überfordern. Das ist ein weites Feld und wohl stets von neuem zu beackern.

1   J. P. Brune, D. Böhler, W. Steden 1995 – Ich danke Herrn Brune für fruchtbare Kritik und Verbesserungsvorschläge meines Beitrags zum vorliegenden Buch.
2   F. Schmidt 2004, S. 95.
3   So wie Peter Ulrich den fundamentalen, alle möglichen Diskurse bestimmenden, Stellenwert des Kriteriums der argumentativen Zustimmungswürdigkeit verkennt, so überdreht er seine Ideologiekritik auch, wenn er die diskursethische Übertragung der Situationsanalyse an einen empirisch theoretischen Diskurs – wenn ich recht verstehe – mit dem Verdacht des Moralverzichts bzw. Kritikverzichts belegt: Ulrich 2004, in EWD-12, S. 34 f.
    Dieser Verdacht ist aus zwei Gründen gegenstandslos. Erstens unterliegt auch ein empirisch theoretischer Diskurs dem Kriterium der *Zustimmungswürdigkeit allein aus guten Gründen;* woraus folgt, dass kein Sachargument ungeprüft bleiben soll und alle kompetenten Argumentationssubjekte, natürlich auch die St. Galler Schule mit ihrer ideologiekritischen Marktinterpretation, in den Situationsdiskurs einzubeziehen sind.
    Zweitens ist die Diskursphilosophie – von Habermas über Apel bis zu Kuhlmann und mir – allenthalben hermeneutisch reflektiert, so dass sie die Möglichkeit einer «wertfreien» Analyse als Fiktion zurückweist. Weil sie weiss, dass Gesellschaftsanalysen stets wertbehaftet sind, besteht sie darauf, dass ihnen und also den empirisch theoretischen Diskursen bloss ein *fallibler* Status zukommt. Das daraus folgende Postulat, auch ökonomische Analysen müssten revisionsfähig gehalten werden, hatte ich am Vorabend der Diskursphilosophie am Beispiel des selbstimmunisierten Dogmatismus der Marxschen Ideologiekritik entwickelt: D. Böhler 1972, Metakritik. Vgl. ders., 1985, S. 110 ff., 325 ff. und 2004a, S. 266–271.
4   Vgl. K.-O. Apel 1973, Transformation II, S. 385–435, bes. S. 426 ff. Dazu D. Böhler 2003.

5   Vgl. D. Böhler 1985, Rekonstruktive Pragmatik, S. 302 f., 380 f. Der transzendentalpragmatische Grundsatz «besagt, dass die Bedingungen der Möglichkeit sinnvoller Rede über die Welt des Menschen – und das heisst auch: sinnvoller handlungswissenschaftlicher und überhaupt kulturwissenschaftlicher Forschung – zugleich die Bedingungen der Möglichkeit der Gegenstände solcher Rede und damit auch der Gegenstände handlungs- sowie kulturwissenschaftlicher Forschung sind.» (Rekonstruktive Pragmatik, S. 303) Aus einer reflexiven *Selbstanwendung* dieses Grundsatzes auf die transzendentalpragmatische Argumentationsrekonstruktion ergibt sich, «dass die Bedingungen der Möglichkeit der Argumentation (als Gegenstand der Rede) zugleich die Bedingungen der Möglichkeit der Rekonstruktion der Argumentation (als philosophischer Rede) sind.» (Ebd., S. 380) Dazu H. Gronke 2002, bes. S. 34–40.
6   K.-O. Apel 2001.
7   Anders offenbar M. H. Werner 2003a, der freilich nicht dialogreflexiv ansetzt.
8   Vgl. die Beiträge von Apel, Homann und Kuhlmann in: J.-P. Harpes, u. W. Kuhlmann (Hg. 1993) EWD-Band 9.
9   K.-O. Apel 2001, S. 93.
10 K.-O. Apel 1987/1988.
11 P. Ulrich 1997, ders. 2000a und 2000b; U. Thielemann 2000.
12 M. H. Werner 2003.
13 K.-O. Apel 1973, Transformation II, bes. S. 426 ff. und Böhler 1984a, bes. S. 323 ff., 350 f.
14 Vgl. Böhler und Neuberth (Hg.) 1992: EWD-Band 1; Bausch, Böhler u.a. (Hg.) 2000: EWD-Band 3; Böhler 2000.
15 Vgl. K.-O. Apel 2001, S. 358–435, bes. S. 359–378. Ders.: «Zur geschichtlichen Entfaltung der ethischen Vernunft in der Philosophie (II)». In: K.-O. Apel, D. Böhler, K. Rebel (Hg.): Funkkolleg Studientexte, Bd. 1, S. 100–137, bes. S. 130 ff.
16 Deren Geburtsurkunde ist das Funkkolleg «Praktische Philosophie/Ethik» von 1980/81.
17 D. Böhler 1992a, S. 27–36, hier: S. 33.
18 Ebd., S. 33.
19 H. Jonas, Philosophie 1993, S. 12.
20 H. Gronke 1994, bes. S. 417.
21 D. Böhler 1998, S. 143–163, und 2003. Vgl. H. Gronke 2002..
22 Inwieweit man diese Pflichten konterkarieren kann, wird in den Erörterungen des offenen und verdekkten strategischen Handelns diskutiert. Jüngst: J. P. Brune 2001, S. 100–116 und M. H. Werner 2003a.
23 Dazu meine Analyse in Böhler 1985, Rekonstruktive Pragmatik, S. 296 ff., S. 374. Zum «Faktum der Vernunft» ohne naturalistischen Fehlschluss vgl. D. Böhler 2004a, bes. S. 233 ff.
24 Darauf komme ich hier S. 120, 123 f. und 126 zurück.
25 Vgl. J. Habermas 1978 und «Was heisst Universalpragmatik?», in ders. 1984, S. 353 ff. sowie ders. 2001.

Ferner D. Böhler u. M. H. Werner 2004, bes. S. 76 f.

26 Diese Einsicht ermöglicht den «transzendentalpragmatischen Grundsatz»: D. Böhler, Rekonstruktive Pragmatik, bes. S. 302 ff., 380 f. Präzisiert in: Ders. u. M. H. Werner 2004, S. 68–73, vgl. 81–83.

27 Vorbereitend und problemgeschichtlich dazu: K.-O. Apel: «Reflexion und materielle Praxis», in: ders. 1973, Transformation II, S. 9 ff. Ders., «Die Entfaltung der «sprachanalytischen» Philosophie», in: Ebd., S. 28 ff. Ders., «Szientistik, Hermeneutik, Ideologiekritik», in: Ebd, S. 96 ff. D. Böhler 1972, Metakritik, bes. I.3.3 und III.2.3. Grundlegend: K.-O. Apel, «Das Apriori der Kommunikationsgemeinschaft und die Grundlagen der Ethik», in: ders. 1973, Transformation II, S. 358 ff. D. Böhler 1985, Rekonstruktive Pragmatik, bes. S. 41–67, S. 118 ff., S. 263 f., S. 292–308.

28 Kriton, 46 b 4–6.

29 Vgl. H. Jonas, Prinzip, bes. S. 76–83, 176 ff., 184 ff. Dazu meine Studie «Ethik der Zukunfts- und Lebensverantwortung. Erster Teil und zweiter Teil». In: D. Böhler u. J. P. Brune (Hg.) 2004, S. 97–160 und S. 369–401.

30 H. Gronke 2000, hier S. 192.

31 Diese Massgabe erklärt meine Schwierigkeiten beim Versuch, die von Thomas Bausch entworfene Diskurstypologie zu verstehen; vgl. Th. Bausch 2004.

32 Entwickelt in: D. Böhler 1998.

33 M. Weber 1971, «Politik als Beruf», S. 552.

34 Vgl. Th. Bausch 2004, bes. S. 198 ff.

35 So Th. Rusche 2004b, S. 149; vgl. ders. 2004a.

36 So D. Böhler: «Idee und Verbindlichkeit der Zukunftsverantwortung», in: Th. Bausch, D. Böhler (Hg.) 2000, EWD-Band 3, S. 64 ff.

37 Apel, «Verantwortung heute – nur noch Prinzip der Bewahrung und Selbstbeschränkung oder immer noch der Befreiung und Verwirklichung von Humanität?», in: ders. 1988, S. 179–216. Dazu Böhler 2004a, EWD-Band 12, bes. S. 245 ff. und 356 ff.

38 Dazu D. Böhler u. M. H. Werner 2004, bes. S. 75 ff.

39 Vgl. die diskursethische Rekonstruktion des Gewissensbegriffs: D. Böhler 1984a, S. 344–355.

40 Th. Bausch 2004, S. 199.

41 M. Weber 1917, S. 505.

42 Ders. 1971, «Politik als Beruf», S. 552.

43 K.-O. Apel, «Ist die philosophische Letztbegründung moralischer Normen auf die reale Praxis anwendbar?», in: ders., D. Böhler, K. Rebel (Hg.) 1984, Funkkolleg Studientexte, Bd. 2, S. 631, vgl. S. 606, S. 608, S. 612. K.-O. Apel 1988: D. u. V., S. 60 ff., S. 128, S. 295 f.

44 A. a. O., S. 258, 296 f. u. ö.

45 K.-O. Apel in: ders., D. Böhler, K. Rebel (Hg.) 1984, Funkkolleg Studientexte, Bd. 2, S. 630 ff. Ferner: K.-O.

Apel, D.u.V., S. 463 ff., 141 ff.

46 Zur diskursethischen Differenzierung der Fragestellungen auf der verantwortungsethischen B-Ebene vgl. meine Auseinandersetzung mit Jonas: «Zukunfts-Verantwortung, Moralprinzip und (kommunikative) Diskurse», in: Th. Bausch, D. Böhler, Th. Rusche (Hg.) 2004, EWD-Band 12, bes. Abschnitte 1, 4.2 und 4.8, vgl. Abschnitt 7.

47 Vgl. Böhler 1984b, bes. S. 858-871, und die Debatte über kommunikative Ethik versus methodischer Solipsismus zwischen Apel, Böhler und Höffe, Riedel in: K.-O. Apel u.a. (Hg.) 1984, Funkkolleg Studientexte, Bd. 1, S. 269–277.

48 Th. Bausch 2004, S. 210.

49 J. Wieland 1999.

50 P. Ulrich 2002d und 2002c.

51 H. Gronke 2004.

52 Th. Rusche 2004.

Literatur

- Apel, Karl-Otto (1973): Transformation der Philosophie, 2 Bde., Frankfurt a. M. (Suhrkamp).
- Apel, Karl-Otto; Böhler, Dietrich; Rebel, Karlheinz (Hg. 1984): Funkkolleg Praktische Philosophie/Ethik, Studientexte, 3 Bde., Weinheim und Basel (Beltz).
- Apel, Karl-Otto (1987/1988): «Diskursethik als Verantwortungsethik und als Problem der ökonomischen Rationalität», in: ders., 1988, S. 270–305.
- Apel, Karl-Otto (1988): Diskurs und Verantwortung. Das Problem des Übergangs zur postkonventionellen Moral, Frankfurt a. M. (Suhrkamp).
- Apel, Karl-Otto und Kettner, Matthias (Hg. 1992): Zur Anwendung der Diskursethik in Politik, Recht, Wissenschaft, Frankfurt a.M. (Suhrkamp).
- Apel, Karl-Otto (2001): «Diskursethik als Ethik der Mit-Verantwortung vor den Sachzwängen der Politik, des Rechts und der Marktwirtschaft», in: ders. und Burckhart, Holger (Hg. 2001): Prinzip Mitverantwortung. Grundlage für Ethik und Pädagogik, Würzburg (Königshausen & Neumann), S. 69–96.
- Bausch, Thomas; Böhler, Dietrich; Stitzel, Michael u.a. (Hg. 2000): Zukunftsverantwortung in der Marktwirtschaft. In memoriam Hans Jonas, EWD-Band. 3, Münster (LIT).
- Bausch, Thomas; Böhler, Dietrich; Rusche, Thomas (Hg. 2004): Wirtschaft und Ethik. Strategien contra Moral? EWD-Band 12, Münster (LIT).
- Bausch, Thomas (2004): «Philosophische Ethik und Wirtschaft. Kritische Anmerkungen zu einer interdisziplinären Kooperation», in: Th. Bausch, D. Böhler, Th. Rusche (Hg. 2004): EWD-Band 12, S. 197–212.
- Böhler, Dietrich (1972): Metakritik der Marxschen Ideologiekritik. Prologomenon zu einer reflektierten Ideologiekritik und ›Theorie-Praxis-Vermittlung‹, 2. Aufl. Frankfurt a. M. (Suhrkamp).

- Böhler, Dietrich (1984a): «Philosophischer Diskurs im Spannungsfeld von Theorie und Praxis», in: K.-O. Apel, D. Böhler, K. Rebel (Hg. 1984), Funkkolleg Studientexte Bd. 2, S. 313–355.
- Böhler, Dietrich (1984b): «Kritische Moral oder pragmatische Sittlichkeit?», in: K.-O. Apel, D. Böhler, K. Rebel (Hg. 1984), Funkkolleg Studientexte, Bd. 3, S. 845–886.
- Böhler, Dietrich (1985): Rekonstruktive Pragmatik. Von der Bewusstseinsphilosophie zur Kommunikationsreflexion: Neubegründung der praktischen Wissenschaften und Philosophie, Frankfurt a. M. (Suhrkamp).
- Böhler, Dietrich und Neuberth, Rudi (Hg. 1992): Herausforderung Zukunftsverantwortung. Hans Jonas zu Ehren. EWD-Band 1, Münster (LIT),.
- Böhler, Dietrich (1992a): «Hans Jonas – Stationen eines Denkens: von der Hermeneutik zum Prinzip Verantwortung», in: ders. u. R. Neuberth (Hg. 1992): EWD-Band 1, S. 27–36.
- Böhler, Dietrich (Hg. 1994): Ethik für die Zukunft. Im Diskurs mit Hans Jonas, München (Beck).
- Böhler, Dietrich (1998): «Dialogbezogene (Unternehmens-)Ethik versus kulturalistische (Unternehmens-)Strategik. Besteht eine Pflicht zur universalen Dialogverantwortung?», in: H. Steinmann u. A. Scherer (Hg.), Zwischen Universalismus und Relativismus. Philosophische Grundlagenprobleme des interkulturellen Managements. Frankfurt a. M. (Suhrkamp) 1998, S. 126–178.
- Böhler, Dietrich; Bausch, Thomas u.a. (Hg. 2000): Zukunftsverantwortung in der Marktwirtschaft. In memoriam Hans Jonas, EWD-Band 3, Münster (LIT).
- Böhler, Dietrich (2000): «Idee und Verbindlichkeit der Zukunftsverantwortung: Hans Jonas und die Dialogethik – Perspektiven gegen den Zeitgeist», in: ders., Th. Bausch u.a. (Hg. 2000), EWD-Band 3, S. 34–69.
- Böhler, Dietrich (2003): «Dialogreflexive Sinnkritik als Kernstück der Transzendentalpragmatik», in: ders., M. Kettner, G. Skirbekk (Hg. 2003), Reflexion und Verantwortung. Auseinandersetzungen mit K.-O. Apel, Frankfurt a. M. (Suhrkamp), S. 15–43.
- Böhler, Dietrich und Werner, Micha (2004): «Alltagsweltliche Praxis und Rationalitätsansprüche der Kulturwissenschaften», in: F. Jäger, B. Liebsch, J. Straub, J. Rüsen (Hg.), Kulturwissenschaften. Theorien – Methoden – Forschungspraxis. Stuttgart (J. B. Metzler), S. 69–83.
- Böhler, Dietrich u. Brune, Jens Peter (Hg. 2004): Orientierung und Verantwortung. Auseinandersetzungen mit Hans Jonas, Würzburg (Königshausen & Neumann).
- Böhler, Dietrich (2004a): «Zukunftsverantwortung, Moralprinzip und kommunikative Diskurse. Die Berliner Auseinandersetzung mit Hans Jonas», in Th. Bausch, D. Böhler, Th. Rusche (Hg. 2004): EWD-Band 12, S. 215–288.
- Böhler, Dietrich (2004b): «Ethik der Zukunfts- und Lebensverantwortung», in: D. Böhler u. J. P. Brune (Hg. 2004), Teil I S. 97–160, Teil II S. 369–401.
- Brune, Jens Peter; Böhler, Dietrich; Steden, Werner (1995): Moral und Sachzwang in der Marktwirtschaft, EWD-Band 8, Münster (LIT).
- Brune, Jens Peter (1995): «Setzen «ökonomische Sachzwänge» der Anwendung moralischer Normen legi-

- time Grenzen?», in: ders., D. Böhler, W. Steden (Hg. 1995), EWD-Band 8, S. 3-114.
- Brune, Jens Peter (2001): «Konsensorientierte Sprechhandlungen», in: M. Niquet u.a. (Hg.), Diskursethik. Grundlagen und Anwendungen, Würzburg (Königshausen & Neumann), S. 95-118.
- Gronke, Horst (1994): «Epoché der Utopie. Verteidigung des «Prinzips Verantwortung» gegen seine liberalen Kritiker, seine konservativen Bewunderer und Hans Jonas selbst», in: D. Böhler (Hg. 2004), S. 407-427.
- Gronke, Horst (2000):«Die «ökologische Krise» und die Verantwortung gegenüber der Natur», in: D. Böhler, Th. Bausch u.a. (Hg. 2000): EWD-Band 3, S. 159-193.
- Gronke, Horst u. Burckhart, Holger (Hg. 2002): Philosophieren aus dem Diskurs. Beiträge zur Diskurspragmatik. Würzburg (Königshausen & Neumann).
- Gronke, Horst (2002): «Die Praxis der Reflexion. Dietrich Böhlers philosophisch-politischer Diskurs», in: H. Gronke u. H. Burckhart (Hg. 2002), S. 21-44.
- Gronke, Horst (2004): «Die sokratische Dialogmethode als Schlüssel zur Bildung unternehmensethischer Strategien», in: Th. Bausch, D. Böhler, Th. Rusche (Hg. 2004): EWD-Band 12, S. 163-195.
- Harpes, Jean-Paul u. Kuhlmann, Wolfgang (Hg. 1993): Zur Relevanz der Diskursethik. Anwendungsprobleme der Diskursethik in Wirtschaft und Politik, EWD-Band 9, Münster (LIT).
- Homann, Karl u. Bloome-Drees, Franz (1992): Wirtschafts- und Unternehmensethik. Göttingen (Vandenhoek).
- Jonas, Hans (Prinzip): Das Prinzip Verantwortung, Versuch einer Ethik für die technologische Zivilisation. Frankfurt am Main (Insel) 1979.
- Jonas, Hans (Philosophie 1993): Philosophie. Rückschau und Vorschau am Ende des Jahrhunderts, Frankfurt a. M. (Suhrkamp) 1993.
- Rusche, Thomas (2004a): «Unternehmensethische Anmerkungen zu den Konzepten von Homann, Steinmann und Ulrich», in: Th. Bausch, D. Böhler, Th. Rusche (Hg. 2004): EWD-Band 12, S. 43-84.
- Ders. (2004b): «Das Diskursmodell einer dialogbezogenen Unternehmensethik», in in: Th. Bausch, D. Böhler, Th. Rusche (Hg. 2004): EWD-Band 12, S. 149-162.
- Schmidt, Falk (2004): «Eine EWD-Perspektive der Wirtschaftsethik angesichts der Schulpositionen von Karl Homann und Peter Ulrich», in: Th. Bausch, D. Böhler, Th. Rusche (Hg. 2004): EWD-Band 12, S. 85-101.
- Thielemann, Ulrich (2000): «Was spricht gegen angewandte Ethik?», in: Ethica. Wissenschaft und Verantwortung 8 (2000) Heft 1, S. 37-68.
- Ulrich, Peter (1997): Integrative Wirtschaftsethik: Grundlagen einer lebensdienlichen Ökonomie, Bern u.a. (Haupt).
- Ders. (2000a): «Lebensdienliche Marktwirtschaft und die Zukunftsverantwortung mündiger Wirtschaftsbürger», in: Böhler, Dietrich; Bausch, Thomas u.a. (Hg. 2000): EWD-Band 3, S. 70-84.
- Ders. (2000b): «Integrative Wirtschaftsethik: Grundlagenreflexion der ökonomischen Vernunft», in: Ethik und Sozialwissenschaften, Jg. 11, S. 555-567.

- Ders. (2002c): Der entzauberte Markt. Eine wirtschaftsethische Orientierung, Freiburg i. B. (Herder).
- Ders. (2002d): «Ethische Vernunft und ökonomische Rationalität zusammendenken.» In: Berichte des IWE, Nr. 96, St. Gallen.
- Ders. (2004): «Wirtschaftsethische Graswurzelreflexion statt angewandte Diskursethik», in: Th. Bausch, D. Böhler, Th. Rusche (Hg. 2004): EWD-Band 12, S. 21-42.
- Weber, Max (1917): «Der Sinn der «Wertfreiheit» der soziologischen und ökonomischen Wissenschaften» (1917), in: ders., Gesammelte Aufsätze zur Wissenschaftslehre, ed. J. Winckelmann, 3. Aufl. 1968 (J.C.B. Mohr/Paul Siebeck).
- Ders.: «Politik als Beruf», in: Gesammelte politische Schriften, ed. J. Winckelmann, 3. Aufl. 1971 (J.C.B. Mohr/Paul Siebeck).
- Werner, Micha H. (2003): Diskursethik als Maximenethik, Würzburg (Königshausen & Neumann).
- Ders. (2003a): «Ist das Böse selbstverständlich?», in: D. Böhler, M. Kettner, G. Skirbekk (Hg. 2003), S. 83-96.
- Wieland, Josef (1999): Ethik der Governance, Marburg (Metropolis).

II. Ethik ist unverzichtbar

Ethische Unternehmensführung fördert den Gewinn

Ervin Laszlo
Klaus M. Leisinger
Jeffrey Sachs
Josef Wieland

Zukunftsverantwortung der Marktwirtschaft und die Rolle der Ethik

Die Verantwortung gegenüber den Stakeholdern

Wirtschaftsführer sind Schlüsselfiguren in unserer Gesellschaft. Aufgrund der Macht, welche die Wirtschaft gegenwärtig ausübt, tragen diese Führungskräfte einen grossen Teil der Verantwortung bei der Suche nach einem positiven Weg in die Zukunft. Auf diesem Weg braucht es keine grossen Investitionen in neue Technologien, aber einen verantwortungsvollen Umgang mit den bereits vorhandenen. Wir brauchen neue, verstärkt ethische und verantwortungsbewusste Richtlinien im Management.

Ervin Laszlo, Prof. Dr. mult. hc. (*1932 in Budapest), gilt als einer der führenden Vertreter der Systemtheorie und allgemeinen Evolutionstheorie. Er lehrte Philosophie, Futurologie, Ästhetik und Systemwissenschaften an den Universitäten von Yale, Princeton, Northwestern, Houston, Portland State, Indiana und New York. Den Vereinten Nationen diente er als Direktor des Institute for Training and Research (UNITAR) und war Rektor der Wiener Akademie. Er ist Autor von 74 Büchern. Ervin Laszlo gründete die General Evolution Research Group, die er bis heute leitet, ist Herausgeber der Zeitschrift World Futures – The Journal of General Evolution und der Buchreihe World Futures General Evolution Studies, sowie Herausgeber einer vierbändigen Friedensenzyklopädie. Zu den ihm zuteil gewordenen Würdigungen und Ehrungen gehört das Doctorat des Lettres et Sciences Humaines der Pariser Universität Sorbonne, die Ehrenmedaille der Universität Kyung Hee in Seoul, die Ehrendoktorwürde der Wirtschaftsfakultät der Turko School of Economics and Business Management in Finnland und die Ehrendoktorwürde der Fakultät für Geisteswissenschaften des Saybrook Instituts in San Francisco.

1994 gründete Laszlo den Club of Budapest, der Antworten auf globale Herausforderungen sucht und dem Persönlichkeiten wie Sir Peter Ustinov, Richard von Weizsäcker, Vaclav Havel, Peter Russel, Michail Gorbatchow und der Dalai Lama beigetreten sind. Er ist Mitglied des Club of Rome, der International Academy of Science und der World Academy of Arts and Science sowie des Vorstands der Université Européenne de Paris, Geschäftsführer von Planeary Citizens (USA), Aufsichtsrat vom Weltkloster (Deutschland) und wissenschaftlicher Berater des Generaldirektors der UNESCO.

Über die Notwendigkeit einer neuen Management-Philosophie
Die klassische Management-Philosophie funktioniert nicht mehr. Die Zeiten sind vorbei, als beinahe alles, was ein unternehmungsfreudiger Manager anpackte, auch Erfolg versprach. Der technische Fortschritt schien damals gewährleistet, und die expandierenden Märkte warfen Profite ab. Die Nachkriegswirtschaft stand allen Unternehmern offen, und mit der Wirtschaft wuchsen auch die Unternehmen. Falls überhaupt langfristige Kosten anfielen, fielen sie auf lange Sicht hinaus nicht ins Gewicht. Geschäftsleute zitierten in diesem Zusammenhang jeweils gerne Keynes: Langfristig gesehen sind wir alle tot. Oder anders gesagt, wenn alles immer nur besser wird, weshalb sollten wir dann über die eigene Nasenspitze hinausschauen? Die Frage war nicht, ob der Fortschritt andauern würde. Es genügte, seine ungefähre Richtung vorauszuahnen, um die eigene Firma daran teilhaben zu lassen.

Aber heutzutage genügt das nicht mehr. In den 1970er- und 80er-Jahren flachte die Wirtschaftswachstumskurve ab, und die optimistischen Erwartungen trafen nicht mehr ein. Gesellschaftliche Spannungen und Konflikte wuchsen, während die Technologie unerwartete Nebenwirkungen zeigte: schreckliche Katastrophen auf Three Mile Island, in Bhopal und Tschernobyl, das Ozonloch über der Antarktis, wiederholte Fälle von saurem Regen und Ölkatastrophen, zudem eine wachsende Umweltverschmutzung in den Städten und auf dem Land. Der Glaube an ein unbegrenztes Wachstum wurde erschüttert. Intellektuelle und Jugendbewegungen vertraten die Ansicht – und in gewissen Gesellschaftsschichten gehörte dies ebenfalls zum guten Ton –, dass der technologische Fortschritt zu viele Gefahren mit sich bringe und deshalb gestoppt werden müsse. Seither sind die Ergebnisse dieser öffentlichen Debatten und der gesellschaftliche Wertewandel als wichtige Faktoren in die Überlegungen zum Unternehmenserfolg eingegangen. Die Führungskräfte in der Wirtschaft haben zusammen mit Unternehmensberatern und Management-Theoretikern begonnen, ihre operative Planung zu überprüfen.

In den späten 1980er-Jahren sind im Umfeld der Wirtschaftsunternehmen weitreichende Veränderungen aufgetreten. Umweltanliegen sind von den Rändern der Gesellschaft bis in die Märkte vorgedrungen. Die Menschen waren bereit, für umweltfreundliche Produkte höhere Preise zu zahlen, und sie riefen zu Boykotten gegen Firmen auf, welche nach wie vor die Umwelt belasteten oder gegenüber ökologischen Anliegen gleichgültig blieben. Gleichzeitig verbreiteten sich neue Informations- und Kommunikationstechnologien, die nationalen Märkte wurden auf internationaler Ebene integriert, die

Produktzyklen wurden immer kürzer, und die Produktlinien wurden diversifiziert. Kunden und Konsumenten verlangten kürzere Lieferzeiten und bessere Qualität. Der Wettbewerb fand inzwischen in einem globalen Rahmen statt. Traditionelle, hierarchisch strukturierte Unternehmen konnten hier nicht mithalten. Die zentralisierten Strukturen mit ihrem verzögerten Informationsfluss zu den tieferen Hierarchiestufen führten zu fatalen Fehlentscheiden, in vielen Fällen herrschte gar eine tödliche Handlungsunfähigkeit. Es überlebten nur Firmen, die sich teamorientierte Strukturen gaben und Entscheidungs- und Handlungskompetenzen auf allen Unternehmensebenen einführten – oft im allerletzten Moment.

In den ersten Jahren des neuen Jahrtausends haben sich die Abläufe in den Unternehmen noch einmal radikal verändert. Der Informationsfluss, aber auch die Anzahl und die Bedeutung der Schnittstellen zwischen den Angestellten, den einzelnen Abteilungen und den verschiedenen Unternehmensbereichen haben zugenommen. Es stellte sich heraus, dass nicht nur Information, sondern auch die Mitarbeiter eine wichtige Ressource des Unternehmens darstellen. Und Teamwork erwies sich als die beste Möglichkeit, diese Ressource nutzbar zu machen. Die Grenzen zwischen der Firma und ihrem ökonomischen, sozialen und ökologischen Umfeld wurden unscharf. Innerhalb der Wirtschaftssphäre wurden Fusionen, Allianzen und Partnerschaften ganz selbstverständlich. In manchen Fällen wurden Teile des Kerngeschäfts ausgelagert, wodurch die Zusammenarbeit mit Fremdunternehmen ebenso wichtig wurde wie die firmeneigenen Organisationsstrukturen. Es wurde üblich, sich auf externe Verteiler und Lieferanten zu verlassen und Kontakte zu lokalen Gemeinschaften und Ökobewegungen herzustellen.

In diesem veränderten Umfeld können sich Führungskräfte nicht mehr auf die bewährte Weisheiten wie «probieren geht über studieren» verlassen. Alles deutet darauf hin, dass heute ein dringender Bedarf nach Innovationen besteht. In der Theorie spricht man von Aktivitätenbündelung und Nachhaltigkeit zur Erreichung grösstmöglicher Profite im Rahmen der gesamtwirtschaftlichen Wertschöpfungskette. Unternehmensberater empfehlen dem Management, sich auf eine dynamische Wettbewerbsposition und auf kundenorientierte Vorgehensweisen zu konzentrieren. Technologie-Fachleute betonen die Bedeutung einer vorausschauenden Forschung und Entwicklung sowohl in Bezug auf die Produkte als auch auf die Produktionsprozesse. Organisationsexperten insistieren ihrerseits auf Lernprozessen in vernetzten Teams, welche jenseits von etablierten Firmenstrukturen arbeiten.

Die Sorge um intellektuelles Kapital

Der Management-Guru Tom Peters bezeichnet das intellektuelle Kapital als die grösste Ressource einer Firma. Und die Berater Gary Hamel und C.K. Prahalad nannten Zukunftsvisionen den grössten Wettbewerbsvorteil einer Firma, der wertvoller sei als ein dickes Bankkonto oder eine schlanke Organisationsstruktur. Manager, die über intellektuelles Kapital und Zukunftsvisionen verfügen, sind zielbewusst, verschwenden keine Zeit mit unergiebigen Experimenten, vermeiden Sackgassen und holen aus ihren Mitarbeitern ein maximales Engagement heraus. Effektive Führungsqualität basiert also nicht nur auf einer genauen Kenntnis der gegenwärtigen Firmentätigkeit und der vorhandenen Ressourcen, sondern auch auf der Fähigkeit, strategische, finanzielle und organisatorische Ziele für die kommenden Jahre formulieren zu können. Dies alles erfordert einen ausserordentlichen Weitblick. Oder wie Charles Handy sinngemäss sagt: Die Zukunft kann alles Mögliche sein, eher unwahrscheinlich ist aber, dass sie eine blosse Fortsetzung der Vergangenheit ist.

Unter dem Strich heisst das, dass die heutige Zeit eine neue, mehr auf Ethik fokussierte und verantwortungsbewusstere Management-Philosophie erfordert. Führungskräfte müssen sich von jetzt an mit Themen wie *Corporate Identity*, *Corporate Values* und vor allem *Corporate Ethics* auseinander setzen. Diese Werte hatten bis vor kurzem nur einen unwesentlichen Einfluss auf die Unternehmensführung. Inzwischen ist jene Geschäftsphilosophie, welche die meisten Unternehmen prägt, veraltet: Die egozentrische Sicht, wonach sich Führungskräfte nur um gewinnbringende Produkte und Dienstleistungen – ohne Rücksicht auf mögliche Folgen – kümmern müssen, bringt keine zufrieden stellenden Resultate mehr hervor. Dem vergleichbar wäre etwa ein Pilot, der sich ungeachtet dessen, was sich sonst noch alles im Luftraum abspielt, nur um das Steuern des eigenen Flugzeugs kümmert. Die modernen Wirtschaftskapitäne dürfen sich aber nicht nur um das reibungslose Funktionieren ihres Vehikels kümmern. Vielmehr müssen sie auch einen Kurs festlegen, welcher das Klima, die gegenwärtige Position, das vorgesehene Ziel und den Verkehr innerhalb des globalen Netzes von Flugrouten berücksichtigt. Dieser Verkehr ist äusserst vielfältig und komplex: Neben dem gesellschaftlichen und ökologischen Umfeld des Unternehmens schliesst er den Umgang mit Kunden, Lieferanten, Grossverteilern, Partnern aus Forschung und Entwicklung, technischen Diensten, Konkurrenten und Behörden mit ein.

Erfolgreiche Unternehmen befolgen eine Management-Philosophie, welche Effizienz und Effektivität mit einer Ethik der gesellschaftlichen und ökologischen Verantwortung kombiniert. Nur so wird sie den Interessen des Unternehmens gerecht. Unternehmerische Verantwortung wird nämlich vom Markt zunehmend belohnt. Die Konsumenten bevorzugen Produkte von Firmen, welche sich im sozialen Bereich verantwortungsbewusst verhalten. Ebenso durchleuchten Investoren und Fondsmanager die Firmen auf die Frage hin, ob sie soziale und ökologische Kriterien erfüllen. Und in einem ausgetrockneten Arbeitsmarkt wie der Hochtechnologie-Branche fühlen sich talentierte Nachwuchskräfte eher zu Firmen hingezogen, die eine hoch stehende Unternehmens-kultur vorweisen können.

Die Komplexitätszunahme in Wirtschaftsunternehmen

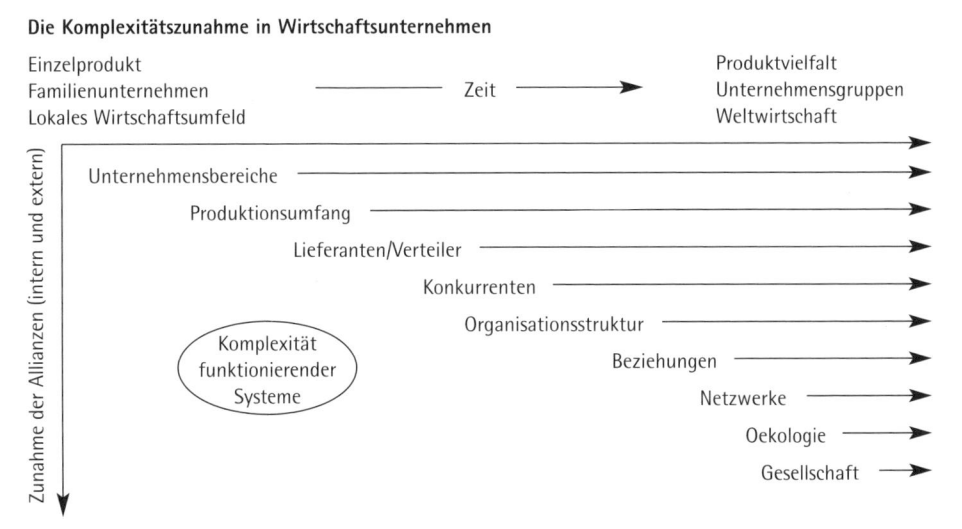

		Zeit →	
Einzelprodukt			Produktvielfalt
Familienunternehmen			Unternehmensgruppen
Lokales Wirtschaftsumfeld			Weltwirtschaft

Zunahme der Allianzen (intern und extern) ↓

- Unternehmensbereiche →
- Produktionsumfang →
- Lieferanten/Verteiler →
- Konkurrenten →
- Organisationsstruktur →
- (Komplexität funktionierender Systeme)
- Beziehungen →
- Netzwerke →
- Oekologie →
- Gesellschaft →

Tabelle 1: Die Entwicklung der Management-Aufgaben in einem zunehmend vernetzten Wirtschaftsumfeld

Das ethische Verhalten eines Unternehmens spiegelt sich darin, dass es gegenüber der Gesellschaft und der Natur Verantwortung übernimmt. Dies zeugt sowohl von gesundem Menschenverstand als auch von einem intakten Geschäftssinn. Es lässt sich heute nicht mehr genau sagen, wo eine Firma aufhört und wo die Gesellschaft und die Umwelt beginnen. Die grundlegenden, der Nachhaltigkeit verpflichteten Interessen einer Firma und diejenigen ihrer sozialen und ökologischen Umwelt sind dieselben. An dieser Übereinstimmung der Interessen wird sich in Zukunft nichts ändern, im Gegenteil, sie wird noch ausgeprägter werden. Die erfolgreichen Manager der Zukunft werden dies erkennen und ihr Handeln danach ausrichten. Sie werden gleichzeitig effizient und ethisch handeln und so zu verantwortungsbewussten Leader-Figuren für die Arbeitnehmer/ Bürger in einem weltumspannenden sozio-ökonomisch-ökologischen System werden.

Die Verantwortung gegenüber den Stakeholdern
Im der gegenwärtigen Situation ist nun ein weiterer Entwicklungsschritt im Management nötig: der Schritt zur Verantwortung gegenüber den Stakeholdern. Manager müssen sich mit sämtlichen Auswirkungen und Konsequenzen auseinander setzen, die aus der Unternehmenstätigkeit resultieren. Ein unerwartet breites Spektrum möglicher Folgen ergibt sich bei der Herstellung und Anwendung von Produkten, beim Produktservice und bei der Entsorgung, aber auch bei den rechtlichen, finanziellen, gesundheitsbezogenen oder anderen Dienstleistungen des Unternehmens und schliesslich bei den Anstellungsverhältnissen und Arbeitsbedingungen. Alle Einzelpersonen und Organisationen, die direkt oder indirekt von den Produkten, den Dienstleistungen und vom Erfolg einer Firma betroffen sind, haben berechtigte Ansprüche und Interessen. Sie alle sind Stakeholder. Das Unternehmen steht ihnen gegenüber genauso in der Verant-wortung wie gegenüber den Aktionären (Shareholder) und Kunden.

Zweifellos darf die Verantwortung gegenüber den Stakeholdern nicht bloss an der Oberfläche bleiben. PR-Versprechen und «kosmetische» Problemlösungen reichen nicht aus, denn die Kunden lernen schnell und sind immer besser über die Qualität, die Preise und die Verfügbarkeit von Produkten sowie die erbrachten Serviceleistungen informiert. Dadurch werden die Kunden selektiver bei der Auswahl derjenigen Firmen, die sie unterstützen und mit denen sie geschäftliche Beziehungen eingehen wollen. Marktanalysen bestätigen inzwischen, dass hohe Firmenstandards und die freiwillige Verpflichtung gegenüber gesellschaftlichen und Umweltanliegen zu zentralen Wettbewerbsfaktoren geworden sind. Und dies in einem Umfeld, in welchem Markterfolg normalerweise bedeutet, ein besseres Preis-Leistungs-Verhältnis als die Konkurrenten anzubieten. Die Verantwortung gegenüber den Stakeholdern ist also kein idealistischer «weicher» Faktor mehr, sondern gehört heute zu den «harten» Fakten in der Unternehmenskultur.

Diese Verantwortung wahrzunehmen, zahlt sich auch für die Manager aus. Das hehre Ziel der Rechtsanwälte ist Gerechtigkeit, dasjenige der Ärzte Gesundheit. Den Managern fehlt ein klar definiertes Ideal, das mehr beinhaltet, als den grösstmöglichen Gewinn für die Firma zu erzielen und nebenbei gesellschaftlichen Wohlstand zu schaffen. Obwohl dieses Ziel an sich wertvoll ist, hat es häufig den Beigeschmack persönlicher Habgier und unersättlicher Unternehmen und verliert deshalb an Legitimität. Zudem ist seine Motivationskraft nicht so gross, wie gemeinhin angenommen wird. Erst das Wahrnehmen der Verantwortung gegenüber den Stakholdern setzt ein wirklich sinnvolles Ziel. Es stellt die Manager vor eine neue Herausforderung und hilft, ihre Glaubwürdigkeit in der Gesellschaft wieder herzustellen.

Die Verantwortung gegenüber den Stakeholdern zu übernehmen, führt zu einer Unternehmenskultur, in der sich ein umfassendes Verantwortungsbewusstsein und das Streben nach höchster Qualität ergänzen. Da eine solche Kultur sowohl den Managern als auch den Firmen nützt, müssen zu ihrer Umsetzung in der Praxis auch die Unternehmen einen Teil beitragen. Darin liegt nun ein Problem: In den Fällen, wo die Amortisation in ferner Zukunft liegt, könnten die Verantwortlichen vor solchen Strategien zurückschrecken. Daher müssen gangbare Wege gefunden werden, um die Lücke zwischen den ersten Investitionen und der zu erwartenden Amortisation zu schliessen. Firmen müssen in die Verantwortung gegenüber den Stakeholdern hineinwachsen können, ohne den Verlust von Marktanteilen befürchten zu müssen und ohne die Aktionäre enttäuschen zu müssen. Es sollte auch verhindert werden, dass Konkurrenten und «Raubritter» diese Übergangsphase zugunsten ihrer eigenen kurzsichtigen und kurzfristigen Interessen ausnützen können.

Es kann sein, dass die Entwicklung hin zu einer umfassenden Verantwortung gegenüber den Stakeholdern die Möglichkeiten einer einzelnen Firma überschreitet. Daher wird auch ein gemeinsames Vorgehen der Wirtschaftsführer nötig sein. Hierzu gibt es bereits eine Reihe von Präzedenzfällen: Partner und Konkurrenten im Informations-, Kommunikations- und Elektronik-Sektor, in der Flugzeug-, Auto- und Pharmaindustrie tun sich häufig zu Forschungs- und Entwicklungszwecken zusammen oder nutzen Synergieeffekte in Produktion und Marketing. Es gibt selbst für die Marktführer keinen Grund, Partnerschaften abzulehnen, wenn es darum geht, innerhalb ihres eigenen Industriezweigs eine Philosophie der Verantwortung gegenüber den Stakeholdern zu entwickeln Dies würde dem vernünftigen Eigeninteresse aller Beteiligten dienen: Die freiwillige Übernahme von Verantwortung gegenüber den Stakeholdern könnte einen Trend zu externen Steuerungsfaktoren aufhalten. Alle Sektoren und Industriezweige haben ein Interesse daran, nicht zu sehr von staatlicher Seite reguliert zu werden. Daraus ergibt sich eine starker Motivationsfaktor für die Einführung ethischer Richtlinien im Management. In einer sich immer schneller verändernden und immer stärker vernetzten Welt können nur ethisch handelnde Firmen führende Positionen einnehmen – oder zumindest überleben.

Der Beitrag ist ein überarbeiteter Auszug aus dem noch nicht erschienenen Buch von Ervin Laszlo, Carl Zaiss und Peter Spiegel: «Your Business Can Change the World: the Concerned Executive's Handbook of Responsible Corporate Citizenship».

Übersetzung: Hans Ramseier

Zur Umsetzung unternehmensethischer Ambitionen in der Praxis

Das Beispiel Novartis

Klaus M. Leisinger, Prof. Dr. rer. pol. (*1947 in Lörrach bei Basel), ist Präsident und Executive Director der Novartis Stiftung für Nachhaltige Entwicklung. Er studierte Wirtschafts- und Sozialwissenschaften an der Universität Basel, promovierte in Nationalökonomie und habilitierte sich im Fach «Entwicklungssoziologie». Zwischen 1978 und 1981 trug er als Geschäftsführer die Verantwortung für die Ciba Pharma in Ost- und Zentralafrika.

Zusätzlich zu seiner Arbeit für die Novartis Stiftung lehrt und forscht Klaus M. Leisinger als Professor für Entwicklungssoziologie an der Universität Basel und als Gastreferent an verschiedenen Universitäten (z.B. Harvard University, MIT Cambridge, Notre Dame University). Er ist in beratender Funktion auch für die Weltbank, das Entwicklungsprogramm der Vereinten Nationen (UNDP) sowie für das Deutsche Netzwerk Wirtschaftsethik tätig.

Die hier vorgenommenen Wertungen und gemachten Aussagen sind alleine die des Autors und stellen keine offizielle Firmenposition zum Thema dar. Der Autor dankt Markus Breuer vom Institut für Wirtschaftsethik der Universität St. Gallen für seine wertvolle Hilfe bei den Arbeiten an dieser Publikation.

«Die normativen Prinzipien des UN Global Compact sind für uns die unverhandelbare Grundlage unserer weltweiten unternehmerischen Aktivitäten.»

Daniel Vasella

Präsident und CEO Novartis AG

1. Worum geht es?

Die Lektüre der gängigen Globalisierungsliteratur erweckt den Eindruck, als leide die heutige Welt unter einem zunehmend menschenrechtsverachtenden, umweltzerstörenden und demokratieschädigenden Kapitalismus.[1] Das durch die Globalisierung aufgeweichte nationalstaatliche Regulierungsmonopol und der globale Wettbewerb um optimale Rahmenbedingungen für Investitionen würden, so der Vorwurf, insbesondere von transnationalen Unternehmen skrupellos ausgenutzt. Gegen diese Entwicklung zu protestieren, sei in der Wahrnehmung einer wachsenden Anzahl von Menschen moderner Gesellschaften eine legitime Notwehr gegen eine vermeintlich globale Sozial- und Umweltseuche, von der lediglich einige privilegierte manchesterliberal gesinnte Profiteure Nutzen zögen, während die grosse Mehrheit der Erdenbürger negativ betroffen sei.

Für die Mehrzahl der Hermeneutiker der zum Beweis aufgeführten Fallstudien liegt der Grund dieser Fehlentwicklung darin, dass diese Mutation des Kapitalismus ausschliesslich an die niedrigsten Instinkte des Menschen appelliere: Gier, Rücksichts- und Schonungslosigkeit gegenüber den legitimen Bedürfnissen der Gemeinschaft. *Systemimmanent* sei, so die Behauptung, dass unmoralisches Handeln und unsolidarisches Verhalten belohnt werden, mit der Folge eines *race to the bottom*. Daher geht es vielen Autoren nicht nur um Korrekturen an den Symptomen des Systems, sondern um mehr Kontrolle internationalen unternehmerischen Handelns. Wer aber soll das tun?

Parallel zur Entwicklung dieses Meinungsbildes leidet in vielen Ländern das Vertrauen in den Staat und dessen Kompetenz, soziale und ökologische Fehlentwicklungen zu korrigieren, geschweige denn zu verhindern. Gerade in Zeiten, in denen ein «starker Staat» herbeigesehnt wird, sinkt das Vertrauen der Bürger in dessen Fähigkeit, im besten Interesse der Gesellschaft zu handeln. Aus diesem Vertrauensvakuum tauchen Nicht-Regierungsorganisationen (NRO) wie Phönixe aus der Asche der verbrannten Reputation anderer Akteure auf: Etwa 65 Prozent der Menschen in den Industrieländern sind der Ansicht, NRO handelten im besten Interesse der Gesellschaft. Nur 45 Prozent vertrauen in nationale Regierungen und lediglich 42 Prozent in global tätige Wirtschaftsunternehmen.[2]

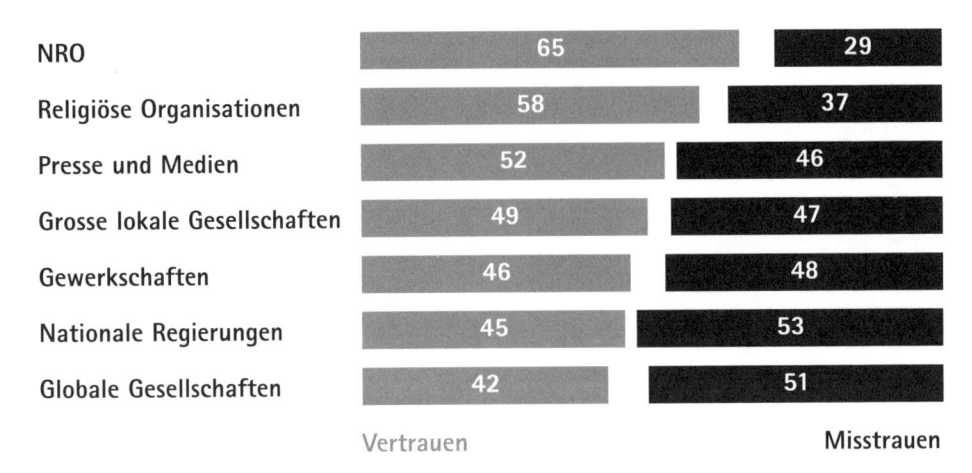

Institution	Vertrauen	Misstrauen
NRO	65	29
Religiöse Organisationen	58	37
Presse und Medien	52	46
Grosse lokale Gesellschaften	49	47
Gewerkschaften	46	48
Nationale Regierungen	45	53
Globale Gesellschaften	42	51

Abbildung 1: Welche Institutionen handeln im besten Interesse der Gesellschaft? (Environics Millennium Poll, 1999).

Das gesamtgesellschaftliche Unbehagen über die moralische Verfasstheit von Unternehmen spiegelt sich teilweise auch im Meinungsbild der Berufsgruppen wider, die dem Unternehmenssektor nahe stehen.[3]

Aus der erforderlichen Distanz zu einzelnen eklatanten Fällen unternehmerischen Fehlverhaltens wird klar, dass ein einseitig negativ gefärbtes Meinungsbild der erheblich vielfältigeren, komplexeren und differenzierteren Realität der Globalisierung und des unternehmerischen Engagements nicht gerecht werden kann. Es gibt, wie bei jedem komplexen Prozess, viel Licht *und* viel Schatten. Unrühmliche Beispiele unternehmerischen Handelns gab es und gibt es immer noch.[4] Dennoch sollte nicht der Fehler gemacht werden, alle Unternehmen einem Generalvorbehalt auszusetzen und davon auszugehen, dass illegitimes unternehmerisches Handeln die Regel sei. Dem ist nicht so; die Bilanz der Auswirkungen von multinationalen unternehmerischen Engagements fällt nach Analyse seriöser Quellen (bspw. UNO-ECOSOC) insgesamt positiv aus.[5]

Was allzu häufig nicht zur Kenntnis genommen wird, ist die nachweisbar vorhandene und insgesamt positive *ökonomische* Leistungsbilanz der Globalisierung seit 1980.[6] Gewinne der Privatwirtschaft, und insbesondere die der so genannten Global Player, werden nicht grundsätzlich auf dem Rücken anderer erkauft. Wir stehen in dieser Beziehung nicht vor einem Nullsummenspiel, in dessen Verlauf Gewinne durch Verluste aller anderen Akteure erschlichen werden. Solche Gewinne, und das darf nicht übersehen werden, wenn einseitige Deutungen vermieden werden sollen, ermöglichen aufgrund verschiedenster Verknüpfungseffekte volkswirtschaftliche Wachstumsimpulse.[7] Dennoch ist offensichtlich, dass Gewinne um jeden Preis keine akzeptable Option darstellen. Unternehmerisches Handeln, das einem Mindestmass an Moralität im Sinne verantwortungsvollen sozialen, ökologischen und anderen Handelns nicht genügt, kann aus prinzipiellen Gründen nicht toleriert werden. Was aber ist dieses «Mindestmass»? Und welcher gesellschaftliche «Preis» unternehmerischen Handelns ist Individuen und der Gesellschaft zumutbar?

In modernen Gesellschaften wird heute von den unterschiedlichsten Anspruchsgruppen eine Vielzahl von Erwartungen an Unternehmen herangetragen. Da längst nicht alle Ansprüche gut organisierter Interessenvertreter moralische Pflichten für Unternehmen darstellen, kann – und sollte – sich kein Unternehmen im opportunistischen Sinne den Ansprüchen durchsetzungsstarker Stakeholder beugen. Für nachhaltig erfolgreiches und aus ethischer Perspektive akzeptables unternehmerisches Handeln geht es vielmehr um eine Klärung der Berechtigung von Forderungen der verschiedenen gesellschaftlichen Anspruchsgruppen – im Hinblick auf die Interessen der Aktionäre und Mitarbeiter des Unternehmens auch mit Blick auf die Zumutbarkeit auf Unternehmensseite.

Im weiteren Verlauf soll daher einerseits geklärt werden, in welchem Verhältnis gesellschaftliche Verantwortung und unternehmerischer Erfolg zueinander stehen, andererseits der Frage nachgegangen werden, was diese Verhältnisbestimmung für ein Unternehmen, wie Novartis, konkret bedeutet.

1.1 Unternehmerisches Handeln und die Pflicht zu minima moralia

Unternehmen sind Bestandteile der Gesellschaft. Daher findet unternehmerisches Handeln nicht in einem theoretischen Vakuum statt, sondern ist auf vielfältige Weise in die Gesellschaft eingebunden. Fragt man die Menschen in den Industrieländern nach dem Inhalt der gesellschaftlichen Verantwortung grosser Unternehmen, so trifft man auf ein Antwortspektrum, in dem rein wirtschaftliche Faktoren zwar eine wichtige, aber bei weitem nicht die einzige Rolle spielen.

Wo – und dies ist, wie gesagt, der Ausnahmefall – gegen das verstossen wird, was als kleinster gemeinsamer Nenner menschengerechten Handelns gilt, wo die Würde ande-

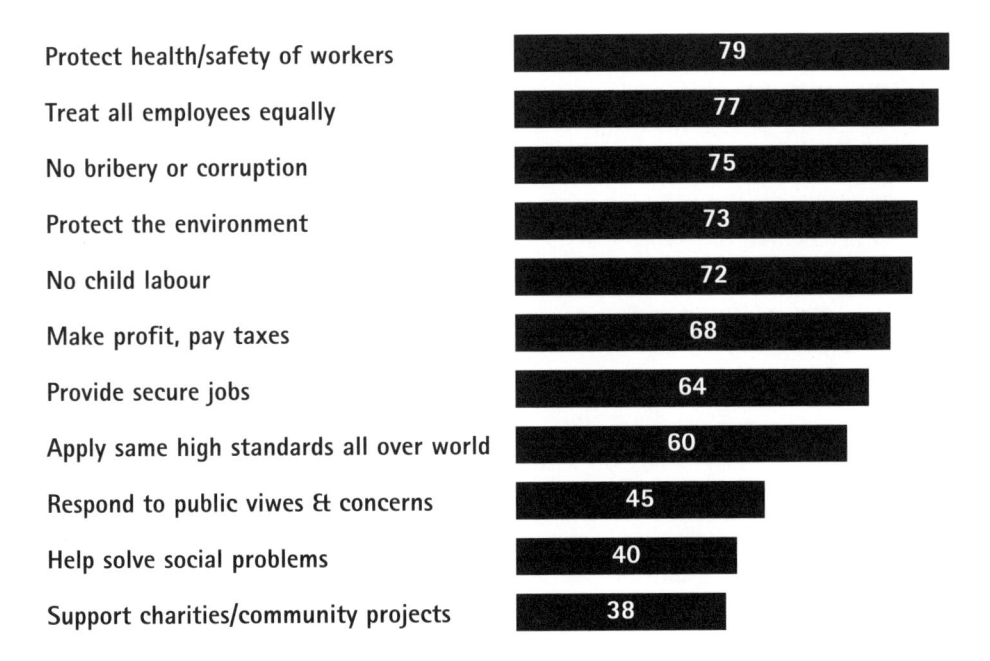

Protect health/safety of workers	79
Treat all employees equally	77
No bribery or corruption	75
Protect the environment	73
No child labour	72
Make profit, pay taxes	68
Provide secure jobs	64
Apply same high standards all over world	60
Respond to public viwes & concerns	45
Help solve social problems	40
Support charities/community projects	38

Abbildung 2: Gesellschaftliche Verantwortung grosser Unternehmen: Erwartungen der Menschen in OECD-Ländern. (The Millennium Poll, Environics International, 1999)

rer Menschen ohne Not oder unter dem Motiv, den Gewinn bedingungslos maximieren zu wollen, mit Füssen getreten wird, stehen die jeweiligen Akteure zu Recht am Pranger.

Solche Defizite zu korrigieren, ist nicht nur von Bedeutung für die «Geschädigten», wobei der Schaden sowohl für Menschen als auch für öffentliche Güter eintreten kann. Solche Missstände und deren das Gemeinwohl schädigende Auswirkungen abzustellen, liegt im Interesse aller aufgeklärten Akteure einer Zivilgesellschaft. Dazu gehören auch die vorbildlich handelnden Unternehmen. Es liegt im «aufgeklärten Eigeninteresse»[8] aller legitim handelnden Akteure, Engagement für diese Zivilgesellschaft und damit gegen solche Missstände zu zeigen. Ein Schweigen kann vor dem Hintergrund des gesellschaftlichen Misstrauens gelegentlich als stillschweigendes Tolerieren missverstanden werden. Da Medien aufgrund ihrer Wettbewerbslogik der Berichterstattung über Abweichungen von der Norm oder gar Skandalen den Vorzug geben und die Wirklichkeitswahrnehmung eines grossen Teils der Menschen durch Medienberichterstattung geprägt wird, macht das Aufdecken moraldefizitären unternehmerischen Handelns viele Menschen unserer Gesellschaft misstrauisch gegenüber fast jeder Art von Manifestation unternehmerischen Engagements.

1.2 Unternehmensethische Reflexion als Kompass für den richtigen Weg

Unternehmensethische Reflexion kann im vorliegenden Zusammenhang auf zweierlei Weise einen Beitrag zu Lösungen der bestehenden Probleme leisten: einerseits gegenüber der Zivilgesellschaft, um diese vor Missbräuchen zu schützen oder dies zumindest zu versuchen; andererseits gegenüber der Unternehmung als gesellschaftlichem Akteur, um diese vor übermässigen Forderungen zu bewahren. So, wie das Unternehmen mit seinen externen Stakeholdern immer wieder aufs Neue aushandeln muss, welches Handlungsportfolio das Prädikat «gesellschaftlich verantwortungsvoll» oder gar «moralisch einwandfrei» erhalten soll, so muss auch im Unternehmen um den richtigen Weg gerungen werden. Über die «richtige» Antwort gibt es nicht nur in pluralistischen Gesellschaften höchst differente Vorstellungen, sondern auch in Unternehmen. Keiner der möglicherweise konfligierenden Ansprüche kann apriorische Berechtigung für sich reklamieren, da es gerade um eine *dialogische* Verhältnisbestimmung geht. Konsens ist hierbei nicht einfach zu erzielen, er ist aber auch nicht unmöglich.

Ein weiteres Problem liegt darin, dass unter der Konkurrenz von Interessen oft eine Allgemeingültigkeit für Teilwahrheiten beansprucht wird: Jeder bringt nur das zur Sprache, was aus *seiner* Perspektive sichtbar und wichtig ist, wohl wissend, dass es noch eine andere legitime Perspektive gibt, vielleicht sogar noch eine dritte, die am Verhandlungstisch nicht dabei ist: die des «Gemeinwohls», wie immer man es definiert. Wenn Menschen sich nicht mehr die Mühe machen, bei komplexen Sachverhalten informiert und differenziert eine Güterabwägung vorzunehmen, verschwimmt die Grenze zwischen Teilwahrheit und Täuschung oder gar Lüge.

Ein häufiger Streitpunkt ist immer wieder das Verhältnis zwischen unternehmerischem Erfolg und Fragen moralischer Legitimation sowie sozialer Verantwortung. Es gibt kein «Entweder-oder» zwischen ethisch legitimem und wirtschaftlich klugem unternehmerischem Handeln. Rein altruistische Ziele zu verfolgen, birgt die Gefahr in sich, an praktischen Problemen der Wirtschaft zu scheitern. Hingegen den Gewinn um jeden Preis maximieren zu wollen, heisst auch, die Gefahr der moralischen, sozialen und/oder ökologischen Katastrophe billigend in Kauf zu nehmen. Wie so oft im wirklichen Leben treten solche Extrempositionen im Alltag fast nie auf. Jenseits des selbstverständlichen Einhaltens von gesetzlichen Regelungen einer Zivilgesellschaft sind es vielmehr die «Grauzonen», in denen die Notwendigkeit einer ethischen Reflexion am grössten ist, damit unternehmerisches Handeln zur Globalisierung ethisch akzeptabler Handlungsnormen beitragen kann.

Unternehmen sind Akteure in der Zivilgesellschaft – als solche allerdings etwas Besonderes. Thomas Donaldson, ein US-amerikanischer Unternehmensethiker, formulierte einmal, dass Unternehmen im Hinblick auf die Moral höchst ungewöhnliche und spannende Existenzen seien. Unternehmen haben weder einen Hintern, in den man treten, noch eine Seele, die verdammt werden könne. Unternehmen haben auch kein Gewissen, das ihnen in der Nacht den Schlaf raubt, und keinen Körper, den man einsperren kann.[9] Dennoch stehen Unternehmen heute, als moralisch reflektierende Institutionen, vor Erwartungshaltungen, die teilweise weit über den rein betriebswirtschaftlichen Erfolg hinausgehen. Die Zivilgesellschaft erwartet von unternehmerischen Akteuren den Aufbau einer moralischen Vision, die im Alltagsgeschäft ihren Niederschlag findet. Die Menschen moderner Gesellschaften erwarten Engagement für die Gesellschaft als Ganzes und dort Mitverantwortung, wo sich Einfluss und Mitgestaltung auch ausüben lassen. Daniel Vasella, Präsident des Verwaltungsrates und CEO von Novartis, ging auf solche Erwartungen wie folgt ein: «Wir werden im gesamten Unternehmen bestrebt sein, all unsere geschäftlichen, sozialen und umweltbezogenen Aktivitäten mit den Prinzipien des «Global Compact» in Einklang zu bringen. In einer Zeit des raschen Wandels und der Globalisierung ist es wichtig für grosse Unternehmen, sich an solchen Werten zu orientieren. (...) Auf globaler Ebene verfolgen wir eine nachhaltige Geschäftspolitik, die wirtschaftlichen, sozialen und ökologischen Fortschritt anstrebt. Sowohl auf technologischem als auch auf wirtschaftlichem Gebiet möchten wir als verantwortungsvoller Teil der Gesellschaft eine Führungsrolle einnehmen. Nur wenn wir das erreichen, können wir zum Wohlergehen der Menschen beitragen. Mit unseren Grundsätzen zur gesellschaftlichen Verantwortung verpflichten wir uns diesem Ziel. Wir sind davon überzeugt, dass wir mit dieser strategischen Weichenstellung den richtigen Weg eingeschlagen haben.»[10]

Unternehmen haben aufgrund ihrer finanziellen, organisatorischen und Wissens-Ressourcen mehr Gestaltungsmöglichkeiten; sie haben daher auch eine grössere Verantwortung. So wie sie sich über den gesamten Globus ausbreiten können, so haben sie eben auch, überall wo sie arbeiten, die Verantwortung, aus eigener Initiative heraus ethisch reflektierte und selbstverpflichtende Grundsätze für unternehmerisches Handeln zu formulieren und zu beachten. Besonders wichtig ist dieser Gedanke im Zusammenhang mit Investitionen in Ländern mit unzureichenden Rechtsordnungen oder defizitären Gesetzen. Man ist hier womöglich versucht, das eigene Geschäftsgebaren lediglich an der lokalen (womöglich unzureichenden und defizitären) Legalität auszurichten – ohne dabei zu fragen, ob das, was im jeweiligen nationalen Kontext als legal gilt, von aufgeklärten Bürgern auch als legitim betrachtet wird. Daraus resultiert eine eindeutige Forderung, die sich ganz allgemein wie folgt formulieren lässt: Unternehmen müssen aufgeklärte *minima moralia* entwickeln und konzernweit gleichermassen durchsetzen! Unterliessen Unternehmen dies, könnten sich infolge des globalisierten Wettbewerbs soziale, ökologische und menschenrechtliche Standards auf niedrigstem Niveau einpendeln. Dies jedoch wäre nicht kompatibel mit der Vision einer globalen nachhaltigen Entwicklung. Unternehmensethische Reflexion kann hier orientierend wirken.

Die (praktische) Moralphilosophie sucht, «von der Idee eines sinnvollen menschlichen Lebens geleitet, auf methodischem Weg und ohne letzte Berufung auf politische und religiöse Autoritäten oder auf das von alters her Gewohnte und Bewährte, allgemein gültige Aussagen über das gute und gerechte Handeln.»[11] Erwartet wird eine «Orientierung des Handelns, d.h. Auskunft über seine sittliche Richtigkeit», und zwar eine solche, die «in allgemein anzuerkennenden Gründen fundiert ist».[12] Unternehmensethik leistet dies im Zusammenhang mit am Gewinn orientierten Unternehmen.

Die generelle Forderung nach «gutem» und «gerechtem» Handeln leuchtet ein. Allerdings ist jene nach «allgemeiner Anerkennbarkeit» der sittlichen Richtigkeit spezifischer *unternehmerischer* Handlungen nicht leicht einlösbar. Denn nirgends sind die Meinungsverschiedenheiten grösser als bei der Beurteilung von Handlungen bezüglich ihrer Moralität. Ein Konsens über Fragen der Moral ist aufgrund unterschiedlichster Interessen und Bedürfnisse häufig nicht[13] oder jedenfalls nur schwer erreichbar.

Einen rein betriebswirtschaftlichen Utilitarismus als ethischen Geltungsanspruch[14] mögen heute aufgeklärte Menschen in modernen Gesellschaften kaum mehr als legitim empfinden. Es geht um das «richtige Mass», jenen weisen und vernünftigen Weg, der uns einerseits den (erforderlichen) betriebswirtschaftlichen Erfolg ermöglicht, andererseits auch moralischen Kriterien genügen und als moralisch eingebettet verstanden werden kann: eine Art *Gesellschaftsvertrag*, an dessen Einhaltung sich die Akteure innerhalb einer Gesellschaft und zwischen verschiedensten Gesellschaften gebunden fühlen.[15] Eine gemeinsame Wertebasis – sozusagen die *minima moralia* – kann jener interkulturell verbindliche Normenkatalog sein, den Hans Küng in seinen umfangreichen Arbeiten zum Weltethos erarbeitet hat.[16]

Einen Konsens darüber zu erzielen, welche moralischen Pflichten Unternehmen innerhalb dieses Gesellschaftsvertrags übernehmen sollen, ist nicht nur aus den bislang bereits aufgeführten Gründen schwierig, sondern auch angesichts der Frage nach dem ökonomisch Sachgemässen – denn gerade in diesem Lebenszusammenhang haben sich Unternehmen in der gesellschaftlichen Arbeitsteilung vor allen anderen Akteuren zu bewähren. Noch schwieriger ist es – und um dies wird es im Weiteren auch noch gehen, sie konzernweit in einem global arbeitenden Unternehmen nachhaltig durchzusetzen.

1.3 «Es kann im wirtschaftlichen Geschehen ethisch nie vertretbar sein, was dem Sachgemässen schlechthin widerspricht.»[17]

Menschen mit Anspruch auf ethische Akzeptanz haben Rücksicht auf die Belange anderer zu nehmen und fühlen sich einem zeitlosen und interkulturell bewährten Normenkatalog verpflichtet. Diese Ideen des Gesellschaftsvertrages beziehen sich einerseits auf die Ziele der Unternehmung selbst, andererseits auch auf die *Mittel und Wege* zur Zielerreichung.

Breiter Konsens besteht heutzutage darüber, dass ein Unternehmen sowohl das ökonomisch Sachgemässe[18] als auch das Gebot ethischer Legitimation zu beachten hat. Das abstrakte Prinzip der Gewinnorientierung berechtigt nicht dazu, universell gültige und intersubjektiv verpflichtende Normen zu überlagern oder zu verdrängen. Gewinnorientierung ist *ein Anspruch* neben anderen, der im Kontext der Rahmenbedingungen spezifischen unternehmerischen Handelns zu überprüfen ist.[19] Dennoch, das bedarf keiner weiteren Begründung, ist die Gewinnorientierung für das Funktionieren marktwirtschaftlich organisierter Gesellschaften unverzichtbar. Auch Unternehmen mit einem ethisch legitimierbaren Selbstverständnis müssen letztlich über die blosse Verzinsung des Eigenkapitals hinaus einen Ertrag erwirtschaften. Dies gesagt, stehen wir, gerade auch im Zusammenhang zunehmender globaler Verknüpfungen, gleichwohl vor inhärent schwierigen und hoch komplexen Fragen:
- Was ist das ökonomisch Angemessene, d.h. das der Sache oder Aufgabe der Unternehmung Gemässe – z.B. vor dem Hintergrund eines Pharmaunternehmens wie Novartis, das u.U. lebensrettende Medikamente z.B. gegen multiresistente Malaria her-

stellt? Die Frage stellt sich auf dem Hintergrund der Tatsache, dass vermutlich 80 Prozent aller weltweit Erkrankten weder versichert sind noch über genügend individuelle Kaufkraft zum Erwerb der Medikamente verfügen.
- Wie kann das ökonomisch Sachgemässe auf eine moralisch verantwortungsvolle, d.h. auf eine sozial und ökologisch vertretbare, Art und Weise umgesetzt werden?

Was ist das ökonomisch Sachgemässe?
Diese Frage ist auf der konkreten Handlungsebene des Unternehmens ausschliesslich mit Methoden *ethischer* Reflexion nicht zu beantworten. Unternehmerisches Können im Sinne eines der Sache angemessenen und klugen Sachverstandes ist eine notwendige «Voraussetzung des Sollens».[20] Die moralische kann die wirtschaftliche Kompetenz nicht ersetzen. Umgekehrt gilt aber auch, dass die wirtschaftliche die moralische Kompetenz nicht ersetzen kann. Ganzheitliches unternehmerisches Abwägen und ökonomisch kluger Sachverstand im wohlverstandenen eigenen Interesse schliessen allerdings moralische Gesichtspunkte als Urteilsgrundlagen ebenso ein wie legitime Interessen von firmenspezifischen Anspruchsgruppen.[21] Zwischen dem der ökonomischen Sache Angemessenem und dem moralisch Legitimiertem muss *kein* inhärenter Widerspruch bestehen. Dies ist eine Feststellung, deren Wichtigkeit angesichts der gegenwärtig so bitter geführten Globalisierungskontroverse kaum bestritten werden kann – auch wenn es sich dennoch um strukturell verschiedene Urteilssphären handelt.

Problematische Nebeneffekte des ökonomisch Sachgemässen und betriebswirtschaftlich Rationalen moralisch bewerten zu wollen, ist eine anspruchsvolle Angelegenheit. Ist es legitimerweise als ökonomisch sachgemäss – oder gar moralisch gerechtfertigt – zu akzeptieren, wenn ein Unternehmen leistungsschwache oder undisziplinierte Mitarbeiter entlässt? Oder zeugt dies von Defiziten der individuellen bzw. kollektiven Moral? Falls die zu kündigenden Mitarbeiter weder leistungsschwach noch undiszipliniert sind, wie ist die Sache dann zu beurteilen, wenn die Rationalisierungsmassnahme betriebswirtschaftlich plausibel erscheint, da sie als vom Wettbewerb erzwungen empfunden wird?

Oder haben wir es hier gar nicht mit ernsthaften, schwer zu lösenden Konflikten zwischen dem «Sachgemässen» und dem «Menschengerechten» zu tun, als vielmehr damit, dass einzelnen Menschen und ihren Familien aus Profitgier (von einer anderen Anspruchsgruppe, nämlich den Anteilseignern, die eine womöglich überhöhte Verzinsung des eingesetzten Kapitals förderten) vorsätzlich «Böses» zugefügt und somit unmoralisch gehandelt wird? Einem Pharmaunternehmen wie Novartis und seinen Anteilseignern stellt sich angesichts solcher und ähnlicher Vieldeutigkeiten vermehrt die Frage nach der Legitimität von Unternehmensgewinnen. Wie steht es beispielsweise mit deren Legitimität, wenn es um das Leben und die Gesundheit kaufkraftloser und unversicherter Menschen geht? Was hat im Zweifel Vorrang? Die Profitabilität der Firma oder das Leben eines Tuberkulosekranken, eines an Malaria erkrankten Säuglings? Welche moralischen Pflichten hat ein Unternehmen, wenn – auch in solchen Fällen – andere Akteure, zum Beispiel die Regierung des betreffenden Landes oder die Internationale Gemeinschaft, ihren nach dem Subsidiaritätsprinzip zurechenbaren Pflichten nicht nachkommen?

Wie schwer wiegt aus ethischer Sicht eine Rechtfertigung, dass bei der Suche nach dem ökonomisch Sachgemässen davon ausgegangen werden muss, dass Unternehmen im Rahmen einer legitimen gesellschaftlichen Arbeitsteilung den Regeln der Marktwirtschaft unterworfen sind und nicht auf Dauer gegen diese verstossen können? Handelt es sich hier um zumindest teilweise veränderliche Rahmenbedingungen, auf die Unternehmen aufgrund ihrer ordnungspolitischen Mitverantwortung und weiteren, etwa branchenbezogenen Gestaltungsmöglichkeiten einwirken können? Und, wenn ja, was sind die Spielräume, die sowohl kollektive Akteure als auch einzelne Führungskräfte im Hinblick auf die menschliche Dimension des wirtschaftlichen Gemeinwohls nutzen können – wenn sie dies denn wollten?[22]

Die Argumentation, dass ein Unternehmen, welches auch in diesem ordnungspolitischen Sinn mehr zur Lösung gesellschaftlicher Probleme beiträgt, dafür auch mehr öffentlichen Goodwill erhält, als zum Beispiel eines, das als Teil des Problems empfunden wird und sich immerzu nur auf Regeln des Marktes beruft, ohne dabei die Menschen und Gesellschaften im Blick zu haben, hat eine gewisse Plausibilität. Schwierig wird es allerdings dann, wenn festgelegt werden soll, auf welchem Wege ein Unternehmen am besten zur Lösung gesellschaftlicher Probleme beitragen kann und welche seiner Aktivitäten als «gut» und «gerecht» eingeordnet werden können, und zwar zusätzlich zu jenen Leistungserwartungen wie «Profitabilität», «Effektivität» und «Effizienz». Eine konzernweite Operationalisierung dessen, was als «gut» und «gerecht» gelten solle, ist noch anspruchsvoller. Leadership ist mehr gefragt denn je.

Unternehmensethik ist in diesem Sinne «angewandte» bzw. praktizierte Ethik, und genau das macht die Erörterung des Themas so komplex. Es ist durchaus intellektuell anregend (und auch wichtig), Bücher und Aufsätze über Ethik zu lesen und Vorträge darüber zu halten. Aber jenseits aller moralischen Selbstverständlichkeiten steckt der Teufel im Detail. Dies gilt besonders dann, wenn Handeln in einer Praxis gefordert ist, die durch Geld- und Zeitmangel, aber auch durch konkurrierende Interessen geprägt ist. Doch genau hier ist der Punkt, wo aufgeklärte Unternehmen gefordert sind, «*Leadership*» zu übernehmen.

Jenseits der vorausgesetzten Grundnormen brauchen nur «schwache» Unternehmen einen «starken» Staat. Um mit denjenigen Fragen umgehen zu können, die das ökonomisch Sachgemässe übersteigen und in Bereiche moralischer und gesellschaftlicher Mitverantwortung hineinragen, benötigt das Führungspersonal mehr Kompetenz als zur Erfüllung «üblicher» Managementaufgaben erforderlich ist. Zusätzlich erforderlich ist die intellektuelle Fähigkeit, moralische Prinzipien zu verstehen, Güter abzuwägen und für betriebliche Entscheidungen zusätzliche Kriterien zu schaffen und anzuwenden.

Es gibt zwar viele Irrwege und Sackgassen, aber keinen «allein selig machenden» Weg zur praktischen Umsetzung unternehmensethischer Ambitionen. Die Erfahrung zeigt jedoch, dass ernsthafte Bemühungen, Unternehmensethik aus der moralphilosophischen Sphäre auf den Boden der Tatsache des Managements zu verlagern, auf zwei Ebenen vorangebracht werden:
- Auf der *institutionellen Ebene* muss im Sinne einer Gouvernanzethik kollektiver Akteure agiert werden.
- Im Sinne der Auswahl und Förderung von verantwortungsethisch handelnden Handlungsträgern muss auch der *individualethischen Dimension* angemessene Aufmerksamkeit geschenkt werden.

2. Wie kann ein Unternehmen das, was es für moralisch richtig hält, in die tägliche Praxis implementieren?
Auch wenn oftmals das Gegenteil behauptet wird: Der Unternehmensalltag fordert keine «Entweder-oder-Entscheidung» zwischen ethisch legitimierbarem und profitablem unternehmerischem Handeln. Bevor wir uns jedoch den konkreten Implementationsbemühungen sowohl auf der institutionellen als auch auf der individualethischen Ebene zuwenden, soll darauf hingewiesen werden, dass es – für Novartis, wie für andere vergleichbare Unternehmen – auf beiden Ebenen Verantwortungen mit unterschiedlichem Verpflichtungsgrad gibt.

2.1 Verlangt – Erwartet – Erwünscht

Wie gesagt, die Frage, was in modernen Gesellschaften von Unternehmen erwartet werden muss, soll und kann, ist immer wieder Gegenstand kontroverser Debatten. Fakt ist, dass nicht jeder Forderung externer (oder interner) Anspruchsgruppen das gleiche Gewicht beigemessen werden kann. Systematisch kann man drei Ebenen unterscheiden:

Gesellschaftlich erwünscht: Stiftungen, Vergabungen

Gesellschaftlich erwartet: Übernahme von sozialer Verantwortung über das gesetzlich verlangte Minimum hinaus

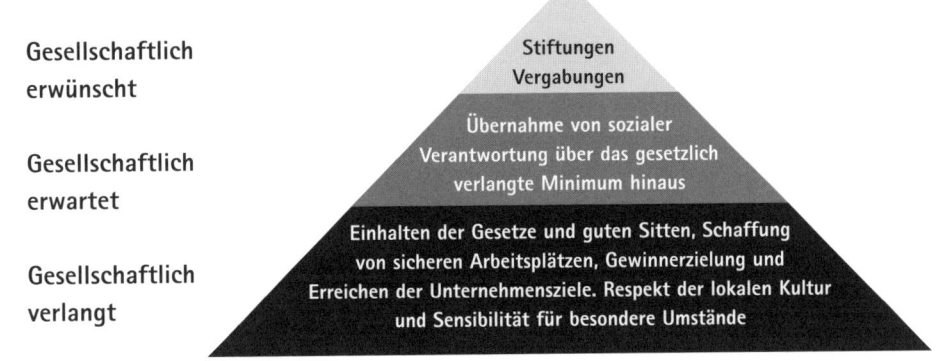

Gesellschaftlich verlangt: Einhalten der Gesetze und guten Sitten, Schaffung von sicheren Arbeitsplätzen, Gewinnerzielung und Erreichen der Unternehmensziele. Respekt der lokalen Kultur und Sensibilität für besondere Umstände

Abbildung 3: Unterschiedliche Dimensionen der gesellschaftlichen Verantwortung des Unternehmens

Zur «Muss»-Dimension

Die Muss-Dimension begegnet uns als eine *nicht* verhandelbare Dimension der Verantwortung. Ein Unternehmen der Pharmabranche, wie zum Beispiel Novartis, soll wirksame und sichere Medikamente und Dienstleistungen zur Verfügung stellen, vorhandene Konsumentenbedürfnisse effektiv befriedigen und diese zu wettbewerbsfähigen und für das Unternehmen profitablen Preisen verkaufen. Das muss unter Einhaltung der jeweiligen nationalen Gesetze und Regulierungen geschehen. Die in der Menschenrechts-Deklaration der Vereinten Nationen kodifizierten Rechte der Arbeitnehmer und diejenigen der in den jeweiligen Ländern ratifizierten speziellen Deklarationen der Internationalen Arbeitsorganisation (ILO) sind unbedingt zu achten. Auch die negativen Konsequenzen für die natürliche Umwelt sind, wenn auch beim besten Willen nicht ganz vermeidbar, so doch so gering wie möglich zu halten. Aus meiner Sicht der Dinge werden die Verpflichtungen auf dieser Ebene bei Novartis weitestgehend eingehalten – zumindest wurden hier nach bestem Wissen und Gewissen die «Hausaufgaben» gemacht und sind Managementprozesse etabliert, die eine entsprechende Handlungsqualität sicherstellen – wobei ein Restrisiko von Fehlern und/oder Missachtungen immer gegeben ist.

Damit ist jedoch die «Muss»-Dimension für die Pharmaindustrie noch nicht ausgeschöpft. Die zentrale gesellschaftliche Verantwortung eines Unternehmens wie Novartis liegt darin, Medikamente zu erforschen, zu entwickeln und auf den verschiedenen Märkten anzubieten, um einen Beitrag zur Lösung bestehender oder zukünftiger Gesundheitsprobleme zu leisten. Medikamente, die dazu beitragen, vorzeitige Todesfälle sowie körperliche und geistige Beeinträchtigungen zu verhindern, die Heilungsprozesse zu beschleunigen oder Symptome von Krankheiten, für die es bis heute keine Heilung gibt, zu mildern. Erfolg zu haben bedeutet für ein Pharmaunternehmen daher nicht nur einen möglichst hohen Gewinn zu machen. Unternehmerischer Erfolg spiegelt sich auch darin wider, dass die Lebensqualität von kranken Menschen tatsächlich erhöht wird, für das Sozialwesen und den einzelnen Patienten kostspielige Krankenhausaufenthalte vermieden werden und es Kranken ermöglicht wird, wieder ins Arbeitsleben zurückzukehren. Konkret bedeutet das für Novartis:
- Es wird nach innovativen Lösungen für die Gesundheitsprobleme einer wachsenden Weltbevölkerung gesucht.[24] Traditionell sind dies aus Gründen der Markt- und Gewinnorientierung von Unternehmen in erster Linie Arzneimittel gegen Herz-Kreislauf-Krankheiten, Krebs, Alzheimer, Parkinson oder andere «Industrieländer»-Krankheiten. Novartis hat jedoch auch substanzielle Beiträge für den Kampf gegen Tropen- und Armutskrankheiten vorzuweisen: In diesem Zusammenhang sei beispielsweise auf das Malariaprogramm (Stichwort: Coartem), das Lepraprogramm sowie die Pro-bono-Forschungsbemühungen des Novartis Institutes for Tropical Diseases hingewiesen. Alle drei sind innovative Programme im Sinne eines neuen «Business Modells», nämlich in Kooperation mit privaten und/oder institutionellen Partnern der Internationalen Gemeinschaft.
- Es werden produktive und sichere Arbeitsplätze bereitgestellt und erhalten. MitarbeiterInnen werden marktgerecht bezahlt – falls bei wegen grosser Erwachsenenarbeitslosigkeit Marktlöhne nicht mindestens «living wages» sind, d.h. die Grundbedürfnisse einer Kernfamilie decken, wird über die Marktlöhne hinausgegangen. Ebenso haben weiterbildende Massnahmen ein grosses Gewicht, weil sie die Wettbewerbsfähigkeit der betreffenden Mitarbeiter signifikant erhöhen (Stichwort «employability») . Auch die Verantwortung, die Novartis für die Arbeitsbedingungen von Geschäftspartnern und Zulieferern hat, spielt hier eine Rolle: An beiden Orten wird durch eine kluge Mischung von Anreizen und Androhung von Sanktionen angestrebt, dass nicht prinzipiell vom «Pfad der Tugend» abgewichen wird. Hinzuweisen ist hier auf das GSU-Programm (Gesundheit, Sicherheit und Umwelt), welches No-

vartis mit seinen Geschäftspartnern gemeinsam erfolgreich umzusetzen versucht. Konzernweit konnte zum Beispiel die Unfallrate im Jahr 2003 auf 0,5–0,7 Unfälle pro 200'000 Arbeitsstunden gesenkt werden.[25]
- Die rechtliche Ebene scheint in diesem Zusammenhang vordergründig banal zu sein. Allerdings gibt es verschiedene Zusatzprotokolle zu den sozialen und ökonomischen Menschenrechten, die in ihrer Gültigkeit zwar nicht unumstritten sind, dennoch aber völkerrechtliche Gültigkeit beanspruchen. Eine einheitliche Haltung aller involvierten Akteure zur Frage der jeweils nationalen rechtlichen Verbindlichkeit dieser Normen ist in absehbarer Zeit kaum zu erwarten. Erschwert wird eine einheitliche Durchsetzung dieser Rechte auch dadurch, dass es hier um Fragen der progressiven Realisierung mit den verfügbaren Ressourcen geht. Während es nicht darum gehen kann, dass einem Unternehmen einfach Staatsaufgaben «delegiert» werden, ist es ohne weiteres einsehbar, dass individuelle Unternehmen im Rahmen ihrer Corporate-Social-Responsibility – Philosophie deutliche Zeichen setzen und Anregungen geben können.
- Die Definition dessen, was als «gesellschaftlich verantwortliches» oder gar «moralisch einwandfreies» Handeln eines Unternehmens gilt, hängt immer auch davon ab, welche gesellschaftlichen Akteure sich im Definitionsdiskurs u.a. wegen ihres zugemessenen Vertrauenskapitals durchsetzen. Da zählen – ungeachtet ihres Wahrheitsgehaltes (vergl. den Fall «Brent Spar») – Forderungen von NRO u.U. mehr als sachbezogene Argumentationen von Unternehmen. Während also die Frage: «Wie viel ist genug?» kaum je zu aller Zufriedenheit beantwortbar ist, kann die Frage: «Wie lassen sich ökonomische, soziale und kulturelle Menschenrechte angesichts uneindeutiger Verbindlichkeiten progressiv realisieren?» von jedem Unternehmen im Rahmen seiner eigenen Corporate-Citizenship-Überzeugungen und finanziellen Möglichkeiten beantwortet werden.

Wichtig ist der gesellschaftliche Konsens darüber, dass einerseits eine «Muss»-Dimension unternehmerischer Verantwortung eingehalten werden muss – es in modernen Gesellschaften andererseits jedoch eine relativ klar erkennbare Arbeitsteilung bei der Wahrnehmung sozialer Verantwortung gibt. Aus Gründen der Nachhaltigkeit und einer möglichst hohen Erwartungssicherheit muss mit Blick auf die im Wettbewerb stehenden Unternehmen zwischen einerseits Realisierbarem bzw. Zumutbarem und anderseits lediglich Wünschbarem unterschieden werden. Erwartungen, welcher Anspruchsgruppe auch immer, denen auf Dauer von einem Unternehmen nicht entsprochen werden kann, sollten auch nicht geweckt werden. In den Zusammenhang der Muss-Dimension gehört auch die Einsicht, dass pharmazeutische (wie andere) Unternehmen ein Recht darauf haben, gewinn*orientiert* zu arbeiten und ihre Investitionen zu schützen. Man könnte sogar argumentieren, dass Unternehmen die Pflicht haben, Gewinne zu erwirtschaften, da sie sonst auf Dauer ihren Grundauftrag nicht erfüllen können. Dass hierbei das «richtige Mass» Gegenstand von Diskursen und von Dissens bleibt, ist in pluralistischen Gesellschaften völlig normal.

Diese Muss-Dimension der gesellschaftlichen Verantwortung von Novartis ist, nach bestem Wissen und Gewissen, von den Verantwortungstragenden akzeptiert und wird im Rahmen der normalen Geschäftstätigkeit auch erfüllt. Selbstzufriedenheit oder gar Selbstgefälligkeit sind allerdings nicht am Platz: Angesichts sich verändernder globaler sozialer, ökologischer und politischer Problemstellungen wird selbst die «Muss»-Dimension immer aufs Neue eine zu bewältigende Aufgabe bleiben.

Zur Soll-Dimension
Bürger moderner Gesellschaften erwarten von verantwortungsbewussten Unternehmen, dass sie fragwürdige Praktiken aus eigenen Stücken vermeiden und eher nach dem Geist als lediglich nach den *Buchstaben* des Gesetzes handeln. Mit «fragwürdigen Praktiken» sind in diesem Zusammenhang nicht nur «Borderline»-Marketingmethoden oder Werbepraktiken gemeint. Zu Fragen Anlass geben können auch Beschäftigungsbedingungen oder ein Umweltverhalten, die durchaus nationalen gesetzlichen Vorschriften entsprechen – aber dennoch aus einer übergeordneten Perspektive nicht als legitim gelten. Ein Beispiel hierfür ist die Bezahlung von Löhnen, die mindestens die Grundbedürfnisse eines Arbeiters und seiner Kernfamilie decken («living wages») – auch wenn die «Marktlöhne» (z.B. in einem Land mit hoher Arbeitslosigkeit) darunter liegen. Der nachhaltige Schutz der Umwelt gehört ebenso in die «Soll»-Dimension auch dann und dort, wo dies durch nationale Gesetze nicht ausreichend reguliert wird.

Ein guter Referenzrahmen für Leistungen in der «Soll»-Dimension bietet der *UN Global Compact*.[26] Dessen Grundgedanke ist, dass universelle Werte im unternehmerischen Handeln auf offenen globalen Märkten auch zur Respektierung der Menschenrechte beitragen, soziale Ziele fördern und nachhaltigen Umweltschutz befördern sollten. Auf diese Weise soll die Globalisierung nicht nur Global Playern nützen, sondern allen – oder zumindest möglichst vielen – Menschen Vorteile bringen. Die neun Global-Compact-

Prinzipien umfassen die Sachverhalte Menschenrechte, Arbeitsbedingungen und Umweltschutz und sind von jedem Unternehmen gemäss seiner spezifischen Rahmenbedingungen umzusetzen.

Für die Pharmabranche sind – neben dem Gesamtpaket – menschenrechtsspezifische Überlegungen im Kontext des Artikel 25 der Allgemeinen Erklärung der Menschenrechte von besonderer Bedeutung. Die beiden Menschenrechtsprinzipien des Global Compact sind relativ breit formuliert und geben daher zu verschiedenen Auslegungen Anlass.[27] Welche Auslegung ist «fair»? Welcher Beitrag zum Respekt, zum Schutz und zur Erfüllung der wirtschaftlichen, sozialen und kulturellen Menschenrechte resultiert beispielsweise aus der Formulierung: Jeder hat das Recht auf einen Lebensstandard, der seine und seiner Familie Gesundheit und Wohl gewährleistet, einschliesslich Nahrung, Kleidung, Wohnung, ärztlicher Versorgung und notwendiger sozialer Leistungen sowie das Recht auf Sicherheit im Falle von Arbeitslosigkeit, Krankheit, Invalidität oder Verwitwung, im Alter sowie bei anderweitigem Verlust seiner Unterhaltsmittel durch unverschuldete Umstände. (Allgemeine Erklärung der Menschenrechte Art. 25.1)

Die Ausdeutung der Passage «Recht auf (...) ärztliche Versorgung» des Artikels 25 wird von verschiedener Seite als «Recht auf Zugang zu Medikamenten» interpretiert. Zugang zu welchen Medikamenten? Auf welchen Märkten, zu welchen Preisen? Sollen Unternehmen ihre Medikamente verschenken, wenn die Kaufkraft der meist unversicherten (!) Patienten nicht ausreicht, sich Pharmazeutika zu kaufen?

Ein intelligenter und konstruktiver Umgang mit dieser Problemstellung erfordert nicht nur den Dialog mit verschiedenen Anspruchsgruppen, sondern auch die Bereitschaft, unter bestimmten Bedingungen und in bestimmten Fällen spezielle Preisbedingungen anzubieten und in akuten Notfällen auch mit Arzneimittelspenden zu helfen. Einfache Spenden in akuten Notfällen sind dann relativ leicht realisierbar – wenn man an eine Organisation spenden kann, die im Notstandsgebiet über eine professionellen Standards genügende Infrastruktur verfügt und sicherstellen kann, dass die Spenden tatsächlich bei bedürftigen Menschen und nicht auf Schwarzmärkten ankommen.

Eine weitere allerdings konzeptionell erheblich schwierigere Möglichkeit bietet die Preisdifferenzierung für verschiedene Märkte («differentiated pricing»). Ein Teil der konzeptionellen Probleme liegt in der Notwendigkeit komplementärer Massnahmen, damit das Wohlwollen der Firma nicht illegitim ausgenutzt wird: Der Reexport der Medikamente mit tiefen Spezialpreisen zurück in die Ursprungsmärkte nützt nicht nur den bedürftigen Patienten nicht, es schadet auch dem wohlwollenden Unternehmen. Der Differenzbetrag kommt übrigens im Normalfall auch nicht den Patienten im Industrieland zugute, sondern wird meist als «wind fall profit» vom Handel kassiert. Die unternehmerische Bereitschaft zu Preisdifferenzierungen zugunsten kaufkraftarmer Kranken kann auf Dauer nur durchgehalten werden, wenn in den Industrieländern ein politisches und kulturelles Umfeld besteht, das auch durch die solidarische Bereitschaft der Konsumenten in den Märkten mit Marktpreisen getragen wird, im Vergleich und zugunsten kaufkraftarmer Menschen in Drittweltländern auf Dauer signifikante Preisdifferenzen zu akzeptieren. Schliesslich sollten, um die nachhaltige Bereitschaft zu differentiated pricing zu sichern, auch die Regulierungsbehörden der Industrieländer eine unterstützende Rolle übernehmen und zusichern, dass Niedrigpreise, die ja ausschliesslich für arme Länder in Notlagen gedacht sind, nicht ihrer eigenen staatlichen Preisfestlegung zugrunde gelegt werden. Einmal mehr ist auch in diesem Zusammenhang darauf hinzuweisen, dass komplexe Probleme keine einfachen Lösungen haben und die Zusammenarbeit aller Partner mit gutem Willen zu erfolgreichen Resultaten der Bemühungen führt.

Novartis versucht ihrem Teil der Verantwortung durch verschiedene Programme gerecht zu werden, die entwicklungspolitisch, aber auch unternehmensethisch von Bedeutung sind. Erwähnenswert ist in diesem Zusammenhang nicht nur der kostenlose Zugang zur medizinischen Behandlung von HIV/Aids, Tuberkulose und Malaria für Familien von Firmenangehörigen in Entwicklungsländern oder das Rabattprogramm für betagte Patienten in den USA, die «Novartis CareCard». Durch ein Abkommen mit der WHO sichert Novartis zu, dass das äusserst leistungsfähige Malariamedikament Coartem für bedürftige Patienten in Entwicklungsländern zu Selbstkosten abgegeben wird. Bei Coartem wurde übrigens schon von Beginn an auch sinnvolle Entwicklungszusammenarbeit durch den Wissenstransfer an die Partner vor Ort (die chinesischen Partner am Pekinger Institut für Mikrobiologie und Epidemiologie) in Bezug auf Forschung *und* Sozialstandards geleistet.[28]

Gesellschaftliche Verantwortung für die Lösung von armutsbedingten Gesundheitsproblemen wird auch dadurch übernommen, dass sich das Unternehmen stark in der Probono-Forschung von nicht profitablen Tropenpräparaten engagiert. Hierzu wurde eigens ein Forschungsinstitut, das Novartis Institute for Tropical Diseases, in Singapur gegründet und eingerichtet.[29]

Zur Kann-Dimension
Die Kann-Dimension sozialer Verantwortung von Unternehmen wird weder von Gesetzen noch von Branchenstandards verlangt.[30] Sie umfasst gesellschaftlich wünschenswerte Aufgaben, die ein Unternehmen aus seinem Selbstverständnis als *Good Corporate Citizen* heraus übernimmt. Die Befolgung von «Kann»-Normen, oder besser der entsprechenden Handlungsempfehlungen, ist in jedem Fall *komplementär* und *keinesfalls substitutiv* zur Befolgung der «Muss»- und «Soll»-Normen. Verstösse und Missachtungen von Regulierungen der Muss-Dimension sind unentschuldbar, begangenes Unrecht kann durch Spenden oder Stiftungsarbeit nicht wettgemacht werden. Verstösse gegen öffentlich eingegangene Verpflichtungen bei «Soll»-Normen wären nicht nur unlauter, sondern auch unprofessionell.

Leistungen im Bereich der «Kann»-Dimension können zu substanziellen Vorteilen bei den begünstigten Menschen führen, beispielsweise durch *«Corporate Philanthropy»*. Diese wird definiert als eine jenseits des üblichen Tätigkeitsfelds eines Unternehmens liegende Aktivität, mit der keine direkten Firmenvorteile oder ein messbarer finanzieller Return verbunden sind. Corporate Philanthropy sollte nicht verwechselt werden mit reinen PR- oder Corporate-Reputation-Strategien; allerdings sind dadurch errungene – oder doch jedenfalls erhoffte – positive Effekte auf die Reputation auch nichts «moralisch Verwerfliches». Es ist nicht einsichtig, warum ein Unternehmen seriöse Arbeit durch Corporate Philanthropy nicht auch – in Massen – reputationsfördernd einsetzen darf.

Dennoch sollten Leistungen in diesem Bereich an den Kriterien Bedürftigkeit sowie möglicher Impact ausgerichtet sein und nicht oberflächlichen PR-Gesichtspunkten genügen. Nachhaltig erfolgreiches philanthropisches oder gar entwicklungspolitisches Arbeiten ist im Regelfall äusserst komplex und führt kaum je zu kurzfristig sichtbaren Erfolgen, die sich für PR-Events eignen würden. Viele unternehmenskritische Stakeholder betrachten Corporate Philanthropy auch deshalb mit Skepsis, weil diese Form der Leistung ausschliesslich auf freiwilliger Basis erfolgt. Sie könnte, so wird von Skeptikern argumentiert, jederzeit gekürzt oder ganz aufgegeben werden, wenn zum Beispiel das Geschäftsklima rauer würde und entsprechende Mittel nicht mehr bereitstünden.[31] Ein seriöses Unternehmen arbeitet hier berechenbar und nachhaltig – Novartis tut dies seit über 25 Jahren. Angesichts weltweit verbreiteter Armut und des damit verbundenen grossen Leids und Unrechts ist beinahe jede Aktivität in Richtung Wohltätigkeit zu begrüssen. Jeder seriöse Unternehmensbeitrag ist daher zunächst einmal an dem zu messen, was er für die Empfänger bewirkt. Generell ablehnende Beurteilungen unternehmerischen Engagements in dieser Hinsicht fallen auf die Juroren zurück.

Es muss bei Corporate Philanthropy auf Dauer nicht beim «Scheckschreiben» bleiben: Unternehmen verfügen neben der finanziellen Ressource auch über umfangreiches Wissen und einen grossen Erfahrungsschatz. In Projekten und Programmen der Entwicklungszusammenarbeit wird beides benötigt und kann dort auch sinnvoll eingesetzt werden. Im Rahmen solcher Projekte kann ein Unternehmen wie Novartis zumindest Medikamente spenden – wie bei den Medikamentenspenden zur weltweiten Elimination der Lepra. Ohne die zusätzlich erbrachten Leistungen der Novartis Stiftung für Nachhaltige Entwicklung, seien es Social-Marketing-Kampagnen zur Destigmatisierung der Krankheit, seien es Ausbildungsprogramme oder Rehabilitationsprogramme, wäre das Lepra-Engagement von Novartis bei weitem nicht so effektiv gewesen.

Ein derart ganzheitliches Engagement hat jedoch auch Vorteile für das Unternehmen, denn es kann viel Erfahrung mit Armut und armutsbedingten Problemen sammeln. Beides Themen, die im «unternehmerischen Normalfall in den Industrienationen Europas und Nordamerikas» nicht zum Erfahrungsbereich eines Unternehmens und seines Managements gehören. Unternehmen und die Menschen, die dafür arbeiten, können daran wachsen und das Verständnis für völlig andere Standpunkte entwickeln. Das Unternehmen gewinnt an Kompetenz und Sensibilität für andere und anderes hinzu. Ersichtlich ist also, dass eine solche Handlungsweise auch strukturell – und im Hinblick auf die Folgen und deren Langzeitwirkung – etwas völlig anderes ist, als es die verschiedenen bekannten Formen von (manchmal fast blinder) Wohltätigkeit sind, die nur allzu oft nicht aus innerer Überzeugung heraus, sondern durch öffentlichen Druck entstehen.

Eine Überlegung, die Novartis in diesem Zusammenhang anstellt, geht dahin, die Idee und ein Konzept für eine «*Konsultativgruppe für Armutskrankheiten*» voranzutreiben und zu unterstützen. Pharmaunternehmen, die selbständige Forschung betreiben, könnten einer solchen Gruppe chemische Verbindungen zur Verfügung stellen, welche zur berechtigten Hoffnung auf pharmakologische Wirkungen gegen Armutskrankheiten

Anlass geben, von den jeweiligen Unternehmen aber nicht weiterentwickelt werden, weil sie selber nicht in den entsprechenden Marktsegmenten tätig sind. Ein Wissenstransfer zwischen den verschiedenen Akteuren der Zivilgesellschaft wäre hier der Leitgedanke. Einer solchen Konsultativ-Gruppe würden neben der Pharmaindustrie auch NGOs, die Weltbank, die WHO und diverse Universitäten angehören, um ihr Know-how in der Bekämpfung von Armutskrankheiten zur Verfügung zu stellen und zu bündeln und somit den theoretischen Gedanken eines «Multistakeholder-Approaches» mit praktischem Leben zu erfüllen.

2.2 Schöne Worte sind gut, aber Hühner legen Eier: Die Umsetzung des UN Global Compact bei Novartis

Das westafrikanische Sprichwort hat auch für unternehmensethische Ambitionen praktische Bedeutung: Es ist viel leichter, wohlklingende Verlautbarungen und gut gemeinte Unternehmenspolitiken zu formulieren, als gute Absichten in der unternehmerischen Alltagspraxis einer global tätigen Firma zu verankern. Im Folgenden wird zwischen einer institutionellen Dimension der Unternehmensethik, die durch das Unternehmen als Ganzes dargestellt wird, und einer individualethischen Dimension, die durch die Führungskräfte und durch jeden einzelnen Mitarbeitenden gebildet wird, unterschieden. Einerseits hängt der Entscheidungsprozess innerhalb eines Unternehmens von gewissen institutionellen Gegebenheiten und der unternehmenskulturellen Bereitschaft ab, Menschen gewisse Befugnisse einzuräumen. Andererseits werden Entscheidungen nicht von anonymen Gebilden, sondern von Menschen getroffen – natürlich innerhalb verschiedener Freiheitsgrade, die eine Unternehmenskultur bildet. Diese Kultur wird von *allen* Mitarbeitenden des Unternehmens geschaffen, unterstützt und sichtbar gelebt – und zwar auf *allen* hierarchischen Ebenen.

Die Herausforderungen, die konzeptionelle Komplexität sowie die praktischen Umsetzungsprobleme unternehmensethischer und sozialverantwortlicher Ambitionen für die Organisation eines weltweit tätigen Unternehmens wird im Folgenden am Beispiel der Umsetzung des *UN Global Compact (UNGC)*[32] bei Novartis aufgezeigt. Die «verbale Verpflichtung» zum Global Compact ist für jedes Unternehmen immer nur der erste und einfachste Schritt des UNGC-Prozesses. Danach jedoch ist die Botschaft in der Welt und wird von kritischen Zeitgenossen auf ihre Ernsthaftigkeit überprüft. Da alle Implementationsbemühungen eines jeden Wertemanagements immer Prozesscharakter haben, ist insbesondere die Anfangsphase eine Zeit grosser Verwundbarkeit: Der «Kapitän» hat zwar die Ankündigung gemacht und wird an seinen Worten gemessen – das «Unternehmensschiff» jedoch, voll in Fahrt und schwerfällig, wie es ist, bewegt sich noch eine Zeit lang auf dem alten Kurs. Dieser kann zwar aus ethischer Sicht unproblematisch sein – aber es kann ebenso sein, dass irgendwo im Unternehmen bei der Befolgung von einem der neun Global-Compact-Prinzipien Defizite bestehen. Falls diese in den ersten Wochen nach der öffentlichen Verpflichtung offenbar und in den Medien dargestellt werden, kann eine Glaubwürdigkeitslücke entstehen: Es scheint dann, man rede anders, als man handle.

Die eigentliche Herausforderung besteht für jedes grosse Unternehmen darin, die «Unterschrift» des Topmanagements weltweit, nachhaltig, konkret und nachprüfbar in messbare Erfolge bei der alltäglichen Führungs- und Ausführungspraxis umzusetzen. Das ist erfahrungsgemäss ein *Prozess* mit offenem Ende und keinesfalls ein simples *Programm*, das einen bestimmten Ausgangspunkt und nach Erreichung eines bestimmten

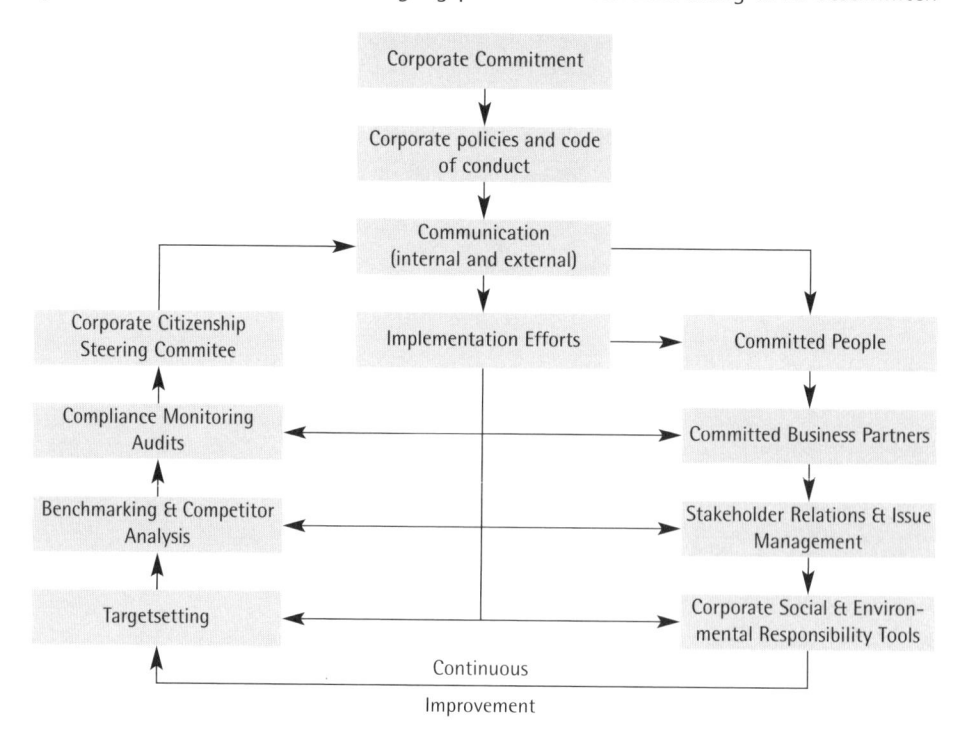

Abbildung 4: Der Corporate Citizenship Management Cycle bei Novartis.

Zieles ein vorherbestimmtes Ende hat (Abbildung 4). Um in einer sich verändernden Welt sich verändernden Ansprüchen gerecht zu werden, wird ein Unternehmen einen feedbackgesteuerten Managementzyklus anstreben. Dieser erhält die Implementierungsbemühungen nicht nur am Leben, sondern haucht ihnen auch stetig und permanent neues Leben durch neue Impulse ein.

Der interne Diskurs
Innerhalb dieses rückkopplungsgesteuerten Regelkreises ist der interne Diskurs um Unternehmensverfassung und Unternehmenspolitik von herausragender Bedeutung. Einerseits kann die aus der Froschperspektive abteilungsspezifischen Strebens vielleicht nicht erkennbare und daher unbegriffene Komplexität der Auswirkungen aggregierter Handlungen aufgezeigt werden. Zu erkennen, dass etwas, das aus abteilungsspezifischem Ehrgeiz (z.B. aus der Sicht eines produktespezifischen Profitcenters) kurzfristig als wünschbar erscheinen mag, für das Unternehmensganze und die Zivilgesellschaft schädlich sein kann, ist ein Beitrag zur Verminderung der Gefahr partikulärer Interessenmaximierung. *Andererseits* findet auf allen Ebenen des Managements ein bedeutungsvoller Sensibilisierungsprozess für moralisch relevante und hinterfragungs*würdige* Sachverhalte statt. Dadurch wird die Achtsamkeit für implizite Ambivalenzen sowie für unausweichliche firmenspezifische Dilemmata geweckt. Die Botschaft, dass Handlungsweisen, die auf kurze Frist betriebswirtschaftlich sinnvoll sein können, nicht schon deshalb auch aus einer gesamtgesellschaftlichen Perspektive vernünftig und gut begründet sind, mag vielleicht den einen oder anderen Mitarbeiter erstaunen, weckt jedoch das Interesse für den Diskurs zur Überwindung von Interessenkonflikten. Falls dieser Diskurs unter Einbezug von firmeneigenen Erfahrungen geführt wird, wird nicht nur das *Corporate Memory* intakt gehalten, es bietet sich auch die Gelegenheit, daraus ohne aktuelle defensive Reflexe zu lernen.

Die diskursive Erörterung der moralischen Dimensionen unternehmerischen Handelns bringt qualitativ neues Gedankengut in Denkprozesse ein, die ansonsten komplexitätsreduzierend in betriebswirtschaftlichen, finanztechnischen, juristischen oder anderen Bahnen verharren könnten. Dies wird von vielen Verantwortungsträgern der Wirtschaft – wenn auch nicht von allen – als persönliche Bereicherung erfahren. Die Reduktion des Weltgeschehens auf binäre Codierungen (gut/böse, dumm/weise, Gewinn/Verlust etc.) stellt differenziert denkende Menschen nirgendwo in der Gesellschaft zufrieden. Differenziert denkende Menschen in verantwortungsvollen Positionen eines Unternehmens sind – selbstverständlich – auch in der Lage, den binären Code profitabel/unprofitabel zu überwinden und durch Abwägung der zur Disposition stehenden Güter das «richtige Mass» und den richtigen Weg zu finden.

Durch den Diskurs über Unternehmensverfassung und Unternehmenspolitik fliessen zudem wichtige abteilungsinterne Praxiserfahrungen über Möglichkeiten und Grenzen der normativen Bemühungen ein. So geht bei aller Euphorie über das moralphilosophische Hinausschieben der Denkgrenzen der Kontakt zur betrieblichen Wirklichkeit nicht verloren. Die Berücksichtigung und das Ernstnehmen von *Feedback* aus der innerbetrieblichen Praxis sind wesentliche Voraussetzungen dafür, dass die erarbeitete Vision und die Handlungskodizes im Unternehmen mitgetragen und nicht als «Kopfgeburt» abgehobener Stabsabteilungen zu den Akten gelegt werden.

Die bestgemeinten und auf breitester Ebene erörterten Handlungskodizes – so auch der UN Global Compact – können nachhaltig nur dann ihre erwünschte Lenkungswirkung im konkreten Unternehmensalltag entfalten, wenn sie mehr sind als eine attraktiv formulierte Absichtserklärung der Unternehmensleitung. Was der Verhaltensforscher Konrad Lorenz einmal in Bezug auf mündliche Anordnungen für Verhaltensänderungen gesagt haben soll, gilt metaphorisch auch für Handlungskodizes, die den Status quo unternehmerischen Handelns verändern wollen: «*Gesagt ist nicht gehört, gehört ist nicht verstanden, verstanden ist nicht getan.*»

Der Umsetzungsprozess bei Novartis

Sowohl Novartis als auch die beiden Vorgängerunternehmen Ciba-Geigy und Sandoz waren Unternehmen, die sich ihrer gesellschaftlichen Verantwortung bewusst waren und entsprechend handelten. Daher wurde bei der Implementierung des UNGC nicht bei «null» begonnen. Die Einstellung, Unternehmenserfolg als ganzheitliches Ergebnis der sozialen, wirtschaftlichen und ökologischen Prozesse zu verstehen und die Bedürfnisse sowohl der gegenwärtigen als auch zukünftiger Generationen zu berücksichtigen, war auf verschiedene Weise und in unterschiedlichen Graden bei beiden Vorgängerfirmen von Novartis schon in den 80er-Jahren Bestandteil der Unternehmensstrategie. So war das sog. *Triple-Bottom-Line*-Denken bei Novartis auch vor der Verpflichtung für den Global Compact unternehmenspraktische Tatsache. Daher gab es für Novartis – auch wenn der UNGC doch zum Teil darüber hinausgeht – keine *grundlegenden* Hindernisse, sich mit den Zielen des UNGC zu identifizieren. Im Gegenteil, der UNGC war eine gute und willkommene Gelegenheit, laufenden Programmen und Prozessen selbstkritisch auf den Grund zu gehen, sie zu bündeln und ihnen wo nötig neue Impulse zu verleihen. Da die Bereitstellung eines kritischen Minimums an Kapazitäten unerlässlich ist, wenn eingegangene Verpflichtungen auch wirklich auf einer nachhaltigen Basis in die tägliche Unternehmenspraxis umgesetzt werden sollen, wurde eine kleine Arbeitsgruppe mit internen Experten gegründet, um die grundlegenden Themen und den daraus resultierenden Handlungsbedarf zu besprechen.[33] Unterschiedliche Fachkenntnisse flossen so ineinander und ein Meinungs- bzw. auch Wertepluralismus hatte seinen Raum.

Um die Umsetzung effizient und effektiv voranzutreiben, wurde ein Lenkungsausschuss (*Steering Committee*) gegründet und eine Art Helpdesk (*Global Compact Clearinghouse*) eingerichtet.[34] Das Clearinghouse hatte die Aufgabe, zusätzliche Unterstützung anzubieten, zum Beispiel durch das Erstellen von Hintergrunddokumenten, sowie Beratung bei entwicklungspolitischen und unternehmensethischen Sachverhalten zu geben.

Das Steering Committee
Neue oder veränderte handlungsleitende Richtlinien dürfen in keiner Institution – also auch nicht in Unternehmen – als fremdartig und/oder äusserlich aufgezwungen wirken, wenn sie eine nachhaltige und effektive Wirksamkeit erzeugen sollen. Sollen Handlungsempfehlungen zur selbstverständlich praktizierten Unternehmensrealität werden, müssen sich alle Mitarbeiter, und zuallererst das Management, damit identifizieren. Die Hauptaufgabe des Steering Committee bestand darin, unternehmensweite Identifikation und Engagement für die Prinzipien des Global Compact aufzubauen. Um der Bedeutung des Unterfangens Nachdruck zu verleihen, engagierten sich hochrangige Mitglieder der wichtigsten Geschäftsbereiche und der Stabsorganisationen sowie Verantwortungsträger aus verschiedenen Novartis-Konzerngesellschaften. Ein resignierendes Abwinken und klammheimliches Desengagement durch ein «Die in Basel...» sollte dadurch vermieden werden.

Durch die interdepartementale und internationale Zusammensetzung des Steering Committee konnte auch der im Unternehmen vorhandene Interessen- und Wertepluralismus genutzt werden – dies hielt die Diskussionen über komplexe Prozessfragen auf dem erforderlichen hohen Niveau. Neben der allgemeinen Strategieformulierung war und ist dieses Gremium dafür verantwortlich, Beratungs- und Orientierungshilfen für den Prozess zu geben, das Verständnis im Unternehmen zu fördern und zu sehen bzw. auch zu informieren, wo Fortschritte gemacht werden und wo Probleme bzw. Dilemmata entstehen. Bis heute – und es ist kein Ende abzusehen – begleitet und überwacht der Ausschuss die Einhaltung und Weiterentwicklung unternehmensinterner Regelungen, Implementationsprozesse, Zielformulierungen und Anreizsysteme.

Die Prinzipien des UNGC wurden rasch als *Common-Sense-Mindeststandards* betrachtet, die bei der Arbeit im Einflussbereich von Novartis als Selbstverpflichtung betrachtet, vertieft und erweitert wurden. Um die Identifikation der Mitarbeitenden zu vereinfachen und auch um zu signalisieren, dass man es inhaltlich ernst meint und es nicht darum geht, sich mit einem UNO-Logo zu schmücken, wurde dem Prozess ein Novartis-Etikett gegeben: Der Prozess hiess von nun an «*Novartis Corporate Citizenship Initiative*».

Das Global Compact Clearinghouse

Für die Umsetzung solch hintergründiger und komplexer Normen, wie die des UNGC, ist unterstützendes Spezialwissen unerlässlich. Fragen von Mitarbeitenden mit dem Hinweis auf die Homepage des UNGC zu begegnen, wäre absurd und unglaubwürdig. Ein glaubhafter und verantwortungsvoller Umgang mit den Global-Compact-Prinzipien erfordert entsprechendes Spezialwissen und eine informierte Auseinandersetzung mit Verständnisfragen, Interpretationsspielräumen und Dilemma-Situationen. Um diesen Anforderungen zu genügen, wurde ein (virtuelles) Global Compact Clearinghouse gegründet.

So wurden beispielsweise die den neun Prinzipien zugrunde liegenden Hintergrunddokumente der verschiedenen Partnerorganisationen (UNHCR, ILO, UNEP und das UNDP) ausgewertet und die teilweise widersprüchlichen Interpretationen verschiedener Akteure der Zivilgesellschaft bewertet. Für eine seriöse Auseinandersetzung mit komplexen Problemen müssen meist zwei Arten von Wissen aufgeboten werden:
- *Fundiertes Sachwissen* ist die wichtigste Voraussetzung, um unter komplexen Bedingungen entsprechend vernünftige und gut begründbare Entscheidungen treffen zu können. Des Weiteren ist Sachwissen auch die Voraussetzung, ein Bewusstsein für alle möglichen Handlungsoptionen zu entwickeln. Auch dient ein solides Wissen dazu, eine Sensibilität dafür zu entwickeln, welche Folgen und Konsequenzen potenziell möglich sind. Die Versuchung, «einfache Lösungen» finden zu wollen, ist zwar menschlich verständlich – nicht aber professionell befriedigend. Bei improvisieren-

den «Meinungsdebatten» können zwar manchmal die durchsetzungsstärksten Privatmeinungen temporär grossen Einfluss haben – es läge jedoch, besonders bei komplexen Themen, nicht im Firmeninteresse, wenn diese das Sachwissen ersetzten. Firmenstandpunkte zu komplexen Sachverhalten bedürfen einer informierten und seriösen Auseinandersetzung. Bei der entsprechenden Entscheidungsvorbereitung muss fundiertes Sachwissen zur Verfügung stehen.
- Das zur Verfügung stehende Sachwissen (Know-how) muss normativ durch *wertebasiertes Orientierungswissen* organisiert werden (Know-what). Die moralische Bedeutung möglicher Handlungsoptionen ist von den Entscheidungsträgern zu erkennen, damit sie berücksichtigt werden kann. Das Für und Wider von möglichen Optionen ist in die Güterabwägung einzubringen, damit Handlungsempfehlungen erarbeitet werden, die aus sozial- und unternehmensethischer Perspektive eine entsprechende Qualität aufweisen.

Neben fundiertem Sach- und Orientierungswissen versucht die Clearinghouse-Arbeit (in Kooperation mit anderen Abteilungen), den Wertepluralismus bei der Beantwortung relevanter Fragen sicherzustellen und durch Kontakte mit externen Anspruchsgruppen eine Sensibilität für den schnellen Wandel im gesellschaftlichen Umfeld aufzubauen.

Novartis hat den Vorteil, zu vielen entwicklungspolitisch relevanten Corporate-Social-Responsibility-Sachverhalten fundiertes Sach- und Orientierungswissen in der *Novartis Stiftung für Nachhaltige Entwicklung* (www.novartisstiftung.com) zur Verfügung zu haben. Aufgrund der langjährigen Erfahrung im Umgang mit kritischen und sensiblen Themen, den Verbindungen zu diversen Netzwerken und aufgrund der Pflege kritischer Stakeholderbeziehungen bot es sich an, dass die Stiftung die Clearinghouse-Aufgaben übernahm. Die diesbezüglichen Arbeiten begannen mit der Bereitstellung von zusammenfassenden Hintergrundinformationen zu allen wichtigen Themen (z.B. Kinderarbeit, Hintergrundfakten zur beginnenden Diskussion um «Menschenrechtsfragen und Unternehmen»). Dabei wurden sowohl die relevanten Fakten (z.B. UNO-Resolutionen, empirische Daten) als auch die verschiedenen Stakeholderbewertungen dargestellt. Diese Informationen wurden allen potenziellen Interessenten über Intranet zugänglich gemacht. Ferner wurde intern beratende Unterstützung geleistet, wo diese benötigt oder gewünscht wurde, und geholfen, aktuelle oder potenzielle Anfälligkeiten zu definieren und Grenzfälle zu identifizieren.

Eine unternehmensinterne Umfrage verschafft einen ersten Überblick
Da bei Novartis in Bezug auf sozial- und umweltverträgliches unternehmerisches Handeln nicht bei null begonnen wurde, bestand von Beginn an ein intuitiv gutes «kollektives Bauchgefühl» darüber, dass wegen der Einhaltung der neun Prinzipien des UNGC im Unternehmen kein Anlass zur Sorge besteht. Da man jedoch nicht mit Annahmen operieren sollte, wo man mit empirischen Untersuchungen die Fakten abklären kann, wurde beschlossen, sich mit einer Fragebogenaktion einen ersten Überblick zu verschaffen. Es wurde ein Fragebogen ausgearbeitet, mit dem mögliche Defizite des Unternehmens und seiner Geschäftspartner bei der Einhaltung der neun Prinzipien des Global Compact aufgespürt werden sollten. Dieser Fragebogen wurde an die weltweit wichtigsten Konzerngesellschaften geschickt. Die Auswertung ergab keine echten Überraschungen – was jetzt aber auch nicht bedeutet, dass «die Hände in den Schoss gelegt werden können».

- Es konnten innerhalb der Novartis-Gruppe keine konkret sichtbaren Erfüllungsprobleme ausgemacht werden.
- In Bezug auf die UNGC-Performanz einiger Geschäftspartner in einzelnen Ländern wurde Unbehagen geäussert und detaillierter Abklärungsbedarf angemeldet. Wegen der hohen Anzahl von Dritt- und Zulieferfirmen (etwa 200'000) wurde der Wunsch geäussert, dass die Identifizierung und Schliessung der Lücken zwischen aktueller Praxis und akzeptablen Standards (z.B. bei Drittfirmen) Prozesscharakter haben müsse, d.h., eventuell zutage tretende Lücken sollten über einen gewissen Zeitraum geschlossen werden. Klar war jedoch von Anfang an, dass Novartis sich bereit erklären würde, diesen Prozess bei den Geschäftspartnern aktiv zu unterstützen.
- Verschiedene Konzerngesellschaften äusserten den Wunsch, dem ersten Fragebogen einen zweiten, detaillierteren und spezifischen Gegebenheiten besser angepassten, folgen zu lassen.
- Die Reaktionen auf den Fragebogen machten auch klar, dass Bewusstseinsbildung und dauerhafte Ausbildung der Schlüssel für nachhaltige Erfolge bei der Umsetzung der Prinzipien sein werden: Nur wo das entsprechende Problembewusstsein geweckt ist, werden die richtigen Fragen gestellt und wird bei sensiblen Sachverhalten «richtig» hingeschaut – und erst das bringt Probleme an den Tag, die nicht jederman offenbar sind.

Eine detaillierte Analyse potenzieller Schwachstellen (beispielsweise Geschlechterdiskriminierung oder potenzielle Unzulänglichkeiten bei der Erfüllung der Prinzipien durch

Dritte) brachte eine Vielzahl von diskussionswürdigen Themen ans Tageslicht, deren professionelle Bearbeitung einzelnen Personen überantwortet wurde.

Daneben wurde ein erster «*Corporate Citizenship Audit*» durchgeführt, und zwar in einer Produktionsanlage, die sich in einer asiatischen Exportenklave befindet. Während die Gesamtergebnisse dieser Prüfung zufrieden stellend waren, gaben einige Praktiken – obgleich diese nicht gegen nationale Gesetze oder Regeln verstiessen – Anlass zur Diskussion. Eine dieser Praktiken waren Schwangerschaftstests, die von der (externen) Personalselektionsfirma als Teil der üblichen Einstellungsprüfungen durchgeführt wurden. Während die Gründe für die Durchführung solcher Tests aus Unternehmenssicht erklärbar waren,[35] stellen sie nach Auffassung der Auditoren – im Einklang mit der Auffassung der meisten Menschenrechtsbeobachter – eine geschlechterspezifische Diskriminierung dar und sind daher nicht mit den UNGC-Prinzipien vereinbar. Das Problem wurde nach eingehenden Diskussionen gelöst, indem man den Kandidatinnen einen freiwilligen, von der Firma bezahlten Schwangerschaftstest anbot, dessen Ergebnis nur den Kandidatinnen bekannt gegeben wird und kein Ablehnungsgrund für eine Anstellung ist.

Kommunikation und Ausbildung für den Umsetzungsprozess
Die Tatsache, dass ein Unternehmen über einen Lenkungsausschuss und ein Clearinghouse verfügt, ist eine hilfreiche und notwendige, aber längst keine hinreichende Voraussetzung für einen nachhaltig erfolgreichen Implementationsprozess. Wie bei jedem anderen Geschäftsaspekt ist auch beim Global Compact sicherzustellen, dass die gesamte Belegschaft ausreichend informiert wird, was diese Strategie in der täglichen Praxis konkret bedeutet und welche Philosophie dahinter steht. Für ein Unternehmen, das in mehr als 140 Ländern tätig ist und somit mit einer Vielzahl von Unternehmenskulturen zu tun hat, bedeutet dies eine gewaltige Herausforderung. Sie besteht in erster Linie darin, eine konsistente und kohärente Botschaft zu vermitteln und gleichzeitig kulturelle Nuancen, die einen grossen Unterschied bei der Umsetzung machen können, zu berücksichtigen.

Jede Art von unternehmensinternen Ausbildungs- und Kommunikationsprozessen muss damit umgehen, dass Verantwortungsträger auf allen Hierarchieebenen nicht prioritär damit beschäftigt sind, sich den neu angebotenen Informations- und Kommunikationsbemühungen zu widmen, sondern in erster Linie ihre Arbeit zu tun haben, um beispielsweise die ihnen aufgetragenen finanziellen oder Marketing-Ziele zu erreichen. Jeglicher effektive Ausbildungs- und Kommunikationsprozess steht vor der Herausforderung, nicht nur die Schlüsselbotschaften über die komplexen Inhalte korrekt zu formulieren, sondern auch so interessant und attraktiv zu gestalten, dass das erforderliche Interesse geweckt und aufrechterhalten wird. Aus diesem Grunde wurde von einem interdepartemental zusammengesetzten Novartis Communications Team ein «*roll-out kit*» entwickelt und allen potenziellen Nutzern zur Verfügung gestellt. Danach waren die internen Verantwortlichkeitsfragen zu klären.

Das Linienmanagement trägt die Verantwortung
Vermutlich gibt es keine Geschäftsstrategien, die ohne direkte Zuweisung von Verantwortung und Rechenschaftspflichten effektiv umgesetzt werden können. Daher mussten zunächst die Global Compact-Prinzipien und später die erweiterten und vertieften *Corporate Citizenship Guidelines*[36] ebenfalls in quantifizierte und standardisierte Massstäbe übersetzt werden, anhand deren eine objektive Leistungsüberprüfung stattfinden kann. Sollte das neue Corporate-Citizenship-Denken erfolgreich umgesetzt werden, mussten die neuen Richtlinien integraler Bestandteil der Unternehmenskultur, der Organisationsstruktur und der Betriebsphilosophie werden. Konkret: Die Mitarbeitenden müssen weltweit auf allen Ebenen ernsthaft und nachhaltig informiert bzw. ausgebildet werden, *konkrete Ziele* müssen vereinbart und deren Einhaltung zum Bestandteil des firmeninternen Beurteilungs- und Bonussystems gemacht werden. Da der UN Global Compact auch Drittfirmen und Geschäftspartner einschliesst und die *Corporate Citizenship Guidelines* dies aufnahmen, mussten die Anstrengungen hinsichtlich Ausbildung, Operationalisierung und Revision auch Lieferanten und Geschäftspartner einbeziehen.

Ohne die Allokation entsprechender Zeit- und Finanzressourcen ist ein solch komplexes Engagement nicht möglich. Daher wurden auch Budgetfragen diskutiert: Falls die Einhaltung der Prinzipien zusätzliche Investitionen nötig machten (z.B. Investitionen in den Umweltschutz) oder höhere Kosten verursachten (z.B. als Folge des internen Gesundheitsprogramms, mit welchem Novartis seinen Angestellten und deren Kernfamilien die Diagnose und Behandlung von Tuberkulose, Malaria und HIV/AIDS zusichert), musste das Linienmanagement dafür ausreichende Mittel budgetieren. Wäre dies nicht der Fall, bestünde die Gefahr von Interessenkonflikten zwischen den «normalen» Geschäftszielen und dem Einhalten der Corporate-Citizenship-Verpflichtungen. Wo dennoch Interessen- oder Prioritätenkonflikte entstehen – und dazu wird es sehr wahrscheinlich kommen –, steht ein transparenter interner Prozess zur Verfügung, durch den die entstehenden Probleme angemessen gelöst werden können.

2.3 Moralische Verantwortung ist immer individuelle Verantwortung
Jede Art von Organisation entwickelt sich, wie aufgezeigt, mit der Zeit und als Folge ihrer sich historisch entwickelnden Gouvernanzmuster und Institutionen und gewinnt dadurch ein spezifisches «Eigenleben». Da – z.B. wegen hierarchischer Konstrukte – jeder individuellen Entscheidung innerhalb einer Organisation ein bedeutendes Element der Fremdbestimmung innewohnt, ist die sittliche Verfasstheit dieser Organisation jedoch mehr als die Summe der moralischen Überzeugungen der darin arbeitenden Menschen. Die Anerkennung dieser Tatsache darf jedoch nicht dazu führen, dass sich individuelle moralische Akteure durch den schulterzuckenden Verweis auf das System und seine Zwänge ihrer direkten personalen Verantwortung entledigen. In modernen pluralistischen Gesellschaften ist kaum eine Situation denkbar, in welcher lediglich kollektive Akteure Handlungssubjekte sind. Auf allen Ebenen der Organisation haben Menschen im Kontext vieler Einzelentscheidungen die Wahl, autoritär oder partnerschaftlich mit anderen Menschen innerhalb oder ausserhalb des Unternehmens umzugehen, Toleranz zu üben oder nicht, Transparenz zu schaffen oder nicht, Zusammenarbeit zu pflegen oder Konfrontation zu suchen. Das personale Gewissen bleibt der zentrale Ort der moralischen Entscheidung.

Deshalb handelt ein Unternehmen niemals nur als abstrakte juristische Institution, sondern immer durch die im Unternehmen arbeitenden *Menschen* – die letzte Entscheidung bleibt eine individualethische, die ermuntert oder gestützt werden kann. Entsprechende institutionelle Kompasse und Anreizsysteme können dem normativ erwünschten Handeln auf die Sprünge helfen. Auch für Menschen in Unternehmen gilt der Hinweis Robert Spaemanns, dass «demjenigen, dem sein eigenes Gewissen nicht heilig ist, auch sonst nichts heilig ist».[37] Dies ist wohl einer der Gründe dafür, warum der Guru aller Managementtheoretiker, Peter Drucker, die Manager als diejenigen sieht, die die «geistige Schau und moralische Verantwortung» eines Unternehmens ausmachen.[38]

Die Forderung, bei der Auswahl von Führungskräften auch einen Blick auf das Vorhandensein oder Fehlen von Tugenden zu werfen, mag als altmodisch abgetan werden. Wenn wir aber davon ausgehen, dass Moralität nur von konkreten Menschen in Unternehmen hineingebracht werden kann, warum sollte dann in diesem Zusammenhang ein

Blick auf deren Tugend-Ausstattung, neben der rein fachlichen Qualifikation, nicht auch sinnvoll sein? *Menschen sind fähig, für ihre Ideale einzustehen – sie müssen es nur wollen.* Von Menschen, deren Entscheidungen und Handlungsweisen Auswirkungen auf das Leben anderer Menschen haben, sind der Wille und die Fähigkeit zur verantwortungsethischen – und dennoch pragmatischen – Feinabwägung zu erwarten. Wie eigentlich sonst sollten sie ihren Anspruch auf «*Leadership*» legitimieren können? Durch die Wahrnehmung individueller moralischer Verantwortung werden Präferenzen für eine bestimmte Handlungsweise definiert. Durch die Umsetzung individueller moralischer Urteile kann aus der unendlichen Anzahl prinzipiell möglicher Handlungsoptionen die endliche Menge ethisch legitimierbarer Handlungsvarianten herausgefiltert werden.

Das hier zur Erörterung anstehende Handlungsspektrum der Menschen auf allen Ebenen der Unternehmenshierarchie reicht von der Formulierung der Vision und der Definition der unternehmensrelevanten Werte über das Festlegen von Organisationsstrukturen, Handlungskodizes und Führungsrichtlinien bis zur individuellen ausführenden Handlung in der Forschung (z.B. Humangenom), der Produktion (Qualität), dem Verkauf (inkl. Bearbeiten von Reklamationen) oder der Verwaltung (Kundenfreundlichkeit). Ausreden mit dem Verweis auf die Defizite anderer oder die nur beschränkte Macht im Gesamtgefüge der Unternehmung sind unglaubwürdig: Handlungsmacht ist selten «Vollmacht» und muss es auch nicht sein. Verantwortung tragen auch diejenigen, denen nur indirekte oder geringfügige Einflussnahme möglich ist.

Vor allem aus vier Gründen bleibt besonders für Führungskräfte Individualethik im Kontext des unternehmerischen Handelns ein äusserst relevantes Element des professionellen Anforderungsprofils:[39]
- Der Einzelne muss die unternehmensinstitutionelle Rahmenordnung als Ganzes mit seinem Gewissen akzeptieren können. Wird diese Rahmenordnung geändert oder weiterentwickelt, bedarf sie erneut einer moralischen Rechtfertigung. Jede Sozialethik setzt einen moralischen Minimalkonsens voraus, der im individuellen moralischen Bewusstsein verankert ist und nicht durch Institutionen oder Gesetze künstlich erzeugt werden kann.
- Die Vorstellungen von einem «guten Leben» als Ziel von Ethik entstehen in den Köpfen von Individuen und werden durch moralische regulative Ideen bestimmt. Sie sind somit historisch variabel und in einem gewissen Ausmass auch kulturell codeterminiert.

- Individualethik ist auch erforderlich, damit die unvermeidlichen Lücken in den Regelungen einer Rahmenordnung oder beispielsweise Defizite in der Gesetzgebung von Entwicklungsländern nicht illegitim ausgenutzt werden (z.B. Kinderarbeit, Umweltschutz).
- Die Gesellschaft bedarf bestimmter Vorkehrungen, die es verhindern, dass die Regeln immer dann systematisch verletzt werden, wenn keine Sanktionen zu befürchten sind. Es sind Menschen mit ihrer Individualethik, die bestehende Regeln mit «Leben» füllen – oder das eben nicht tun (z.B. Mobbing).

Mitarbeiter auf allen Ebenen eines Unternehmens verfügen neben ihrem Fachwissen und ihrer beruflichen Erfahrung auch über soziale Kompetenz und die Fähigkeit zur ethischen Güterabwägung und zu entsprechenden Entscheidungen. Die Sensibilität für mögliche Ungerechtigkeiten, das Bewusstsein für Rechenschaftspflichtigkeit über die betriebswirtschaftliche Dimension hinaus und der unbedingte Wille zur Korrektur «externer Kosten», wo sie trotz besten Bemühens anfallen, sind individualethische Kompetenzen, die nicht an den kollektiven Akteur delegiert werden können. Diese Kompetenz-Dimensionen sind bei der Personalauswahl, der Beförderungspolitik und bei der Führungskräfte-Fortbildung mit dem entsprechenden Gewicht zu berücksichtigen. Dies gilt insbesondere für Verantwortungsbereiche, in denen reines Fachwissen die Gefahr birgt, das, *was man* (z.B. technisch oder wissenschaftlich) *kann*, als Begrenzung der Handlungsmöglichkeiten zu sehen, anstatt nach Abwägung verschiedener Güter unter Beizug von Orientierungswissen das, *was man darf*, als Handlungskorridor zu definieren.

Personal- und Beförderungspolitik
Moralische Regeln für Geschäftsleute unterscheiden sich im Prinzipiellen nicht von denjenigen für andere Menschen. Allerdings haben Menschen mit mehr Wissen, mehr Kapital und anderen Macht-Ressourcen mehr Wirkungsmacht und daher mehr Verantwortung. Das ist der Grund, warum an Manager grosser Unternehmen (in ihrem Berufsleben) höhere Ansprüche gestellt werden als an «normale» Menschen. Mit der durch Unternehmenshandlungen instrumentalisierbaren finanziellen Macht, dem modernsten Wissen und den besten Fähigkeiten sowie der wachsenden Komplexität der Technik wächst auch die Verantwortung von unternehmerischen Führungskräften. Das fängt schon mit der Fähigkeit zum genauen und empathisch-sensiblen Hinsehen an. Auch in Unternehmen kommt – zumindest nach meiner Lebenserfahrung – illegitimes Handeln in der Regel nicht durch vorsätzliches verwerfliches Planen boshafter Menschen zustan-

de. Es ist vielmehr so, wie der grosse deutsche Buddhist Nyanaponika sagte: «Ein grosser Teil des Leidens in der Welt entsteht nicht so sehr durch bewusste Schlechtigkeit als durch Unachtsamkeit, Unüberlegtheit, Voreiligkeit und Unbeherrschtheit.»[40]

Wer daraus nun jedoch die Schlussfolgerung zieht, man müsse einfach nur «gute» Menschen mit Führungsverantwortung betrauen, dann erübrige sich jede weitere Erörterung unternehmensethischer Sachverhalte, der machte es sich zu einfach. Max Weber wies vor fast neunzig Jahren darauf hin, dass niemand das Recht habe, bei anderen Menschen Güte und Vollkommenheit vorauszusetzen; vielmehr müsse man immer mit den «durchschnittlichen Defekten der Menschen» rechnen. Unternehmensethik wäre eine unrealistische Disziplin, ginge sie vom «idealen» Menschen aus. Die in Unternehmen in breiter Streuung vorhandenen Charaktereigenschaften und Moralvorstellungen unterscheiden sich nicht von denen der gesamten Gesellschaft – d.h., wir sollten immer und überall, d.h. auch in Unternehmen, mit den «*durchschnittlichen Defekten der Menschen*» rechnen.[41]

Dennoch lohnt sich ein Blick auf die «ideale» Führungspersönlichkeit, denn wer das Ideal erst gar nicht anstrebt, wird nicht einmal das Mittelmässige erreichen. «Mit der blossen, als noch so echt empfundenen *Leidenschaft* ist es [...] nicht getan [...] wenn sie nicht, als Dienst an einer «Sache», auch die *Verantwortlichkeit* gegenüber ebendieser Sache zum entscheidenden Leitstern des Handelns macht. Und dazu bedarf es [...] des *Augenmasses*, der Fähigkeit, die Realitäten mit innerer Sammlung und Ruhe auf sich wirken zu lassen, also: Distanz zu den Dingen und Menschen. «Distanzlosigkeit», rein also solche, ist eine der Todsünden jedes Politikers [...].»[42]

Auch sollte – so Weber weiter – die *Eitelkeit* ins Auge gefasst werden, schon allein deshalb, weil wir alle nicht frei davon sind. Weber sieht in ihr einen «ganz trivialen, allzu menschlichen Feind». Für ihn beginnt die «Sünde gegen den heiligen Geist» da, wo Machtstreben unsachlich und ein Gegenstand rein persönlicher Selbstberauschung wird, anstatt ausschliesslich in den Dienst einer «Sache» zu treten.

Personalpolitik im Kontext unternehmensethischen Bemühens sollte daher darauf abzielen, Menschen zu rekrutieren, die mehr als nur ausgezeichnete Fachkenntnisse in speziellen Gebieten vorweisen können. Fachkenntnisse in konventionellen Wissensgebieten bleiben weiterhin die Voraussetzung für erfolgreiches Management. Professionelle Fachkenntnis garantiert jedoch für sich allein noch keinen adäquaten Umgang mit moralischen Fragen. Dringend erforderlich sind Führungskräfte, überhaupt Mitarbeiter auf allen Handlungsebenen, die sich darüber im Klaren sind, dass sie für die Konsequenzen ihres Handelns (oder ihres Unterlassens) rechenschaftspflichtig[43] sind, also Menschen, die im Einklang mit grundsätzlichen ethischen Ideen zu leben versuchen. Von ihnen ist im Zweifelsfall auch jene Zivilcourage zu erwarten, die Unternehmen vor Schaden bewahren kann.[44]

Management Development
Alle grösseren Unternehmen haben hoch entwickelte interne Ausbildungsprogramme für ihr Management, um das Wissen und die Fähigkeiten ihrer Führungspersonen laufend zu verbessern. Allerdings behandeln nur wenige dieser Programme das Thema «Ethik», bzw. «Unternehmensethik». Zugegeben, der ethische Diskurs ist schwierig, und verantwortete Güterabwägungen sind – wenn überhaupt – nicht so leicht zu lehren wie Marketing oder Finanzwesen. Aber: Angehörigen des Managements ist die Verpflichtung zuzumuten, zusätzlich zum Fachwissen auch in Fragen der ethischen Güterabwägung und bei Werte-Entscheidungen über ein vernünftiges Mass an Kompetenz zu verfügen. Der Kader sollte dementsprechend in der Lage sein, ethisch relevante Sachverhalte zu erkennen, die richtigen Fragen zu stellen und nach ganzheitlicher Abwägung auch beantworten zu können.[45] Moralphilosophie, Sozialpsychologie und andere Gebiete leisten Hilfestellung für ein angemessenes Vorgehen, stellen aber *keine* mechanischen Lösungen oder definitiven Vorgehensweisen («blue prints») für komplexe Entscheidungsprozesse bereit. Daher bleiben die praktische Vernunft und ein gesundes, auf Erfahrung beruhendes sowie ethisch differenziertes Urteilsvermögen unerlässlich. Wo Defizite in dieser Hinsicht bestehen, kann es vorkommen, dass trotz aller institutionellen Unterstützung und aller Aus- und Weiterbildung, «schwarze Schafe» verantwortungslos agieren – zum Schaden von davon betroffenen Menschen, zum Schaden der Umwelt, aber letztlich auch zum Schaden des Unternehmens.[46]

3. Besondere Herausforderungen und offene Fragen
«Warum dieser Aufwand?», wird sich nun manch einer fragen. «Weil es richtig ist!», lautet die einfache wie auch richtige Antwort. Allerdings ist bekannt, dass diese nicht unbedingt alle Menschen gleichermassen überzeugt. Wichtig sind in diesem Zusammenhang Plausibilitäten für eine Sicht der Dinge, nach der sich moralisches Handeln und wohlverstandenes (betriebswirtschaftliches) Eigeninteresse gegenseitig nicht ausschlies-

sen. Ethisch reflektiertes unternehmerisches Handeln ist, dafür gibt es viele Indizien, über weite Strecken auch strategisch die richtige Wahl. Unternehmen verringern ihre Friktionskosten, erlangen möglicherweise Vorteile auf dem Arbeitsmarkt bei der Suche nach gut qualifizierten und motivierten Mitarbeitern, steigern die Attraktivität für verantwortliche Anleger und Konsumenten. Selbst ordnungspolitisch stehen wir hier vor der richtigen Wahl. Geht ein Unternehmen verantwortungsvoll mit der eigenen Freiheit um, verringert es die «Gefahr» ungeliebter staatlicher Regulierungen, die womöglich aus vergangenen Investitionen rasch Fehlinvestitionen werden lassen. Proaktiv ordnungspolitisch zu agieren, bedeutet also auch, die eigene unternehmerische Freiheit zu sichern.[47] Trotz aller Einsicht in die Richtigkeit unternehmensethischer Reflexion stehen wir vor einer Reihe *besonderer Herausforderungen* und *offener* Fragen.

3.1. Besondere Herausforderung

Als Beispiel für konkrete unternehmensethische, sozialverantwortliche Überlegungen eines Global Player wie Novartis hatten wir die Selbstverpflichtungen, die sich aus dem UNGC ergeben, gewählt. Hierbei sind es zwei Besonderheiten, die dem UNGC-Prozess eine grössere Komplexität verleihen, als sie bisherige freiwillige firmeninterne Triple-Bottom-Line-Programme bezüglich ihrer Umsetzung mit sich brachten:
- die verbindliche Natur dieser Vereinbarung über die eigenen, unternehmensspezifischen Geschäftsverantwortlichkeiten hinaus und
- der grosse Meinungspluralismus und die Bandbreite der Interpretationsmöglichkeiten auf dem Gebiet der Menschenrechte.

Im Zusammenhang mit beiden Sachverhalten ist besondere Sorgfalt geboten – über weite Strecken schon allein aus dem wohlverstandenen Eigeninteresse heraus, da sich ansonsten ungewollte Angriffsflächen ergeben können, weil die Verpflichtung auf die Prinzipien des UN Global Compact ja in aller Öffentlichkeit abgegeben wurden.

Herausgefordert durch die Möglichkeit der Interpretation.
Unternehmen, die sich wie Novartis ernsthaft um die Operationalisierung der UN-Global-Compact-Prinzipien bemühen, sehen sich vor eine Reihe interpretativer Herausforderungen gestellt – so etwa im Blick auf die ersten beiden der neun Grundsätze des UNGC:
- «Business should support and respect the protection of internationally proclaimed human rights within their sphere of influence.»
- «Business should make sure that they are not complicit in human rights abuses.»

Referenzdokumente im Rahmen des UNGC sind die *Allgemeine Erklärung der Menschenrechte* und die verschiedenen «*Covenants*». Allerdings sollten auch die «Internationale Konvention zum Recht des Kindes», verschiedene Konventionen der ILO, sowie verschiedene multilaterale Richtlinien für multinationale Unternehmen betrachtet und mit in die Prozesse integriert werden. Es bedarf an dieser Stelle wohl keiner grossen Erörterung, dass die Interpretationsunterschiede zwischen all diesen Referenzdokumenten erheblich sein können. Sollten zusätzlich noch verschiedene Stakeholderstandards (z.B. Amnesty International) beachtet werden, wird das Interpretationsdickicht bald zu einer echten unternehmerischen Herausforderung.

Allerdings stellen solche Komplexitäten – wie so oft – nicht nur ein Problem, sondern auch eine Opportunität dar: Die Auseinandersetzung mit der Komplexität der Problematik bietet – und das war bei Novartis so – die Chance eines einmaligen Lernprozesses. Es gilt, zahllose Fragen zu beantworten: Wer hat die Definitions- und Interpretationsmacht für die inhaltliche Ausgestaltung der wirtschaftlichen, sozialen und kulturellen Aspekte der Menschenrechte? Wer bestimmt, was die «Einflusssphäre» eines Unternehmens ist? Wie soll «Komplizenschaft» definiert sein? Wer beurteilt mit welcher Legitimation, ob ein Unternehmen die ersten beiden Prinzipien im Geiste des UNGC umsetzt?

Der Aufwand für eine seriöse Auseinandersetzung mit dem Thema ist enorm. Nicht zuletzt sind auch Dialoge mit verschiedenen Anspruchsgruppen erforderlich, um verschiedene Standpunkte und unterschiedliche Perspektiven in die Unternehmen zu holen und so besser die Richtigkeit und potenzielle Akzeptanz einer Unternehmensposition zu überprüfen. Dieser Prozess bot Novartis die Möglichkeit, proaktiv und gestaltend an der weitestgehend offenen Diskussion um die Ausgestaltung der Menschenrechtsprinzipien des Global Compact mitzuwirken. Durch die transparente und kritisch offene Beteiligung am Diskussionsprozess konnte nicht nur die «Aussenrealität» ins Unternehmen gebracht werden, Novartis konnte ihrerseits ihre Standpunkte nach aussen tragen und in den internationalen Dialog einbringen.

Die Herausforderung durch die bürgerlichen und politischen Rechte

Im Hinblick auf die sog. «erste Generation» der Menschenrechte[48] bestand bei Novartis weder bei der innerbetrieblichen Bestandesaufnahme noch im internen Diskurs ein Problem. Derartige Rechte werden etwa durch Menschenrechtsorganisationen zumeist im Kontext mit (Problem-)Staaten erörtert. Die Angreifbarkeit, in die sich ein Unternehmen aus dieser Optik heraus (lediglich) begibt, entsteht offensichtlich meist schon durch die blosse Präsenz in solchen Ländern. Investiert ein Unternehmen in einem Land, das rechtsstaatlich nicht über alle Zweifel erhaben zu sein scheint, reicht dies aus der Optik vieler NGOs und Medienvertreter schon für einen Anfangsverdacht aus.

Die interne Position zu möglichen Konflikten in Bezug auf die Verletzung bürgerlicher und politischer Menschenrechte war schnell klar: Im direkten Einflussbereich von Novartis würde eine solche Verletzung auf keinen Fall toleriert – und es wurde als absolut inakzeptabel betrachtet, dass Novartis – gleichgültig in welchem Land und auf welche Art – *von Menschenrechtsverletzungen oder zweifelhaften Praktiken profitieren würde*.[49] Mit entsprechenden Corporate Citizenship Guidelines für die Zusammenarbeit mit Dritten, aber auch durch entsprechend sensibles «Hinschauen» beim Compliance Monitoring im eigenen Einflussbereich wird angestrebt, solchermassen gute Absichten in der Praxis umzusetzen.

Bei der Interpretation dessen, was «*Complicity*», also Komplizenschaft bei der Verletzung von Menschenrechten, bedeutet, steht man auch beim besten Willen einer grossen Interpretationsbreite gegenüber – trotz Hilfestellung durch den UNGC. Auch ohne tiefes Nachdenken war klar, dass Novartis nicht davon profitieren darf, dass in einem Land – beispielsweise durch Gefangenen-, Zwangs- oder Kinderarbeit – tiefste Produktionskosten möglich würden oder auf der Basis einer mangelhaften Sozial- oder Umweltgesetzgebung «legales» Sozial- oder Umweltdumping betrieben würden. Ein ernsthaft der Menschenrechtssache verpflichtetes Unternehmen darf auch nicht durch entsprechendes Lobbying solche defizitären Standards fordern. *Im Gegenteil*: Von einem von moralischen Ambitionen inspirierten Unternehmen muss erwartet werden, dass es den Geist der Menschenrechtserklärung im Einflussbereich seines Handelns auch dann umsetzt, wenn es wegen mangelhafter Gouvernanz in einem Land legal wäre, dagegen zu verstossen.

Die Herausforderung der wirtschaftlichen, sozialen und kulturellen Rechte
Im Zusammenhang mit den wirtschaftlichen, sozialen und kulturellen Rechten[51] treten noch viel komplexere Interpretations- und Operationalisierungsschwierigkeiten auf. Nehmen wir als Beispiel Artikel 25 (Jeder Mensch hat Anspruch auf einen Lebensstandard, der ihm und seiner Familie Gesundheit und Wohlbefinden, einschliesslich Nahrung, Kleidung, Wohnung, ärztlicher Betreuung (...) gewährleistet) oder Artikel 26 (Recht auf Bil-

dung). Diese Artikel lassen sich eng oder weit auslegen. Es fragt sich, welche Auslegungen für ein Unternehmen, das mit seiner Unterschrift unter den Global Compact ja auch für diese Normen «seine Unterstützung und seinen Respekt» in seiner «Einflusssphäre» zugesichert hat, fair und zumutbar sind. Was kann legitimerweise in dieser Beziehung von Unternehmen erwartet werden – auch eingedenk der bereits angesprochenen gesellschaftlichen Arbeits- bzw. Verantwortungsteilung? Und welche sekundären Pflichten haben Unternehmen wie Novartis, wenn Staaten ihren eigenen, primären Pflichten nicht nachkommen wollen oder können?

Brisant sind hier vor allem die Artikel 22 bis 29 der Allgemeinen Erklärung der Menschenrechte. Diese standen bisher etwas im Hintergrund, nicht zuletzt, weil ein unmittelbares Ableiten konkreter und einklagbarer Leistungspflichten höchstens in jenen Staaten möglich sein dürfte, in denen ausgebaute Sozialgesetze und adäquate Leistungsinstitutionen vorhanden sind. Positive Rechte sind in aller Regel schwieriger durchsetzbar als Abwehrrechte gegen den Eingriff des Staates in individuelle Freiheiten, weil das Verhältnis zwischen Urheberschaft einer Rechtsverletzung und Verantwortlichkeit zur Wahrung des Rechts weitaus weniger klar geklärt ist als im Falle negativer Abwehrrechte. Anders als bei den bürgerlichen und politischen Rechten sind bei den wirtschaftlichen, sozialen und kulturellen Rechten teilweise erhebliche Ressourcen zur Finanzierung entsprechender Leistungen erforderlich.

Wie sollte sich ein Unternehmen wie Novartis im Hinblick auf diese Rechte verhalten? Zunächst gilt auch hier, dass der Staat eindeutiger Adressat von Menschenrechtsforderungen ist und somit in erster Linie die Verantwortung für den Respekt, Schutz und die Erfüllung der betreffenden Rechte trägt. Allerdings sehen sich Unternehmen im Rahmen der Globalisierungsdebatten zunehmend unter Druck, zusätzliche Verantwortung zu übernehmen, und wollen auch aus eigener Motivation, verantwortungsethischer Einsicht und ökonomischer Klugheit heraus als «gute Bürger» gelten. Viele Akteure der Zivilgesellschaft verlangen, zum Beispiel mit Bezug auf den Menschenrechtskatalog, für bedürftige Menschen in Entwicklungsländern einen bevorzugten Zugang zu Medikamenten (Stichworte: «negotiated prices», «differentiated prices» oder Schenkungen). NGOs knüpfen in diesem Zusammenhang an dem bereits erwähnten Artikel 25 der Allgemeinen Menschenrechtserklärung an. Dieser wurde in internationalen – und von vielen aber längst nicht allen Staaten ratifizierten[52] – Verpflichtungsabkommen (sog. covenant) zu den wirtschaftlichen, sozialen und kulturellen Rechten präzisiert: «The State

Parties to the present covenant recognize the right of everyone to the enjoyment of the highest attainable standard of physical and mental health. (...) The steps to be taken by the State Parties to the present covenant to achieve the full realization of this right shall include those necessary for (...) the prevention, treatment and control of epidemic, endemic, occupational and other diseases.»[53]

Diese Formulierung – und viele andere internationale Abkommen – lassen keinen Zweifel an der Tatsache, dass es sich auch bei den wirtschaftlichen, sozialen und kulturellen Menschenrechten immer in erster Linie um Forderungen an die Staatenwelt handelt.

Verursacht der Reichtum der Multis, das Elend der Kranken?
Was aber soll Novartis dort im konkreten Fall tun, wo wegen Mangels an «good governance» ein Staat seinen Pflichten nicht nachkommt oder aus Ressourcenmangel nicht nachkommen kann und als Folge Menschen wegen defizitärer Gesundheitsdienste und Mangel an wirksamen Medikamenten unnötig leiden oder gar sterben? Solche Fragen sind äusserst sensibler Natur, und ihnen ist mit rein betriebswirtschaftlichen Argumenten nicht beizukommen. Der dialektische Gegensatz von glänzenden Hochhausfassaden, Gewinnen in Milliardenhöhe und hohen Managersaläre einerseits und Bildern des Elends kranker Kinder oder dahinsiechender Erwachsener andererseits lässt Emotionen entstehen, die normalerweise nicht Teil unternehmerischer Abwägungen sind. Die Frage ist nicht, ob es in der heutigen Welt mit all ihren finanziellen, technischen und anderen Ressourcen gerecht sei, dass derartige Diskrepanzen bestehen– diese Frage ist leicht zu beantworten: Das Elend dieser Menschen ist ein Skandal.

Wie aber sollte der weitere Diskurs nach dieser Feststellung verlaufen? Bestehen zwischen dem Elend der Kranken in Afrika und der Höhe der Gewinne einer Novartis kausale Beziehungen? Angesichts der minimalen Umsätze des Unternehmens in armen Entwicklungsländern kann diese Frage ohne grossen Aufwand mit «Nein» beantwortet werden. Der Löwenanteil der Umsätze und Gewinne stammt aus den OECD-Ländern und aus therapeutischen Bereichen, die für die etwa 3 Milliarden Menschen mit einem Tageseinkommen von 2 Dollar oder weniger keine grosse Bedeutung haben. Die Erfahrung zeigt, dass eine solche Erklärung die meisten Menschen in unseren Gesellschaften nicht überzeugt – und Vertreter von NGOs wie Oxfam oder Médecins sans Frontières schon gar nicht. Wenn aber die einen nicht «schuld» am Elend der anderen sind, was dann ist ihre Pflicht?

Angesichts der Komplexität dieser Frage wurde vom Clearinghouse in Zusammenarbeit mit der Pharmadivision eine «Access to treatment»-Politik erarbeitet und dem Lenkungsausschuss als Diskussionsgrundlage vorgelegt. Die als wesentlich erachteten Fragen waren: Lässt sich das Recht auf medizinische Versorgung in eine irgendwie definierte Verpflichtung für ein Unternehmen übersetzen, Zugang zu Medikamenten zu schaffen? Wenn ja, welche Art von Medikamenten? Nur Generika oder auch patentierte Arzneimittel? Zu welchem Preis? Für welchen Zeitraum? Ergebnis des Dialogs war ein Positionspapier, das dann von der Konzernleitung verabschiedet wurde.[54]

Risk Mapping im Zusammenhang «Novartis und Menschenrechte».
Die Auswertung der vorhandenen «Human Rights and Business»-Datenbanken zeigt, dass die aus ethischer Sicht potenziell schadensreichste «Risikoquelle» für ein Pharmaunternehmen bei Verletzungen der bürgerlichen und politischen Rechten läge. Die Novartis-interne Umfrage führte jedoch zum Ergebnis, dass die Wahrscheinlichkeit, dass es in dieser Beziehung im Einflussbereich von Novartis zu Problemen kommt, niedrig ist.[55] Dennoch muss das Thema ernst genommen werden: Aus Sicht verschiedener Unternehmenskritiker wird zwar nicht unterstellt, dass Novartis als Komplizin für die Verletzung der bürgerlichen und politischen Grundrechte auftrete, wohl aber werden Befürchtungen formuliert, dass Unternehmen durch ihre blosse Präsenz in einem Land mit defizitären Menschenrechten im weitesten Sinne regimeunterstützend wirken könnten.[56]

Die grössten Herausforderungen an die Zumutbarkeit durch Forderungen seitens der Zivilgesellschaft an im Wettbewerb stehende Unternehmen, wie Novartis, bestehen in
- einer *Patent- und Preispolitik*, welche *essential drugs* – und da besonders lebensrettende Medikamente – unter Bedingungen individueller und kollektiver Armut im Normalfall zu teuer werden lassen kann. Diese Diskussion wurde insbesondere im Kontext von Medikamenten gegen HIV/Aids virulent – diese (sowie Medikamente gegen multiresistente Malaria und Tuberkulose) haben die Besonderheit, dass sie zwar auf der «essential drug list» der WHO stehen, aber noch Patentschutz geniessen;
- *Forschungsprioritäten*, die ausschliesslich am Markt- und Gewinnvolumen einer kaufkräftigen Weltoberschicht orientiert sind und nicht an den manifesten Bedürfnissen der unter Armutskrankheiten leidenden drei Milliarden Menschen mit einem Tageseinkommen von zwei Dollar oder weniger;
- *clinical trials*, d.h. entwicklungsländerspezifische Fragen der Qualität des Vorgehens, informierte Freiwilligkeit (*informed consent*) der Versuchsteilnehmer sowie mögliche

Verletzungen der Sorgfaltspflicht, wenn es um das Weiterverfolgen von Nebeneffekten der Medikamente geht;
- *indigenous rights*, d.h. Biopiraterie bei traditionellen Medizinpflanzen, Nutzung der gewonnenen Wirkstoffe ohne angemessene Kompensation der indigenen Völker, die diese Pflanzen über Jahrtausende hegten und pflegten.

Zu all diesen Fragen werden intensive Abklärungen und Gespräche mit Stakeholdern geführt, und zwar mit dem Ziel; zu einer möglichst breit abgestützten Novartis-Politik zu kommen.

Es ist empirisch nachgewiesen, dass international tätige Unternehmen eine gute Corporate Citizenship pflegen, insbesondere auch in Bezug auf die externen Geschäftspartner und Drittfirmen. In der Regel beachten diese in vielerlei Hinsicht bessere Arbeits- und Umweltstandards als beispielsweise Klein- und Mittelunterneh-men in Entwicklungsländern. In vielen Entwicklungs- und Industrieländern arbeiten multinationale Unternehmen jedoch mit lokalen Firmen zusammen und nutzen eine ganze Reihe ihrer Produkte und Dienstleistungen. Eine solche Zusammenarbeit ist sowohl aus Sicht des Unternehmens als auch aus Sicht der Wirtschaft des Landes erwünscht, da sie Gelegenheit zur Schaffung von Effizienzvorteilen bietet und zugleich zu positiven Verknüpfungseffekten (z.B. vermehrtem Wissenstransfer) führt. In der Regel zahlen lokale Unternehmen jedoch geringere Löhne, bieten weniger Sozialleistungen und haben in vielen Fällen auch geringere Umweltstandards.

Der UN Global Compact strebt an, dass auch die Geschäftspartner die Verpflichtungen des Unternehmens zur Erfüllung des UN Global Compact *verstehen* und dementsprechend *handeln*. Das ist bei einem Unternehmen wie Novartis, das mit weit über 200'000 Zulieferern und Drittfirmen zusammenarbeitet, eine riesengrosse Herausforderung. Ihr versucht Novartis mit einer Mischung aus Kommunikation, Hilfsangeboten und der Ankündigung, bei unbefriedigenden Ergebnissen die Zusammenarbeit einzustellen, zu begegnen. Zunächst wird man beginnen, bei Drittfirmen ein Bewusstsein für grundsätzliche Themen zu schaffen; am Ende werden wohl zumindest bei den wichtigsten Geschäftspartnern vertragliche Vereinbarungen für die Einhaltung gewisser Mindeststandards stehen. Novartis bevorzugt bereits heute Geschäftspartner, Zulieferer und Vertragspartner, die die gesellschaftlichen und ökologischen Werte des Unternehmens teilen.

3.2 Offene Fragen

In der heutigen globalen und von pluralistischen Werten geprägten Welt stecken Unternehmen wie Novartis in einer schwierigen Situation. Die Tatsache, dass wettbewerbsfähige Gewinne erzielt werden sollen, ist unbestritten, trotz aller Diskrepanz über die Vorstellung, welche absolute Höhe «gerecht» ist. Allerdings sollen Unternehmen wie Novartis aufgrund der grösseren Ressourcen, Fähigkeiten und Möglichkeiten als «gute korporative Bürger» (*good corporate citizen*) in «höherem Masse» Verantwortung in und für die Gesellschaft übernehmen. Die Beantwortung der hoch komplexen Frage, «welches höhere Mass ist hoch genug?», ist – und bleibt wohl auch – kontrovers. Der UN Global Compact und die Corporate Citizenship Guidelines von Novartis versuchen im Sinne der Idee eines Gesellschaftsvertrags Orientierung zu bieten für eine angemessene Arbeits- und Verantwortungsteilung. Ein Unternehmen kann seine Antwort auf diese Frage nicht unabhängig von der Antwort auf die Frage «Was ist eine gerechte gesellschaftliche Arbeitsteilung?» geben.

An Fragen wie diesen werden die Unabgeschlossenheit und der Prozesscharakter unternehmensethischer Reflexionen deutlich. Es kann nicht um ein einzelnes Programm mit einem fixierten Angangs- und Enddatum gehen – und dann arbeitet das Unternehmen «ethisch einwandfrei». Hier geht es vielmehr zum einen darum, *minima moralia* sicherzustellen (die «Muss-Dimension») und darüber hinaus an einem gesellschaftlichen und betrieblichen Lernprozess beteiligt zu bleiben, der ein Unternehmen wie Novartis fordert und es auffordert, sich nach *allen* Seiten *offen* zu halten, bevor es entscheidet.

Was ist eine gerechte gesellschaftliche Arbeitsteilung?

Bei vielen Forderungen, die von unternehmensinternen und gesellschaftlichen Anspruchsgruppen an Unternehmen gestellt werden, stellt sich nicht die Frage nach deren prinzipieller Berechtigung: Forderungen z.B. nach besserem Zugang zu Gesundheitsdiensten inklusive zu wirkungsvollen Medikamenten haben ohne jeden Zweifel aus einer übergeordneten Perspektive immense Berechtigung. Die Frage, die jedoch kontrovers diskutiert wird, ist die nach dem legitimen Adressaten solcher Forderungen und nach den Verantwortlichkeiten im Kontext einer legitimen gesellschaftlichen Arbeitsteilung. *Kein gesellschaftlicher Akteur trägt für alle Belange Verantwortung; niemand hat alle Pflichten, keiner hat alle Rechte.* Die Leistungsfähigkeit und der Wohlstand moderner Gesellschaften hängen zu einem grossen Teil von einer geregelten und mehrheitlich akzeptierten Arbeitsteilung und Kooperationsfähigkeit verschiedener Akteure ab. Es besteht bis heute innerhalb von Novartis Konsens darüber, dass im Rahmen der geltenden Gesetze ein Unternehmen das ökonomisch Sachgemässe zu beachten hat. Natürlich kann Novartis darüber hinaus von Zeit zu Zeit freiwillige Verpflichtungen eingehen, zum Beispiel in spezifischen Fällen den Zugang zu Medikamenten für Bedürftige durch Schenkungen oder Sonderpreisvereinbarungen erleichtern; dies wird seit vielen Jahren auch getan und wird bei den internen Diskussionen als «von Fall zu Fall freiwillig eingegangene moralische Verpflichtung» und nicht als (legale) Pflicht zur Achtung des Artikels 25 der Allgemeinen Erklärung der Menschenrechte empfunden.[57] Da die Auslegung der unternehmerischen Verpflichtungen in dieser Hinsicht jedoch als relativ «offen» und prozesshaft wahrgenommen wird, sind Leistungen in diesem Bereich (im Jahre 2003 etwa 350 Millionen Schweizer Franken) nicht fix determiniert.

Wie viel ist genug?

Warum soll ein Unternehmen wie Novartis Corporate-Citizenship-Verpflichtungen eingehen – *zusätzlich* zur grossen Vielfalt an gesetzlichen Auflagen und zum dichten Netz an Regulierungen? Zusätzlich zur harten Konkurrenz und der politisch motivierten Preisgestaltung? Ist es eine sinnvolle Entwicklung, dass den Unternehmen immer öfter die Übernahme von Verantwortlichkeiten nahe gelegt wird, zum Beispiel der Schutz der Menschenrechte, die noch vor wenigen Jahren ganz eindeutig als Staatsaufgabe identifiziert wurden?

Im Grunde ist die Antwort bereits gegeben worden: Ja, weil es richtig ist! Und weil es aus einem aufgeklärten Eigeninteresse heraus strategisch und betriebswirtschaftlich klug sein dürfte; erinnert sei gerade für die Pharmabranche an den interessanten Punkt des Schutzes grundlegender unternehmerischer Freiheit. Ein Unternehmen tut richtig daran, in einem permanenten Kontakt mit der Gesellschaft zu stehen und in dieser verankert zu sein, um so überhaupt erst erfahren zu können, welches denn die Ansprüche sind, die sich im permanenten Wandel befinden.

Auch wenn die breiteren Schultern dazu verpflichten, mehr Verantwortung zu übernehmen, auch wenn eine privilegierte gesellschaftliche Stellung bedeutet, Zeichen zu setzen und die wirtschaftlichen Vorzüge nicht als Privilegien, sondern als Pflichten zu verstehen sind[58], so muss auch klar sein, dass es *Zumutbarkeitsgrenzen* für die Verantwortlichkeit des privaten Sektors geben muss. Allerdings sind diese Zumutbarkeitsgrenzen nicht einem Naturzwang ähnlich einfach vorgegeben, sondern selbst Verhandlungsgegenstand unternehmensethischer Reflexions- und Lernprozesse.

Auch die Corporate Citizenship Initiative von Novartis ist kein «free lunch» oder eine kostenneutrale Verpflichtung. Die Herausforderungen sind teilweise immens, so wurden zum Beispiel allein für die Umsetzung der Corporate Citizenship Guidelines für Drittfirmen im Jahre 2003 mehr als 25'000 Arbeitsstunden investiert. Unternehmen wie Novartis, die sich dezidiert als Good Corporate Citizens verstehen und positionieren, sind, trotz ihrer gegenüber Normalbürgern weitaus grösseren Handlungsspielräume, in ihrem Engagement dennoch auf ein gewisses Mass an Unterstützung und Wohlwollen angewiesen. Beides sollte auch vorausgesetzt werden dürfen, weil von ihnen auch mehr als rein betriebswirtschaftliches Kalkül erwartet wird. Der Wille ist da. Aber wir stehen erst am Anfang eines Lernprozesses, und Generalvorbehalte und/oder Bluewashing-Vorwürfe im Zusammenhang zum Beispiel mit dem UNGC[59] werfen in ihrer beinahe naiv wirkenden Pauschalität ernsthafte und integere Bemühungen zurück. Auch die legitimen Ansprüche und Einwände von Public Interest Groups müssen wahrhaftig und aufrichtig formuliert sein und in einer dem Anspruch auf ethischen Inhalt der Botschaft entsprechenden formal korrekten Art und Weise an Unternehmen herangetragen werden. Geschieht dies nicht, stehen wir in der Situation blinder Vorverurteilungen und Generalvorbehalte, die *nichts* mit einer kritischen, produktiven Distanz und Dialogbereitschaft zu tun haben. Unternehmen wie Novartis wollen lernen und ihre Hausaufgaben machen. Aber auch hier sollte bei den Forderungen das richtige Mass der Dinge beachtet werden.[60]

Ein Unternehmen, das sich als *Good Corporate Citizen* durch politische, soziale und ökologische Selbstverpflichtungen von anderen unterscheidet, läuft ein gewisses Risiko, durch höhere Kosten oder niedrigere Umsätze temporär Wettbewerbsnachteile in Kauf nehmen zu müssen. Dazu sind Unternehmen, die sich um qualitative *Leadership* bemühen, in der Regel auch bereit. Da es jedoch nicht befriedigt und auch nicht befriedigen darf, wenn die sozialethisch und ökologisch «Guten» die betriebswirtschaftlich «Dummen» sind,[61] ist zu hoffen, dass Corporate-Citizenship-Bemühungen im Rahmen des UN Global Compact zu neuen, moralisch verbindlich anerkannten Regeln, ja vielleicht sogar zu einer neuen Wettbewerbsebene um qualitative unternehmerische Standards (*best practices*) führen.

Ein Wettbewerb um *Leadership* für eine menschengerechte, sozialverträgliche und ökologisch zukunftsfähige Globalisierung liegt, weit über die unternehmerische Perspektive hinaus, im Interesse des Gemeinwohls. Er könnte dazu führen, dass menschengerechte Sozial- und Umweltstandards bei einer kritischen Masse von Unternehmen zur *Corporate Culture* werden. Das wiederum würde zu einer «systemischen» Qualitätsverbesserung führen, die das Vorbildverhalten einiger weniger Unternehmen nicht als gut gemeinte, aber punktuelle Ausnahme versickern lässt, sondern Breitenwirkung entfaltet.

1 Siehe dazu z.B. Klein N.: No Logo: Taking Aim at the Brand Bullies. Toronto, 2000; Barker D. / Mander J. (Hrsg.): Does Globalization Help the Poor? International Forum on Globalization, San Francisco 2001 oder Korten D.C.: Globalizing Civil Society. Reclaiming our Right to Power. New York 1998. Zur seriös differenzierenden Abwägung von Kosten und Nutzen der Globalisierung siehe Batterson R. / Weidenbaum M.: The Pros and Cons of Globalization, Center for the Study of American Business, St. Louis 2001, sowie Streeten P.: Globalisierung. Threat or Opportunity, Copenhagen / Abingdon 2001 – zu den prinzipiellen Zusammenhängen siehe Schumpeter J.A.: Kapitalismus, Sozialismus und Demokratie. Stuttgart 2000 sowie Hayek F.A. von: Der Weg zur Knechtschaft, München 2003, sowie Hayek F.A. von / Vanberg V. (Hrsg.): Freiheit, Wettbewerb und Wirtschaftsordnung, Freiburg 1999. Für weitere Literatur siehe: Leisinger K.M.: Towards Globalization with a Human Face. Auf: http://www.parallaxonline.org/peglobalhuman5p.html

2 Siehe dazu Edelman Public Relations World Wide, New York / London / Sydney 2001 sowie Environics: The Millennium Poll, New York 1999. Interessanterweise bescheinigen nach einer neuen Forsa-Umfrage in Deutschland 66 Prozent der Menschen deutschen Unternehmen, dass sie «anständig und verantwortungsvoll» arbeiten (Institut für Wirtschaftsethik der Universität St. Gallen / civis: Soziale Unternehmensverantwortung aus Bürgersicht. St. Gallen 2003, S. 22.) Könnte es sein, dass dort, wo man einen Zustand aus eigener Anschauung beurteilen kann, kognitiv dissonante Vorurteile schlechter halten? Die Ergebnisse dieser Studie sind auch erschienen bei Lunau Y. / Wettstein F.: Die soziale Verantwortung der Wirtschaft – Was Bürger von Unternehmen erwarten. Haupt Verlag, Bern/Stuttgart/Wien, 2004.

3 Siehe dazu die in der Neuen Zürcher Zeitung geführte Debatte um den Artikel von Gerhard Schwarz «Wider die Selbstbedienung von Wellenreitern» (28.2.04), u.a. mit Beiträgen von Alex Krauer (NZZ, 08.03.04, No. 56, S. 24) und Peter Wuffli (NZZ, 3.3.04, No. 52, S. 23) sowie Hans Widmer (NZZ, No. 63, p. 27); siehe ebenso CAPITAL Führungskräfte Panel 11 (Institut für Demoskopie Allensbach), Allensbach 1995.

4 http://www.corpwatch.org

5 Vgl. verschiedene Jahresberichte des World Investment Report der UNO.

6 Vgl. hierzu Dollar D. / Kraay A.: Spreading the Wealth. In: Foreign Affairs, Vol. 81 (2002), No. 1, S. 120–133. Während die absolute Armut abnahm, stiegen die Einkommensdisparitäten an. Siehe dazu Wade R.H.: Is Globalization Reducing Poverty and Inequality? In: World Development Vol. 32 (2004) No. 4 pp. 567–589.

7 Allerdings heisst dies nicht automatisch im Umkehrschluss, dass Markt und Wettbewerb das Allheilmittel entwicklungspolitischer Probleme darstellen. Unabdingbar für die Qualität der Entwicklung sind die na-

tionale Sozial-, Steuer- und Bildungspolitik und andere Faktoren von «good governance» (vgl. hierzu Wolf M.: The Morality of the Market. In: Foreign Policy, Sept./Oct. 2003, S. 47–50.).

8   Vgl. zum Begriff des «aufgeklärten Eigeninteresses» Ulrich P.: Integrative Wirtschaftsethik – Grundlagen einer lebensdienlichen Ökonomie, 3. überarbeitete Auflage, Bern, 2001, S. 434 ff.; vgl. dazu auch die beiden Beiträge von Leisinger K.M. Globalisierung, unternehmensethische Selbstbindung und wohlverstandenes Eigeninteresse, und darauf Bezug nehmend Ulrich P.: Republikanische Unternehmensethik – Facetten einer «fesselnden» Perspektive unternehmensethischer Selbstbindung, beide in: Ulrich P. / Löhr A. / Wieland J. (Hrsg.), Unternehmerische Freiheit, Selbstbindung und politische Mitverantwortung, München-Mering 1999, S. 99–118 bzw. 167–177.

9   Siehe Donaldson Th.: Corporations and Morality. Prentice-Hall, Englewood Cliffs, 1982.

10 Gesellschaftliche Verantwortung bei Novartis, Vorwort des Präsidenten Daniel Vasella, Basel 2002, S. 3. Im vorliegenden Beitrag wird im weiteren Verlauf der Gedanke des UN-Global Compact noch weiter entfaltet werden.

11 Höffe O.: «Ethik» In: Höffe O. (Hrsg.), Lexikon der Ethik, 6. neu bearb. Auflage, München 1986, S. 59.

12 Korff W. et al (Hg.), Handbuch Wirtschaftsethik, Bd. 1, Verhältnisbestimmung von Wirtschaft und Ethik, Gütersloher Verlagshaus, Gütersloh 1999, S. 152 ff.

13 Pieper A.: Einführung in die Ethik. UTB/Francke, Tübingen 1991, S. 14 f.

14 Siehe dazu Ulrich P.: Integrative Wirtschaftsethik – Grundlagen einer lebensdienlichen Ökonomie, 3. überarbeitete Auflage, Bern, 2001, S. 425 ff.

15 Vgl. hierzu auch Donaldson T. / Dunfee T.W.: Ties that Bind. A Social Contracts Approach to Business Ethics. Harvard Business School Press, Boston 1999.

16 Vgl. hierzu Küng H.: Projekt Weltethos Piper. München 1990, ders. Weltethos für Weltpolitik und Weltwirtschaft. München 1997, sowie Küng H./ Kuschel «Globale Unternehmen – globales Ethos.» (2001).

17 Rich A.: Wirtschaftsethik II. Marktwirtschaft, Planwirtschaft, Weltwirtschaft aus sozialethischer Sicht. Gütersloher Verlagshaus, Gütersloh 1990, S. 16.

18 Allerdings ist auch jede Aussage darüber, was ökonomisch «sachgemäss» sei, normativ und daher vorbehaltlos zu begründen und zu legitimieren. Sachzwangargumente sind daher, wie P. Ulrich (2001: 131 ff.) gezeigt hat, wirtschaftsethisch nie hinreichend.

19 Die Einschränkung wird z.B. im Kontext von Waffenhandel, Rauschgifthandel oder Organhandel klar, siehe dazu auch Ulrich P.: Integrative Wirtschaftsethik – Grundlagen einer lebensdienlichen Ökonomie, 3. überarbeitete Auflage, Bern, 2001 S. 399 ff.

20 siehe Lenk H. / Maring M. (Hrsg.), Wirtschaft und Ethik, Reclam, Stuttgart 1992, S. 12.

21 Vgl hierzu Thielemann U. / Ulrich P.: Brennpunkt Bankenethik, Bern 2003, insbes. S. 38–40 und Thielemann U.: Moral als Ausweg aus der Vertrauenskrise?, in: Jakob R. / Naumann J.(Hrsg.): Wege aus der Vertrauenskrise, Frankfurt a. M. 2003, S. 297–323, hier besonders S. 310–312 den Abschnitt über «Ver-

diente Reputation».
22 Vgl. hierzu Kerber W.: Sittlich handeln unter dem Druck ökonomischer Sachzwänge. In Hesse H. (Hrsg.):, Wirtschaftswissenschaft und Ethik, Duncker & Humblot, 2. unver. Auflage, Berlin 1989, S. 241-258.
23 Näheres hierzu bspw. im Bericht «Gesellschaftliche Verantwortung bei Novartis» (2002) und auch die Ausführungen zur Corporate Citizenship im Geschäftsbericht der Novartis 2004.
24 Vgl. hierzu Leisinger K.M / Schmitt K.M. / Pandya-Lorch R.: Six Billion and Counting Population Growth and Food Security in the 21st Century, Baltimore/Washington D.C., 2002.
25 Siehe die Ausführungen zur Corporate Citizenship im Geschäftsbericht der Novartis 2004, S. 5 und S. 16-21.
26 http://www.unglobalcompact.org/un/gc/unweb.nsf
http://www.unglobalcompact.org/un/gc/unweb.nsf/content/LSE.htm
27 Der Generalsekretär fordert die internationalen Wirtschaftsführer auf: Prinzip 1: *den Schutz der internationalen Menschenrechte in ihrem eigenen Einflussbereich zu unterstützen und zu respektieren*, und Prinzip 2: *sicherzustellen, dass ihr eigenes Unternehmen sich nicht an Menschenrechtsverletzungen beteiligt.*
28 Vgl. hierzu den Bericht «Gesellschaftliche Verantwortung bei Novartis», Basel 2002, S. 32 ff. Vgl. auch unter http://www.novartis.com/corporate_citizenship/en/index.shtml
29 Siehe dazu http://www.nitd.novartis.com/
30 Was umgekehrt nicht heissen soll, dass in der Muss- bzw. Soll-Dimension nur fremdbestimmtem Auflagen oder Erwartungen nachgekommen würde.
31 Vgl. hierzu z.B. Oxfam, Save the Children, VSO, op cit. Fussnote 7.
32 http://www.unglobalcompact.org/un/gc/unweb.nsf
http://www.unglobalcompact.org/un/gc/unweb.nsf/content/LSE.htm
33 Diese Gruppe umfasste alle Personen, die sich in der Vergangenheit bereits mit Fragen beschäftigten, die auch der Global Compact aufwarf: Umweltexperten, Entwicklungsexperten, Rechtsanwälte etc.
34 Vgl. hierzu, wie auch im Folgenden, immer die Abbildung 4.
35 Dem Revisionsteam wurde erklärt, dass die Schwangerschaftstests im besten Interesse der Frauen durchgeführt würden, da diese aus muslimischen Gesellschaften kamen und mindestens ein Jahr von zu hause weg wären. Vor der Abreise von einer eventuellen Schwangerschaft zu erfahren, würde die Mädchen vor einem kulturell schmerzlichen Gesichtsverlust bewahren.
36 http://www.novartis.com/corporate_citizenship/en/02_2003_guidelines.shtml
37 Spaemann R.: Wohlwollen. In: Höffe O. (Hrsg.): Lesebuch zur Ethik. Philosophische Texte von der Antike bis zur Gegenwart. Dritte durchgesehene Auflage Beck, München 2002, S. 388.
38 Drucker P.: Neue Management-Praxis. Band 1, Econ Verlag, Düsseldorf 1974, S. 46.
39 Hesse H. (Hrsg.): Wirtschaftswissenschaft und Ethik. Schriften des Vereins für Socialpolitik, Band 171,

Duncker & Humblot, Berlin, zweite, unveränderte Auflage 1989, S. 25 f.
40 Nyanaponika Mahathera: Geistestraining durch Achtsamkeit. Christiani, Konstanz 3te Auflage 1984, S.35.
41 Weber M.: Politik als Beruf. In: Gesammelte politische Schriften. J.C.B.Mohr/UTB (Paul Siebeck), Tübingen, 5. Aufl. 1988, S. 552.
42 Ebenda, S. 546. (Hervorhebungen durch Verf.)
43 Nicht nur im religiösen Sinne vor Gott und im Jenseits, sondern auch im Unternehmen vor den Compliance-Verantwortlichen, und zwar hier und jetzt.
44 Siehe dazu Leisinger K.M.: Whistleblowing und Corporate Reputation Management. Rainer Hampp Verlag, München 2003.
45 Und das heisst nicht ein Philosophiestudium nachholen zu müssen, um die Klassiker der Ethik und Philosophie rezitieren zu können.
46 Daraus ergibt sich ein sozusagen «personalethisches» Problem für ein Unternehmen, welches Integrität systematisch in seine Geschäftsprozesse einbezieht: Trotz aller Integrität in der Firmenpolitik ist die Unternehmung nicht vollkommen davor geschützt, dass verantwortungslose und falsche Prioritäten setzende Mitarbeiter gegen diese Politik verstossen und so die wohlverdiente Reputation des Unternehmens gefährdet wird. Unternehmen bleibt häufig, da sich auch in der Belegschaft die gesellschaftlichen Verhältnisse in ihrer Normalverteilung widerspiegeln, nichts anderes übrig, als zu betonen, dass solch ein Verhalten nicht der Firmenpolitik entspricht. Eine Personalpolitik, wie die skizzierte, sollte solche Bekundungsnotwendigkeiten zur Ausnahme einer ansonsten intakten Regel werden lassen.
47 Dies meint hier allerdings nicht, dass «Ethik», oder was dafür gehalten wird (...) nach Massgabe ihrer Funktionalität für den Unternehmenserfolg berücksichtigt» werden sollte. Ethik soll auch etwas «kosten» können. Und nicht überall ist tatsächlich und aufrichtig von einem ethischen Engagement die Rede (Vgl. hierzu auch Thielemann U. / Breuer M.: Ethik zahlt sich langfristig aus – stimmt das? In: Forum Wirtschaftsethik, 8. Jhg., Nummer 2, Juli 2000, sowie Thielemann U. / Ulrich P.: Brennpunkt Bankenethik, Bern/Stuttgart/Wien 2003, S. 17 ff.). Ein Unternehmen, das es mit der Unternehmensverantwortung ernst nimmt – etwa im Rahmen des UNGC, muss sich also gegenüber «Trittbrettfahrern», die ihre Verantwortungsübernahme wiederum nur davon abhängig machen, ob sich diese auszahlen wird, zur Wehr setzen und zumindest abgrenzen. Wie dies im Einzelnen zu geschehen hat, ist bis anhin noch eine offene Frage.
48 Artikel 1 bis 21 der Allgemeinen Erklärung der Menschenrechte. Bürgerliche und politische Rechte wie z.B. das Recht auf Leben, Freiheit und Sicherheit, Verbot der Sklaverei und der Folter etc.
49 Erinnert sei an die durchaus offene Debatte, ob die Präsenz multinationaler Unternehmen sich positiv oder eher negativ auf die Menschenrechtssituation in solchen Staaten auswirke (z.B. die historische Diskussion im Falle der Apartheid).
50 www.globalcompact.net/articles/cr/complicity.html
51 Artikel 22 bis 29.

52 Ein Teil der gegenwärtigen Kontroverse um das Thema «Business and Human Rights» hat als Hintergrund, dass z.B. die USA den Covenant zu den wirtschaftlichen, sozialen und kulturellen Rechten nicht ratifiziert hat, während alle europäischen Industrieländer dies taten.
53 International Covenant on Economic, Social and Cultural Rights (1966).
54 http://www.novartisfoundation.com/access_treatment_novartis.htm
55 Siehe dazu CSR-Risk Mapping Initiative – Pharmaceutical & Chemical Map auf der website http://www.csrforum.org: torture, disappearances, extra-judicial killing, hostage-taking, harassment of human rights defenders, denial of freedom of assembly & association, forced labour, bonded labour, bonded child labour, forcible relocation, systematic denial of women's rights, arbitrary arrest and detention, forced child labour, denial of freedom of expression.
56 CSR-Risk Mapping Initiative – Pharmaceutical & Chemical map, S. 2 auf der website http://www.csrforum.org
57 Auch hier darf es sich nämlich nicht so einfach gemacht werden: Wenn die Gesundheitsinfrastruktur in einem Land fehlt, hilft die verbilligte oder gar kostenlose Abgabe von Medikamenten nicht weiter. Unternehmen können und sollen nicht einfach so staatstragende Aufgaben, wie z.B. ein Gesundheits- und Sozialsystem aufzubauen und zu pflegen, übernehmen. Dies wäre klar Aufgabe des Staates. Häufig sind Staatsverfall und politisch motivierte Umsetzungsdefizite die eigentlichen Probleme. Unternehmen könnten hier vielleicht (!) Linderung (z.B. durch Beratung) bringen. Aber ob sie die Probleme beseitigen erscheint doch fraglich. (Vgl. hierzu bspw. die Beiträge von Klaus M. Leisinger und Rainer Tetzlaff in: H. Küng/D. Senghaas (Hg.), Friedenspolitik – Ethische Grundlagen internationaler Beziehungen, München 2003).
58 Zum richtig verstandenen Begriff der Elite gehören nicht nur Attribute der Macht, sondern auch politisches, soziales und ökologisches Vorbildverhalten. Alles andere ist Dekadenz. Für vorbildliches Handeln ist jedoch ein Preis zu entrichten.
59 Das Prestige des UN-Generalsekretärs und der Vereinten Nationen exponiert nach der öffentlichen Verpflichtung jene Unternehmen, die sich zur Einhaltung der Global-Compact-Prinzipien bekennen. Das setzt sie einem besonders intensiven Monitoring jener Interessengruppen (public interest groups) aus, die dem Global Compact skeptisch gegenüberstehen und den partizipierenden Unternehmen Etikettenschwindel vorwerfen. Kleinste Abweichungen von dem, was aus der Perspektive solcher Gruppen als «korrekt» definiert ist, kann als «Beweis» für «bluewashing» negativ medienwirksam werden – ohne dass es im Normalfall zu einer Abklärung der professionellen Seriosität der Ankläger kommt. Da es, anders als bei der Erdbebenmessung, keine unabhängig zertifizierte «Richter-Skala» gibt, die mögliche Global-Compact-Verstösse in ihrer Schwere bewerten und dadurch für Laien differenzier- und relativierbar macht, gehen zufällige und geringfügige Abweichungen mit vergleichbarem Gewicht in das kritische Reporting ein wie fahrlässig oder gar absichtsvoll in Kauf genommene.

60 Wie gesagt, bin ich skeptisch, ob es vernünftig und gut begründbar sein kann, vom privaten Sektor staatstragende Leistungen zu erwarten.
61 Homann K.: Die Legitimation von Institutionen. In: W. Korff (Hg.), Handbuch der Wirtschaftsethik, Band 2, Gütersloh 1999, S. 50-95, hier 86 ff.

Ethik im Management und nachhaltige Entwicklung

Ist der Erfolg von Unternehmensethik messbar?

Weshalb sprechen wir über die soziale Verantwortung von Unternehmen? Das Thema beschäftigt uns schon seit Jahrzehnten, und nicht alle Aspekte daran sind neu, einige jedoch weiterhin von grosser Bedeutung. Nach dem Platzen der grössten finanziellen Seifenblase der neueren Zeit erholen wir uns noch immer von den Nachwehen, während Korruption und Wirtschaftskriminalität in den USA und in anderen Ländern zum Normalfall geworden sind. Wir wissen etwa, dass viele Grossunternehmen illegal handeln, indem sie Milliardengewinne aus den Bilanzen verschwinden lassen. Daher ist Ethik im Management gefragter denn je. Sie wird vor allem von den Globalisierungsgegnern eingefordert, die in ihrem Kern eine unternehmerfeindliche Bewegung sind. Ob diese Bewegung insgesamt oder – was ich eher vermute – nur zu grossen Teilen fehlgeleitet ist, sie richtet sich auf jeden Fall gegen die Wirtschaft.

Jeffrey Sachs, Prof. Dr. (*1954), promovierte und habilitierte an der Harvard University und ist Direktor des «Earth Institute», lehrt Nachhaltige Entwicklung, Gesundheitspolitik und Management an der Columbia University, New York und ist Sonderberater des UNO-Generalsekretärs Kofi Annan. Bis 2002 leitete Jeffrey Sachs das Zentrum für Internationale Entwicklung in Harvard. Er hat mehrere Bücher über Themen der Globalisierung, der Makro-Ökonomik in Entwicklungsländern und den neuen Marktwirtschaften geschrieben. Als Vorsitzender der Kommission für Makro-Ökonomik und Gesundheit bei der Weltgesundheitsorganisation (WHO) befasst sich Jeffrey Sachs mit den Auswirkungen von Seuchen und Krankheiten auf die Volkswirtschaften. Bei der WHO leitet er ein Forschungsprojekt zu den globalen Auswirkungen von Aids. Der amerikanische Ökonom Jeffrey Sachs ist einer der schärfsten Kritiker der Politik von Präsident George W. Bush.

Die Unternehmensführung und das Interesse der Aktionäre

«Unternehmensethik» benennt die Regeln, welche von der Geschäftswelt befolgt werden sollten und so zum Wohlergehen und zum Wohlstand der ganzen Gesellschaft beitragen würden. Dabei geht es nicht um die kurzfristigen Interessen einzelner Unternehmen oder einzelner Manager, sondern um eine langfristige Perspektive für unsere Gesellschaft. Eine grundlegende Markttheorie besagt, man solle sich nicht zu sehr mit diesen Themen beschäftigen, denn das Ziel von Unternehmen sei es, möglichst hohe Profite zu erzielen. Sollen sich doch die anderen um ethische Fragen kümmern, «Geschäft bleibt Geschäft». Schliesslich werde es die «unsichtbare Hand» schon richten, wie bereits Adam Smith vor 227 Jahren in seinem Werk «Der Wohlstand der Nationen» sagte. Die Theorie basiert also auf zwei Grundannahmen: Erstens ist für jede Unternehmensführung die Maximierung des Shareholder Values oberstes Gebot. Zweitens führt – etwa aus der Sicht von Milton Freedman – ein maximaler Shareholder Value zu grösserem gesellschaftlichem Wohlstand. Kurz, die Manager erhöhen den Marktwert der Unternehmen, und davon profitiert letztlich die ganze Gesellschaft, also lassen wir die Manager doch einfach Manager sein.

Ich gebe zu, in den beiden Aussagen steckt viel Wahres, aber leider ist dies nicht die ganze Wahrheit. Beide Behauptungen beruhen auf Trugschlüssen, und gerade diese Trugschlüsse geben uns wichtige Hinweise zum Thema meiner Ausführungen. Ein erster Trugschluss besteht in der Annahme, es gehe den Managern nur um die Optimierung des Shareholder Values. Das sehen wir schon daran, dass die Manager bisweilen die Aktionäre regelrecht bestehlen und schon daher nicht unbedingt im Interesse der Aktionäre handeln. Betrügereien sind an der Tagesordnung, das wurde in letzter Zeit unübersehbar. Einige der grössten Unternehmen in den USA (als berühmtestes Beispiel Enron) wurden von einer Welle von Wirtschaftskriminalität erfasst, nachdem die Manager auf immer frechere Art die Bilanzen gefälscht und so die Aktionäre geprellt hatten. Die Unternehmensführung aus Sicht der Manager lässt sich im Allgemeinen nur bedingt mit den Interessen der Aktionäre vereinbaren. So ist es zum Beispiel nicht zwingend, dass ein maximaler Shareholder Value auch eine maximale Wertschöpfung seitens der Minderheitsaktionäre bedeutet. Das führt uns zu einer weiteren Möglichkeit des Missbrauchs: Manager berauben die Minderheitsaktionäre zugunsten der Mehrheitsaktionäre. Da es innerhalb eines Unternehmens verschiedene Teilinteressen gibt, kann nicht automatisch vorausgesetzt werden, dass die Rechte der Minderheitsaktionäre geschützt werden. Wir wissen, dass die Wahrung der Ansprüche der Aktionäre nicht immer vereinbar ist mit der

Jagd nach dem grösstmöglichen kurzfristigen Gewinn, der «Schnäppchenjagd». Was wirklich zählt, ist der gute Ruf eines Unternehmens, also der langfristig gesicherte Goodwill der umliegenden Gesellschaft, und ein guter Markenname. Es gibt also einen direkten Zusammenhang zwischen individueller Ethik und höherem Shareholder Value. Aber leider sind Manager häufig versucht, die langfristigen Perspektiven gegenüber den kurzfristigen zu vernachlässigen. So entsteht die Diskrepanz zwischen dem, was die Manager tun, und dem, was dabei für die Aktionäre herausspringt. Die Ergebnisse einer solchen Entwicklung spiegeln sich in skandalträchtigen Zeitungsschlagzeilen.

Die Diskrepanz zwischen Shareholder Value und dem gesellschaftlichen Wohlstand
Eine zweite Unterscheidung scheint mir noch wichtiger als erstere: die Diskrepanz zwischen dem Shareholder Value und dem gesellschaftlichem Wohlstand (Social Value). Niemand, der auch nur die geringste Ahnung von der heutigen Wirtschaft hat, glaubt noch ernsthaft daran, dass Unternehmensgewinne Indikatoren für sozialen Wohlstand sind. Darauf beruht jedoch die ganze Theorie der kapitalistischen freien Marktwirtschaft: Über die Preise werden Anreize geschaffen, und Preise und Gewinne bestimmen gemeinsam den Kapitalfluss. In der Realität driften individuelle Anreize und gesellschaftlicher Nutzen meist weit auseinander. Eines der bekanntesten Beispiele hierzu ist die Umweltverschmutzung, etwa wenn die Emission von Kohlendioxid in die Atmosphäre zu Klimaveränderungen führt. Diese externen Folgen (Externalities) sind Zeichen einer Diskrepanz zwischen privatwirtschaftlichen und gesellschaftlichen Interessen und sind im Marktwert eines Unternehmens nicht erfasst. Es gibt viele andere soziale Güter, welche keinen eigentlichen Marktwert haben, darunter als wichtigstes Gut die Produktion von Wissen, unter besonderer Berücksichtigung der wissenschaftlichen Ausbildung. Hätten wir die Wissenschaft nur den Marktmechanismen überlassen, hätten wir es darin nicht so weit gebracht. Glücklicherweise haben unsere Regierungen dies schon vor Jahrhunderten begriffen und die Steuerung von Wissenschaft und Forschung übernommen. Allein mit Mitteln aus der Privatwirtschaft wäre dies nicht zu schaffen gewesen. Somit scheint es mir von grundlegender Bedeutung, diese zweite Diskrepanz zu verringern.

Welche Rolle spielt hierbei die unternehmerische Ethik? Wenn wir die Kluft zwischen privatwirtschaftlichen und gesellschaftlichen Interessen verkleinern, können wir etwas wirklich Gutes für die gesamte Gesellschaft tun. Dabei nur auf Mechanismen der Selbstregulation zu vertrauen, käme einer Selbsttäuschung gleich. Wir brauchen strenge Gesetze: Geschäftsleute, die der Wirtschaftskriminalität überführt werden, wandern ins Gefängnis. Die Kluft zwischen der unternehmerischen Verantwortung und dem Shareholder Value muss möglichst wirksam geschlossen werden.

Übergeordnete Regulierungen sind unumgänglich
Es ist Aufgabe der Politik – und nicht diejenige privater Initiativen, diese Diskrepanz zwischen privatwirtschaftlichem und gesellschaftlichem Nutzen zu beseitigen. Die Ideologie der freien Marktwirtschaft wird scheitern, ausser wir sehen ein, dass beispielsweise der CO_2-Ausstoss besteuert werden muss, damit das Klima spürbar stabilisiert werden kann. Die Privatwirtschaft hat bis anhin keinen Anreiz, ihre Emissionen freiwillig zurückzuschrauben. Wir brauchen also Regulierungen, unter anderem durch die Einführung von Lenkungssteuern und durch die Beschränkung des Schadstoffausstosses. Wenn wir dies durchsetzen könnten, hätten wir sicherlich eine weit besser funktionierende Gesellschaft – ohne kriminelle Manager und ohne Widerspruch zwischen privatwirtschaftlichem und gesellschaftlichem Nutzen.

Weshalb führen wir also keine gut geplanten Regulierungen ein? Zum Teil liegt dies daran, dass wir laufend neue Risiken finden, die ebenfalls einer Regulierung bedürfen. Niemand ahnte vor 20 Jahren die tatsächlichen Gefahren des CO_2-Ausstosses. Mit diesen relativ neuen wissenschaftlichen Erkenntnissen, versucht die Politik nun Schritt zu halten. Im Finanzbereich sind die verschiedenen Transaktionen je länger, desto schwieriger zu überwachen. Derivat-Geschäfte und Transaktionen, die nicht bilanzwirksam werden, besitzen gerade durch ihre zunehmende Komplexität ein Mittel zur Umgehung der Kontrollen. Ich sehe aber noch ein weiteres Risiko: Die Unternehmensmacht kann missbräuchlich als politische Macht eingesetzt werden, welche dann dazu benützt wird, um noch mehr Unternehmensmacht zu erlangen. Die kapitalistische Volkswirtschaftslehre geht davon aus, dass die privatwirtschaftliche Maximierung des Shareholder Values Gegenstand öffentlichrechtlicher Regulierung ist. Was passiert aber, wenn der private Sektor nun plötzlich über die öffentliche Hand bestimmt? Dies kann – wie in den USA bereits ersichtlich – zu Missbräuchen führen. Die Macht der Grossunternehmen zeigt sich in gross angelegten Spendenkampagnen zur Unterstützung von Regierungen, welche durch ihre Gesetzgebung die privaten Unternehmensgewinne mehr befördern als das gesamtgesellschaftliche Wohlergehen. Dadurch steigt die Macht der Grossunternehmen weiter an, und das scheint mir eine gefährliche Entwicklung zu sein. Noch nie gab es nämlich in diesem Land grössere soziale Ungleichheiten, und noch nie hat das politische System so einseitig die Reichen begünstigt. Trotz riesiger Budgetdefizite hat die jetzige Regierungsadministration Vorlagen verabschiedet, die noch mehr Steuererleichterungen für die Superreichen bringen sollen. Die eigentlichen Verlierer dieser Massnahmen wären die Sozialprogramme der Vereinigten Staaten, die Sozialversicherungen und das Gesundheitswesen. Breite Bevölkerungsschichten verstehen nicht, dass die gegenwärtige Regierungspolitik diese Sozialprogramme aushungern wird. Heute sagt man in den Vereinigten Staaten zu den Armen: «Ja, ein Reicher wird Hunderttausende an Steuererleichterungen erhalten, aber du wirst immerhin deine fünfzig Dollar erhalten.» Die Armen nehmen gerne die fünfzig Dollar und vergessen dabei, dass die hunderttausend in fünf Jahren bei der Finanzierung ihrer Krankenkasse fehlen werden. Durch ihre ungebremste Macht haben Grossunternehmen heute zu viel Einfluss auf die Politik, und sie kontrollieren auch die in Konzentrationsprozessen befindliche Medienlandschaft. Hier liegt meines Erachtens das grösste Risiko einer Vernachlässigung der unternehmerischen Verantwortung: Politische Kampagnen werden von der Wirtschaft finanziert, die Medien werden monopolisiert, und mit der Zunahme der Interessenvertretungen steigen auch die Interessenkonflikte, die Vetternwirtschaft und die Zahl der Bestechungsfälle. Halliburton, das Unternehmen von Vizepräsident Cheney, hat in den letzten zwei Jahren Aufträge im Umfang von 500 Millionen Dollar für den Wiederaufbau in Afghanistan und im Irak erhalten. Das wirft ein schiefes Licht auf die amerikanische Politik.

Eine weitere Verzerrung zeigt sich darin, dass in den Unternehmen zu wenig Transparenz herrscht und Tatsachen verdreht werden (zum Beispiel hat die Tabakindustrie während Jahrzehnten behauptet, dass ihre Produkte kein Gesundheitsrisiko darstellen). Nebst dem Verzicht auf kriminelle Machenschaften innerhalb der Unternehmen und der Verminderung der Diskrepanz zwischen privatwirtschaftlichen und gesellschaftlichen Interessen ist die strikte Trennung von Wirtschaft und Politik die dritte nötige Voraussetzung für unternehmerisches Verantwortungsbewusstsein. Die Beeinflussung politischer Entscheidungsträger und die grassierende Vetternwirtschaft machen den öffentlichen Sektor zum Erfüllungsgehilfen privatwirtschaftlicher Interessen, was letztlich den Graben zwischen privatwirtschaftlichen und gesellschaftlichen Interessen noch breiter macht, als er sonst schon ist. Eine Beschränkung der Wirtschaftsmacht ist unerlässlich, und wenn es keine Selbstbeschränkung gibt, muss die Politik Schranken setzen – gerade auch bei den Mitteln zur Unterstützung politischer Kampagnen.

Aktionäre dürfen nicht übervorteilt werden, die Geschäftsberichte sollen transparent sein, gesellschaftliche Werte müssen beachtet und die Trennung von Wirtschaft und

Politik respektiert werden. Daneben gibt es einige weitere Elemente, die in der unternehmerischen Verantwortung liegen:

Erstens kann die Regierung alleine keine Gesetze durchsetzen. Deswegen benötigen wir Industrieverbände, welche ergänzende Mechanismen der Selbstkontrolle einführen. Dadurch verpflichten sie sich, zuwiderhandelnde Unternehmen öffentlich anzuprangern und gerichtlich gegen sie vorzugehen.

Zweitens braucht es spezifische Regeln für multinationale Firmen, die in Entwicklungsländern tätig sind. Normalerweise stellen ausländische Direktinvestitionen für Entwicklungsländer die Hoffnung dar, einen ersten Schritt aus der Armut heraus zu machen. Also liegen die Globalisierungsgegner völlig falsch, wenn sie verlangen, dass diese ausländischen Direktinvestitionen gestoppt werden sollen. Wie dem auch sei, in Entwicklungsländern tätige Unternehmen haben es meist mit schwachen Regierungen, korrupten Beamten und Schmiergeldforderungen zu tun. Möglicherweise kümmern sich diese Regierungen gar nicht um die Korruption, mit Sicherheit fehlen ihnen aber die Mittel zu deren Beseitigung. Das Fehlen von Gesetzen darf aber die Unternehmen nicht zu unethischem Handeln verleiten, wie bei der Entsorgung von Giftmüll geschehen. Bei Geschäften mit armen Ländern mit schwacher staatlicher Führung steigt die Bedeutung wirtschaftsethischer Selbstbeschränkung.

Drittens kann die Theorie Milton Freedmans nicht auf Wirtschaftsbereiche angewandt werden, die auf der Basis von Monopolen funktionieren. Gerade hier scheint mir eine adäquate Geschäftsführung Pflicht zu sein. Nehmen wir beispielsweise den Fall, dass Unternehmen unter Patentschutz produzieren und dabei von der Regierung das Recht auf ein 20-jähriges Monopol zugesichert erhalten. Das Patentrecht funktioniert recht gut bei der Schaffung von Anreizen für Forschung und Entwicklung. Gleichzeitig werden den Ärmsten dieser Welt wichtige und lebensrettende Medikamente vorenthalten, weil sie sich die hohen Preise patentgeschützter Medikamente nicht leisten können. Die Pharmaindustrie in den USA und in Europa hat also ihre soziale Verantwortung nicht wahrgenommen, weil sie keine Anreize für die Verbreitung dringend benötigter Medikamente in den Entwicklungsländern geschaffen hat. Es ist in der Tat ein Defizit im unternehmerischen Verantwortungsbewusstsein, sich nur um die kurzfristigen, einer Monopolstellung zu verdankenden Profite zu kümmern – ohne einen Gedanken an die damit zusammenhängenden Todesfälle zu verschwenden. Unbeachtet sterben Menschen, nur weil die Industrie in dieser Frage keine effizienten und zeitgemässen Problemlösungen anbietet. Einige Firmen haben Schritte in die richtige Richtung unternommen, aber die Industrie als Ganzes hat hier versagt.

Viertens möchte ich die privaten Formen der Wohltätigkeit erwähnen. Eine grossartige Seite der amerikanischen Grossunternehmen im vergangenen Jahrhundert zeigt sich darin, dass einige der reichsten Unternehmer gleichzeitig grosse private Wohltäter waren und so einen Beitrag zu einer besseren Welt leisteten. Die Rockefeller-Stiftung, welche 1913 von John D. Rockefeller gegründet wurde, war eine treibende Kraft in der wissenschaftlichen und gesellschaftlichen Entwicklung des 20. Jahrhunderts. Es war die Rockefeller-Stiftung, die den Impfstoff gegen Gelbfieber entwickelte, Brasilien von der Malaria befreite und die «grüne Revolution» in Asien einführte, um nur einige Errungenschaften zu nennen. Kürzlich haben Bill und Melinda Gates 25 Milliarden Dollar ihres eigenen Vermögens der «Bill und Melinda Gates»-Stiftung vermacht. Diese Stiftung entwickelt sich zu einer führenden Kraft im globalen Gesundheitswesen und gibt dafür häufig mehr Geld aus als die US-Regierung oder die gesamten G-8-Staaten. Was für die G-8-Länder ein Armutszeugnis darstellt, gereicht Bill und Melinda Gates zu grosser Ehre. Als Teil der sozialen Verantwortung von Unternehmen leitet sich also eine Verantwortung von Privatpersonen ab, wonach Multimilliardäre einen bestimmten Teil ihres Vermögens für soziale Zwecke ausgeben sollen.

Ein fünfter Punkt betrifft den Verantwortlichkeitsbereich unter den bestehenden gesetzlichen Rahmenbedingungen. Milton Freedmans Theorie funktioniert auch hier nicht. Nehmen wir als Beispiel ein Unternehmen, das feststellt, dass im kleinen See neben ihren Produktionsanlagen alle Lebewesen aufgrund einer neuen Chemikalie sterben. Eine Chemikalie, welche den Umweltbehörden noch gar nicht bekannt ist. Es handelt sich also nicht um einen klaren Gesetzesverstoss. Können wir uns hier auf die soziale Verantwortung berufen? Durchaus. Wenn ein Manager eine grosse Diskrepanz zwischen privatwirtschaftlichen und gesellschaftlichen Werten und zudem eine Gesetzeslücke feststellt, dann zwingen ihn Transparenz, Ethik und eine auf langfristige Wertschöpfung ausgerichtete Unternehmensphilosophie zum Handeln im Sinne der gesamtgesellschaftlichen Interessen: Er muss seine Bedenken publik machen. Die Tabakindustrie tat das genaue Gegenteil, ein Grossteil der Asbestindustrie ebenfalls. Aber die Wirtschaft muss mithelfen, die Unterschiede zwischen öffentlichen und privaten Interessen zu verkleinern, weil dies alleine durch Massnahmen der Regierung nicht geschehen kann. Die Unternehmen müssen endlich damit aufhören, bei ungenügenden gesetzlichen Vorschriften ihre Hände in Unschuld zu waschen.

Der sechste Punkt sind die wohltätigen Bereiche innerhalb der Unternehmen. Diese sind im Vergleich zu den bereits erwähnten privaten Formen begrenzt, da Firmen keine Wohltätigkeitsvereine sind und auch keine werden sollen. Trotzdem braucht jede Firma eine klar begrenzte Wohltätigkeitsstruktur. Dies wirkt sich umgehend auf den Erfolg der Firma aus: durch einen besseren Ruf der Firma und durch ein besseres Verhältnis zur umliegenden Gesellschaft. Darüber hinaus scheinen mir wohltätige Aktivitäten schon deshalb angebracht, weil sie die unvermeidlichen Diskrepanzen zwischen Betriebsergebnis und Sozialleistungen ausgleichen.

Schliesslich beinhaltet unternehmerische Verantwortung auch ein vorbildliches Verhalten innerhalb der Geschäftswelt. Es reicht nicht aus, die Bilanzen nicht zu fälschen. Es genügt nicht, kein Lobbying für missbräuchliche Wettbewerbsvorteile zu betreiben. Führende Manager, die in der Gesellschaft Vorbildfunktion haben, die uns von den Titelblättern der Zeitschriften entgegenlächeln und in Radio und Fernsehen auftreten, sollten unbedingt auch über soziale Werte sprechen: über die Notwendigkeit, sich um die Armen zu kümmern, über die Risiken der Globalisierung und über die Notwendigkeit, die Divergenzen zwischen öffentlichen und privatwirtschaftlichen Interessen zu beheben. Die Geschäftswelt verfügt über eine hohe Glaubwürdigkeit: Wenn Bill Gates über das öffentliche Gesundheitswesen spricht (abgesehen davon, dass er viel Geld dafür ausgibt), hören ihm erstaunlich viele Leute zu. Wenn er über Kinder in Burkina Faso spricht, die an Malaria sterben, trifft er damit offenbar einen Nerv beim Publikum. Die Geschäftswelt muss auch bei der Verbreitung allgemeiner Werte ein Vorbild sein. Die sozialen Werte sind ein Produkt unserer Gesellschaft, und wenn neben Führungskräften auch Baseballspieler, Künstler, Rockstars und andere über diese Werte sprechen, umso besser.

«Wie bedauerlich»

Ich möchte mit einigen Worten zur Globalisierung schliessen. Es gibt auf unserem Planeten über eine Milliarde Menschen, die so arm sind, dass sie jeden Tag aus lauter Armut sterben können. Obschon wir in grösserem Reichtum leben als je zuvor in der Menschheitsgeschichte, empfinden wir das Elend in der Welt irgendwie als normal. Obwohl es nur 20 bis 50 Cents pro Dosis kosten würde, um eine Malaria-Erkrankung zu kurieren, werden dieses Jahr drei Millionen Kinder an Malaria sterben. Drei Millionen Kinder werden sterben, weil sie keinen Zugang zu den benötigten Medikamenten haben. Die Gemeinschaften in diesen Ländern sind zu arm. Weder die einzelnen Haushalte noch die Regierungen können sich die Medikamente leisten. Drei Millionen Menschen werden an Aids sterben. Diese Behandlung ist zwar teurer, beträgt aber auch nur einen Dollar pro Tag. Wir lassen es also zu, dass Millionen von Menschen sterben und Millionen von Kindern zu Waisen werden, weil wir den einen Dollar pro Tag nicht aufbringen wollen. Diese Menschen wissen, dass wir mit diesen Krankheiten weiterleben können, und sie fragen sich, weshalb sie sterben müssen, ohne die geringste Hilfe zu erhalten. Viele Menschen sterben auch an Unter- oder Mangelernährung. Es reicht letztlich nicht, zu sagen: «Wie bedauerlich!» Vielmehr müssen wir unser eigenes Tun hinterfragen. Zumindest stellt die Ethik uns vor die Frage, ob dies alles unvermeidlich ist.

Funktioniert die Welt wirklich so? Wird es immer Arme geben? Aber auch: Was kann dagegen unternommen werden? In den erwähnten Fällen gäbe es Problemlösungen, die nicht zu teuer sind. Weniger als 1 Prozent des Einkommens der reichen Länder würde vielen Armen dieser Welt das Überleben sichern. Die Armen werden immer noch sterben und immer noch arm sein. Aber sie würden dann nicht mehr sterben, weil sie keinen Zugang zur rettenden Dosis Chinin und zu Aids-Medikamenten haben – oder weil sie schlicht verhungern. Mit weniger als 1 Prozent des Einkommens der reichen Länder könnten wir diese extremen Formen des Elends stoppen, welches jährlich Millionen von Menschen umbringt. Ich wünsche mir, dass sich die Geschäftswelt dafür einsetzen wird. Die Finanzierung kann nicht nur von den Unternehmen getragen werden. Wir alle müssen mitmachen. Aber es sind die Unternehmen und ihre Angestellten, welche in jenen Ländern Geschäfte betreiben und sehen, wie die Leute sterben. Anstatt sich damit abzufinden, sollen sie uns Daheimgebliebenen aufrütteln: «Wir müssen mehr dagegen tun!» Wenn wir übrigens mehr für die Armen in diesen Ländern tun, dann sind wir vielleicht irgendwann auch bereit, mehr für die Armen unter uns zu tun. Wir würden damit gleichzeitig etwas für unser eigenes Wohlbefinden und Wohlergehen tun. Das wäre tatsächlich eine gute Sache.

Übersetzung von Hans Ramseier

Ethik als Managementaufgabe

Ist Ethik im Wettbewerb überhaupt möglich? Sind Moral und Wirtschaft nicht unverträglich?

Fragen dieser Art werden häufig gestellt, wenn es um das Thema «Unternehmensethik» geht – und meistens sehr skeptisch beantwortet. Die Alltagserfahrungen des Geschäfts scheinen in vielen Fällen gegen die praktische Relevanz der Ethik in der Wirtschaft zu sprechen: Kaum ein Tag vergeht, an dem nicht von neuen Skandalen aus Unternehmen berichtet wird. «Frisierte Bilanzen» und «Selbstbedienung von Managern» scheinen Zeichen eines allgemeinen Niedergangs der Moral zu sein. Wer jedoch nicht auf der Ebene einer allgemeinen moralischen Empörung stehen bleiben will, muss sich fragen, was diese Fehlhandlungen ermöglicht und warum das Risikomanagement bei diesen «unmoralischen Handlungen» versagt. Erst ein umfassendes und integratives Werte-Management-System, das auch die informellen Ressourcen einer Organisation mobilisiert, kann dazu beitragen, dass Grundsätze nicht nur auf dem Papier stehen, sondern zu einem Standard verantwortungsvoller Unternehmensführung werden. – Dieser Beitrag identifiziert vier wesentliche Managementbereiche als Triebkräfte, die für das wachsende Interesse an einem systematischen Werte-Management verantwortlich sind.

Josef Wieland, Prof. Dr. habil. (*1951), absolvierte eine Lehre als Industriekaufmann. Danach Studium der Wirtschaftswissenschaften und der Philosophie an der Universität-GHS Wuppertal. Abschluss als Dipl.-Ökonom (1985). Mitarbeiter am Lehrstuhl Prof. Biervert «Markt und Konsum» von 1990. Promotion zum Dr. rer oec. (1988). Habilitation im Fach Volkswirtschaftslehre (1995) an der Privatuniversität Witten/Herdecke. Leiter der Forschungsstelle Wirtschaftsethik an der Universität Münster von 1990 bis 1995. Ab 1995 bis heute Professur für BWL mit Schwerpunkt Wirtschafts- und Unternehmensethik an der FH Konstanz. Seit 2001 Studiengangsleiter des MBA-Studiengangs «Human Capital Management» (HCM). August 2001 Ruf auf die C4-Professur «Wirtschafts- und Unternehmensethik» an der Universität Kassel. Seit 2001 Gastprofessor für Management und Ethik an der Universität Jiangsu in Zhenjiang/VR China. Direktor des KIeM – Konstanz Institut für Werte-Management, Konstanz. Josef Wieland erhielt 1999 den «Max Weber»-Preis für Wirtschaftsethik des BDI, Köln.

Wert und Werte – Ethik als Managementaufgabe

Im Wirtschaftsleben gelten Ethik, Moral und feste Werte häufig als unvereinbar mit Wettbewerb und für den Geschäftsalltag oder die Karriere als irrelevant. Mehr als 90 Prozent der nordamerikanischen Unternehmen haben jedoch einen «code of ethics» und entsprechende Leitlinien zur praktischen Umsetzung ihrer Werteorientierung, die in 40 Prozent dieser Firmen durch ein eigenes «Ethics Office» betrieben wird. Für professionelle Ethikmanager existiert dort ein eigener Berufsverband, dem etwa 700 Unternehmen angehören.

Die entsprechenden Zahlen gestalten sich für Europa, und damit auch für Deutschland, bescheidener. Aber es ist heute unübersehbar, dass sich hier eine ähnliche Entwicklung abzeichnet. Die Bayerische Bauindustrie hat vor etwa vier Jahren ein Ethik-ManagementSystem eingeführt, das mithelfen soll beim Aufbau und Erhalt einer auf Integrität beruhenden Geschäftskultur. Unternehmen wie BASF und ABB haben ihre Lektionen aus rechtlichem Fehlverhalten gelernt und ein Werte-Management-System eingerichtet. Versand- und Kaufhäuser wie der Otto-Versand, C&A und Deichmann gestalten ihre Beziehungen zu Lieferanten in der Dritten Welt entlang von Sozialverträglichkeitsstandards. Kinder- oder Zwangsarbeit, Arbeits- und Umweltschutz werden zu Gestaltungsaufgaben für das deutsche Management. Die grossen Wirtschaftsprüfungsgesellschaften arbeiten an der Ergänzung ihres forensischen Services um moralische Präventivkommissionen. Pharmakonzerne, Ärzte und ihre Verbände erkennen zunehmend, dass ihre Produkte und Dienstleistungen moralisch sensibel sind.

Auf Einladung des Zentrums für Wirtschaftsethik in Konstanz haben Unternehmen und Verbände der Wirtschaft einen Mindeststandard für die Seriosität und Nachhaltigkeit von Werte-Management-Systemen entwickelt, der speziell auf europäische Unternehmenskulturen zugeschnitten ist. Er definiert die unabdingbaren Prinzipien und Bausteine eines Nachhaltigkeitsmanagements und wurde im Juli 2003 im Rahmen eines öffentlichen Symposiums am Markt eingeführt.

Hinter dieser Entwicklung moralisch sensibler Managementsysteme stehen Veränderungen in den Märkten, in denen Unternehmen sich bewegen müssen. Aber auch der Umbau ihrer Organisationsstrukturen und veränderte gesellschaftliche Anforderungen spielen eine Rolle. Davon zeugt bereits ein oberflächlicher Blick auf die Tagesereignisse, so wie sie uns die Medien anbieten. Wer Lieferanten in den Ländern der Dritten Welt beschäftigt, hat immer eine Chance, wegen unmoralischer Praktiken öffentlich angeklagt zu werden. Ob ein Unternehmen überhaupt Steuern zahlt und wo es sie zahlt, ist nie nur eine steuerpolitische Effizienz-, sondern immer auch eine moralische Frage. Ob wirksame Medizin gegen die Aids-Seuche auch auf zahlungsschwachen Märkten, wie etwa in Südafrika, zur Verfügung steht, ist nicht allein, ja nicht einmal in erster Linie, eine Frage des Copyrights. Wer das glaubt, ist vielleicht nicht unmoralisch, aber in dieser Hinsicht ein schlechter Manager.

Systematische Untersuchungen meines Instituts[1] zeigen, dass vier Bereiche als Treiber des Ethikthemas in der Wirtschaft identifiziert werden können.

Der erste Bereich ist das Risikomanagement, und zwar hier das Risiko aus menschlichem Fehlverhalten. Es ist eine Schwäche der meisten Risikomanagement-Systeme, dass sie diesen Risikofaktor nicht präventiv abbilden. Betrug, Untreue, Preisabsprachen und Korruption können nicht allein durch Kontroll- und Sanktionssysteme verhindert und aufgedeckt werden. Dezentrale Unternehmensstrukturen und die Idee, dass jeder Mitarbeiter auch immer Unternehmer sein sollte, setzen enge Grenzen. Hinzu kommen muss deshalb eine sensibel und eindeutig eingestimmte Unternehmenskultur, die ohne ein Werte-Management nicht zu haben ist.

Der zweite Bereich ist ein weit verstandenes Qualitätsmanagement. Es geht nicht nur um die Produkte, Prozesse und Lieferanten des Unternehmens, die einer ethischen Bewertung unterworfen werden. Im Vordergrund stehen heute vor allem Personalfragen. Flexibilität, Responsivität, Entrepreneurship, Innovationsorientierung – so die catch words aus vielen Stellenanzeigen – unterstreichen die Bedeutung der «soft facts» in modern geführten Unternehmen. Die Ressource Nummer 1 westlicher Ökonomie ist das Wissen und damit das Humankapital. Dieses Kapital kann ein Unternehmen nicht wie das Sach- und Finanzkapital besitzen, sondern es erwirbt durch den Beschäftigungsvertrag Rechte an seiner Nutzung. Deren Quantität und Qualität bestimmt allerdings zu einem nicht geringen Anteil der Mitarbeiter selbst, vor allen Dingen dann, wenn er über nicht imitierbare Ressourcen verfügt. Auf dem leergefegten Markt für High Potentials zählen aber nicht nur der Wert des Unternehmens, sondern auch seine Werte als Argumente.

Der dritte Bereich ist das Umweltmanagement eines Unternehmens. Hier gibt es speziell in Deutschland bereits eine lange Erfahrung und viele Anstrengungen. Gezeigt hat sich aber hier, wie im Qualitätsmanagement überhaupt, dass nicht bürokratische Systeme, sondern Einstellung und Wille zur gesellschaftlichen Verantwortung der Schlüssel zum Erfolg sind.

Der vierte Bereich ist Corporate Citizenship, der ausgehend von den angelsächsischen Ländern gegenwärtig eine grosse Beachtung erfährt. Das bürgerschaftliche Engagement des Unternehmens, seine Rolle und Aufgabe als Bürger der Gesellschaft, ist vielfältig. Betriebliche Sozialleistungen, Sponsoring, Philanthropie, gesellschaftspolitisches Engagement und weltweite Initiativen wie etwa der Global Compact spielen dabei eine Rolle. Sie entscheiden mit darüber, ob Unternehmen für die Talente attraktive Arbeitgeber sind. Sie entscheiden mit darüber, etwa über den Dow Jones Sustainability Index, welchen Zugang Unternehmen zum Kapitalmarkt haben. Sie entscheiden mit darüber, welches öffentliche Ansehen ein Unternehmen hat und welche Reputation in den Konsummärkten.

Alle vier Bereiche sind eine Herausforderung für das Management, sowohl der globalen als auch der kleinen und mittelständischen Unternehmen – nicht nur durch die neuartigen Anforderungen, die jedes einzelne Feld stellt, sondern auch durch ihre Integration. Gerade in US-amerikanischen Firmen erlebt man nicht selten, dass das Risiko-Management als Complianceprogramm von der Rechtsabteilung betrieben wird, das Qualitäts-Management separiert ist und Coroporate Citizenship der Kommunikationsabteilung zugeschlagen wird. Andere Unternehmen, so auch in Deutschland, beginnen jedoch damit, alle diese Aktivitäten organisatorisch zu konzentrieren. Sie konvergieren dann im Begriff der Sustainability des Unternehmens, und ihre Aufgabenstellung ist der Erhalt der «license to operate and to grow».

Ethik im Management ist vor dem Hintergrund dieser Entwicklungen kein Goodwill-Thema mehr, sondern unabweislicher Bestandteil der Leistungserbringung und Existenzsicherung einer Firma. Dazu braucht es erstens klare und lebbare Grundwerte der Organisation, zweitens Leitlinien und Instrumente ihrer praktischen Umsetzung und drittens Anreize, dies auch zu tun. Die Grundwerte sind die moralische Visitenkarte des Unternehmens und geben dem Management den Massstab seines Handelns. Die Leitlinien und Instrumente – dazu gehören auch Informations- und Trainingsprogramme sowie Dilemmaschulungen –, aber auch die entsprechenden Anreizsysteme, geben Orientierung im unausweichlichen Fall der Zielkonflikte.

An erster Stelle steht allerdings das Vorbildverhalten der Führungskräfte, weil sie es sind, die die ethische Orientierung des Unternehmens verkörpern – oder eben nicht. Moralischer Charakter und persönliche Glaubwürdigkeit sind daher die Basis jedes Werte-Management-Systems. Aber ohne organisatorische Verfahren und Anreize, die es stützen und fördern, ist die Tugend des Einzelnen im Regelfall zum Scheitern verurteilt und nicht selten überfordert. Werte-Management-Systeme erfordern einen langen Atem, weil sie nicht schlagartig für moralisch saubere Zustände sorgen. Sie ermöglichen nur einen Prozess, in dem es nicht um die Verwirklichung des moralisch Guten, sondern um das jeweils moralisch Bessere geht.

Anwenderrat für Werte-Management (AfW)ZfW: Mitgliedsfirmen
Josef Wieland ist Initiator des «Anwenderrats für Werte-Management (AfW), einem Ausschuss des Zentrums für Wirtschaftsethik. Folgende Firmen sind Mitglied:

ABB Deutschland AG, Mannheim
Allianz AG, München
BASF AG, Ludwigshafen
DaimlerChrysler, Stuttgart
DFK – Deutsches Forum für Kriminalprävention, Bonn
DIHK, Berlin
Ernst & Young, Stuttgart
EMB – Ethikmanagement der Bauwirtschaft e.V., München
Fraport AG, Frankfurt a.M.
KPMG Deutsche Treuhand AG, Frankfurt a.M.
Kraft Foods Deutschland GmbH, Bremen
Novartis Foundation for Sustainable Development, Basel
PricewaterhouseCoopers, Hamburg
SchwarzPharma Deutschland GmbH, Monheim
Siemens AG, München
Yello Strom GmbH, Karlsruhe
Zentrum für Wirtschaftsethik GmbH (ZfW), Konstanz/Weingarten

1   Zentrum für Wirtschaftsethik (ZfW)

Literatur

- Die Entdeckung der Ökonomie. Kategorien, Gegenstandsbereiche und Rationalitätstypen der Ökonomie an ihrem Ursprung. Bern/Stuttgart: Haupt 1989.
- Formen der Institutionalisierung von Moral in der Unternehmung. Die amerikanische Business-Ethics-Bewegung: Why and how they do it. Bern/ Stuttgart: Haupt 1993.
- Ökonomische Organisation, Allokation und Status. Tübingen: Mohr(Siebeck) 1996.
- Die Ethik der Governance. Marburg: Metropolis 1999.

Herausgeber Josef Wieland

- Sozialphilosophische Grundlagen ökonomischen Handelns. Frankfurt a.M.: Suhrkamp 1990 (Hrsg., gemeinsam mit B. Biervert und K. Held).
- Wirtschaftsethik und Theorie der Gesellschaft. Frankfurt a.M.: Suhrkamp 1993.
- Umweltethik und Entwicklungsprobleme: Die ökonomische Perspektive. Berliner Kolloquien zu Sozialethik und ökonomischer Theorie. Bd. 1. Münster: Lit Verlag 1997 (Hrsg., gemeinsam mit A. Habisch).
- Unternehmensethik in der Praxis. Bern/Stuttgart: Haupt 1998, 2. Aufl. 1999 (Hrsg., gemeinsam mit P. Ulrich).
- Formelle und informelle Institutionen der Ökonomie. Genese und Evolution. Marburg: Metropolis 1998 (Hrsg., gemeinsam mit G. Wegner).
- Unternehmerische Freiheit, Selbstbindung und politische Mitverantwortung. München/Mering: Hampp Verlag (DNWE-Schriftenreihe) 1999 (Hrsg., gemeinsam mit P. Ulrich und A. Löhr).
- Dezentralisierung und weltweite Kooperationen – Die moralische Herausforderung der Unternehmen. München/Mering: Hampp Verlag (DNWE- Schriftenreihe) 2000.
- Die moralische Verantwortung kollektiver Akteure. Heidelberg: Physica 2001.
- Human Capital und Werte. Die Renaissance des menschlichen Faktors. Marburg: Metropolis 2001.
- Corporate Citizenship – Internationale Managementkonzepte und Instrumente. Zus. mit Conradi, W., Marburg: Metropolis 2002.
- In: Wieland, J. (Ed.): Standards and Audits for Ethics Management Systems – The European Perspective. Heidelberg: Springer 2003.
- Wieland, J. (Hrsg.): Corporate Citizenship und strategische Unternehmenskommunikation in der Praxis. München/Mering: Hampp Verlag 2003. Gemeinsam mit Behrent, M.

III. Implementierung von Ethik ins Unternehmen

Methoden und Instrumente

Sybille Sachs
Guido Palazzo
Maria Luise Hilber
Frank Figge
Reinhard Friesenbichler

Neudefinition der Unternehmung in der heutigen Gesellschaft

Normative Grundlegung des Stakeholder-Managements

Insbesondere multinationale Unternehmungen müssen sich heute neben der Bewältigung der Grösse und der Ausdifferenzierung von Eigentum und Kontrolle auch mit dem Problem der Globalisierung und der Multikulturalität auseinander setzen. Die Stakeholdertheorie hat deshalb in den letzten Jahren grosse Beachtung gefunden. In der betrieblichen Praxis und namentlich beim strategischen Management von Unternehmungen ist nicht selten eine explizite Bezugnahme auf Stakeholderansprüche in Visionen und Leitbildern zu erkennen. Welches ist die Rolle der Unternehmung in der heutigen Gesellschaft, und welche Instrumente stehen der Unternehmung zur Verfügung?

Sybille Sachs, Prof. Dr. oec. publ. (*1959 in Zürich), studierte und doktorierte in Betriebswirtschaft an der Universität Zürich. Ihre Habilitationsschrift befasst sich mit der sich verändernden Rolle der Unternehmung in der Gesellschaft und wurde unter dem Titel «Die Rolle der Unternehmung in ihrer Interaktion mit der Gesellschaft» (Haupt, 2000) veröffentlicht. Von 1994 bis 2003 war sie Assistenzprofessorin für Betriebswirtschaftslehre an der Universität Zürich. Seit Frühjahr 2003 ist sie Professorin an der Hochschule für Wirtschaft und Verwaltung Zürich und leitet dort die BWL-Forschungstelle. An der Universität Zürich ist sie als Titularprofessorin im Bereich «Unternehmung und Gesellschaft» tätig. Ihre Forschung auf den Gebieten Unternehmungspolitik sowie Business and Society u. a. wurde von der Sloan Foundation und vom Schweizerischen Nationalfonds unterstützt. Praktische Tätigkeiten: Leiterin des Uni-Pressedienstes, Mitglied in Expertenkommissionen und Beraterativitäten. Umfangreiche Publikationen zu Themen wie Strategisches Management, Evolutionäres Management und Stakeholder-Management.

1 Welches ist die Rolle der Unternehmung in der heutigen Gesellschaft?

Aufgrund der Ereignisse der letzten Jahre, wird die Rolle von Unternehmungen in der heutigen Gesellschaft immer mehr hinterfragt (vgl. dazu Sachs 2000; Post/Preston/ Sachs 2002a). Gefordert werden dabei u.a. strategische Management-Ansätze, die einem integrativen Anspruch gerecht werden. In den Vereinigten Staaten hat sich eine Forschungsrichtung zum Problemkreis Unternehmung und Gesellschaft entwickelt, die als «business and society»-Forschung (vgl. dazu z. B. Wood 1994; Philips 2003) bezeichnet wird. Sie reicht von der theoretischen Konzeptionalisierung dieses Problemkreises über die ökonomische, verhaltenswissenschaftliche oder institutionelle Beziehungsanalyse zwischen Unternehmung und Gesellschaft bis zur differenzierten empirischen Forschung zu Einzelfragen (Issues).

Mit zunehmender Grösse der Unternehmungen in den letzten Jahrzehnten veränderte sich auch die Beziehung zwischen Eigentum und Kontrolle (vgl. dazu Berle/Means 1932; Clarkson 1998). Es wandelten sich hierbei vor allem die Interessen- wie auch die Legitimationsbereiche für die Unternehmung. Diese Diskussion wird vor allem auch im Zusammenhang mit dem Thema der Corporate Governance geführt (vgl. dazu Blair 1995).

Insbesondere multinationale Unternehmungen müssen sich heute neben der Bewältigung der Grösse und der Ausdifferenzierung von Eigentum und Kontrolle, aber auch mit dem Problem der Globalisierung und der Multikulturalität auseinander setzen. Giddens (1995) hebt dabei die Rolle von Institutionen hervor, die eine wesentliche Leitfunktion in der modernen Gesellschaft erfüllen. Multinationale Unternehmungen haben nach seiner Meinung eine spezielle Bedeutung, da sie zu den wenigen bereits global handlungsfähigen Institutionen in unserer Gesellschaft gehören, während das politische System immer noch primär nationalstaatlich orientiert ist. Damit ist die Unternehmung nicht nur eine ökonomische, sondern auch eine gesellschaftliche Institution, die zunehmend nicht nur mit ökonomischen, sondern eben auch noch mit gesellschaftlichen und politischen Aufgaben konfrontiert wird. Unternehmungen wie Nestlé oder Shell haben das sehr eindrücklich erfahren müssen. Diese sich verändernden gesellschaftlichen Erwartungen gegenüber der Unternehmung sollten nun auch Gegenstand eines effektiven strategischen Management Approaches sein.

Innerhalb der «business and society»-Forschung hat die Stakeholdertheorie in den letzten Jahren die grösste Beachtung gefunden. Die Stakeholdertheorie wird dabei als integrativer beurteilt als die «corporate social performance»-Konzeption, die bisher die Fähigkeit der Integration von Interaktionen zwischen Unternehmung und Gesellschaft für sich in Anspruch nehmen wollte (vgl. dazu Wood/Jones 1995). Auch in der betrieblichen Praxis und namentlich beim strategischen Management von Unternehmungen ist nicht selten eine explizite Bezugnahme auf Stakeholderansprüche in Visionen und Leitbildern zu erkennen. Wir werden uns daher im Folgenden auf das Stakeholder-Management konzentrieren, um zu diskutieren, wie der Forderung nach einem strategischen Management-Ansatz Rechnung getragen werden kann, der den neuen Anforderungen bzgl. der Rolle von Unternehmungen in der Gesellschaft gerecht wird.

2 Welches sind die normativen Grundlegungen der Stakeholdertheorie?

Lange Zeit basierte die normative Grundlegung der Stakeholdertheorie primär auf den Annahmen der ökonomischen Theorie. Allerdings werden heute oft die idealtypischen Annahmen der neoklassischen ökonomischen Theorie (nicht aber diejenige der modernen Ökonomen wie Coase und Williamson) als Grundlage für die Stakeholdertheorie als zu wenig tragfähig bezeichnet. Wir werden nun im Folgenden einige Beispiele für nicht ökonomisch und für ökonomisch fundierte normative Grundlegungen diskutieren.

2.1 Ökonomisch fundierte normative Grundlegungen

Eine erste Gruppe von Autoren beschäftigt sich mit der Legitimation von Stakeholdern und differenziert zwischen verschiedenen Legitimationskategorien wie «moral claims» (vgl. dazu etwa Carroll/Hannan 1989; Donaldson/Preston 1995), «risks» (vgl. dazu etwa Blair 1995; Clarkson 1995) oder auch «contracts» (vgl. dazu Hill/Jones 1992). Die meisten dieser Autoren berufen sich dabei auf ökonomische Verhaltensannahmen der modernen neoinstitutionellen Theorie. Hierbei herrscht der Gedanke vor, dass Stakeholder, welche die Eigenschaft aufweisen, über einen legitimen «stake» gegenüber der Unternehmung zu verfügen, diesen geltend machen und so den Erfolg einer Unternehmung beeinflussen können bzw. sollen.

Eine weitere normative Grundlegung diskutieren jene Autoren (vgl. dazu beispielsweise Carroll 1996; Freeman 1984; Savage et al. 1991), die denjenigen Stakeholdern Priorität zusprechen, welche die Existenz der Unternehmung gefährden können. Dabei werden die Eigenschaften der Macht der Stakeholder und damit deren Einflusspotenzial fokussiert. Eine Unternehmung soll sich demnach schwergewichtig um diejenigen Stakeholdergruppen kümmern, die ein hohes Einflusspotenzial haben und damit ihren Erfolg potenziell positiv oder negativ beeinflussen können.

Goodpaster (1991) unterscheidet zwischen einer Stakeholderanalyse, die rein deskriptiv sowie wertneutral ist, und einer Stakeholdersynthese, die auf der Basis der Stakeholderanalyse auch eine Änderung des unternehmerischen Handelns nach sich zieht. Goodpaster fragt sich dabei, ob eine Unternehmung bzw. ihre Manager eine singuläre treuhänderische Funktion ausschliesslich gegenüber den Stockholdern oder eine so genannte multiple Treuhänderfunktion gegenüber weiteren Stakeholdergruppen habe. Wenn nun eine Unternehmung nur die Stockholder treuhänderisch berücksichtigt, läuft sie Gefahr, die moralischen Erwartungen der übrigen Stakeholder zu vernachlässigen. Wenn sie demgegenüber eine multiple treuhänderische Funktion wahrnimmt, verstösst sie unter Umständen gegen den ökonomischen Zweck und die heutige rechtliche Ausgestaltung einer Unternehmung. Goodpaster nennt dies das Stakeholderparadox. Er löst dieses Spannungsverhältnis dadurch auf, dass er nur gegenüber den Stockholdern eine treuhänderische Funktion vorsieht und die anderen Beziehungen lediglich als Rahmenbedingungen bei der Ausübung dieser Funktion betrachtet. Auch hier liegt damit eine ökonomische normative Grundlegung vor.

2.2 Nicht ökonomisch fundierte normative Grundlegung

Eine interessante Position in der Diskussion zur Stakeholdertheorie nimmt Freeman (1984) ein, indem er die Wozu-Frage («What do we stand for?») stellt und dabei verschiedene mögliche normative Grundlegungen einer Stakeholdertheorie unterlegt: Eine Unternehmung kann gemäss Freeman (1984) ihre Rolle dahin gehend interpretieren, dass sie insbesondere das Wohlergehen eines spezifischen Stakeholders («specific stakeholder strategy»), etwa der Kunden, fördern will. Die normative Grundlegung liegt dann im Wohlergehen eines spezifischen Stakeholders. Eine zweite und ähnliche Perspektive ist die Konzentration auf den Nutzen für die Stockholder («stockholder strategy»). Dabei wird der Aktionärsnutzen als normative Grundlegung angesehen. Eine dritte Sichtweise, die so genannte «utilitarian strategy», will generell das Leben in der Gesellschaft verbessern. Dabei ist die Erhöhung des utilitaristischen Wertes durch die Manager die normative Grundlegung. Es werden jene Stakeholder in die strategischen Überlegungen miteinbezogen, die diesen utilitaristischen Wert und damit den «social benefit» am meisten erhöhen können. Der vierte Ansatz, die «Rawlsian strategy», basiert auf der normativen Grundlegung der Gerechtigkeitstheorie von Rawls. Rawls (1975) versteht die Rolle von gesellschaftlichen Institutionen und damit auch der Unternehmungen als Garanten der Freiheit. Damit müssen vor allem die Bedingungen für jene Stakeholder verbessert werden, die diesbezüglich die schlechtesten Konditionen haben. Die fünfte Sichtweise, die «harmony strategy», basiert auf der normativen Grundlegung des Kommunitarismus (vgl. dazu Etzioni 1968). Damit ihre normative Grundlegung aus der interaktiven Verständigung mit allen Stakeholdern.

Eine weitere nicht ökonomische normative Grundlegung bieten Evan und Freeman (1987). Ihr Beitrag basiert auf dem Ethikverständnis von Kant. Evan und Freeman umschreiben den Zweck einer Unternehmung wie folgt: «The very purpose of the firm is, in our view, to serve as a vehicle for coordinating stakeholder interests» (Evan/Freeman 1987, S. 103). Dabei hinterfragen sie auch die Stellung und die aktuelle rechtliche Ausgestaltung des Eigentums an einer Unternehmung. Mit diesem Ansatz stellen Evan und Freeman eindeutig die finale Frage des Wozu. Die Unternehmung ist das institutionelle Instrument, um divergierende Stakeholderinteressen auszugleichen. Freeman und Liedtka (1997) bezeichnen dies als «stakeholder capitalism», der die Bedürfnisse und Wünsche der Stakeholder im Interessensausgleich befriedigt.

Ebenfalls eine nicht ökonomisch fundierte normative Grundlegung wird von Frederick (1995), dem «Altmeister» der «business and society»-Forschung angestrebt, indem er die Evolutionstheorie mit der «business ethics» verbindet. Werte und damit auch normative Grundlagen der Stakeholderbeziehungen entstehen seiner Ansicht nach emergent durch den natürlichen Evolutionsprozess.

2.3 Integrative normative Grundlegungen
Wenn die Unternehmung aufgrund ihrer aktuellen Herausforderungen nicht nur als ökonomische, sondern auch als gesellschaftliche Institution verstanden wird, dann wäre eine integrative normative Grundlegung, die sowohl eine ökonomische wie auch eine nicht ökonomische Fundierung aufweist, von besonderem Interesse. Sie könnte den Anforderungen an die Rolle der Unternehmung in der heutigen Gesellschaft am ehesten genügen.

Eine integrative Sichtweise zur normativen Grundlegung der Stakeholdertheorie nimmt Philips (2003) vor. Er diskutiert einerseits den Prozess zur Etablierung einer Verpflichtung gegenüber Stakeholdern und andererseits den Inhalt der Verpflichtung. Beim

Prozess der Etablierung der Verpflichtung stützt er sich auf die Prinzipen des «Fair Play» von Rawls und Hart. Der Inhalt der Verpflichtung muss hingegen einem Test unterzogen werden, und dabei stützt er sich, wie Scherer und Kustermann (2003), auf die Diskursethik von Habermas. Damit das Dilemma gelöst werden kann, dass das Stakeholder-Management nicht nur diejenigen Stakeholder berücksichtigen kann, die normativ legitimiert sind, sondern auch jene Gruppen, die den unternehmerischen Erfolg tangieren, ohne dabei aber normativ legitimiert zu sein, unterscheidet er in normative legitimierte Stakeholder (z. B. Shareholder, Mitarbeiter) und derivativ legitimierte Stakeholder (z.B. Medien, Aktivisten).

Auch Scherer und Kusterman (2003) streben eine integrative normative Grundlegung zwischen «Ethik und Profit» an. Sie kritisieren die bisherigen normativen Grundlagen der Stakeholdertheorie wegen des Fehlens einer sauberen Methodologie und schlagen eine Fundierung aufgrund der Diskursethik von Habermas vor. Damit wird der gemeinsame Rechtfertigungsprozess die Basis für eine normative Grundlegung in der Stakeholdertheorie. Sie gilt in denjenigen Fällen, in denen die Koordination des Marktes versagt und dieser Mechanismus also an seine ethischen Grenzen stösst. Die Kollaboration mit Stakeholdern steht dann im Vordergrund und nicht das Management von Stakeholderbeziehungen.

Auf der Basis empirischer Untersuchungen (Post/Preston/Sachs 2002a) haben wir einen strategischen Management-Ansatz, die so genannte Stakeholder View entwickelt, der den Wertschöpfungsprozess für und mit Stakeholdern fokussiert und damit ebenfalls eine integrative normative Grundlegung anstrebt.

3 Was beinhaltet die Stakeholder View?

3.1 Stakeholder View als strategischer Management-Ansatz

Beim Ansatz der Stakeholder View (SHV) (vgl. dazu Post/Preston/Sachs 2002a) steht im Vordergrund, dass bei der betrieblichen Wertschöpfung immer eine Mehrzahl von «Constituencies» einen Beitrag leistet. Eine nachhaltig verteidigungsfähige Wettbewerbsposition und damit eine strategiebedingte Rente lässt sich darum am besten erreichen, wenn alle Stakeholderbeiträge durch ein bewusstes Management optimal genutzt werden. Damit entsteht eine «Stakeholder View of Strategy» (SHV). Diese Stakeholder View anerkennt Unternehmungsbeziehungen mit multiplen Interessengruppen als wichtigstes Mittel, um die Fähigkeiten einer Unternehmung, Wohlstand zu schaffen, zu erhalten und zu vergrössern. Die grundlegende Idee ist, dass Stakeholder einen unverzichtbaren Anteil an der Unternehmungstätigkeit haben. Dabei haben sie die Möglichkeiten, entweder Nutzen zu generieren, oder sie müssen Nachteile erleiden als Resultat der Unternehmungstätigkeiten.

Daraus ergibt sich auch ein erweitertes Verständnis bezüglich der Unternehmung als Analyseeinheit der Strategietheorie (Post/Preston/Sachs 2002b, S. 17): «Die Unternehmung ist eine Organisation, die damit beschäftigt ist, Ressourcen für den produktiven Nutzen zu mobilisieren, um Wohlstand und andere Vorteile zu schaffen (und nicht, um absichtlich Wohlstand zu zerstören, das Risiko zu erhöhen oder Schaden zu verursachen) für ihre vielfältigen Anspruchsgruppen, oder Stakeholder.» Dabei wird die Unternehmung nicht nur mit ihren dyadischen Beziehungen zu den jeweiligen Stakeholdern gesehen, sondern sie ist vielmehr ein Element in einem komplexen Netzwerk von Stakeholderbeziehungen (vgl. dazu Rowley 1997; Sachs/Munshi 2003).

Die SHV betrachtet, wie dargelegt, die Wertschöpfung durch mehrere Stakeholder als zentral. Entsprechend wird der Stakeholderbegriff wie folgt definiert: «Die Stakeholder in einer Unternehmung sind die Individuen und Gruppen, die – freiwillig oder unfreiwillig – zu den Fähigkeiten und Aktivitäten der Unternehmung beitragen, Wohlstand zu schaffen, und die deshalb die potenziellen Nutzniesser und/oder Risikoträger sind» (Post/Preston/Sachs 2002a, S. 19).

Freiwillig mitwirkende Stakeholder sind dabei solche, die entscheiden können, ob sie an der betrieblichen Wertschöpfung (mit entsprechenden Nutzen- und Risikokonsequenzen) teilnehmen wollen oder nicht. Unfreiwillig betroffene Stakeholder haben diese Wahlmöglichkeit nicht. In Bezug auf freiwillige Interessengruppen der Unternehmung, wie z.B. Investoren, Angestellte und Kunden, ist gegenseitiger Nutzen das bestimmende Konzept. Alle diese Interessengruppen gewinnen mit dem Erfolg der Unternehmung, weil durch Produktivitätsgewinne, Innovationen und erhöhte Marktakzeptanz Wohlstand geschaffen wird. In Bezug auf Individuen und Gruppen, die unfreiwillig durch die Unternehmensaktivitäten betroffen sind, vor allem jene, die Unannehmlichkeiten unterworfen sind, wie z.B. Umweltverschmutzung, (Verkehrs-)Staus oder unerwünschte kulturelle Einflüsse, muss das bestimmende Ziel eine Reduktion oder Vermeidung von Schaden, und/oder die Schaffung von ausgleichendem Nutzen sein. In dieser Weise bleiben die Tätigkeiten der einzelnen Unternehmung und des gesamten Unternehmenssystems, für alle Seiten akzeptabel.

3.2 Die normative Grundlegung der Stakeholder View

Die Legitimierung der Stakeholder erfolgt in der Stakeholder View über den Wertschöpfungsprozess. Wesentlich dabei ist, dass dieser Wertschöpfungsprozess nicht nur einseitig aus der Sicht der Unternehmung angesehen wird, sondern auch aus der Sicht der Stakeholder. Die Unternehmung ist dann in ihrer Daseinsberechtigung legitimiert, wenn sie Werte für und mit Stakeholdern schafft. Die Analyseeinheit ist dabei das Stakeholdernetzwerk, in das die Unternehmung eingebettet ist.

Da die Unternehmung gemäss den vorangehenden Erläuterungen eine ökonomische wie auch eine gesellschaftliche Institution ist, sollte für die Interaktionen in diesem Stakeholdernetzwerk sowohl eine ökonomische wie auch eine sozialwissenschaftliche Grundlegung geschaffen werden. Zentral ist dabei nicht nur die Frage, aufgrund welcher Stakeholderbeziehungen Werte geschaffen werden, sondern eben auch für wen sie geschaffen und an wen sie verteilt werden (Haksever/Chaganti/Cook 2004). Für eine integrative Sicht der normativen Grundlegung der Stakeholder View, ist demzufolge nicht nur der Inhalt der normativen Grundlegung, sondern auch der Wertschöpfungsprozess bedeutsam.

		Prozess der Wertschöpfung	
		Schaffung	Verteilung
Inhalt der normativen Grundlegung	Ökonomisch	Stakeholder als Ressourcenquellen resp. als Mittel zur erfolgreichen Positionierung im Stakeholder-Netzwerk	Beitragsadäquater Nutzen; Reduktion resp. Abgeltung von beitragsrelevantem Risiko
	Sozialwissenschaftlich	Diskurs zum Erkennen wesentlicher gesellschaftlicher Erwartungen und Grundhaltungen	Gemeinsame Festlegung der Prioritäten von gesellschaftlichen Erwartungen ⇒ Corporate Philanthropy

Tabelle 1: Integrative normative Grundlegung der Stakeholder View

a) Zur ökonomischen Grundlegung in der Stakeholder View

Die Stakeholder View of Strategy verbindet, aus der Sicht der traditionellen Strategietheorie, die beiden dominierenden Ansätze, nämlich die Industry Structure View (ISV) und die Resourcebased View (RbV), und basiert damit auch auf einer ökonomischen normativen Grundlegung dieser Ansätze. Im Zentrum der traditionellen strategischen Management-Ansätze steht die kausale Frage, wie es möglich sei, dass Unternehmungen trotz Wettbewerb eine nachhaltige strategische Rente erzielen können (Rumelt/Schendel/Teece 1994). Insbesondere wenn sich die Unternehmungen in einem ähnlichen Kontext befinden, stellt sich die Frage der strategischen Verschiedenartigkeit von Unternehmungen (Amit/Schoemaker 1993; Nelson 1994; sowie Williams 1994). Zentrale Erklärungen dafür liegen in der begrenzten Rationalität von Managern und in der unterschiedlichen Nutzung von Ermessensspielräumen bei Entscheidungen.

Die Stakeholder View in einer ökonomischen Grundlegung knüpft an diesen Sichtweisen an und verbindet die Einsichten der Resourcebased View und der Industry Structure View mit denjenigen des Stakeholder-Managements. Betrachtet man nämlich die Beiträge der Stakeholders zur Wertschöpfung als Zurverfügungstellen von Ressourcen, so lassen sich durch einzigartige Kombinationen dieser Ressourcen Kernkompetenzen entwickeln. Alle Firmenressourcen werden in dieser Perspektive durch verschiedene Stakeholder repräsentiert, und es sind die Beziehungen der Firma zu ihren relevanten Stakeholdern, die diese Ressourcen zugänglich und für die Organisation funktionell machen. Aus einer Ressourcenperspektive rücken diejenigen Stakeholder ins Zentrum des Interesses, die am meisten zur nachhaltigen Wertschöpfung der Unternehmung beitragen. Wird die Unternehmung in einer Industry Structure View als Element im Netzwerk von ökonomischen und ausserökonomischen Stakeholdern gesehen, so kann sie sich darin einzigartig positionieren. Dabei sind die beiden Betrachtungsweisen interaktiv: Einzigartige Ressourcenkombinationen (d.h. Kernkompetenzen) ermöglichen eine nachhaltig erfolgreiche Positionierung im Stakeholdernetzwerk, und die Positionierung im Stakeholdernetzwerk führt zu Potenzialen für neue Kernkompetenzen.

Bei der Werteverteilung in der Stakeholder View sollen die Stakeholder entsprechend ihrem Beitrag und ihrer Risikoübernahme partizipieren können. Es gilt also das Prinzip der Beitragsgerechtigkeit. So wie die Shareholder für die Nutzung des Kapitals und für das damit verbundene Risiko, dem sie ausgesetzt sind, entschädigt werden, so sollen auch alle anderen relevanten Stakeholder in der Werteverteilung einbezogen werden (vgl. Blair 1995). Nach Abgeltung der Aufwände gemäss den vollständigen Verträgen entsteht der Residualgewinn, der nun nach dem Beitragsprinzip nicht nur den Shareholdern, sondern auch allen übrigen Stakeholdern zugute kommen soll. In der Realität ist die Festlegung all dieser Werte nicht zwingend vorgegeben, vielmehr bestehen Bewertungsspielräume, wie auch die Erfahrung bei der Festlegung der Abgeltung an die Aktionäre zeigt. Damit entstehen Ermessens- und Handlungsspielräume für die Verteilung der Residualgewinne an die verschiedenen Stakeholder. Die folgende Tabelle zeigt beispielhaft und stichwortartig verschiedene Aspekte der Schaffung und Verteilung von Werten in der Stakeholder View.

Stakeholder-Gruppen	Schaffung von Werten	Verteilung der Werte
Resourcebased View		
Aktionäre	Einsatz von Kapital Kapitalrisikoträger	Residualgewinn; Shareholder Value
Mitarbeiterinnen und Mitarbeiter	Einsatz von Humankapital; firmenspezifische Investitionen	Entlöhnung; Förderung ihrer Ausbildung, Arbeitsmarktfähigkeit etc
Kunden/Benutzer	Erlösbeiträge; Quellen innovativer Ideen; Übernahme produkt- und firmenspezifischer Risiken	Produktnutzen; Preisvergünstigen; Abgeltung von Innovationsbeiträgen und Risikoübernahmen
Industry Structure View		
Mitglieder der Beschaffungskette	Beitrag zur Netzwerk-Effizienz; Kooperation bei Leistungserbringung	Beschaffungskonditionen; Abgeltung des Lieferantenrisikos
Joint-Venture-Partner und Allianzen	Ergänzung der Ressourcen; Stabilisierung der Marktposition	Benefit- and Profitsharing; Abgeltung des Allianzrisikos

Tabelle 2: Schaffung und Verteilung der Werte in einer ökonomischen Grundlegung der Stakeholder View

b) Zur gesellschaftlichen Grundlegung der Stakeholder View

Bei der gesellschaftlichen normativen Grundlegung der Stakeholder View schliessen wir uns der Argumentation von Scherer und Kustermann an und basieren auf der Diskursethik von Habermas (1988). Die Ausrichtung auf eine rein ökonomische normative Grundlegung findet dort ihre Grenzen, wo gesellschaftliche Anliegen von unternehmerischem Handeln tangiert werden. Die Wahrheitsfindung und deren Rechtfertigung stehen dann im Vordergrund und nicht mehr die ökonomische Wertschöpfung.

Die Wahrheit liegt gemäss Habermas (1988) nicht in einer objektiven Realität, sondern sie wird in Form eines Konsenses entschieden. Eine Begründung gilt dann als wahr, wenn sie in einem herrschaftsfreien Diskurs zustande gekommen ist.

In dieser Perspektive wird nun die kommunikative Aushandlung im Rahmen der Schaffung wie auch Verteilung von Werten für und mit den Stakeholdern relevant. Die Firma Shell hat in diesem Sinne nach den Vorfällen Brent Spar und Nigeria den Grundsatz «Listening and Responding» entwickelt. In kollaborativen Prozessen mit Stakeholdern werden wesentliche gesellschaftliche Erwartungen ausdiskutiert und formuliert. Dieser Vorgang des Stakeholderkonsultationsprozesses gewinnt in Unternehmungen an Bedeutung, insbesondere im Rahmen ihrer ausserökonomischen Funktionen wie etwa bei den Fragen einer politischen Verantwortung von Unternehmungen in Drittweltländern (vgl. Fall Nigeria von Shell) oder bei Nachhaltigkeitsfragen im gesellschaftlichen und ökologischen Bereichen (vgl. Nachhaltigkeitsfonds von Novartis). Er kann aber auch bei neuen ökonomischen Problemen wie etwa die Frage der Corporate Governance (vgl. dazu die Fälle Enron oder auch Swissair) wichtig werden. Unternehmungen werden dann zu Diskussionsplattforen von «quasidemokratischen Meinungsbildungsprozessen». Am Diskurs nehmen automatisch diejenigen Gruppen und Individuen teil, die in den öffentlichen Arenen dazu Stellung bezogen haben[1]. Damit ist allerdings nicht sichergestellt, dass alle relevanten Stakeholder gehört werden, sondern es werden nur diejenigen Stakeholder in den Diskurs über die Wertschöpfung miteinbezogen, die sich bereits in diesem Prozess engagiert haben. Wie bereits Scherer und Kustermann (2003) gefordert haben, müssen hier griffige Tools zur Stakeholderidentifikation gefunden werden, die den Anforderungen an einen solchen Diskurs, an dem sich alle relevanten Stakeholder beteiligen können, genügen.

Bei der Werteverteilung auf einer gesellschaftlich normativen Grundlage sollen die Prioritäten ebenfalls auf der Basis eines Diskurses festgelegt werden, welche der zuvor erkannten gesellschaftlichen Erwartungen nun zuerst angegangen werden sollen. Aus der Sicht der Unternehmung sollen dann die Ressourcen zur Erfüllung der Prioritäten gesprochen werden. Dies ermöglicht auch, die Corporate Philanthropy (vgl. Carroll 1979) neu zu positionieren, indem Aktivitäten in diesem Bereich nicht nur wie bis anhin mit den Prinzipien der Unternehmung übereinstimmen müssen, sondern indem darin auch die gesellschaftlichen Normen und Erwartungen als Entscheidungskriterien einfliessen. Damit soll die Unternehmung die Erwartungen jener Stakeholder im Wertverteilungsprozess primär berücksichtigen, deren Anliegen gemäss dem Diskurs Priorität erlangt haben. Shell hat vor dem Fall Nigeria eine enge Auslegung der Berücksichtigung von Menschenrechten verfolgt. Unter einer engen Auslegung versteht man, dass nur die Menschenrechtsverletzungen von Mitarbeitern und Kunden in den Verantwortlichkeitsbereich einer Unternehmung wie Shell gehören. Aufgrund des Diskurses in Form von internationalen Roundtables, die nach dem Nigeria-Vorfall stattfanden, wurde offensichtlich, dass die verschiedenen Stakeholdergruppen (Mitarbeiter, NGO, Akademiker etc.) die Erwartung hatten, dass eine multinationale Unternehmung wie die Shell auch eine politische Verantwortung zu tragen hat und demzufolge auch Menschenrechte in einer weiten Auffassung vertreten muss. Diese weite Auffassung beinhaltet alle Verletzungen von Menschenrechten in der Local Community, in welcher das Unternehmen tätig ist. Shell hat demzufolge ein Konzept entworfen, das ihnen zukünftig erlaubt, hier Ressourcen gemäss dieser Erwartung einzusetzen.

3 Konklusionen

Die bisherigen Erkenntnisse der Business-and-Society-Forschung vermitteln der Praxis Einsichten in die Problematik der normativen Grundlagen ihres Handelns. Manager können so besser beurteilen, von welchen normativen Grundlagen sie in ihrer Tätigkeit ausgehen und welchen normativen Grundlagen sie sich verpflichten wollen. Die integrative Sicht fordert sie dabei heraus. Aufgrund unserer Darlegungen können folgende Konklusionen gezogen werden:

1. Der überwiegende Teil der Literatur zur Stakeholdertheorie geht traditionsgemäss von einer ökonomischen normativen Grundlegung aus und versucht dabei, die üblichen ökonomischen Verhaltensannahmen vermehrt an die Rolle der Unternehmung in ihrem erweiterten gesellschaftlichen Kontext anzupassen (vgl. dazu als Vertreter Goodpaster 1991; Hill/Jones 1992). Eine andere normative Grundlegung wird selten beigezogen (vgl. dazu Evan/Freeman 1987; Kang/Wood 1995; Pasquero 1996). Auch im Rahmen eigener empirischen Untersuchungen (Post/Preston/Sachs 2002a; Sachs/Rühli/Post 2003) konnte primär eine ökonomische normative Grundlegung des Stakeholdermanagements von Unternehmungen nachgewiesen werden.

2. Aufgrund des heutigen Rollenverständnisses der Unternehmung wäre aber eine normative Grundlegung erwünscht, die der Unternehmung sowohl als ökonomische wie auch als gesellschaftliche Institution Rechnung tragen und damit eine integrative Legitimation erbringen würde. Erste Entwicklungen dazu können beobachtet werden (vgl. z.B. Philips 2003; Scherer/Kustermann 2003). Die SHV als strategischer Management-Ansatz ist als Beitrag in diese Richtung zu werten. Damit kann sich die Praxis auf erste wissenschaftliche Erkenntnisse abstützen.
3. Eine ökonomische normative Grundlegung von Stakeholderbeziehungen basierend auf den traditionellen strategischen Ansätzen beinhaltet nicht nur die Schaffung von Werten, sondern auch deren adäquate Verteilung. Es sind dabei diejenigen Stakeholder legitimiert, die auch massgeblich an der Schaffung der Werte beteiligt sind.
4. Die Unternehmung nur als ökonomische Institution zu betrachten, greift in einer umfassenden Perspektive zu kurz. Die ständig wachsenden und sich verändernden Erwartungen von gesellschaftlichen Gruppierungen an die Unternehmungen müssen auch dann ernst genommen werden, wenn sich nicht unmittelbar ein positiver Einfluss auf den unternehmerischen Erfolg abzeichnet. Nur so kann langfristig die Legitimation der Unternehmung aufrechterhalten werden.
5. Die Unternehmung dient in der Perspektive einer gesellschaftlichen normativen Grundlegung als Plattform eines gesellschaftlichen Diskurses über Werthaltungen und deren Berücksichtigung im unternehmerischen Handeln.

Wesentlich in einer pragmatischen Sicht ist vor allem, dass weitere Tools[2] und Standards[3] für eine integrative normative Grundlegung in der unternehmerischen Praxis entwickelt und dass erste Good Practices evaluiert werden. Dieses Ziel verfolgen wir mit unserem Forschungsprojekt «Good Practices Stakeholder View» aufgrund von komparativen qualitativen Case Studies (Sachs/Rühli 2004).

---

1 Vgl. dazu die Ausführungen von Hilgartner und Bosk (1988), welche die soziale Rekonstruktion von sozialen Issues thematisieren.
2 Es gibt bereits erste Anwendungen im Bereich des Management by Objectives, Balanced Scorecard etc.
3 Beispielhaft kann hier die UN Initiative Global Compact oder die Tripple Bottom Line genannt werden.

Literatur

- Amit, Raphael/Schoemaker, Paul J. H. (1993): Strategic assets and organizational rent. Strategic Management Journal, 14 (1): 33–46.
- Berle, A. A./Means, G. C. (1932): The modern corporation and private property. New York: MacMillan.
- Blair, Margaret M. (1995): Ownership and control – Rethinking corporate governance for the twentyfirst century. Washington, D.C.: Brooking Institution.
- Carroll, Archie B. (1979): A three-dimensional conceptual model of corporate social performance. Academy of Management Review, 4 (4): 497–505.
- Carroll, Archie B. (1996): Business and society – Ethics and stakeholder management (3 ed.). Cinncinati: South-Western Publishing Co.
- Carroll, Glenn R./Hannan, Michael T. (1989): Density delay in the evolution of organizational populations – A model and five empirical tests. Administrative Science Quarterly, 34 (3): 411–430.
- Clarkson, Max B. E. (1995): A stakeholder framework for analyzing and evaluating corporate social performance. Academy of Management Review, 20 (1): 92–117.
- Clarkson, Max B. E. (1998): The corporation and its stakeholders – Classic and contemporary readings. Toronto: University of Toronto Press.
- Donaldson, Tom/Preston, Lee E. (1995): The stakeholder theory of the corporation: Concepts, evidence and implications. Academy of Management Review, 20 (1): 65–91.
- Etzioni, Amitai (1968): The active society – A theory of societal and political processes (2 ed.). London: Free Press.
- Evan, W. M./Freeman, R. E. (1987): A stakeholder theory of the modern corporation: Kantian capitalism. In Beauchamp, T. L./Bowie, N. E. (Eds.), Ethical theory and business: 97–106. Englewood Cliffs, NJ: Prentice-Hall.
- Frederick, William C. (1995): Values, nature, and culture in the american corporation. New York, Oxford: Oxford University Press.
- Freeman, R. Edward (1984): Strategic management – A stakeholder approach. Boston: Pitman.
- Freeman, R. Edward/Liedtka, J. (1997). The soft underbelly of stakeholder theory: The role of community. Charlottesville, VA: University of Virginia.
- Giddens, Anthony (1995): Konsequenzen der Moderne (Schulte, Joachim, Trans.) (2 ed.). Frankfurt a. M.: Suhrkamp.
- Goodpaster, Kenneth E. (1991): Business ethics and stakeholder analysis. Business Ethics Quarterly, 1 (1): 53–73.
- Habermas, J. (1988): Theorie des kommunikativen Handelns. Frankfurt a. M.: Suhrkamp.
- Haksever, Cengiz/Chaganti, Radha/Cook, Ronald G. (2004): A Model of Value Creation: Strategic View. Journal of Business Ethics (49): 291–305.

- Hilgartner, Stephen/Bosk, Charles, L. (1988): The Rise and Fall of Social Problems: A Public Arenas Model. American Journal of Society, 94 (1): 53-78.
- Hill, Charles W. L./Jones, Thomas M. (1992): Stakeholder-agency theory. Journal of Management Studies, 29 (2): 131-154.
- Kang, Y.-C./Wood, D. J. (1995): Before profit social responsibility: Turning the economic paradigm upside down. Paper presented at the Proceedings of the Sixth Annual Meeting of the International Association of Business and Society, Vienna.
- Nelson, Richard R. (1994): Why do firms differ, and how does it matter? In Rumelt, Richard P./Schendel, Dan E./Teece, David J. (Eds.), Fundamental issues in strategy – A research agenda: 247-269. Boston, MA: Harvard Business School Press.
- Pasquero, Jean (1996): Stakeholder theory as a constructivist paradigm. Paper presented at the International Association for Business and Society, Seventh Annual Conference, Santa Fe, New Mexico.
- Philips, Robert (2003): Stakeholder theory and organizational ethics. San Francisco: Berrett-Koehler.
- Post, James E./Preston, Lee E./Sachs, Sybille (2002a): Redefining the corporation: Stakeholder management and organizational wealth. Stanford: Stanford University Press.
- Post, James E./Preston, Lee E./Sachs, Sybille (2002b): Managing the extended enterprise: The new stakeholder view. California Management Review, 45 (1): 6-28.
- Rawls, John (1975): Theorie der Gerechtigkeit. Frankfurt a. M.: Suhrkamp.
- Rowley, Timothy J. (1997): Moving beyond dyadic ties: A network theory of stakeholder influences. Academy of Management Review, 22 (4): 887-910.
- Rumelt, R. P./Schendel, D./Teece, R. (1994): Fundamental issues in strategy. In Rumelt, R. P./Schendel, D./Teece, R. (Eds.), Fundamental issues in strategy: A research agenda: 9-47. Boston (MA): Harvard Business School Press.
- Sachs, Sybille (2000): Die Rolle der Unternehmung in ihrer Interaktion mit der Gesellschaft. Bern: Haupt.
- Sachs, Sybille/Munshi, Natasha (2003): Interrelatedness and Value Creation in Firm-Stakeholder Networks. Paper presented at the Paper to the Academy of Management, Seattle.
- Sachs, Sybille/Rühli, Edwin/Post, James E. (2003): Implementing the Stakeholder View in European Firms – an Empirical Investigation. European Management Journal, in review.
- Sachs, Sybille/Rühli, Edwin (2004): Stakeholder View: A Case Research. Paper presented at the Academy of Management, New Orleans.
- Savage, Grant T./Nix, Timothy W./Whitehead, Carlton J./Blair, John D. (1991): Strategies for assessing and managing organizational stakeholders. Academy of Management Executive, 5 (2): 61-75.
- Scherer, Andreas G./Kustermann, Brigitte (2003): Towards an Integration of Ethics and Strategy: Business & Society and Critical Management Research. Academy of Management Review, under revision.
- Williams, Jeffrey R. (1994): Strategy and the search for rents – The evolution of diversity among firms. In

Rumelt, Richard P./Schendel, Dan E./Teece, David J. (Eds.), Fundamental issues in strategy – A research agenda: 229–246. Boston, MA: Harvard Business School Press.
- Wood, Donna J. (1994): Business and society (2 ed.). New York: Harper Collins.
- Wood, Donna J./Jones, Raymond E. (1995): Stakeholder mismatching – A theoretical problem in empirical research on corporate social performance. International Journal of Organizational Analysis, 3 (3): 229–267.

Trojanische Pferde

Über den Zusammenhang von Corporate Branding und Unternehmensethik

Im Wettlauf um die Aufmerksamkeit der Konsumenten haben Unternehmen in den letzten Jahren ein neues vielversprechendes Mittel entdeckt – das Corporate Brand. Markiert werden dabei nicht mehr Produkte, sondern das Unternehmen selbst, und im Zentrum der Marketinganstrengungen stehen keine Funktionalitäten mehr, sondern Werte. Eine derartige Corporate-Branding-Strategie ist deshalb besonders erfolgreich, weil sie das wachsende Bedürfnis nach normativer Orientierung bedient. Allerdings stehen die Corporate Brands mit ihrem Wertefokus auch im Fokus einer zunehmend kritischen Öffentlichkeit. Nichtregierungsorganisationen schauen hinter die Markenfassade und entdecken dort nicht selten moralisch Fragwürdiges: Kinderarbeit, Kollaboration mit repressiven Regimen oder sich selbst bereichernde Vorstände. Die Kraft der Marke dreht sich in einem solchen Fall in ihr Gegenteil. Unternehmen sind gut beraten, die kommunizierten Werte auch zu leben.

Guido Palazzo, Prof. Dr. phil. (*1968), studierte Betriebswirtschaft und Philosophie in Worms, Bamberg und Marburg. Nach seinen Abschlüssen zum Diplom-Betriebswirt (FH) und zum Diplom-Kaufmann promovierte er bei Walther Ch. Zimmerli an der Universität Marburg am Lehrstuhl für Angewandte Philosophie. Seine Dissertationsschrift «Die Mitte der Demokratie» (Nomos 2002) beschäftigt sich mit den Auswirkungen gesellschaftlicher Veränderungstrends auf moderne Konzeptionen von Rechtsstaatlichkeit und Volkssouveränität. Nach einer kurzen Tätigkeit als Unternehmensberater bei einer internationalen Managementberatung in St. Gallen gründete er mit mehreren Kollegen im Jahr 2001 die Management Manufaktur AG in Sarnen, ein Beratungsunternehmen, das einen seiner Schwerpunkte auf die Unternehmensethik legt. Zum März 2003 wurde er aus dieser beruflichen Selbständigkeit heraus zum Assistenzprofessor für Unternehmensethik an die Ecole des Hautes Etudes Commerciales der Universität Lausanne berufen. Seine Forschungsschwerpunkte: Demokratietheorien, Legitimationstheorien, Corporate Social Responsibility, Korruption und organisiertes Verbrechen, Ethik und Supply Chain Management, Ethik und Leadership.

Die Identitätskrise der Gegenwart

Die gegenwärtige Gesellschaft befindet sich in einer Identitätskrise. Die alten Quellen der Orientierung (Nation, Gemeinschaft, Familie, Religion, Arbeit, Hierarchien, politische Ideologien etc.) verlieren ihre unbedingte Autorität. Alleine die Dekonstruktion der für die industrielle Gesellschaft normativ und institutionell so wichtigen Definition von Familie verdeutlicht diese fortschreitende Erosion kulturell eingeübter Gewissheiten: Die (lebenslang) stabile Kernfamilie versinkt in einer sich immer weiter auffächernden Pluralität von Lebensentwürfen, die von der Patchworkfamilie über homosexuelle Ehen und Dual-Career Haushalte bis hin zu allein erziehenden Müttern und Vätern reichen. Unübersichtlichkeit ist ein Resultat dieser fortschreitenden Auflösung von Traditionen.

Wo die Autorität von massgeblichen Orientierungsquellen ins Wanken gerät bzw. diese selbst ihre klaren Inhalte und Bedeutungen verlieren, geraten auch individuelle und kollektive Identitäten unter Druck. Die erstmals von Erik Erikson thematisierte Idee einer Identitätskrise beruht auf der Annahme, dass Identitäten dort problematisch werden, wo sie ihre Kohärenz verlieren. Kohärenz könnte man als die Fähigkeit beschreiben, die eigenen Erlebnisse und Beobachtungen zu einer zusammenhängenden Geschichte zu verweben. Wo dies misslingt, wo die Ereignisse im eigenen Leben wie der Wurf eines Würfelspiels wirken, fehlt der rote Faden, der die Ereignisse verständlich macht. Wer heute als *high potential* umschwärmt wird und sich morgen in der Arbeitslosigkeit wiederfindet, hat Mühe, seine eigene Lebenserzählung zu verstehen. Das Leben erscheint unberechenbar und kaum durch eigenes Handeln beeinflussbar.

In der relativ stabilen Industriegesellschaft des letzten Jahrhunderts wurden Identitätsfragen individueller und kollektiver Akteure vor allem über die Einbindung in tradierte Lebensweltkontexte geklärt. Eingebettet in ein Netzwerk stabiler Erwartungen und klar definierter Rollen und Positionen, war Identität eher das Resultat von Zuweisungen als von eigener Entscheidung. Heute wird das Individuum zugleich aus der Sicherheit des Kollektivs herausgerissen und in die Fragilität eines Entscheidenmüssens gezwungen.

In Zeiten von Orientierungslosigkeit und Unübersichtlichkeit wächst das Bedürfnis nach Stabilität, Werten, Verlässlichkeit, Kohärenz. Individuen ringen um ihre Lebenserzählung. Wenn man im letzten Jahrhundert Identitätsfragen (Wer bin ich?) üblicherweise über Kategorien («Vater», «Frau», «Schweizer» etc.) und Gruppenzugehörigkeiten (Familie, Firma, Kirchengemeinde etc.) zu beantworten suchte, so scheint dies angesichts der

Destabilisierung dieser Kategorien und der Vergänglichkeit von Gruppenzugehörigkeit nur noch schwer möglich. Identitätsfragen werden heute daher auch und vielleicht vor allem im Rückgriff auf die tieferen Ebenen des eigenen Selbst beantwortet – und diese Fragen sind im Kern Wertfragen (Wer will ich sein?).

Corporate Branding – Konsum als Identitätsquelle
Identität in der heutigen posttraditionellen Gesellschaft hat in erheblichem Masse mit Konsum zu tun, denn Konsum ist eine der herausragenden Tätigkeiten unserer Zeit. Der individuelle Konsument verbraucht und gebraucht heute rund doppelt so viele Güter wie noch vor 40 Jahren. Er nutzt diese Güter nicht nur im rein funktionalen Sinne. Er setzt Konsum darüber hinaus immer häufiger dazu ein, Aspekte seiner eigenen Identität auszudrücken und zu leben: als Harley-Biker, als Armani-Träger oder Microsoft-Hasser und Apple-Fanatiker, als Pepsi-Cola-Fundamentalist, als MAN-Trucker, als Body-Shop Kunde, als regelmässiger Besucher von Dritte-Welt-Läden, als Nike-Fan und Mercedes Fahrer – wir kaufen, was wir sind oder zumindest sein wollen. Von ganz entscheidender Bedeutung sind dabei Marken. Über die Markierung ihrer Produkte gelingt es Unternehmen, die Aufmerksamkeit von Konkurrenzprodukten abzuziehen, Kaufpräferenzen zu schaffen und Kundenloyalität aufzubauen. Identitätsgetriebene Kaufentscheidungen orientieren sich an der Botschaft der Marke.

In den letzten Jahren lässt sich allerdings eine abnehmende Wirkung üblicher Werbemethoden erkennen, und die Markenhersteller kämpfen mit sinkender Kundenloyalität. Vor allem zwei Gründe sind für diese Entwicklung verantwortlich: Zum einen explodiert die Masse an Werbebotschaften, mit denen der durchschnittliche Konsument täglich konfrontiert wird (*information overload*), und zum anderen gleichen sich die Produkte unter dem Druck wachsender Konkurrenz immer stärker an und erfüllen alle auf dem gleichen mehr oder minder hohen Niveau die Qualitätsansprüche der Kunden. Beide Beobachtungen verstärken beim Konsumenten den Eindruck der Austauschbarkeit von Produkten und reduzieren so die Markenbindung. Nur die Marken, die aus dem marktschreierischen Lärm herausragen und einen wertvollen Zusatznutzen versprechen, haben die Chance, das Interesse potenzieller Kunden auf sich zu ziehen und bestehende Kunden zu halten.

Als besonders erfolgreich haben sich dabei in den letzten Jahren die Unternehmensmarken, die *Corporate Brands*, erwiesen. Markenbildung im Sinne von *Corporate Branding* geht weit über die üblichen Methoden des Produktmarketings hinaus. Die Unternehmensmarke transportiert im Kern keine spezifischen Aussagen zu Produktqualitäten mehr, sondern stattdessen umfassendere Aussagen zu den Werten des Unternehmens selbst. Vermittelt werden soll ein bestimmtes Lebensgefühl. Sichtbar werden soll eine klare Verbindung zwischen allgemein geschätzten kulturellen Eigenschaften und dem Unternehmen: Nike setzt auf Werte wie Ehre, Fairness und auf Freiheit. Starbucks verkauft keinen Kaffee, sondern eine Gefühl von Wärme und Gemeinschaft, von Wiedererkennen und Romantik. Henkel wirbt mit dem Slogan «A brand like a friend». Benetton möchte als gesellschaftskritischer Akteur wahrgenommen werden, der Toleranz, Diversity und Menschenrechte fördert und Diskriminierung offen anprangert. Die Nähe zwischen *United Colors of Benetton* und *United Nations* ist dabei kein Zufall, sondern Strategie. Coca-Cola verspricht Authentizität («the real thing»). Der Body Shop steht für einen fairen Umgang mit Lieferanten, Kunden und Mitarbeitern, gegen Tierversuche und gegen die übertriebenen Versprechungen der Kosmetikbranche – Fairness und Ehrlichkeit und soziale Verantwortung sind demonstrativ gelebte Werte im Unternehmen, und sie werden transportiert über das Body Shop *Brand*. Eine erfolgreich etablierte Unternehmensmarke funktioniert unabhängig von konkreten Produkten. Verkauft wird eine spezifische Story, in die immer neue Produkte eingehakt werden können. Die Marke selbst wird zum eigentlichen Produkt. Virgin hat dies vorgeführt und verkauft heute eine erstaunliche Bandbreite von Produkten – von Musik über Luftverkehr bis zu Cola. Die Werte des Unternehmens und nicht die Funktionalitäten der Produkte sind die Referenzgrösse des Markenmanagements. Entscheidendes Erfolgskriterium ist die maximale Nähe zwischen den Wertpräferenzen des Konsumenten und den Werten der Marke. Wo diese Nähe hergestellt werden kann, steigt die Wahrscheinlichkeit, nachhaltige Markenbindungen etablieren zu können.

Die Marke als kulturelles Symbol
Diese normative Nähe zwischen Marke und Konsument verankert das *Corporate Brand* tief in der Lebenswelt der Menschen. Die Marke wird zum kulturellen Symbol. Es scheint so, als ob der Erfolg der wertorientierten Marken eng mit den beschriebenen kulturellen Veränderungen der posttraditionellen Gesellschaft zusammenhängt. Unternehmensmarken schulden ihren Erfolg offensichtlich ihrer Fähigkeit, Orientierung zu geben und Übersichtlichkeit zu schaffen. Wie Leuchttürme im Nebel ziehen sie das Interesse der Konsumenten auf sich und bieten sich als sinnvolle Bestandteile für die Bastelarbeit am eigenen Identitätsprojekt an. Freiheit, Authentizität, Fairness, Verantwortung, Toleranz,

Freundschaft, Vertrauen, Familie und Gemeinschaft sind genau jene Zutaten eines gelingenden Selbstverständnisses, die dankbar aufgegriffen werden. Wenn heute vermehrt ein Retro-Marketingstil gepflegt wird (zum Beispiel Jack Daniels), der die gute alte Zeit in den Vordergrund rückt, dann zeigt dies sehr deutlich das wachsende Bedürfnis nach Stabilität und Orientierung. Die an Werten orientierte Unternehmensmarke trifft daher den Nerv der Zeit. Sie bringt Ordnung und Kohärenz in den zersplitternden Alltag der Konsumenten.

Corporate Branding bedient das wachsende Bedürfnis nach Werten. Die Marken konkurrieren – zumindest punktuell – mit den traditionellen Identitätsquellen wie z. B. Klasse, Nation, Familie, Religion. Sie helfen dabei, eigene Wertvorstellungen zu leben oder neue Werte für sich zu definieren. Sie vermitteln das Gefühl der persönlichen Einheit von Überzeugungen und Handlungen. Der Käufer bringt Kontinuität und Authentizität in sein Leben, indem er sich an *Corporate Brands* orientiert. Diese reduzieren dadurch die Komplexität der Entscheidungssituation, weil sie ein hohes Mass an Vertrauen schaffen. Produkte mögen kommen und gehen, die Unternehmensmarke steht unerschütterlich im Sturm der Veränderung. Das Unternehmen erhält einen Selektionsvorteil im Rauschen der Informationen.

Besonders herausragende Marken können dabei sogar Formen quasireligiöser Verehrung annehmen. Harley Davidson und Apple sind besonders beeindruckende Beispiele für derartige Formen von Sakralisierung profaner Konsumentscheidungen. Andere Marken spielen ganz bewusst mit religiöser Symbolik. In Glasschreinen zelebriert Nike seine Schuhe und seine Werte in Niketown Manhattan, einer Kathedrale des eigenen *Corporate Brands*.

Der Anspruch an das Markenmanagement wächst. Erfolgreiche Marken sind heute kaum mehr das Ergebnis wiederholter Werbebotschaften – d.h. klassischer Marketingmassnahmen. Sie wachsen vielmehr aus der Konsistenz und Authentizität aller unternehmerischen Kommunikationen und Verhaltensweisen. Der Werbespot, der öffentliche Auftritt des CEO, die Qualität der Produkte, das Verhalten der Mitarbeiter, das Verhalten gegenüber den Mitarbeitern, der Umgang mit Kundenbeschwerden, das Verhalten gegenüber kritischen Nichtregierungsorganisationen, der verantwortliche Umgang mit der Umwelt – alle Aspekte interner und externer Wahrnehmung prägen die Glaubwürdigkeit der *Branding Story*. Darüber hinaus beruht der Markenerfolg auf der Fähigkeit des Unternehmens, die Bildung von Konsumenten- oder Konsumgemeinschaften um das

Brand herum anzustossen und zu pflegen. Über Internetplattformen, regelmässige Treffen, über *Brand*-Feste oder *brand*-Magazine stösst das Unternehmen die Entstehung selbst organisierter *Brand Communities* an, die ihrerseits zu Botschaftern der *Branding Story* werden können und diese *Branding Story* um eigene authentische Elemente erweitern («wie mein Apple-Computer wieder einmal als Einziger virusfrei blieb»; «wie mein Volvo mir mal das Leben gerettet hat», «wie das Unternehmen in einer Garage gegründet wurde» etc.).

Neue Spielregeln im globalen Raum – Die Politisierung unternehmerischer Tätigkeit
Es klingt so einfach: Man wählt ein paar Werte aus, spinnt eine schöne Geschichte um diese Werte herum und fokussiert alle unternehmerischen Kommunikationen auf diese *Branding Story*. Aber die Realität ist, wie immer, komplizierter. Posttraditionelle Gesellschaften befinden sich nicht nur mitten in einer kulturellen Pluralisierung, sie stecken darüber hinaus in einer institutionellen Krise. Die Globalisierung sprengt den Erfahrungshorizont der etablierten Ordnung liberaler Demokratien auf und setzt deren Institutionen unter Druck. Bewährte Strukturen und Prozesse werden fragwürdig. Der Fall der Berliner Mauer und der flächendeckende Einsatz des Internets führen zu einer multidimensionalen Vernetzung der Welt, die über einen blossen (ökonomischen) Austausch zwischen Nationalstaaten hinausgeht, weil sie verändert, was wir unter Ökonomie, Politik und Kultur verstehen und weil sie letztlich verändert, wie diese Aspekte gesellschaftlicher Integration zusammenwirken. Die entscheidende Veränderung beruht auf der Transnationalisierung unternehmerischer Tätigkeit: Während grosse Unternehmen sich global organisieren, steckt die Politik immer noch im nationalstaatlichen Korsett. Dadurch verliert sie in erheblichem Masse die Möglichkeit, die ökonomischen Akteure mit altbewährten Instrumenten zu beeinflussen. Wo die Steuern erhöht werden und wo gesetzliche Ansprüche verschärft werden, können Unternehmen sich diesem negativen Einfluss durch Bewegungen im globalen Raum entziehen. Die Produktion wird in ein Niedriglohnland verlagert, und die Steuern werden in Steueroasen bezahlt. Das Misstrauen der Bürger gegenüber dem Staat und den Unternehmen nimmt zu. Während man ersteren ihre Machtlosigkeit vorwirft, begegnet man zweiteren mit wachsendem Misstrauen gerade wegen ihrer wachsenden Macht.

Die zunehmende Bedeutung zivilgesellschaftlichen Engagements scheint eine unmittelbare Konsequenz dieser Entwicklung zu sein. Es formiert sich ein immer dichteres Netz an Nichtregierungsorganisationen. Diese richten ihr Engagement immer häufiger unmittelbar gegen Unternehmen, hinterfragen deren Handlungen, machen öffentlich, was sie für moralisch fragwürdig halten und initiieren Konsumentenboykotte. Diese Boykotte nehmen an Zahl und Intensität zu. Wer seine Ware von Kindern oder Gefangenen in Entwicklungsländern produzieren lässt, wer im grossen Stil Mitarbeiter entlässt und gleichzeitig die Vorstandsbezüge nach oben fährt oder wer mit den militärischen Führern skrupelloser Regime kollaboriert, sieht sich mit Empörung und Widerstand konfrontiert. Der Einfluss zivilgesellschaftlicher Debatten und Organisationen wächst. Dies führt dazu, dass die *politische* Rolle privatwirtschaftlicher Akteure neu definiert wird. Und die erfolgreiche Marke findet sich plötzlich mitten im Zentrum der Kritik wieder.

No Logo – Die Kehrseite des Branding
Für Unternehmen mit erfolgreichen Corporate-Branding-Strategien ist der Wert der Marke häufig der wertvollste Besitz. Die systematische Auslagerung aller produktiven unternehmerischen Tätigkeiten, wie etwa bei Nike, führt dazu, dass die Pflege der Marke die einzige im Kerngeschäft verbleibende Tätigkeit ist und die Reputation der Marke somit das grösste Kapital des Unternehmens. Wo diese Reputation der Marke bedroht wird, gerät das Unternehmen unter erheblichen Druck. Genau diesen Zusammenhang machen sich die zivilgesellschaftlichen Akteure zunutze. Für Naomi Klein, die mit ihrem Buch *No Logo* ein massgebliches Buch der Antiglobalisierungsdebatte geschrieben hat, ist die Marke das Symbol des globalen Raubtierkapitalismus. Marken, so Klein, dringen in unser Leben ein, manipulieren unsere Werte und Präferenzen und beeinflussen unsere Identitätsbildung. Der Gegenstand der Kritik ist mithin gerade das, was – wie oben beschrieben – die modernen *Corporate Brands* so erfolgreich macht: Die Allgegenwärtigkeit und kulturelle Wirksamkeit ihrer *Branding Stories*.

Die zunehmende Lautstärke der wertorientierten Marketingkommunikation führt dabei zu einer wachsenden Sensibilisierung der zivilgesellschaftlichen Öffentlichkeit und der Konsumenten für die ethische Dimension von Marken. Wie ein Trojanisches Pferd zieht das *Corporate Brand* ein generelles Interesse für Unternehmensethik in das Unternehmen hinein.

Die Marke als Zielscheibe für Attacken
Ein Leuchtturm ist die Unternehmensmarke nicht nur für Kunden, sondern auch für kritische Nichtregierungsorganisationen. Diese fokussieren ihre Attacken auf die erfolgreichen Marken, weil sie so die grösste Aufmerksamkeit erzielen. Als Shell der Kollabora-

tion mit dem Regime in Nigeria bezichtigt wurde, gab es eine Reihe von weiteren Ölkonzernen in der Region. Die Kritik konzentrierte sich aber auf Shell, die am weitesten leuchtende Marke. Auf die Frage, warum man nur Shell, nicht aber den ebenso fragwürdig aktiven Chevron-Ölkonzern ins Visier genommen habe, antwortete der Bruder des hingerichteten nigerianischen Schriftstellers Ken Saro-Wiwa: «Es ist wichtig, dass sich die Leute nicht machtlos fühlen. Schliesslich müssen sie irgendwo Benzin für ihre Autos kaufen. Wenn wir ihnen sagen, dass alle Unternehmen schuldig sind, bekommen sie das Gefühl, dass sie nichts tun können. Tatsächlich wollen wir mit all den Beweisen gegen dieses eine Unternehmen den Leuten das Gefühl geben, dass sie wenigstens die moralische Kraft haben, ein Unternehmen zu einem Kurswechsel zu zwingen.»

Das Branding muss die tatsächlich gelebten Werte transportieren. Wo auf Inszenierung statt auf Authentizität gesetzt wird, verkommt die Marke zum potemkinschen Dorf, das jederzeit von kritischen Zeitgenossen als solches entlarvt werden kann. Nichtregierungsorganisationen haben eine breite Palette symbolischer Widerstandsformen entwickelt, die Marken genau dort treffen sollen, wo es besonders schmerzt: in ihrer normativ aufgeladenen symbolischen Kraft (zu den Formen des NGO-Aktivismus siehe Tabelle).

Das Unternehmen tritt über seine *Corporate-Branding*-Strategie in einen normativen Dialog mit seinen Kunden und der Gesellschaft als Ganzes. Die Vermarktung eines blossen Images wird dabei zu einer riskanten Angelegenheit. Je grösser der Erfolg der Marke, desto grösser der Druck, den selbst gesteckten Massstäben auch zu genügen. Wer über *Corporate Branding* auf die Werte der Konsumenten abzielt, der baut eine Bindung auf, die persönlicher und nachhaltiger wirkt, als herkömmliche Formen der Markenbildung. Wenn das Unternehmen allerdings gegen die propagierten Werte verstösst, verletzt es treue Kunden auch persönlich und erschüttert dessen Verbundenheit zur Marke. Es ist den Konsumenten nicht mehr egal, was die Unternehmen tun, weil gerade dieses sonstige Tun ein Kriterium der Kaufentscheidung geworden ist. Erfolgreiches *corporate branding* steigert den wahrgenommenen Kundennutzen. Der Kunde fühlt sich im Einklang mit seinen Werten. Fehlverhalten zerstört nicht nur diesen Zusatznutzen, sondern muss zwangsläufig zu dem Gefühl führen, betrogen und manipuliert worden zu sein.

Der Pluralismus posttraditionaler Gesellschaften spiegelt sich auch in der Dynamik von Markengläubigkeit und Anti-Marken-Aktivismus: Es sind paradoxerweise oft dieselben Individuen, die als Konsumenten auf die eine Marke schwören und als Mitglieder oder

Adbusters Culture Jamming Subvertising	Verfremdung von Werbebotschaften und Werbeplakaten mit dem Ziel, ein bestimmtes Fehlverhalten des Unternehmens offen zulegen oder die «Wahrheit» hinter der «Fassade» zu zeigen. Beispiel: Auf einer Plakatwand der Firma L'Oréal wird dem Spruch «Because I am worth it – weil ich es mir wert bin» ein Satz über vermeintliche Tierversuche des Kosmetikkonzerns vorangesetzt. Die gesamte Branding Story wird dadurch in einen völlig anderen Kontext gestellt. Der mit diesem Plakat konfrontierte Kunde sieht sich plötzlich in Mittäterschaft für ein Verhalten genommen, das er selbst persönlich ablehnt.
Hacktivism	Hacker dringen in unternehmerische Webseiten ein und verfremden die dort zugänglichen Informationen, z.B. indem sie einen Link zu einer NGO einbauen, die über Kinderarbeit in der Produktion des entsprechenden Unternehmens berichtet.
Konsumentenboykott	Initiiert von Nichtregierungsorganisationen und über die Kanäle der Massenmedien lautstark verbreitet, wird zum Boykott gegen Unternehmen aufgerufen, deren Verhalten als unmoralisch kritisiert wird. Beispiele der jüngsten Zeit: Unternehmen aus der Kaffeeindustrie wegen der verhungernden Kaffeebauern, Bekleidungsindustrie wegen Kinderarbeit, Ölkonzerne wegen Kollaboration mit repressiven Regimen.
Webseiten Internetaktivitäten	Das Internet dient einerseits als Informationsquelle für unternehmenskritische Organisationen. Wer beispielsweise das Wort «Nike» mit der Suchmaschine Google sucht, bekommt zahlreiche Webseiten von Anti-Nike-NGOs angeboten. Andererseits dient das Netz auch als Organisationsform. Es ermöglicht NGOs eine sehr schnelle Vernetzung und Koordination ihrer Aktivitäten, beispielsweise im Vorfeld einer geplanten Kampagne gegen ein Unternehmen oder im Vorfeld von politischen Grossereignissen wie dem World Economic Forum oder dem G-8-Gipfel.
Tortenwürfe	Der Tortenwurf ins Gesicht der vermeintlich Mächtigen und vermeintlich Bösen ist eine medienwirksame Strategie der öffentlichen Blossstellung von Gegnern und Entzauberung von Macht – bevorzugte Gegner sind Personen wie Bill Gates.
Intellektuelle Ikonen	Naomi Klein hat mit ihrem Buch *No Logo* eine grosse Breitenwirksamkeit erzielt. Ähnliches gelang Kalle Lasn mit seinem Buch *Culture Jam* oder Vivian Forester mit dem *Terror der Ökonomie*. Populärwissenschaftliche Beschreibungen vermeintlicher oder tatsächlicher Zusammenhänge zwischen der Globalisierungsdebatte und «Big business» erweisen sich als massenwirksam und dienen vielen der genannten Aktivitäten als theoretische Grundlage, die Autoren werden zu Ikonen des Widerstands.

Formen und Quellen von zivilgesellschaftlichem Anti-Brand-Engagement

Unterstützer von NGOs gegen eine andere heftig und engagiert agitieren. Die beiden Richtungen sind dabei keineswegs stabil. Die präferierte Marke von heute kann morgen bar jeder Reputation dastehen und von NGO-Attacken in die Knie gezwungen werden. Shell, Monsanto, Nike und Triumph, Mattel, Reebock oder Heineken sind Beispiele für Unternehmen, die eine derartige Erosion ihrer Reputation aufgrund von NGO-Druck erfahren mussten. Die umfassende unternehmerische Integrität wird so zum Kernelement erfolgreicher Markenbildung. Hinter dem Erfolg der Marke steht notwendigerweise ein hohes Mass an Glaubwürdigkeit des Unternehmens. In der Unternehmensmarke verschmelzen die Ansprüche des Marketings mit denen der Ethik. Für erfolgreiche Marken ergibt sich daraus die Pflicht, die eigenen ethischen Risiken entlang der Wertschöpfungskette zu analysieren und potenzielle Widersprüche zwischen dem normativen Anspruch der Marke und der Unternehmensrealität so weit wie möglich aufzulösen und dabei das eigene Handeln und Entscheiden radikal transparent zu machen. Dies mag für manche Unternehmen heute noch jenseits ihrer Vorstellungskraft liegen, aber dort, wo die Transparenz nicht eigenständig hergestellt wird; dort, wo Unternehmen die ethischen Probleme ihres Tuns nicht aktiv angehen, wird man sie früher oder später dazu zwingen. Transparenz, die von aussen geschaffen wird, ist der Ausgangspunkt von Misstrauen und Empörung. Eigenverantwortlich geschaffene Transparenz mag hier und da unbequem sein, aber sie ist die unabdingbare Voraussetzung für das Vertrauen externer Anspruchsgruppen in die Integrität der Marke.

Markengläubigkeit und Markenkritik schöpfen heute aus denselben Quellen. Beides sind kulturelle und strukturelle Reaktionen auf die Tatsache, dass den Menschen die tradierten Gewissheiten wie Sand zwischen den Fingern zerrinnen.

III. Implementierung von Ethik ins Unternehmen

Trau, schau wem

Vom Umgang mit der Wahrheit in der Werbung

Ist Ethik nur ein modernes Marketinginstrument oder mehr? Oder wird Ethik nur dafür missbraucht? Bewusst oder unbewusst wird Ethik zur Manipulation. Werbung manipuliert – das wissen wir – auch mit Ethik. Und wir? Wir Konsumenten lassen uns nur zu gerne beeinflussen, lassen uns Scheinwelten als Echtwelt vorführen. Die eigene Fähigkeit, zu fragen und zu beurteilen, wird vernachlässigt.

Bleibt also zu hoffen, dass die Werbeleute und Designer sich im Umgang mit Codes an einer Ethik orientieren. Und wenn nicht? Was ist, wenn es sich herausstellt, dass ihre Wahrheit nicht mehr wahr ist? Dann müssen wir selbst wieder anfangen, kritisch zu fragen. Warum aber erst dann?

Maria Luise Hilber (*1947) bildete sich in Werbelehre und Systemmarketing an der Hochschule St. Gallen aus und verfügt über eine betriebswirtschaftliche Ausbildung. Sie ist Gründerin und Inhaberin der intosens ag, Zürich, und entwickelt ethisch orientierte Unternehmenskonzeptionen, die sie in der Kommunikation und im Design umsetzt. Ihre Arbeit basiert auf der Erkenntnis, dass Corporate Identity die ethische Basis jeder Unternehmung ist und deren Umsetzung in der Kommunikation und im Design ihr Wesen und ihr Verhalten auffällig widerspiegelt.

Ein weiterer Wirkungsbereich von Maria Luise Hilber ist das Entwickeln neuer Finanzinstrumente mit einem ethischen Ansatz, die den konventionellen Geldlauf durchbrechen und ihn neu in einen ethischen Kreislauf binden. Sie ist Mitgesellschafterin und Verwaltungsrätin der BlueValue AG.

Maria Luise Hilber ist Autorin von verschiedenen Publikationen zu Themen wie Corporate Identity/Corporate Design und zu Stadtidentität.

Und sie buhlen um das blinde Vertrauen der Konsumenten

Nicht nur bestandene Unternehmen wie Nestlé, Coop, Denner und heute auch Migros setzen auf Marken und buhlen so um das «blinde» Vertrauen der Konsumenten. Auch andere Firmen (zum Beispiel Max Havelaar) bedienen sich moderner Markenstrategien und setzen Ethik bewusst als Waffe ein.

Sechs europäische Konsumentenorganisationen haben Anfang 2004 Bananen nach ethischen Gesichtspunkten getestet. Am besten schnitt Max Havelaar ab, obschon auch diese nicht ohne Pestizide auskommen. Und der Konsum läuft: Bald jede dritte in der Schweiz verkaufte Banane ist eine Max Havelaar. Billige Bananen auf Kosten schlecht bezahlter Arbeiter – das wollen die Schweizer nicht. Erstaunlicherweise kostet die Max Havelaar-Banane nur wenig mehr als die gewöhnliche. Der Grund: Grossverteiler nehmen auf Fair-Trade-Bananen eine geringere Marge in Kauf. Selbstzweck? Ethik lässt sich gut verkaufen – Imagegewinn vollbracht.

Wenn kleine Engel flüstern...

Es scheint so, als ob der Konsument ein feines, gesundes Sensorium für einen fairen Handel hat und selbst die komplexen Zusammenhänge von Produktion, Handel und Distribution nachvollziehen kann und am Verkaufspunkt entsprechend handelt. Die Werbung spielt dabei eine wichtige Rolle. Das kleine Label auf jeder Frucht flüstert just am Regal: «Nimm Max Havelaar!»

Werbung ist, seit es sie gibt, in das Blickfeld der ethischen Kritik geraten. Sie wirft ihr vor, den Menschen zu belügen, zu verschaukeln, die Wahrheit bewusst zu verbergen, ihn zu verblenden oder zu mehr Konsum zu verführen. Die Werbewirtschaft dagegen weist darauf hin, dass das Übertreiben nun einmal zur Werbung gehöre. Zumal die meisten Menschen wüssten, dass ein bisschen geflunkert wird.

Im Alltag wird kaum jemand zugeben, dass er sich von der Werbung verführen liesse oder gar aufgrund von Werbung sich für ein bestimmtes Produkt entschieden habe. Trotz Kritik an der Werbung zeigen repräsentative Studien, dass mehr als die Hälfte der Konsumenten an Werbung glaubt. Dabei gewinnen unterschiedliche Medien an Bedeutung. Anzeigen in Tageszeitungen werden als werbewirksamer eingeschätzt (44 Prozent der Befragten) als etwa Werbespots im Fernsehen (nur 37 Prozent). In der Bewertung der Glaubwürdigkeit liegen die Medien mit 58 Prozent positiven Zustimmungen an der

Spitze. Die Einschätzung der Werbung ist also sehr gespalten. Kann man der Werbung nun trauen oder nicht?

Werbung ist eine hoch entwickelte Form der Kommunikation. Sie richtet sich unmittelbar auf die Emotionalität der Zielpersonen, löst aber in der rationalen Dimension der Wahrnehmung ebenfalls Reaktionen aus. Damit spielt die Werbung. Sie transportiert und verstärkt auf diese Weise Werte, die von der Gesellschaft in den Bereichen der Ökonomie, Ethik und Ästhetik geteilt werden. Die Werbung fordert solche Werte auch provokativ heraus. Und sie macht es wirksam: Provokation in der Werbung ist aktuell, dies um Aufmerksamkeit zu verschaffen. Aufmerksamkeit ist die höchste Währung der Kommunikationswirtschaft.

Wie weit darf Provokation gehen, um Aufmerksamkeit zu erzeugen? Wie weit darf das Design unwahre (manipulierte) Signale und Bilder schaffen?

Lust und List des Designs
Unsere Gesellschaft opfert kulturelle Bildung für technische Effizienz: Alles wird schneller und kürzer. Davon betroffen sind Werte wie Tradition, Bücher, Philosophie, Ethik usw. Schlechte Zeiten für die Geisteswissenschaften. Aber das sind zugleich auch gute Zeiten fürs Design.

Das Design unser Leben! Otl Aicher spricht von «Lebensdesign», von einer «Optimierung der Lebensform». Seit auch das Selbstdesign des eigenen Körpers durch Fitness und Wellness im Mittelpunkt steht, hat das Wort «Design» an Bedeutung noch zugenommen. Alles ist designed.

Das Wort «Design» ist im Englischen sowohl Substantiv als auch Verbum. Als Substantiv meint es Vorhaben, Plan, Absicht, Ziel, böswilliger Anschlag, Verschwörung, Gestalt, Grundstruktur. Diese Bedeutungen stehen mit List und Hinterlist in Verbindung. Der Designer ist also ein hinterlistiger, Fallen stellender Verschwörer. Als Verb (to design) steht es für aushecken, vortäuschen, entwerfen, skizzieren, strategisch verfahren. Das Wort mit lateinischem Ursprung enthält «signum», «Zeichen».

Selbstverständlich – und jetzt kommen wir auf den Punkt – ist diese Erklärung nicht zwingend: Design hat auch mit Zeichen, Anzeichen, Vorzeichen, Abzeichen zu tun –

auch eine plausible Erklärung für die gegenwärtige Stellung des Wortes. So ist es eben: Alles ist Design, Design ist alles.

Warum ist gerade dieses Wort zu seiner internationalen Bedeutung gekommen? Das Wort «Design» hat seine gegenwärtige Zentralstellung im allgemeinen Gespräch gewonnen. Vilém Flusser dazu: «...weil wir den Glauben an Kunst und Technik als Quellen von Werten verlieren...». Design besetzt diese Lücke, obwohl Goethe die Warnung sprach, sich durch das Wort «Gestalt» (heute Design) nicht verleiten zu lassen. Heute geniesst Design den Status einer neuen Leitwissenschaft.

Nach Kunst und Technik – jetzt kommt das Design
Ethik im Design? Die Moral der Dinge? Die Welt des Designs war noch in Ordnung, solange sich das Gestalten am selbstverständlichen Gebrauchen und die Form an der erkennbaren Funktion orientieren konnte. Doch heute – im Zeitalter der Mikroelektronik – sehen wir uns von Black Boxes umstellt, zu denen es keinen intuitiven Zugang mehr gibt. Wir akzeptieren es, nicht zu wissen, was in den schwarzen Schachteln vor sich geht. Man unterwirft sich dem, was man nicht versteht, um es zu gebrauchen. Vergangene Generationen konnten sich leichter in ihrem Leben orientieren als wir. Heute gibt es keine vorgegebenen Antworten mehr. Wir müssen das Fragen neu lernen und das Finden neu trainieren.

Die Designer haben es heute nicht mit künstlerischen Formen, sondern mit Lebensformen zu tun. Anstelle von Objekt-Design tritt zunehmend das Design von Wahrnehmung und Lebensstil. Sie besorgen Sinn. Norbert Bolz: «Die Designer schaffen für Menschen eine künstliche Umwelt, in der sie sinnvoll existieren können. Sie sind Meister der Vereinfachung. Ihre Aufgabe lautet stets: Reduktion von Komplexität – und zwar so, dass die Oberfläche des Gebrauchs ein sinnvolles Bild, ein Bild des Sinns anbietet. Design stellt Sinn durch Unterscheidungen dar. Design ist die Technik der Differenzierung und der Codierung (Gerd Gerken spricht von der Magie des Codes). Der Code legt schliesslich fest, was das Produkt erzählen kann. Codierungen kombinieren in unserer Gesellschaft Freiheit mit Gemeinsamkeit. Je mehr fluktuative und zugleich paradoxe Codierungen, umso grösser wird der Raum für die mentale Freiheit; es kann mehr Unterschiedliches gedacht werden. Gleichzeitig stellen die Codes symbolische Gemein-schaften her, die dafür sorgen, dass man weiss, dass auch andere das wissen. Denn es ist ja ein gemeinsam verabredetes Zeichen-System für Bedeutungen. Der Designwissenschaftler entdeckt die Oberfläche, dringt nicht mehr in die Tiefe. Damit bekommt die Frage nach der Verantwortung des Designers eine neue Dimension.

1. Obwohl nach wie vor Design-Professionalität existiert, können ihre Regeln kein Vertrauen mehr beanspruchen. Ihre Kompetenz ist zweifelhaft, weil die Kommunikation den öffentlichen Raum, wie wir ihn bislang kannten, zerstört hat. Es gibt keine Öffentlichkeit mehr, die Normen prägt. Man bezweifelt ihre Kompetenz, da das Produkte- und das Service-Design äusserst kompliziert geworden sind. Hinzu kommt, dass jeder, der schreiben, dank Computer, auch selbst designen kann.

2. Design und Kommunikation sind in einem komplexen Geflecht verwickelt. Die Menge der Informationen, die uns zugänglich sind, können kaum mehr verarbeitet werden. Das menschliche Gehirn ist – da untrainiert – überfordert. Heute agieren Gruppen – Teams, die sich als Netzwerk aus menschlichen und künstlichen Intelligenzen zusammensetzen. Das Resultat kann also nicht mehr einem einzigen Verfasser zugeordnet werden. Keine Person ist mehr verantwortlich für das komplexe Design, die Information oder das Bild. Es fühlt sich niemand persönlich gebunden. Das muss logischerweise auch moralisch verwerfliche Erzeugnisse hervorbringen, solange es nicht gelingt, das Design ethisch einzubinden.

3. In der Vergangenheit wurde angenommen, dass die ethische Verantwortung für ein Produkte-Design, ein Bild, bei seinem Benutzer und Betrachter liege. Bei den heutigen Möglichkeiten der Manipulation stellen sich neue Verwantwortlichkeitsfragen. Wer ist verantwortlich, wenn beispielsweise ein Roboter tötet? Der Designer des Roboters, die Programmierer oder der Hersteller? Die ganze Rüstungsindustrie? Die Gesellschaft, die beim Einsatz der Roboter schweigt? Auch die moderne Medizintechnik macht diese Problematik deutlich: Lebensverlängerung um jeden Preis.

Das Design beherrscht unser Leben. Mit dem Computer stehen jedem unbegrenzt Gestaltungsmittel zur Verfügung. Jedermann kann die (seine) Welten neu konstruieren und damit auch manipulieren. Die Kinder der neuen Medienwelt beugen sich nicht mehr über Bücher, sondern sitzen vor Bildschirmen. Ihr Suchen und Forschen folgt nicht mehr Zeile für Zeile der Weisheit fonetischer Schrift, sondern läuft über die Gestalterkenntnis. Die Welt erscheint ihnen unter völlig veränderten Kategorien: Wirklichkeit wird durch Fiktion ersetzt, Konfiguration tritt an Stelle von Klassifikation, die Bedeutung erlischt. Sie sehen, lesen, navigieren und spielen. Entscheidend ist allein die Gestaltung interaktiver Einfachheit. Schon Zweijährigen ermöglicht das Design einen zwanglosen Gebrauch des Computers. Mit Design wird schon bei Kindern der Kampf um Aufmerksamkeit – die wohl härteste Währung – gewonnen.

Nun, so kommt der Einwand, Design und Werbung haben natürlich diese Macht und Wirkung nicht. Doch auch ihnen sind Mittel und Wege gegeben, die Grenzen von Wahrheit und Unwahrheit, von Sinn und Unsinn zu verwischen. Die Werbung will, dass das Produkt und die Dienstleistung, für die geworben werden, auch erworben werden. Und da ist oft jedes Mittel recht.

Der Umgang mit der Wahrheit in der Werbung
Aus ethischer Sicht geht es in der Werbung darum, ob die Wahrheit gesagt werden muss, ob Werbung ehrlich, wahrhaftig oder glaubwürdig sein soll. Darf von Werbung überhaupt eine Glaubwürdigkeit, wie etwa von Nachrichten, erwartet werden? Und wenn es bei Werbung nicht um kommunikatives, sondern um strategisches Handeln geht, gelten dann überhaupt die für eine Beurteilung der auf Glaubwürdigkeit und auf Verständigung zielenden Bedingungen (wie sie etwa von Habermas in seiner Theorie kommunikativen Handelns als Geltungsbegründungen aufgestellt worden sind)?

Von den Nachrichten erwarten wir zum Beispiel, dass sie glaubwürdig über die Ereignisse in der Welt berichten, dass alle politischen Strömungen gleichberechtigt berücksichtigt werden, dass politische Meinungen nicht unterdrückt werden und dass die Bilder nicht manipuliert sind. Wir erwarten eine hohe Identität zwischen Ereignis und Bericht. Nachrichten zielen auf die Darstellung politischen Handelns, indem sie entsprechende Informationen und Meinungen vermitteln. Die Beziehungsstruktur von Nachrichten ist zwar auf Einzelne gerichtet, letztlich soll aber die Gesellschaft davon profitieren.

Auch Werbung berichtet und informiert. Nur hat die Werbung eigentlich immer schon die Aura des Übertriebenen, der leichten Verfälschung sowie des Kreativen bzw. Fantastischen. Die Absicht von Werbung liegt nicht in einer gesamtgesellschaftlichen Zielsetzung. Es geht ihr um ein individuelles Kaufverhalten. Nur das produktherstellende oder das ideenverbreitende Unternehmen profitiert. Der Einzelne wird nur als Individuum gesehen. Kann dies ein Grund sein, der Werbung nicht die gleichen Wahrheitsansprüche abzufordern wie etwa den Nachrichten! Darf die Werbung frei sein von jeglicher Verantwortung? Es geht darum, den Code zu finden, innerhalb dessen wir uns auf Ehrlichkeit und Integrität verlassen können. Das Rezept von Norbert Bolz: «Wahrheit wird erträglich durch Geschichten, Herkunft durch Interpretationen und Zukunft durch Visionen.»

Code-Kompetenz aneignen
Kreative Kommunikatoren brauchen einen Raum, der über das hinausragt, was wir für eine auf Verständigung orientierte Kommunikation in Anspruch nehmen. In der Übertreibung liegt der gewisse Reiz von manchen Werbebotschaften, die dadurch auf sich aufmerksam machten. Werbung will Illusionen verbreiten, und dies heisst, über das Vorhandene und Bestehende hinausgehen. Diese Übertreibung macht es aber für den Konsumenten schwierig, Werbung beurteilen zu können. Die Glaubwürdigkeit wird daran gemessen, ob das Produkt oder die Dienstleistung das halten, was sie uns versprechen. Um dies beurteilen zu können, müssen wir uns so etwas wie eine Code-Kompetenz aneignen. Sie soll uns helfen, die Feinheiten und Grenzen der Glaubwürdigkeit zu erkennen und uns befähigen, Übertreibungen (Witz) zu erkennen.

Dass die Entwicklung von ethischer Code-Kompetenz eine wichtige Voraussetzung zum Verständnis von Werbung ist, zeigt eine empirische Studie (Charlton, u.a., 1995). Es konnte nachgewiesen werden, dass Kinder unter 5 Jahren die Intentionen von Werbung kaum erfassen. Sie glauben, dass Werbung ohne Absichten informieren will und die Wahrheit sagt. Mit zunehmenden Alter nimmt aber der Glaube ab. Ab dem Alter von 7 wird ihnen dann deutlich, dass durch Werbespots etwas verkauft werden soll, und mit etwa 11 bzw. 12 Jahren werden diese Absichten von Werbung auch auf sich selbst bezogen – die Kinder erkennen, dass sie als potenzielle Kunden angesprochen und zum Kauf des Produkts «verführt» werden. Während in den jüngeren Jahren Werbung positiv aufgenommen wird (z.B., weil sie lustig ist oder ein Spielzeug zeigt), bekommt sie bei den über 12-jährigen ein negatives Image (Werbung «nervt», «es stimmt doch alles nicht» usw.).

Die Frage der ethischen Bewertung von Werbung wird in Zukunft noch schwieriger zu beantworten sein als heute. Dies hängt mit der Entwicklung der Werbestrategien und psychologischen Erkenntnissen zusammen. Die Werbung zielt immer stärker auf das Unbewusste. Nicht das Produkt oder die Idee steht im Mittelpunkt, sondern eine Geschichte, die Lebensgefühl vermitteln soll, das sich gut mit dem avisierten Produkt verbinden lässt. Eine Firma ist heute vor allem eine Inszenierung. Die Produktidentität verschwindet zunehmend. Die Darstellung wird wichtiger als die Herstellung. Hier lässt sich die Glaubwürdigkeit oder der Wahrheitsgehalt nicht mehr überprüfen. Die Verbindung wird nicht mehr bei der Präsentation des Produkts oder der Firma, sondern vielmehr auf Seiten der Konsumenten hergestellt. Deshalb fordert Norbert Bolz: «Triff eine Unterscheidung!» (Corporate Difference oder die Kunst des sinnvollen Unterschieds).

Im Dschungel zurechtkommen
Was ist zu tun, damit sich Menschen im Dschungel der Codierungen zurechtfinden? Es genügt nicht, zu erfassen, was «in» und «out» ist. Es geht um die Unterscheidung von kurzfristigen Moden, Aktionen und langfristigen Trends auf einer ethischen Basis. Häufig sind wir im Alltag dafür nicht kompetent genug, sondern müssen immer etwas dazulernen und uns auf neue Entwicklungen einstellen, damit wir uns in diesem Code-Dschungel zurechtfinden und den Mehrwert (sprich Fluidum, Emotional Design, Ethik usw.) erkennen. Die Code-Kompetenz fördert diese Fähigkeit, sich mit dem Unternehmen, dem Angebot kritisch und selbstbestimmt auseinander zu setzen. Die Untersuchungen zur Code-Kompetenz bei Kindern und Jugendlichen hat deutlich gemacht, dass die Fähigkeit, Werbung intuitiv auf ethische Indikatoren zu durchschauen, sich permanent entwickeln kann.

Ein Brand, ein Marken-Code, der als Marketinginstrument zum Vertrieb des Produktes eingesetzt wird, ist in sich noch keine Garantie für eine ethische Herkunft der Ware, auch wenn Warentests diese Kontrollaufgabe immer häufiger übernehmen. Die Überprüfung der Nachhaltigkeit der als «ökologisch und ethisch sauber» gekennzeichneten Produkte bleibt nach wie vor in der Verantwortung des Konsumenten. Seine Sensibilisierung für die Herstellungsmethoden und umweltspezifischen Faktoren des Produktes gehört zum täglichen Training von Code-Kompetenz, um zum Beispiel selbst die Banane mit dem Label von Max Havelaar kritisch beurteilen zu können.

Markus Raetz, der mit seiner Kunst ein neues Sehen fordert, empfiehlt: «Sieh zu, mit wem du siehst. Sehen verbindet» – Werte verpflichten!

Stakeholder und Shareholder Value

Wertbeitragsanalyse mit Hilfe der Stakeholder Value Matrix

In der öffentlichen Diskussion erscheinen die Begriffe Shareholder Value und Stakeholder Value oft als Gegensatz. Dieser Beitrag zeigt nicht nur, dass dieser Eindruck täuscht, sondern auch, dass sich die beiden Konzepte sogar ergänzen. Hierzu wird der Stakeholder Value als unternehmensorientierter Stakeholderwert, also als Beitrag einer Stakeholderbeziehung zum Unternehmenswert aufgefasst. Neben den Kapitalgebern, die die traditionelle Perspektive des Shareholder Value darstellen, tragen auch andere Stakeholder zum Unternehmenswert bei. Der Shareholder-Value-Ansatz berücksichtigt diese Stakeholder nur als Residualgrössen. Dieser Beitrag löst diese Stakeholder konzeptionell aus ihrem Residualgrössendasein und rückt sie in den Mittelpunkt der Analyse. Dies erlaubt, den Beitrag jedes Stakeholders zum Unternehmenswert zu ermitteln. Stakeholder erbringen ihren Beitrag nicht isoliert, sondern im Zusammenspiel mit anderen Stakeholdern. Die Stakeholder Value Matrix, ein wertorientiertes Analysetool, das ausserdem in diesem Beitrag vorgestellt wird, trägt dem Rechnung. Die Stakeholder Value Matrix zeigt, im Zusammenspiel welcher Stakeholder Unternehmenswert entsteht. Dies erlaubt, teure von unprofitablen Stakeholderbeziehungen zu unterscheiden.

Frank Figge, Dr., forscht und lehrt an der School of the Environment der Universität Leeds (Grossbritannien). Seine Forschungsschwerpunkte sind u.a. wertorientiertes Nachhaltigkeitsmanagement, Sustainable Finance und Ökonomie und Management von Diversität.

Einführung

Die Begriffe Shareholder und Stakeholder Value polarisieren. Dies überrascht. Die Begriffe stehen nämlich für Konzepte, die sich nicht gegenseitig ausschliessen. Im Gegenteil. Unternehmen brauchen, um Wert zu schaffen, verschiedene Ressourcen, die sie von Stakeholdern erhalten. Hierzu gehört auch – aber nicht nur – die Shareholder-Ressource Kapital. Grundsätzlich gilt: Je effizienter mit einer Ressource umgegangen wird, umso mehr Wert wird geschaffen.

Es überrascht daher nicht, dass sich Ökonomen bereits seit langem mit der Bewertung der Effizienz des Ressourceneinsatzes beschäftigen. Im Mittelpunkt steht dabei meist die Effizienz des Kapitaleinsatzes. Der Shareholder Value beantwortet genau diese Frage: Welcher Wert ist durch den effizienten Umgang mit Kapital entstanden?

Problematisch ist, dass andere Stakeholder nur als Residualgrössen auftauchen. Die mit der Lieferung ihrer Ressource verbundenen Kosten werden abgezogen, um den geschaffenen Wert zu bestimmen. Dieser geschaffene Wert wird dann mit dem Kapitaleinsatz ins Verhältnis gesetzt. Shareholder Value entsteht, wenn die Residualgrösse pro Kapitaleinsatz über dem Durchschnitt liegt. Je mehr Shareholder Value geschaffen worden ist, desto effizienter ist die Unternehmung, so die gängige Argumentation.

Diese einseitige Kapitalorientierung ist zu bedauern. Unternehmen brauchen nämlich verschiedene Ressourcen, um Wert zu schaffen, und die Effizienz einer Unternehmung hängt davon ab, wie effizient sie mit allen Ressourcen umgeht. Die Ressourcen stehen zudem in einem komplementären Verhältnis zueinander.

Das Verhältnis zwischen Unternehmen und Stakeholdern kann genauso bewertet werden wie das Verhältnis zwischen Unternehmen und Kapitalgebern. Im Folgenden wird erst auf die Begriffe Shareholder Value und Stakeholder Value eingegangen. Anschliessend wird gezeigt, wie der Beitrag von Stakeholdern zum Unternehmenserfolg mit Hilfe der Stakeholder Value Matrix analysiert werden kann.

Was ist Shareholder Value?

Unter Shareholder Value werden verschiedene Begriffsinhalte verstanden. Als *Handlungsmaxime* fordert Shareholder Value eine Orientierung an den Interessen der Eigentümer im Allgemeinen und eine Maximierung des Werts des Eigenkapitals im Speziellen

(Hostettler 2000, 23). Als *Finanzgrösse* entspricht der Shareholder Value dem Wert einer Unternehmung aus Eigentümersicht (Rappaport 1999, 39; Hostettler 2000, 23), also dem Wert des Eigenkapitals. Als *Bewertungsverfahren* bewertet es Unternehmen, indem es erwartete Geldflüsse diskontiert. Im Vordergrund steht hier der Shareholder Value als Finanzgrösse und als Bewertungsverfahren.[1]

Der Shareholder-Value-Ansatz leitet sich aus der dynamischen Investitionsrechnung ab (Bühner 1990, 35 ff.). Der Shareholder Value entspricht dem heutigen Wert der in Zukunft anfallenden Überschüsse. Rein technisch betrachtet ist der Shareholder Value daher der diskontierte Netto-Gegenwartswert der zukünftigen Überschüsse eines Unternehmens.

Vom Shareholder Value lässt sich lernen, dass erst dann ein Wert entsteht, wenn der Nutzen die Kosten übersteigt. Zu den Kosten gehören auch die Kapitalkosten. Die Tatsache, dass ein Unternehmen Gewinn macht, ist daher eine notwendige, nicht aber eine hinreichende Bedingung dafür, dass Unternehmenswert entsteht.

Kapitalkosten lassen sich allerdings nicht einfach ablesen. Es werden daher Opportunitätskostenüberlegungen angestellt. Unter Opportunitätskosten wird der Nutzen nicht verfolgter Alternativen verstanden (z.B. Green 1894, S. 224). In der Praxis ist dies die marktdurchschnittliche Rendite vergleichbarer Investitionen. Kapitalkosten werden im Finanzmarkt daher i.d.R. relativ bewertet; ein Unternehmen schafft erst dann einen Wert, wenn es mehr Wert schafft als der Durchschnitt. Unternehmen befinden sich daher in einem ständigen Wettbewerb um die effizienteste Kapitalnutzung. Dies ist gewollt, denn es soll sicherstellen, dass der Kapitaleinsatz optimiert wird.

Der Shareholder Value basiert auf einem Residualgrössenkonzept. Die Ansprüche anderer Stakeholder (z.B. Mitarbeiter, Lieferanten, Kunden, Staat) werden abgezogen, und der Rest stellt den geschaffenen Wert dar. Übersteigt dieser Wert die Kapitalkosten, ist Shareholder Value geschaffen worden.

Der Shareholder Value ist kapitalorientiert, d.h., er bezieht den durch ein Unternehmen geschaffenen Nutzen auf eine einzige Ressource, das Kapital. Unternehmen schaffen allerdings Wert, indem sie verschiedene knappe Ressourcen einsetzen, die ihnen von verschiedenen Stakeholdern zur Verfügung gestellt werden. Der nächste

Abschnitt zeigt, was in diesem Zusammenhang unter Stakeholder Value verstanden werden kann.

Was ist Stakeholder Value?
Unternehmen erhalten nicht nur von den Eigenkapitalgebern, sondern auch von anderen Stakeholdern (z.B. Mitarbeiter, Staat, Lieferanten) Ressourcen. Der im letzten Kapitel diskutierte Shareholder Value bewertet den Ressourcenaustausch mit dem Shareholder. Eine analoge Bewertung der Beziehungen zu anderen Stakeholdern ist möglich (Figge 2002a, b; Figge & Schaltegger 1999).

«Stakeholder Value» ist ein relativ neuer, jedoch häufig verwendeter Begriff (z.B. Ahrens & Hofmann-Kamensky 2001; Carbó & Williams 2000; Charreaux & Desbrières 2001; CIMA & IFAC 2002; Earl & Clift 1999; Edvinsson 1997; Gomez & Wunderlin 2000; Harrison & Fiet 1999; Janisch 1992; Jansche 1998; Kolk & Van Tulder 2004; Krömer 1997; o.V. 1999; Shepherd et al. 2001; Venkataraman 2001; Wheeler & Sillanpää 1997, 1998). Stakeholder Value wird heute in erster Linie als unerläutertes Schlagwort benutzt. Es muss daher erst einmal geklärt werden, was unter diesem Begriff verstanden werden kann. In diesem Zusammenhang muss zwischen zwei Perspektiven unterschieden werden (Figge & Schaltegger 1999). Stakeholder Value kann einerseits der Wert der Stakeholderbeziehung für einen Stakeholder sein. Man spricht dann von einem *stakeholderorientierten Unternehmenswert*. Unter Stakeholder Value kann andererseits der Wert einer Stakeholderbeziehung für das Unternehmen verstanden werden. So interpretiert, ist Stakeholder Value ein *unternehmensorientierter Stakeholderwert*. Aus Unternehmenssicht ist der unternehmensorientierte Stakeholderwert von besonderem Interesse. Er zeigt, welchen Wert(beitrag) eine Stakeholderbeziehung für das Unternehmen hat. Der Stakeholder Value wird daher im Folgenden als unternehmensorientierter Stakeholderwert aufgefasst. Im Vordergrund steht daher hier die Frage: Welcher Wert entsteht durch die Stakeholderbeziehung für das Unternehmen?

Der Stakeholder Value kann hierfür analog zum Shareholder Value aufgefasst werden. Der Stakeholder Value entspricht dann dem Barwert der Beiträge eines Stakeholders zum Unternehmenswert. Auch für den Stakeholder Value gelten Opportunitätskostenüberlegungen. Stakeholder Value entsteht erst, wenn durch die Stakeholderbeziehung mehr Wert entsteht als bei einem alternativen Einsatz der Stakeholderbeziehung. Ein solcher alternativer Einsatz der Stakeholderbeziehung kann beispielsweise der Einsatz bei einem anderen Unternehmen sein.

Wertbeitragsanalyse mit Hilfe der Stakeholder Value Matrix
Die vorangegangenen beiden Kapitel haben gezeigt, was unter Shareholder Value und Stakeholder Value verstanden werden kann. Stakeholder, und hierzu gehören auch die Kapitalgeber, stehen in einem komplementären Verhältnis zueinander. Unternehmen brauchen gleichzeitig die von Shareholdern und den anderen Stakeholdern zur Verfügung gestellten Ressourcen, um Wert zu schaffen. Die Effizienz der Nutzung der verschiedenen Stakeholderressourcen steht im Mittelpunkt der Wertbeitragsanalyse.

Der *Return on Stakeholder* (ähnlich Figge & Schaltegger 1999) setzt den Beitrag der Stakeholder zum Unternehmenswert zu den Stakeholderkosten ins Verhältnis. Er zeigt, analog zu einer Kapitalrentabilität, die Rentabilität der Stakeholderbeziehungen auf. Um die Rentabilität des Verhältnisses zwischen dem Unternehmen und seinen Mitarbeitern zu ermitteln, können beispielsweise die Personalkosten durch den Personalaufwand und der Beitrag zum Shareholder Value durch den Überschuss nach Abzug der Kapitalkosten (z.B. Economic Value Added) einer Periode approximiert werden.

Der Economic Value Added (EVA) ergibt sich aus der Multiplikation des investierten Kapitals mit dem Value Spread aus der erzielten Rendite und den Kapitalkosten (Stewart 1991, 136).[2] Er entspricht einem Nutzenüberschuss nach Eigenkapitalkosten. Der Return on Employees ergibt sich analog durch:

$$\text{Return on Employees} = \frac{\text{EVA}}{\text{Personalaufwand}} \qquad \text{(Rentabilitätszahl)}$$

Wird der Return on Employees wieder mit dem Personalaufwand multipliziert, ergibt sich natürlich, wie die folgende Gleichung zeigt, wieder der *Economic Value Added*.

$$\text{EVA} = \text{Return on Employees} \cdot \text{Personalaufwand} = \frac{\text{EVA}}{\text{Personalaufwand}} \cdot \text{Personalaufwand}$$

Zur Berechnung des Employee Value Added müssen, analog zum Shareholder Value, Opportunitätskosten berücksichtigt werden. Die Opportunitätskosten können einbezogen werden, indem vom Return on Stakeholder des Unternehmens zum Beispiel der branchendurchschnittliche Return on Stakeholder abgezogen wird. Es resultiert ein *Value*

Spread. Die folgende Gleichung gibt das wiederum für den Stakeholder Mitarbeiter wieder:

$$\text{Value Spread} = \frac{EVA_{UG}}{Personalaufwand_{UG}} - \frac{EVA_{B}}{Personalaufwand_{B}} \qquad \begin{array}{l} UG = \text{Unternehmung} \\ B = \text{Branche, Markt} \end{array}$$

Ein positiver (negativer) Value Spread ist ein Zeichen dafür, dass die Stakeholderrentabilität über (unter) dem Branchendurchschnitt liegt.

Durch Multiplikation mit den Stakeholderkosten des Unternehmens ergibt sich nun der während der Periode geschaffene *Stakeholder Value*. Am Beispiel des Stakeholder Mitarbeiter entspricht dies der Gleichung:

$$\text{Employee Value Added} = \text{Value Spread} \cdot Personalaufwand_{UG}$$

Ähnliche Zusammenhänge lassen sich auch für eine kapitalorientierte Sichtweise herleiten. Der kapitalorientierten und der stakeholderorientierten Sichtweise ist gemeinsam, dass meist nicht unmittelbar offensichtlich wird, wie der Beitrag zum Unternehmenswert gesteigert werden kann bzw. was die Gründe für einen tiefen oder hohen Unternehmenswert sind. Die Beiträge zum Unternehmenswert werden daher aufgegliedert. Hierzu werden meist Kennzahlensysteme gebildet. Das bekannteste Beispiel ist das Du-Pont-Schema, das den Return on Investment aufgliedert (Weston 1962, 84).

Ganz ähnlich wird zur Analyse des Stakeholder Value vorgegangen. Als Ausgangsbasis dient die Gleichung

$$\text{Employee Value Added} = \underbrace{\left(\frac{EVA_{UG}}{Personalaufwand_{UG}} - \frac{EVA_{B}}{Personalaufwand_{B}} \right)}_{\text{Value Spread}} \cdot Personalaufwand$$

Um den Erklärungsgehalt weiter zu steigern, wird nun der Economic Value Added (EVA) weiter zerlegt und der Stakeholderaufwand ins Verhältnis mit den Aufwendungen bzw. dem Ertrag für andere Stakeholder gesetzt. Tabelle 1 gibt die Rahmendaten eines Beispielunternehmens und seiner Branche wieder, und Tabelle 2 zeigt, wie der Mitarbeiterwertbeitrag weiter untergliedert werden kann.

Ertrags-/Aufwandsgrösse	Stakeholder	Unternehmen	Branche
Umsatz	Kunden	90.00 €	100.00 €
- Personalaufwand	Personal	10.00 €	12.00 €
- Vorleistungen	Lieferanten	40.00 €	38.00 €
- Steuern	Staat	10.00 €	20.00 €
- Kapitalkosten	Kapitalgeber	3.00 €	4.50 €
= EVA		27.00 €	25.50 €

Tabelle 1: Beispielunternehmen

Stakeholder	Rechen-operation	Betrag	Einfluss auf den Unternehmenswert
Kunden	+	$\left(\frac{90\,€}{10\,€} - \frac{100\,€}{12\,€}\right) \cdot 10\,€ = 6.66\,€$	Wertsteigernd
Lieferanten	-	$\left(\frac{40\,€}{10\,€} - \frac{38\,€}{12\,€}\right) \cdot 10\,€ = 8.33\,€$	Wertsenkend
Staat	-	$\left(\frac{10\,€}{10\,€} - \frac{20\,€}{12\,€}\right) \cdot 10\,€ = -6.66\,€$	Wertsteigernd
Kapitalgeber	-	$\left(\frac{3\,€}{10\,€} - \frac{4.5\,€}{12\,€}\right) \cdot 10\,€ = -0.75\,€$	Wertsteigernd
Employee Value Added	=	5,75 €	= **Wertsteigernd**

Tabelle 2: Zerlegung des Mitarbeiterwertbeitrags

Das Verhältnis der verschiedenen Stakeholderkosten zueinander kann als Stakeholderintensität aus der Sicht verschiedener Stakeholder interpretiert werden. So zeigt beispielsweise das Verhältnis

$$\frac{Vorleistungen_{UG}}{Personalaufwand_{UG}}$$

die Kosten der Vorleistungen, auf die die Mitarbeiter zurückgreifen relativ zum Personalaufwand. Der Value Spread, also

$$\frac{Vorleistungen_{UG}}{Personalaufwand_{UG}} - \frac{Vorleistungen_{B}}{Personalaufwand_{B}}$$

zeigt, wie viel mehr oder weniger bzw. teurere oder günstigere Vorleistungen die Mitarbeiter benötigen. Multipliziert man diesen Value Spread mit dem Personalaufwand, zeigt sich der aus der Perspektive der Mitarbeiter hierdurch entstehende oder reduzierte Beitrag zum Unternehmenswert.[3]

Rufen die Mitarbeiter eines Unternehmens oder an einem Standort innerhalb eines Unternehmens tiefere Kosten für Vorleistungen als der Benchmark hervor, stellt dies einen komparativen Vorteil dar. Der Value Spread zeigt den relativen Vorteil. Wird der Value Spread mit dem Personalaufwand multipliziert, zeigt sich, wie viel Wert durch das Zusammenspiel der Stakeholder (z.B. Mitarbeiter und Lieferanten) entstanden ist. Das Zusammenspiel der Stakeholder kann aus der Perspektive jedes Stakeholders analysiert werden. Hierdurch ergibt sich die Stakeholder Value Matrix (Figge 2002b). Die Stakeholder Value Matrix (vgl. Tabelle 3) berechnet den Stakeholder Value für die einzelnen Stakeholder in der beschriebenen Art und Weise.

		Bewertung aus der Perspektive der Ressource des Stakeholders				
		Kunden	Personal	Lieferanten	Staat	Kapitalgeber
Bewertete Stakeholderbeziehung	+ Kunden		6.67 €	– 15.26 €	40.00 €	23.33 €
	– Personal	– 0.80 €		– 2.63 €	4.00 €	2.00 €
	– Lieferant	5.80 €	8.33 €		21.00 €	14.67 €
	– Staat	– 8.00 €	– 6.67 €	– 11.05 €		– 3.33 €
	– Kapitalgeber	– 1.05 €	– 0.75 €	– 1.74 €	0.75 €	
	– Stakeholder Value	4.05 €	5.75 €	0.16 €	14.25 €	10.00 €

Tabelle 3: Stakeholder Value Matrix

Dies kann am Beispiel des Employee Value (grau hinterlegt) gezeigt werden. Der Employee Value beträgt, wie gezeigt, in diesem Beispiel 5.75 €. Die Stakeholder Value Matrix zeigt nun, wie sich der Employee Value zusammensetzt. Ein positiver Beitrag ergibt sich aus dem Zusammenspiel zwischen Mitarbeitern und Kunden, Staat und Kapitalgebern. Die Verknüpfung zwischen Mitarbeitern und Lieferanten hat hingegen den Employee Value gesenkt. Dies ist darauf zurückzuführen, dass im Vergleich zum Branchendurchschnitt pro € Personalaufwand ein höherer Umsatz erzielt wird, weniger Steuern gezahlt werden und tiefere Kapitalkosten anfallen. Es wird allerdings, wiederum im Branchenvergleich und pro € Personalaufwand, mehr für Vorleistungen ausgegeben.

Die Stakeholder Value Matrix zeigt nicht nur, welchen Beitrag eine Stakeholderbeziehung zum Unternehmenswert leistet. Sie zeigt auch, wie, d.h. im Zusammenspiel welcher Stakeholder, dieser Wert entsteht. Es kann auf diese Weise z.B. zwischen teuren und unprofitablen und natürlich auch zwischen billigen und profitablen Beziehungen zwischen Unternehmen und Stakeholdern unterschieden werden. Dies lässt sich im hier vorliegenden Beispiel an der Beziehung zwischen dem Unternehmen und seinen Lieferanten zeigen. Im Vergleich zur Branche (vgl. Tabelle 4) bezieht das Unternehmen mehr Vorleistungen. Dies gilt sowohl absolut als auch relativ zum Umsatz. Das Unternehmen bezieht Vorleistungen in Höhe von 44,4% des Umsatzes, während die Branche nur bei 38% liegt. Man könnte nun, fälschlicherweise, meinen, dass die Lieferantenbeziehungen negativ zum Unternehmenswert beitragen, d.h. den Unternehmenswert belasten. Wie die Stakeholder Value Matrix zeigt, ist der Supplier Value Added, also der Beitrag der Lieferantenbeziehungen zum Unternehmenswert, positiv. Von der Stakeholder Value Matrix lassen sich auch mögliche Erklärungen hierfür ablesen. So leistet beispielsweise die Verbindung zwischen Lieferanten und Kapitalgebern aus der Perspektive der Kapitalgeber einen Beitrag zum Unternehmenswert in Höhe von 1.74 €. Eine kausale Verbindung könnte z.B. darin bestehen, dass es dem Unternehmen gelungen ist, genau die Arbeitsschritte auszugliedern, die kapitalintensiv sind. Hierdurch wird das gebundene Kapital und werden damit auch die Kapitalkosten gesenkt.

5 Zusammenfassende Schlussbetrachtung

Der *Shareholder Value* entspricht dem heutigen Wert der in Zukunft anfallenden Überschüsse nach Abzug der Kapitalkosten. Der *Stakeholder Value* wird hier als unternehmensorientierter Stakeholderwert aufgefasst. Er entspricht dem heutigen Wert des Beitrags, den ein Stakeholder in Zukunft zum Shareholder Value leistet. Stakeholder leisten diesen Beitrag im Zusammenspiel mit anderen Stakeholdern. Der Stakeholder Value kann analog zum Shareholder Value berechnet werden.

Der Stakeholder Value ist, wie der Shareholder Value, eine stark aggregierte Kennzahl. Diese starke Aggregation ist meist gewünscht, um verschiedene Stakeholder (Stakeholder Value) oder verschiedene Investments (z.B. Shareholder Value, ROI) einfach vergleichen zu können. Problematisch ist allerdings, dass sie keine vertiefte Analyse zulassen. Soll nun untersucht werden, wie der Stakeholder Value entsteht, muss diese Kennzahl desaggregiert werden.

Die hier vorgestellte *Wertbeitragsanalyse von Stakeholderbeziehungen* nimmt eine solche Desaggregation vor. Stakeholder hängen voneinander ab; sie stehen in einem komplementären Verhältnis zueinander. Die Wertbeitragsanalyse zeigt, welche Stakeholderkombinationen einen Beitrag zum Unternehmenswert leisten. Die in diesem Zusammenhang vorgestellte Stakeholder Value Matrix ermöglicht dabei die Analyse der Beziehungen zwischen den Stakeholdern aus der Perspektive jedes Stakeholders und zeigt, welche Stakeholderkombinationen wertsteigernd wirken.

Stakeholder tauchen in der residualgrössenorientierten Sichtweise des Shareholder Value als Aufwands- oder Ertragsgrössen auf, die es zu minimieren (Aufwandsgrössen) oder zu maximieren (Ertragsgrössen) gilt. Ein überdurchschnittlicher Aufwand für einen Stakeholder stellt aus der Sicht des Shareholder Value eine Belastung dar. Eine Senkung des Stakeholderaufwandes steigert, aus dieser residualgrössenorientierten Sicht, die Effizienz des Unternehmens und damit den Shareholder Value. Die Wertbeitragsanalyse und die Stakeholder Value Matrix zeigen, dass diese Sichtweise zu kurz greift. Shareholder Value kann nicht nur dadurch geschaffen werden, dass Stakeholderaufwendungen reduziert werden. Neben der Reduzierung des Aufwands führt auch eine Optimierung zur Schaffung von Shareholder Value. Für den Shareholder Value ist letztlich ausschlaggebend, wie effizient mit allen Ressourcen, die dem Unternehmen von seinen Stakeholdern zur Verfügung gestellt werden, umgegangen wird. Hoch qualifizierte und bezahlte Mitarbeiter, die effizient mit Kapital und anderen Stakeholderressourcen umgehen, können beispielsweise eine Voraussetzung für die Schaffung von Shareholder Value sein. Ein überdurchschnittlich hoher Anteil des Personalaufwands an den Gesamtaufwendungen kann hierfür ein Zeichen sein. Aus einer residualgrössenorientierten Sicht mag eine Reduzierung des Personalaufwandes durch einen Abbau von Mitarbeitern geboten erscheinen. Führt dies nun dazu, dass mit den anderen Stakeholderressourcen weniger effizient umgegangen wird, kann dies statt zu einer Steigerung sogar zu einem Rückgang des Shareholder Value führen. Problematisch ist, dass der Mitarbeiterabbau in der Form eines Rückgangs des Anteils des Personalwands am Gesamtaufwand auf den ersten Blick sogar als Erfolg erscheinen mag; die Belastung des Shareholder Value durch den hohen Personalaufwand ist reduziert worden. Die Reduzierung des Personalaufwands ist in einem solchen Fall durch wachsende Ineffizienzen im Umgang mit anderen Stakeholderressourcen allerdings teuer erkauft worden.

Um solche Fehlschlüsse zu vermeiden, ist die Stakeholder Value Matrix entwickelt worden. Indem sie die Schaffung von Unternehmenswert aus der Perspektive verschiedener

Stakeholderressourcen und deren Zusammenspiel untersucht, hilft sie, Entscheidungen an der Effizienz des Zusammenspiels verschiedener Stakeholderressourcen auszurichten. Wenn hierdurch zwischen teuren und unprofitablen Stakeholderbeziehungen unterschieden werden kann, können hiervon die Shareholder und alle anderen Stakeholder profitieren.

1   Es gibt eine Reihe verschiedener Methoden zur Bewertung des Einsatzes des Eigenkapitals und damit des Shareholder Value. Die Verfahren unterscheiden sich in erster Linie hinsichtlich der Überschussgrösse und des Kapitalbegriffs, den sie zugrunde legen. Es ist bereits seit langem bekannt, dass zur Unternehmensbewertung sowohl auf Gewinne als auch auf Geldflüsse zurückgegriffen werden kann, wenn ausreichend viele Perioden berücksichtigt werden (Lücke 1955; Preinreich 1938). Ob der Shareholder-Value-Ansatz nach Rappaport oder die anderen Ansätze am besten zur Bewertung des Eigenkapitals geeignet sind, wird aus Sicht der Praxis und der Theorie seit Jahren heftig diskutiert (z.B. Cooper et al. 2000; Mills et al. 1998; Myers 1996; Ryan & Trahan 1999; Smith 1997). Es wird auf diesen Methodenstreit hier nicht weiter eingegangen.

2   Es wird hier von einem vereinfachten Ansatz des Economic Value Added ausgegangen. In der Bewertungspraxis müssen eine Reihe von Anpassungen vorgenommen werden (vgl. für eine Übersicht über die wichtigsten Anpassungen Hostettler 2000, 97 ff.).

3   Bei der Analyse des Wertbeitrags müssen die Vorzeichen beachtet werden. Ein im Branchenvergleich höherer Umsatz pro Personalaufwand steigert natürlich den Unternehmenswert. Demgegenüber steigt der Unternehmenswert, wenn pro Personalaufwand weniger Steuern, tiefere Kapitalkosten oder tiefere Vorleistungen anfallen. Höhere Vorleistungen pro Personalaufwand lassen den Unternehmenswert sinken.

Literatur
- Ahrens, V. & Hofmann-Kamensky (2001): Business Exellence durch Stakeholder Value Management. München: Verlag Vahlen.
- Bühner, R. (1990): Das Management Wert Konzept. Strategien zur Schaffung von mehr Wert im Unternehmen. Stuttgart: Schäffer Verlag.
- Carbó, S. & Williams, J. (2000): «Stakeholder Value in European Savings Banks», in: Leo Schuster (Hrsg.): Shareholder Value Management in Banks. Houndmills: Macmillan Press, 134–166.
- Charreaux, G. & Desbrières, P. (2001): Corporate governance: Stakeholder Value versus Shareholder Value. Dijon: Université de Bourgogne.
- CIMA & IFAC (2002): Managing risk to enhance stakeholder value. London: The Chartered Institute of Management Accountants (CIMA).
- Cooper, S.; Crowther, D.; Davis, T. & Davies, M. (2000): «Return on investment», Management Accounting:

- Magazine for Chartered Management Accountants, 78(6), 38–40.
- Earl, G. & Clift, R. (1999): «Stakeholder Value Analysis. A Methodology for Integrating Stakeholder Values into Corporate Environmental Investment Decisions», Business Strategy and the Environment, 8(3), 149–162.
- Edvinsson, L. (1997): «Developing Intellectual Capital at Skandia», Long Range Planning, 30(3), 366–373.
- Figge, F. (2002a): Stakeholder und Unternehmensrisiko. Eine stakeholderbasierte Herleitung des Unternehmensrisikos. Lüneburg: CSM e.V.
- Figge, F. (2002b): Stakeholder Value Matrix. Die Verbindung zwischen Shareholder Value und Stakeholder Value. Lüneburg: CSM e.V.
- Figge, F. & Schaltegger, S. (1999): Was ist «Stakeholder Value»? Vom Schlagwort zur Messung. Lüneburg: Universität Lüneburg.
- Gomez, P. & Wunderlin, G. (2000): «Stakeholder Value-orientierte Unternehmensführung», in: Hans A. Hinterhuber, Stephan A. Friedrich, Ayad Al-Ani and Gernot Handlbauer (Hrsg.): Das Neue Strategische Management. Perspektiven und Elemente einer zeitgemässen Unternehmensführung. Wiesbaden: Gabler, 425–446.
- Green, D. I. (1894): «Pain-Cost and Opportunity-Cost», The Quarterly Journal of Economics, 8(2), 218–229.
- Harrison, J. S. & Fiet, J. O. (1999): «New CEOs Pursue Their Own Self-Interests by Sacrificing Stakeholder Value», Journal of Business Ethics, 19(3), 301–308.
- Hostettler, S. (2000): Economic Value Added (EVA). Darstellung und Anwendung auf Schweizer Aktiengesellschaften. 4., unveränd. Aufl., Bern: Haupt.
- Janisch, M. (1992): Das strategische Anspruchsgruppenmanagement. Vom Shareholder Value zum Stakeholder Value. Bamberg: Haupt.
- Jansche, R. (1998): Shareholder Value oder Stakeholder Value? Globalisierung und unternehmerische Verantwortung. Büdingen: Ronneburger Kreis.
- Kolk, A. & Van Tulder, R. (2004): «Ethics in International Business: Multinational Approaches to Child Labor», Journal of World Business, 39(1), 49–60.
- Krömer, R. (1997): «Vom Share- zum Stakeholder Value», Betonwerk + Fertigteil-Technik, 63(7), 19–22.
- Lücke, W. (1955): «Investitionsrechnung auf der Grundlage von Ausgaben oder Kosten?» Zeitschrift für betriebswirtschaftliche Forschung, Neue Folge, 7310–324.
- Mills, R.; Rowbotham, S. & Robertson, J. (1998): «Using economic profit in assessing business performance», Management Accounting: Magazine for Chartered Management Accountants, 76(10), 34–38.
- Myers, R. (1996): «Metric wars», CFO, 12(10), 41–48?
- o.V. (1999): «Gute Geschäftsberichte schaffen «Stakeholder Value», Das Papier, 53(1), 10–11.
- Preinreich, G. A. D. (1938): «Annual Survey of Economic Theory: The Theory of Depreciation», Econometrica, 6(3), 219–241.

- Rappaport, A. (1999): Shareholder Value. Ein Handbuch für Manager und Investoren, 2. vollständig überarb. und aktual. Aufl., Stuttgart: Schäffer Poeschel Verlag.
- Ryan, H. E. & Trahan, E. A. (1999): «The Utilization of Value-Based Management: An Empirical Analysis», Financial Practice & Education, 9(1), 46-58.
- Shepherd, K.; Abkowitz, M. & Cohen, M. A. (2001): «Online Corporate Environmental Reporting: Improvements and Innovation to Enhance Stakeholder Value», Corporate Environmental Strategy, 8(4), 307-315.
- Smith, L. J. (1997): «Beyond profit and loss», Best's review - Property-Casualty Insurance Edition, 97(12), 40-44?
- Stewart, G. B. (1991): The quest for value. The EVA management guide. New York: HarperBusiness.
- Venkataraman, S. (2001): Stakeholder Value Equilibration and the Entrepreneurial Process. Charlottesville: University of Virginia.
- Weston, J. F. (1962): Managerial Finance. New York: Holt, Rinehart, Winston.
- Wheeler, D. & Sillanpää, M. (1997): The Stakeholder Corporation. A Blueprint for Maximizing Stakeholder Value. London: Pitman Publishing.
- Wheeler, D. & Sillanpää, M. (1998): «Including the Stakeholders: The Business Case», Long Range Planning, 31(2), 201-210.

Ethikanalyse

Externe Beurteilung der ethischen Leistung von Unternehmen

Kann Ethik bewertet werden?
Die Ethikanalyse dient der Erweiterung der Datenbasis zu einem Unternehmen und ist damit Teil der qualitativen fundamentalen Aktienanalyse. Die auf diese Weise gewonnene Information dient vordergründig dazu, den sozialen und ökologischen An-sprüchen der Investoren gerecht zu werden. Sie hat aber auch anlagetechnische Auswirkungen. Der Beitrag erörtert diese nicht neutralen Beziehungen zu den Anlagezielen Rentabilität und Sicherheit (bzw. Risiko). Des Weiteren werden die verschiedenen Konzepte der Ethikanalyse vorgestellt – inbesondere das Stakeholdermodell – sowie Kriterien und Verfahren. Ein Kapitel widmet sich den praktischen Problemen und Herausforderungen, denen sich die Ethikanalyse gegenübersieht. Eines sei vorweg genommen: Neben der wachsenden Bedeutung von explizit ethisch (bzw. ökologisch und sozial) orientierten Portfolios wird Ethik zunehmend auch im Rahmen des konventionellen Asset Managements als wertrelevant betrachtet, mit langfristig positiven Effekten auf den Anlageerfolg. Einzelne Elemente der Ethikanalyse finden bereits Eingang im Standard-Werkzeugkoffer der Finanzanalysten.

Reinhard Friesenbichler, Mag. (*1969), HTBLA für Maschinenbau, Studium der Betriebswirtschaft an der Karl-Franzens-Universität Graz, Diplomarbeit über ethische Investmentfonds. 1996 bis 1999 Mitarbeit bei einer ökologischen Vermögensberatung, zuletzt als Geschäftsführer. 1996 bis 1999 freier Wirtschaftsjournalist für Fachmedien. 1997 bis 1999 Tätigkeit als Wirtschaftskonsulent. Seit 1999 selbständiger Unternehmensberater mit fachlichen Schwerpunkten in den Bereichen «Kapitalmarkt und Nachhaltigkeit» und Corporate Finance für Klein- und Mittelunternehmen. Seit 1999 ist er Lehrbeauftragter an der Fachakademie für Finanzdienstleister (Lehrgang der Universität Wien) und für Funda-mentale Aktienanalyse. Reinhard Friesenbichler ist Mitgesellschafter und Verwaltungsrat der BlueValue AG, Ethikkompetenz für Wirtschaft und Investment, Zürich.

Zahlreiche Publikationen in Wirtschaftszeitungen und Fachzeitschriften, 2001 Mitautor des Buches «Ethische Investments», Gastvorträge u.a an der Wirtschaftuniversität Wien und der Universität Zürich.

1. Einordnung der Ethikanalyse in Konzept und Zielsystem der Geldanlage

Fundamentale Aktienanalyse und das Konzept des aktiven Anlagestils

Die fundamentale Aktienanalyse versucht aus externer Sicht, die Chancen und Risiken eines börsennotierten Unternehmens zu beurteilen und den zukünftigen Unternehmenserfolg zu prognostizieren. Das verdichtete Ergebnis des Analyseprozesses sind zukunftsbezogene Kennzahlen wie z.B. der Gewinn pro Aktie und der Cash Flow pro Aktie sowie die Unternehmensbewertung. Diese bedient sich meist des Shareholder-Value-Modells oder anderer Diskontierungsverfahren, häufig ergänzt um Substanzwertkonzepte. Ein Vergleich des so ermittelten inneren Wertes mit der aktuellen Bewertung an der Börse signalisiert eventuelle Über- oder Unterbewertungen und führt zu einer Kauf-, Verkaufs- oder Halten-Empfehlung für den Investor.[1] Diese Vorgehensweise steht in Zusammenhang mit der These, dass die intensive Beschäftigung mit den einzelnen Märkten, Branchen und Unternehmen zu einem Informationsvorsprung gegenüber den anderen Marktteilnehmern führt. Die Auswahl der richtigen Wertpapiere (Stock Selection) zum richtigen Zeitpunkt (Timing) wird durch einen überdurchschnittlichen Anlageerfolg (Outperformance) belohnt. Konsequenz ist eine aktive Investmentstrategie[2]. Auch Ethikanalyse und verwandte Konzepte, wie z.B. Nachhaltigkeitsanalyse oder Ökoeffizienz, stehen, explizit oder implizit, in Zusammenhang mit der aktiven Strategie[3].

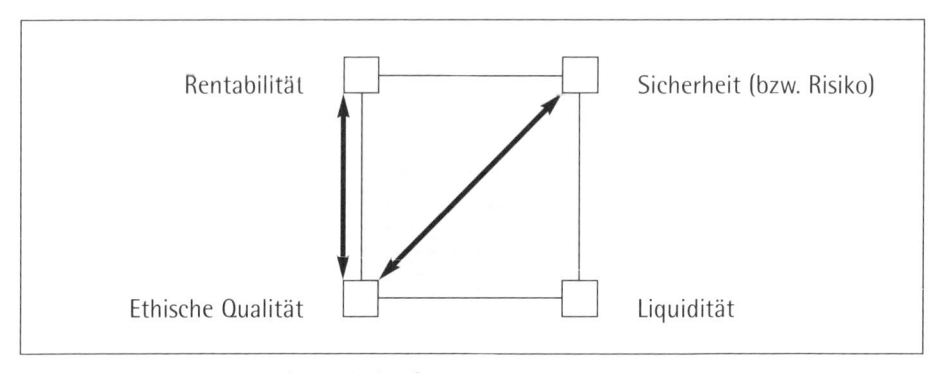

Abbildung 1: «Magisches Viereck der Geldanlage»

Ethikanalyse im Zielsystem der Geldanlage

Die Ziele der Geldanlage sind durch die Eckpunkte des «magischen Dreiecks» dargestellt: Rentabilität, Sicherheit (bzw. Risiko) und Liquidität. Vordergründiges Ziel der Ethikanalyse ist es, die ethische Qualität einzelner Anlagen bzw. eines Portfolios zu beurteilen und dadurch die diesbezüglichen Vorstellungen des Investors zu erfüllen. Durch diese Dimension wird das Zielsystem zum «magische Viereck der Geldanlage» erweitert. Die Bedeutung, die jeder einzelnen Zieldimension beigemessen wird, ist letztlich eine individuelle Entscheidung.

2. Modelle und Verfahren zur Messung ethischer, sozialer und ökologischer Leistung

Das Shareholder-Value-Modell: Freund oder Feind der Ethik?

In weiten Kreisen ist Shareholder Value Bestandteil eines Feindbildes. In der Tat existieren Praktiken in Unternehmen, die darauf ausgerichtet sind, den vordergründigen (weil kurzfristigen) Erfolg – gemessen an Gewinn, Cash Flow etc. – von Quartalsbericht zu Quartalsbericht zu maximieren und dadurch den Aktionärswert (und zu den Aktionären bzw. Options-Besitzern zählt meist auch das Management) aufzublähen. Durch Überlastung menschlicher, natürlicher und technischer Ressourcen ist dies vorübergehend tatsächlich möglich. Doch das ist nicht Shareholder Value im Sinne von «Wert schaffen». Geschaffen wird allenfalls der Anschein von Wert. Und hier ist nicht nur Kritik an den Vergewaltigern des Shareholder-Value-Konzepts, sondern auch Kritik an den meist wenig informierten Kritikern angebracht, die die Mogelpackung für das Original halten.[4]

Shareholder Value im Sinne des Erfinders Alfred Rappaport ist die Suche nach jenen «Strategien, die dem Unternehmen den grössten nachhaltigen Wettbewerbsvorteil verschaffen». In diesem Zusammenhang zitiert Rappaport Jack L. Treynor, der das «nachhaltige Überleben» eines Unternehmens abhängig sieht von den finanziellen Beziehungen zu den Stakeholdern[5] – darunter versteht man u.a. Mitarbeiter, Kunden, Lieferanten und letztlich auch Fremd- und Eigenkapitalgeber. «Gelingt es dem Unternehmen nicht», so Rappaport, «die finanziellen Ansprüche seiner Stakeholder zu befriedigen, so wird es aufhören, eine lebensfähige Organisation zu sein. Mitarbeiter, Kunden und Lieferanten werden ihm einfach ihre Unterstützung entziehen.»[6]

Technisch betrachtet ist Shareholder Value eine weit verbreitete Methodik zur Unternehmensbewertung auf Basis zukünftiger Free Cash Flows und stellt damit ein nützliches Instrument zur Bewertung von Strategien und ganzen Unternehmen dar.

Das Stakeholder-Modell

Das umfassendste und insbesondere für die Zwecke der Ethikanalyse am weitesten verbreitete Konzept ist das Stakeholder Modell. Wie bereits bei Rappaport dargestellt, basiert der «wahre Wert» eines Unternehmens auf der finanziellen Zufriedenheit seiner Anspruchsgruppen. Das Stakeholder-Modell fasst diese Definition weiter und bezieht auch nicht monetäre Ansprüche und damit auch einen umfassenderen Kreis an Anspruchsgruppen ein: «We define stakeholders as individuals and entities who may be affected by business, and who may, in turn, bring influence to bear upon it.»[7] Bei noch weiterer Betrachtung und in der Praxis der Ethikanalyse wird auch die Natur als Anspruchsträger behandelt.

Eine mögliche Gliederung der Anspruchsgruppen erfolgt anhand der Dimensionen Social bzw. Non-Social sowie Primary (direkte Betroffenheit) und Secondary (indirekte Betroffenheit):

Primary Social Stakeholders	Secondary Social Stakeholders
- Mitarbeiter und Management	- Regierung und Zivilgesellschaft
- Investoren	- Soziale Interessenvertretungen und Gewerkschaften
- Kunden	
- Lieferanten und Geschäftspartner	- Medien
- Lokale Communities	- Wirtschaftsverbände
Secondary Social Stakeholders	- Mitbewerber
Primary Non-Social Stakeholders	**Secondary Non-Social Stakeholders**
- Natürliche Umwelt	- Umweltschutzorganisationen
- Tiere und Pflanzen	- Tierschutzorganisationen
- Zukünftige Generationen	
Secondary Non-Social Stakeholders	

Tabelle 1: «Stakeholder-Gliederung»[8]

Vor allem bei den Primary Stakeholders handelt es sich teilweise um Stakeholdergruppen, unter welchen wiederum eine Reihe von Stakeholdern subsumiert werden können. Zum Beispiel Mitarbeiter: feste, freie und temporär Beschäftigte; Investoren: Aktionäre, Obligationäre, Eigentümer von abgeleiteten Anlageinstrumenten (Wandelobligationen, Optionen etc), Kreditgeber; Kunden: weiterverarbeitende Unternehmen, Handel, kommerzielle und private Nutzer; natürliche Umwelt: Boden, Wasser, Luft, Ökosysteme, Landschaften, Rohstoffe etc. So wie Rappaport über die Anspruchsgruppen sein Shareholder-Value-Modell mit der Ethik verbindet, so besitzt das Stakeholder-Modell einen Transmissionsmechanismus zur Ökonomie. Ein stakeholderorientiertes Unternehmen versucht die Interessen aller Anspruchsgruppen auszubalancieren. Dauerhafter Unternehmenserfolg beruht auf einer Entwicklung, die von allen Stakeholdern aktiv oder zumindest passiv mitgetragen wird. Letztlich ist diese Zielsetzung auch optimal für den Aktionär, denn auch dessen langfristiger Shareholder Value hängt ab von der Akzeptanz seines Unternehmens bei Mitarbeitern, Kunden, Öffentlichkeit etc.

Dieser meist positive Zusammenhang zwischen Beziehungsqualität und Unternehmenserfolg wird an folgenden Beispielen deutlich:
- Humaner Umgang mit Mitarbeitern äussert sich unmittelbar in einer höheren Zufriedenheit und Motivation – motiviertes Personal ist der Lage, eine hohe Produktivität mit geringer Fehlerquote und wenig Fehlzeiten zu erbringen. Hingegen leistet ein demotivierter Mitarbeiter im Extremfall sogar einen negativen Beitrag zum Unternehmenserfolg. Der Faktor «Mitarbeiterzufriedenheit» hat somit starke und direkte Wirkung auf die ökonomischen Grössen Kontrollkosten, Materialaufwand (wegen Ausschuss), Produkthaftung (wegen Qualität), Nicht-Leistungslöhne (wegen Fehlzeiten), Produktionsmenge (u.a. wegen möglicher Streiks) sowie indirekte Wirkung auf das Innovationspotenzial.
- Gute Kundenbeziehungen, realisiert durch ausgeprägten Produktnutzen, gute Qualität, günstiges Preis-Leistungs-Verhältnis, Service etc. kommen letztlich auch dem Unternehmen zugute in Form einer hohen Kundentreue (Nachhaltigkeit der Absatzmenge), einer Qualitätsprämie (höherere erzielbare Margen), positiver Imageeffekte (Wachstum der Absatzmenge) etc.
- Proaktives Umweltmanagement erkennt den wirtschaftlichen Nutzen von Ressourcenschonung (geringere Kosten für Inputfaktoren), Emissionsreduktion (Vorwegnahme einer laufenden Verschärfung umweltpolitischer Rahmenbedingungen – z.B. Umweltauflagen, Ökosteuern, Emissionszertifikate) und ökologischem Risikomanagement (Umwelthaftung, negative Imageeffekte durch Umweltunfälle).

Weitere Modelle

Motiviert durch die Defizite quantitativ orientierter Modelle zur Unternehmensanalyse, wurden insbesondere seit den 70er-Jahren des 20. Jahrhunderts theoretische wie praxisbezogene Konzepte einer umfassenden wertorientierten Unternehmensführung und -analyse entwickelt. So z.B. das Modell des Intellectual Capital[9], welches basierend auf der Beobachtung, dass der Marktwert eines Unternehmens i.d.R. höher als der Buchwert ist, nach Tobin diese Differenz über das so genannte Intellectual Capital erklärt. Dieses besteht aus den fachlichen und sozialen Kompetenzen der im Unternehmen Beschäftigten (Human Capital) sowie dem Wert der Strukturen (Structural Capital). Als weiteres Beispiel sei das Konzept der Ökoeffizienz genannt, welches eine Synthese der Forderungen nach ökologischer Nachhaltigkeit und der Schaffung von Shareholder-Value-Modell darstellt.

Verfahren zur Ethikanalyse
Die am weitesten verbreitete Vorgehensweise in ethischen Anlageportfolios ist die sequenzielle Anwendung eines Primärfilters mit Ausschlusskriterien und eines Sekundärfilters mit Qualitätskriterien.

Primärfilter mit Ausschlusskriterien			
Rüstungsgüter	Alkohol und Tabak	Nicht-Erneuerb. Energie	sonstige

Sekundärfilter mit Qualitätskriterien
Markt, Umwelt, Personal, Gesellschaft, Investoren, Kunden — UNTERNEHMEN

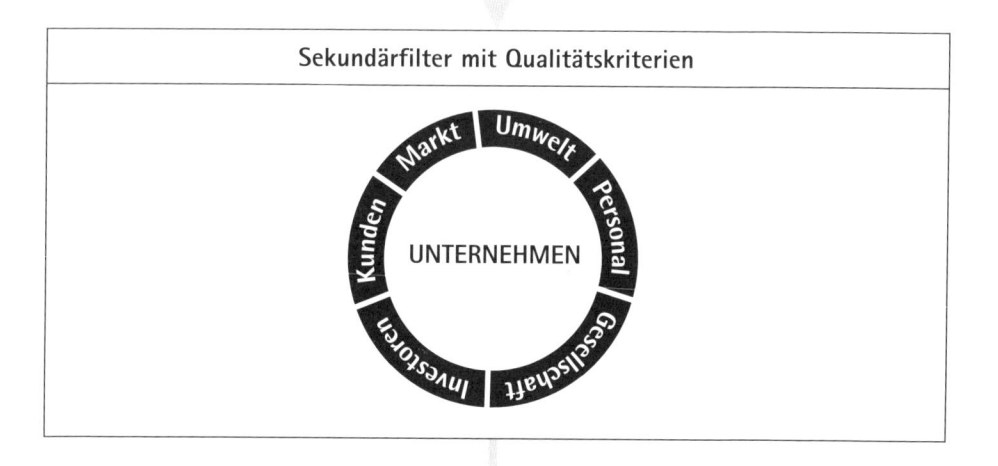

Abbildung 2: «Zweistufiger Ablauf der Ethikanalyse»

Dem Primärfilter liegt die These zugrunde, dass es eine Reihe von unternehmerischen Praktiken, Technologien und Geschäftsaktivitäten gibt, welche, zumindest ab Erreichen eines signifikanten Ausmasses, keinesfalls mit der ethischen Zielsetzung des Investors vereinbar sind. Gängige Ausschlusskriterien sind z.B.:

Ausschlusskriterien, bezogen auf		
Geschäftsgegenstand	**Angewandte Technologien**	**Praktiken**
- Alkohol - Tabak - Rüstungsgüter - fossile Energiequellen (Gewinnung von Brennstoffen, Komponenten) - Atomenergie (Gewinnung von Brennstoffen, Komponenten) - Pelzproduktion - Fleischproduktion - tropische Hölzer - Chlor- u. Agrochemie - Autoindustrie - Bergbau - Pornographie	- fossile Energiequellen (Nutzung) - Atomenergie (Nutzung) - Gentechnologie - Tierversuche	- Menschenrechtsverletzungen - Kinderarbeit - Diskriminierung von Frauen, Ethnien, Minderheiten - grobe Verstösse gegen Arbeits- und Sozialgesetze - grobe Verstösse gegen Umweltgesetze - Dezimierung gefährdeter Arten - Handel mit repressiven Regimen - Aktivitäten in Spannungs- u. Krisengebieten - aggressive Werbe- u. Vertriebsmethoden - Parteispenden

Tabelle 2: «Beispiele für gängige Ausschlusskriterien»

Der Sekundärfilter besteht aus einem Set von Qualitätskriterien, welche wiederum in eine Vielzahl von Indikatoren aufgeschlüsselt, die ethische Qualität von Unternehmen messbar machen. Hier findet sehr häufig das Stakeholder-Modell Anwendung.

Letztlich ist die Investmenteignung eines Wertpapiers entweder am absoluten Niveau der ethischen Qualität festgemacht (z.B. in Form eines Scores oder einer Klassifizierung), oder, im Fall des Best-in-Class-Verfahrens, relativ definiert – d.h., die jeweils besten Unternehmen aus jeder Branche sind portfoliotauglich. In der Praxis ist aber auch das Best-in-Class-Verfahren meist mit einem kleinen Set von Ausschlusskriterien bzw. einem geforderten Mindestniveau ethischer Qualität kombiniert.

Umwelt	Personal	Gesellschaft
- Ressourceneinsatz - Emissionen - gefährliche Substanzen - Umweltstrafen - ...	- Arbeitszeit - Gesundheit und Sicherheit - Personalentwicklung - Familien-, Frauen- und Minderheitenpolitik - Entlohnung - Personalfreisetzung - ...	- Spenden- und Sponsoringpolitik - Engagement in der Standortgemeinde - Menschenrechte - steuer- und abgabeninduzierte Aspekte - ...
Investoren	Kunden	Markt[10]
- Wertorientierung - Corporate Governance - Transparenz - Bonität und Zahlungsverhalten - ...	- Produktenutzen - Qualität - Preis-Leistungs-Relation - Service - Produktsicherheit und -information - Marktetingstil - ...	- Überbindung von Standards auf Lieferanten und Partner - Kontinuität und Stabilität der Zusammenarbeit - Wettbewerbsstrategie - Einkaufspolitik - Akquisitionspolitik - ...

Tabelle 3: «Beispiele für Qualitätskriterien»[11]

Als Quellen bzw. Instrumente der Ethikanalyse dienen veröffentlichte Primärdaten des Unternehmens (wie z.B. Website, Geschäftsberichte, Umwelt- und Nachhaltigkeitsberichte), Fragebögen und Unternehmenskontakte sowie Sekundärinformationen (z.B. Medienanalyse, NGO-Kontakte, Verbände).

3. Praktische Probleme in der Ethikanalyse

Ein oft geäusserter Kritikpunkt ist die Unschärfe und Subjektivität bei der ethischen Beurteilung von Unternehmen. Diese Problematik ist nicht gänzlich von der Hand zu weisen und ist wohl untrennbar mit der Materie der Ethik verbunden. Folgend seien einige der Herausforderungen an die Ethikanalyse sowie mögliche Lösungsansätze dargestellt.

Definition und Anwendung von Kriterien[12]
Vor allem jedes Ausschlusskriterium bedarf einer möglichst präzisen Definition. Dadurch soll vermieden werden, dass z.B. aufgrund eines pauschalen Ausschlusskriteriums für Nukleartechnik ebenso medizinische wie metallurgische Anwendungen derselben zum ungerechtfertigten Ausschluss führen.

Schwierige Beurteilungsprobleme, die bei Formulierung und Anwendung der Kriterien auftauchen können, sind beispielsweise: Ist der Lieferant von Computeranlagen für das Militär ein Unternehmen der Rüstungsindustrie? Kompensieren die zehn Wasserkraftwerke eines Energieversorgers den Betrieb eines Kernkraftwerkes? Fördert die Produktionsstätte in einem Staat mit menschenrechtsverachtendem Regime den Diktator oder das mit Arbeit und Gütern unterversorgte Volk?

Neben der inhaltlichen Definition der ethischen Anlagekriterien ist auch noch zu klären, wie weit der Toleranzspielraum und der ethische Konsolidierungskreis reichen. Ist ein kleiner, ein Ausschlusskriterium betreffender Umsatzanteil noch zulässig? Ist beispielsweise das in der Konsumgüterindustrie tätige Tochterunternehmen eines Rüstungsproduzenten unter einem Waffenkriterium auszuschliessen? Wie ist die Verantwortung zu beurteilen, wenn das Konsumgüterunternehmen die Muttergesellschaft ist? Wie ist das Kreditengagement einer Bank in einem ausschlussrelevanten Unternehmen zu bewerten?

Die Breite dieser Problematiken deutet bereits darauf hin, dass nicht für jeden Fall bereits im Voraus eine Regel definiert werden kann. Stark mechanisch ausgerichtete Verfahren der Ethikanalyse sind, trotz ihrer Vorteile in Hinblick auf Anwendung und Nachvollziehbarkeit, solchen unterlegen, welche zumindest in Grenzfällen Spielraum für individuelle Entscheidungen lassen.

Aggregierung
Die Vielzahl der einzelnen Informationen zu jedem Indikator bzw. Kriterium muss letztlich interpretiert, bewertet und zu einer nachvollziehbaren Gesamtbeurteilung verdichtet werden. Somit stellt sich bei der Modellentwicklung die Frage nach den Gewichtungen, mit welchen einzelne Kriterien in Abhängigkeit von ihrer Bedeutung für die ethische Leistung eines Unternehmens in das Modell eingehen. Eine weitere Herausforderung ist es, die in der Regel qualitativen Ausprägungen in Skalen einzuordnen.

Fachliche Anforderungen
Ethische Wertpapieranalyse erfordert Know-how in komplexen Fachbereichen wie z.B. Ökologie, Medizin, Technik und natürlich der Disziplin Ethik selbst. Dieses kann kaum von einer einzelnen Person vollständig abgedeckt werden. Entsprechend ist das Element der Interdisziplinarität in der Zusammensetzung der Analystenteams und eventueller Beratungsorgane zu berücksichtigen.

Informationsqualität
Eine grosse Herausforderung stellen die Unterschiede hinsichtlich Umfang und Qualität der Daten zwischen den einzelnen Unternehmen dar. Auf der einen Seite gibt es immer mehr Emittenten mit einer ausgezeichneten Nachhaltigkeitsberichterstattung und einer hohen Informations- und Kooperationsbereitschaft, wo ein grosser Teil der Analysearbeit in der Reduktion der Komplexität besteht. Auf der anderen Seite existieren immer noch viele intransparente Gesellschaften, wo die Research-Aufgabe investigativen Charakter besitzt. Die Lehre daraus ist, das Analyseverfahren auch für qualitative, unsichere und unvollständige Informationen offen zu halten. Ambitionierte und tief gehende, aber von der Datenqualität stark abhängige Scoringverfahren sind dabei im Nachteil gegenüber Verfahren mit einem entsprechenden Spielraum für pragmatische Case-to-Case Entscheidungen.

4. Anlagetechnische Effekte der Ethikanalyse

Auf das Risiko: Einschränkung von Anlageuniversum bzw. Diversifikation
Wie der Begriff «magisch» im oben dargestellten Zielsystem der Geldanlage bereits signalisiert, stehen die einzelnen Zieldimensionen teilweise konkurrierend zueinander – so z.B. sind Rentabilität und Sicherheit ein Gegensatzpaar. Nicht so eindeutig ist die Wirkung des Zieles «ethische Qualität» auf die drei übrigen Eckpunkte. Eine negative Zielbeziehung ergibt sich jedenfalls bei portfoliotheoretischer Betrachtung, dergemäss jegliches, das Anlageportfolio einschränkende Kriterium den Diversifikationseffekt mindert und damit das unsystematische Risiko[13] erhöht bzw. die risikoadjustierte Performance reduziert.

Dieser Effekt beschränkt sich jedoch nicht auf ethisch ausgerichtete Portfolios, sondern ergibt sich durch jegliche Diversifikationsminderung aufgrund eines gewählten Anlagethemas[14]. Die Selektion der «Besten» – seien es die Wachstumsträchtigsten, jene mit der stärksten Marktposition oder eben die «ethisch Besten» – klammert alle übrigen Anlagemöglichkeiten aus. Letztlich bleibt aber durch die (ausschliessliche) Anwendung von Positivkriterien oder des (puren) Best-in-Class-Verfahrens jede Branche investierbar. Hingegen reduzieren Negativkriterien von vornherein die Anlagemöglichkeiten. Um diesen Effekt differenzierter beurteilen zu können, sollen folgende fünf gängige Ausschlusskriterien betrachtet werden: Kinderarbeit, Nuklearenergie, Tabak, Rüstung und fossile Energie.

Die meisten der genannten Ausschlusskriterien beziehen sich auf die Anwendung von Technologien (z.B. Stromerzeugung mit Nuklearenergie und fossilen Energieträgern) oder unmittelbar auf den Geschäftsgegenstand (z.B. Herstellung von Tabakwaren, Rüstungsgütern und Komponenten für Nuklear- oder Kohle-/Öl-/Gaskraftwerke, Gewinnung von fossilen und nuklearen Brennstoffen). In diesen Fällen kann der Verlust an Anlagemöglichkeiten meist direkt einer Branche zugeordnet werden. Das Kriterium Kinderarbeit bezieht sich auf Unternehmenspraktiken. Hierbei können Branchen meist nur unscharf bzw. unvollständig zugeordnet werden. Die meisten betroffenen Branchen sind durch obige Kriterien nicht vollumfänglich ausgeschlossen. Durch gezielte Auswahl einzelner Unternehmen bleiben diese Branchen grundsätzlich investierbar: z.B. Auswahl von Stromerzeugern auf Basis von Wasserkraft, Textilunternehmen ohne Kinderarbeit, Aerospace- und Industrieunternehmen ohne Rüstungsanteil.

Eine Einschränkung des Anlageuniversums ergibt sich sehr wohl durch das Kriterium Tabak. Orientiert man sich an der Sektoren- bzw. Branchenstrukturierung von Stoxx und Dow Jones Global[15] (andere Index- und Daten-Provider haben ähnliche Strukturen entwickelt), ergibt sich hierbei eine vollständige Ausgrenzung der Industry Group bzw. Sub-Group Tobacco[16]. Die mit Abstand grösste Tragweite hat das Kriterium fossile Energieträger. Dieses führt, abhängig von der Reichweite-Definition, im Maximalfall zum Ausschluss eines ganzen Economic Sectors[17] – nämlich Energy, bestehend aus den Sub-Groups Coal, Oil Companies Major, Oil Companies Secondary, Oil Drilling, Equipment & Services, Pipelines.

Auf den Ertrag: Erweiterung des Datenkranzes
Innerhalb der Welt der aktiven Anlagestrategie spricht ein gewichtiges Argument für eine positive Zielbeziehung zwischen Ethik und Anlageerfolg – nämlich die in Zusammenhang mit dem angestrebten Informationsvorsprung durch die Ethikanalyse verbesserte Datenbasis.

Die klassische Aktienanalyse ist sehr stark auf «hard facts» ausgerichtet, auf die Erfassung und Verarbeitung von quantifizierbaren Grössen. In einer Zeit, als Aktien noch vorwiegend Beteiligungen an einfach strukturierten Basisindustrien darstellten, war diese Orientierung an den im Rechnungswesen erfassbaren Vermögenswerten eine ausreichend genaue Projektion der Wirklichkeit. In den letzten Jahrzehnten hat sich in den entwickelten Wirtschaftsräumen dieser Welt ein einschneidender Wandel vollzogen. Die Bedeutung des Dienstleistungssektors ist inzwischen wesentlich grösser als jene der klassischen Industrie, und innerhalb des industriellen Sektors verläuft der Trend hin zum Know-how-intensiven Hochtechnologieunternehmen. Die Marktmacht hat sich vom Produzenten hin zum mündigen Konsumenten verschoben, und Politik und Öffentlichkeit machen die Umwelt zu einem Thema für die Wirtschaft. Auch wurden neue Technologien entwickelt, mit noch nie dagewesenen Chancen und Risiken für die Menschheit, wie etwa der Computer, das Internet oder die Biotechnologie.[18] Dieser strukturelle Wandel stellt nun auch Anforderungen an die Methodik der Wertpapieranalyse. Die klassische externe Analyse integriert lediglich einen Teil der Segmente des komplexen Datenkranzes, der die Bestimmungsfaktoren des Unternehmenserfolges enthält. Insbesondere die Berücksichtigung sozial- und umweltökonomischer Faktoren[19] wird aufgrund des Soft-Fact-Charakters und der damit verbundenen Schwierigkeiten bei Informationsgewinnung und -interpretation oft vernachlässigt. Ethikanalyse kann ein gutes Stück dieser Modell- und Datenlücken füllen.

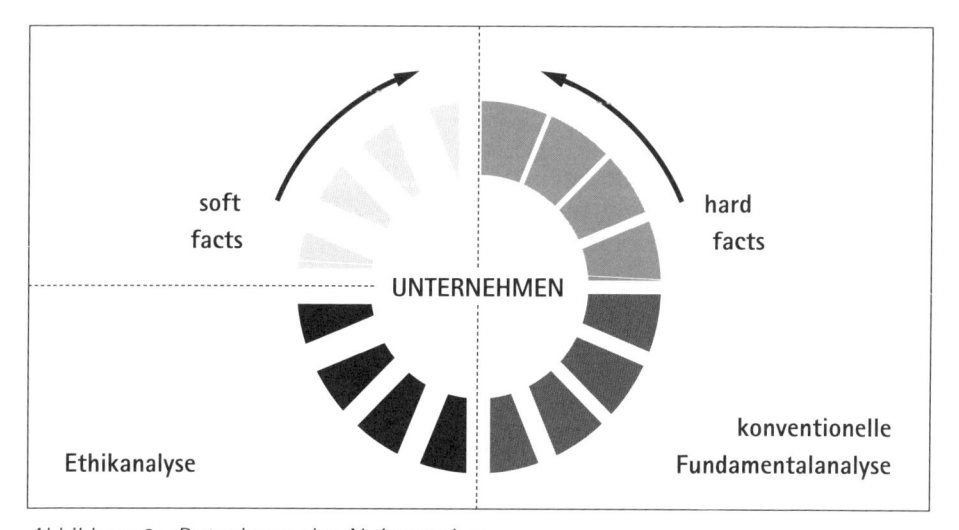

Abbildung 3: «Datenkranz der Aktienanalyse»

Ethikanalyse stellt somit keine Alternative zur konventionellen Fundamentalanalyse dar, sondern erweitert diese um ethische bzw. soziale und ökologische Aspekte. So wird auch bei den meisten ethischen Anlgeprodukten verfahren, wo die Ethikanalyse vorgelagert, nachgelagert oder simultan zur Fundamentalanalyse erfolgt oder in diese ansatzweise integriert ist.

5. Ausblick

Während die Geschichte der klassischen Unternehmensbewertung und Aktienanalyse bis in die ersten Jahrzehnte des 20. Jahrhunderts zurückreicht, ist die Ethikanalyse ein noch sehr junger Zweig. Oben beschriebene Defizite konventioneller Ansätze sowie die zunehmende Verbreitung, Professionalisierung und wissenschaftliche Fundierung der ethischen Unternehmensanalyse (und verwandter Konzepte) zeigen immer stärker die Gemeinsamkeiten bzw. die Ergänzungs- und Integrationsmöglichkeiten.

These: Neben der wachsenden Bedeutung von explizit ethisch (bzw. ökologisch und sozial) orientierten Portfolios wird Ethik zunehmend auch im Rahmen des konventionellen Asset Managements als wertrelevant betrachtet, mit langfristig positiven Effekten auf den Anlageerfolg. Einzelne Elemente der Ethikanalyse werden Eingang finden in die Standard-Werkzeugkoffer der Finanzanalysten.

1   vgl. auch Auckenthaler Ch. (1994) Theorie und Praxis des modernen Portfolio-Managements, S.65 ff
2   Auf der anderen Seite legen Efficient Markets Hypothesis und Capital Asset Pricing Model eine mehr oder weniger passive Strategie nahe, die z.B. in Form des Indexfonds seine praktische Anwendung findet und in äusserster Konsequenz auf diskretionäre Management-Massnahmen und damit auch auf fundamentale Aktienanalyse gänzlich verzichtet. Eine Vielzahl von theoretischen Arbeiten und empirischen Studien befassen sich mit dem Vergleich dieser beiden Managementphilosophien. Ein klares Ergebnis kann daraus jedoch nicht abgeleitet werden, sodass die Frage «aktiv oder passiv» wohl auch für die absehbare Zukunft unbeantwortet bleiben wird.
3   Auch ein passives Investment in einen Ethik-Index beinhaltet eine aktive Vorselektion der Indexkomponenten - nämlich nach ethischen Kriterien.
4   vgl. Friesenbichler R. in www.nachhaltigkeit.at (2003)
5   Treynor J.L. in Financial Analysts Review March-April (1981) The Financial Objective in the Widely Held Corporation
6   Rappaport A. (1995) Shareholder Value, S.12 f
7   Wheeler D., Sillanpää M. (1997) The Stakeholder Corporation

8   in Anlehnung an Wheeler D., Sillanpää M. (1997) The Stakeholder Corporation, S. 5
9   vgl. Edvinsson L., Malone M.S. (1997) Intellectual Capital
10 umfasst Lieferanten, Subkontraktoren, Kooperationspartner und Mitbewerber
11 BlueValue AG (2003) Der Research-Ansatz von BlueValue, www.bluevalue.ch
12 vgl. Friesenbichler R. in Sallmutter H., Freyschlag F. (2001) Ethische Investments, S. 74 f
13 Das Gesamtrisiko einer Veranlagung besteht aus einer systematischen (Marktrisiko) und einer unsystematischen (titelspezfischen) Komponente. Letztere kann durch breite Diversifikation (im äussersten Fall durch Investition ins Marktportfolio) eliminiert werden.
14 Eine Einschränkung kann entweder bereits in der Anlagepolitik festgeschrieben sein (z.B. ein Fonds in Wachstumsunternehmen oder ein Blue-Chip-Portfolio) oder sie ergibt sich aus aktuellen anlagetechnischen Überlegungen (z.B. Übergewichtung der Technologiebranche, Untergewichtung der Region Europa)
15 Stoxx Ltd (2001) Stoxx and Dow Jones Global Industry Classification Structure, www.stoxx.com/indexes/sector_classification_en.pdf
16 einer von insgesamt 51 Industry Groups bzw. 89 Sub-Groups
17 eines von ingesamt 10 Economic Sectors
18 Friesenbichler R. in Sallmutter H., Freyschlag F. (2001) Ethische Investments, S. 67
19 vgl. auch obige Darstellung des positiven Zusammenhangs zwischen Unternehmenserfolg und der Qualität der Stakeholderbeziehungen

IV. Ethik in der Praxis

Integration und Umsetzung von Unternehmensethik

Andreas G. Scherer / Dorothée Baumann
Tobias Meier
Matthias Voigt / Martin Kratochwil

Corporate Citizenship bei der PUMA AG

Der Beitrag der Sportartikelbranche zum institutionellen Wandel der Weltwirtschaft

Im Zuge der Globalisierung beteiligen sich viele Multinationale Unternehmen an der Durchsetzung von Menschenrechten und der Sicherstellung von sozialen und ökologischen Mindeststandards ausserhalb ihrer Heimatländer. Sie verschaffen damit den betroffenen Individuen überhaupt erst den Zugang zu individuellen Bürgerrechten, dies insbesondere in solchen Gebieten, in denen kein Staat bzw. kein öffentlicher Akteur diese Rechte bislang garantieren konnte. Wir beschreiben dieses neue Verständnis von «Corporate Citizenship», das sich von einem blossen philanthropischen Verhalten wesentlich unterscheidet, und zeichnen anhand einer Fallstudie der PUMA AG nach, wie ein Sportartikelunternehmen ein solches Verständnis von ethischer Verantwortung in der Unternehmenspraxis umzusetzen versucht.

Andreas Georg Scherer, Prof. Dr. (*1964), Studium der BWL an der Universität Erlangen-Nürnberg. 1994 Promotion, 2000 Habilitation. 2000-2002 Professor für öffentliche BWL/Managementlehre an der Universität Konstanz, seit 2002 Lehrstuhl für Grundlagen der BWL und Theorien der Unternehmung an der Universität Zürich, seit 2004 ist Andreas Georg Scherrer Direktor des Instituts für Organisation und Unternehmenstheorien. Seit 1996 Mitglied im Deutschen Netzwerk Wirtschaftsethik e.V. Forschungsgebiete: Internationales Management, Organisationstheorie, Unternehmenstheorie, Wissenschaftstheorie.

Dorothée Baumann (*1978), Studium der Dipl.-Verwaltungswissenschaft an der Universität Konstanz mit dem Profil «Europäische Integration und internationale Organisationen». Verschiedene Studienaufenthalte in England, Australien, Spanien und den USA. 2002 Master of Arts in Political Science von der Rutgers University, The State University of New Jersey. Seit 2003 ist sie Assistentin am Lehrstuhl für Grundlagen der BWL und Theorien der Unternehmung an der Universität Zürich. Forschungsgebiete: Internationales Management, Unternehmensethik, Wirtschaft und Politik.

I. Einleitung

In nur wenigen Wirtschaftsbranchen lässt sich die veränderte Rolle multinationaler Unternehmen so gut dokumentieren wie in der Sportartikelbranche, einer Branche, die in den 80er- und 90er-Jahren durch massive Verlagerung der Produktionsstätten von den Industrie- in die Entwicklungsländer gekennzeichnet war. Die bekannten Sportartikelhersteller wie etwa Nike, Reebok, Adidas-Salomon, Asics oder PUMA produzieren dabei schon länger nicht mehr in eigenen Betrieben, vielmehr lassen sie ihr Produktprogramm von unabhängigen Zulieferern nach genauen Spezifikationen fertigen. Seit Anfang der 90er-Jahre stehen die betreffenden Unternehmen immer wieder im Kreuzfeuer der Kritik. Zivilgesellschaftliche Gruppen erheben den Vorwurf, multinationale Unternehmen würden die mangelnde Staatlichkeit und das damit verbundene Regelvakuum mancher Entwicklungsländer ausnutzen und dort unter Missachtung der Menschenrechte in unakzeptabler Art und Weise fertigen lassen (vgl. z.B. Asia Monitor Research Center et al. 1997, Connor 2001, ders. 2002, Interfaith Center 1998, Rosenzweig 1995). Boykottaufrufe und öffentliche Proteste gegen solche Praktiken können für Multinationale Unternehmen zu Imageverlusten und zu Umsatzeinbussen führen; eine solche Erfahrung musste etwa Shell Mitte der 90er Jahre im Zuge der Brent-Spar- bzw. Nigeria-Krise machen.

Durch eine Änderung der Beschaffungspolitik hat es die Sportartikelbranche inzwischen jedoch geschafft, sich von diesem Negativ-Image weitgehend zu befreien und eine Vorreiterrolle bei der sozialen und ökologischen Entwicklung zu übernehmen. Alle grossen Sportartikelunternehmen unterhalten heute Nachhaltigkeitsabteilungen, die dafür zuständig sind, die Einhaltung von Mindeststandards in der Lieferkette sicherzustellen und so öffentliche Kritik und Skandale zu verhindern. Ausführliche Nachhaltigkeitsberichte zeugen zudem vom neuen Engagement der Unternehmen im Umwelt- und Sozialbereich und von weiteren Aktivitäten als Good Corporate Citizen.

Die akademische Diskussion um die Rolle der Multinationalen Unternehmung im Zuge des fortschreitenden Globalisierungsprozesses hat sich parallel zu diesen Entwicklungen entfaltet (vgl. im Überblick Hartman et al. 2003, Parker 1998, Scherer 2003, Vernon 1998). Die Bezeichnung «Corporate Citizenship» wurde allerdings zunächst relativ unkritisch aus dem Praxisdiskurs in die wissenschaftliche Analyse übernommen, um das neue Verhältnis zwischen Privatwirtschaft und öffentlichem Interesse zu umschreiben. Nur wenige Autoren haben sich bisher damit beschäftigt, zu klären, welches normative Leitbild der Unternehmung diesem Begriff zugrunde liegen muss und welche neuen Aufgaben dieses Konzept für die Unternehmung impliziert. Betrachtet man die Literatur über Corporate Citizenship (CC), so stellt man fest, dass der Gebrauch des Begriffs uneinheitlich erfolgt (vgl. Matten/Crane 2004, Matten et al. 2003). Matten, Crane und Chapple (2003: 112) identifizieren zwei konventionelle Verwendungsweisen von CC und entwickeln selbst eine neue Alternative, die sich enger am Citizenship-Begriff der Politikwissenschaften anlehnt.

Die erste Bedeutung von CC bezieht sich vor allem auf eine philanthropische Haltung des Unternehmens gegenüber der Gesellschaft (vgl. z.B. Porter/Kramer 2002). Carroll (1991) setzt CC an die Spitze seiner Corporate-Social-Responsibility-Pyramide (CSR) und bringt damit zum Ausdruck, dass er CC als Teilgebiet der CSR, und zwar als oberste Ebene unternehmerischer Verantwortung versteht, die neben der ökonomischen auch noch die rechtliche und die «ethische» Verantwortung umfasst. Die normativ-ethische Dimension der Gesamtkonzeption wird dabei allerdings nicht ausreichend fundiert. Die Motivation der Unternehmen, sich um Good Corporate Citizenship zu bemühen, wird vielmehr ökonomisch begründet und «as a result of enlighted self-interest» beschrieben (Seitz 2002: 61 ff.). Gesellschaftliches Engagement wird hier letztlich, wie im Philanthropie-Konzept Porters, strategisch eingesetzt, um langfristige Gewinninteressen zu verfolgen bzw. abzusichern (vgl. hierzu kritisch Margolis/Walsh 2003, Scherer/Kustermann 2004). Diese Konzeption kann sich damit nicht entscheidend von einer Shareholder-Value-Orientierung absetzen, die alle Aktivitäten der Unternehmung auf die Wertsteigerung ausrichten will (vgl. z.B. Jensen 2002). Eine zweite Richtung in der Literatur verwendet den CC-Begriff von vornherein synonym zu CSR und definiert CC als «the extent to which business meet the economic, legal, ethical and discretionary responsibilities imposed on them by their stakeholders» (vgl. Maignan 1999 et al., Maignan/Ferrell, 2000, 2001). In dieser Verwendungsweise stellt CC folglich kein eigenständiges Konzept dar, sondern belegt alte Ideen mit einem neuen Wort, das in der Praxis, so die Hoffnung, mehr Zuspruch findet als CSR.

Matten und Crane (2004) legen dar, warum diese konventionellen Verwendungen des CC-Begriffes zu kurz greifen und nicht die eigentliche Bedeutung von «Citizenship» treffen. Sie zeigen auf, warum ein erweitertes Verständnis notwendig ist, um die derzeitigen Umbrüche in den Beziehungen zwischen privater Verantwortung und öffentlichem Interesse und die damit verbundene neue Rolle der Multinationalen Unternehmung adäquat zu erfassen.

Im vorliegenden Beitrag wollen wir in Abschnitt II das erweiterte Konzept des CC-Verständnisses auf der Basis der Vorschläge von Matten und Crane begründen. Im dritten Abschnitt werden wir anhand eines praktischen Beispiels aufzeigen, wie Unternehmen diesem CC-Verständnis nachkommen, indem sie bestehende lokale Gesetze anwenden, gegebenenfalls ergänzen und fortentwickeln. Dadurch verschaffen die Unternehmen den betroffenen Individuen innerhalb ihrer Einflusssphäre überhaupt erst den Zugang zur Realisierung individueller Bürgerrechte, und dies insbesondere in den Räumen, in denen kein Staat bzw. öffentlicher Akteur diese Rechte bislang garantieren konnte. Die Fallstudie der PUMA AG wird aufzeigen, wie ein Sportartikelunternehmen ein solches Verständnis von Citizenship in der alltäglichen Unternehmenspraxis zu verwirklichen sucht.

II. «Corporate Citizenship» als theoretisches Konzept

Die Oberflächlichkeit der Verwendung des CC-Begriffes in der Literatur ist laut Matten et al. darauf zurückzuführen, dass die interdisziplinäre Forschung das Konzept bislang nur unzureichend beleuchtet hat (vgl. Matten et al. 2003: 115). Anhaltspunkte für ein neues CC-Verständnis sind jedoch in verschiedenen wissenschaftlichen Disziplinen bereits angelegt. Vor allem die politische Theorie befasst sich mit dem «Citizenship» Begriff. Nach der in westlichen Demokratien vorherrschenden liberalen politischen Philosophie ist Citizenship definiert über «a set of individual rights» (vgl. Faulks 2000: 55–82), bestehend aus zivilen, sozialen und politischen Rechten. Dabei geht es um das Verhältnis der Bürger untereinander ebenso wie um deren Beziehungen zum Staat. Die Frage, wie sich die Freiheit des Individuums in der sozialen Gemeinschaft mit anderen verwirklicht, findet in der politischen Philosophie unterschiedliche, kontroverse Antworten, denen wir hier nicht im Detail nachgehen können; neben dem Liberalismus sind dies z.B. der Republikanismus, der Kommunitarismus und das deliberative Demokratiemodell (vgl. z.B. Berlin 1958, Habermas 1992, ders. 1996). Der liberalen Tradition zufolge ist das Individuum zwar vor jeder Vergesellschaftung mit dem Recht auf die freie Entfaltung der Person ausgestattet, individuelle Freiheit verwirklicht sich aber erst im Rechtszustand des modernen Staates, in dem das Gemeinwesen stabilisiert und der Krieg aller gegen alle verhindert wird. Der Staat stellt insofern die notwendige Bedingung der freien Entfaltung des Individuums und der Errichtung einer freiheitlichen Gesellschaft dar, soweit er den Bürgern Beteiligungsrechte an Wirtschaft und Politik einräumt und die Bürger sowie die staatlichen Institutionen auf die Einhaltung bestimmter Regeln verpflichtet. Zugleich wird der Staat aber in der liberalen Tradition schon immer mit einer gewissen Skepsis betrachtet, da ihm die Tendenz zu eigen ist, die Bürgerrechte zu sehr einzuschränken. Das liberale Credo lautet daher: «So wenig Staat wie nötig und soviel individuelle Freiheit wie möglich». Das liberale Gesellschaftsmodell fusst damit auf der klaren Trennung zwischen der politischen (öffentlichen) Sphäre, in der die Regeln für den Verkehr der Privatpersonen untereinander sowie deren Beziehungen zum Staat definiert werden, und der wirtschaftlichen (privaten) Sphäre, in der die Bürger untereinander Beziehungen im Rahmen dieser Regeln eingehen.

Die Unternehmen sind in diesem Modell der privaten Sphäre zuzurechnen. Sie gehen innerhalb der durch den Staat gesetzten Rahmenordnung ihren Gewinninteressen nach und leisten so einen Beitrag zur effizienten Produktion und Allokation von Gütern im Dienste der Gesellschaft. Eine soziale Verantwortung der Unternehmung, die über ihre Rolle als gewinnorientierte Institution hinausgeht, ist dem liberalen Gesellschaftsmodell fremd. Aus diesem Grunde findet Corporate Citizenship in diesem Modell keinen systematischen Platz. Vorausgesetzt wird vielmehr, dass der Staat allein in der Lage ist, durch formale Regelsetzung sowie durch Sanktions- und Kontrollmechanismen das gewinnorientierte Verhalten der Privatakteure so zu kanalisieren, dass dessen Folgen dem Gemeinwohl zuträglich sind bzw. diesem zumindest nicht schaden und dabei zugleich die Gewähr für die Verwirklichung individueller Bürgerrechte übernehmen kann.

Aufgrund der bekannten Steuerungsgrenzen von positivem Recht und Bürokratie wurde in der Literatur schon früh auf die notwendige Ergänzungsfunktion der Unternehmensethik hingewiesen (vgl. Stone 1975). Die Unternehmen sollen, so dass Argument, durch ethisch orientierte Handlungen Regelungslücken schliessen und so einen eigenständigen Beitrag zur Friedenssicherung in der Gesellschaft leisten (vgl. z.B. Steinmann/Löhr 1995, Steinmann/Scherer 2000). Vor dem Hintergrund der Globalisierung erhält dieses Argument nun ein noch stärkeres Gewicht (vgl. Scherer 2003).

Mit fortschreitendem Globalisierungsprozess tritt nämlich der Fall ein, dass der Staat aufgrund seiner auf das Staatsterritorium begrenzten Regelungsmacht immer weniger in der Lage ist, die Rahmenordnung autonom zu setzen, die Rechte seiner «Bürger» angemessen zu schützen. Die Diskussion um die Konsequenzen der Globalisierung und des Versagens staatlicher Steuerung ist vor allem in der soziologischen und der politikwissenschaftlichen Literatur entbrannt. Beck (1997) weist auf den Zusammenhang von Citizenship und Globalisierung hin und beschreibt Arenen von «Subpolitics», in denen neben formalen Hierarchien und Verantwortlichkeiten auch neue Akteure an die Stelle des Staates treten, die die Rechte der Bürger einfordern und garantieren helfen. Aus der Zivilgesellschaft sind hier zum Beispiel Gruppierungen wie Greenpeace oder Amnesty International zu nennen. An dieser Stelle, so das Argument von Matten et al. (2003), hat auch die Multinationale Unternehmung ihren Platz. Die Multinationale Unternehmung steht demnach in der Verantwortung, einzuspringen, wenn der Staat die sozialen, zivilen und politischen Rechte seiner Bürger nicht mehr angemessen zu schützen vermag. Die Unternehmung wird durch das Citizenship-Konzept folglich die Aufgabe zugeschrieben, die durch die Globalisierung entstandenen Regelungslücken in ihrem Wirkungsbereich zu kompensieren, indem sie bestehenden Regeln zur Anwendung verhilft, für rechtsleere Räume Regeln generiert und bestehende Regeln fortentwickelt (vgl. Scherer 2003).

Im Bereich der sozialen Rechte kann die MNU im Rahmen eines CC-Programms einerseits als Arbeitgeber, andererseits durch philanthropische Aktivitäten, wie zum Beispiel durch Freistellung von Mitarbeitern für soziale Dienste, den Sozialstaat unterstützen. In Entwicklungsländern, in denen kein durch den Sozialstaat abgesichertes soziales Netz existiert, hat dieser soziale Bereich eine noch weitaus höhere Bedeutung. Hier geht es zunächst darum, die fehlende grundlegende «soziale Infrastruktur» aufzubauen und beispielsweise Stätten für medizinische Versorgung und Bildung einzurichten. Zudem gilt es, die Arbeitsbedingungen an internationale Standards anzupassen und für Bezahlung eines angemessenen Lohnes zu sorgen.

Für den Schutz der zivilen Rechte besteht ebenfalls ein grösserer Handlungsbedarf in Entwicklungsländern als in westlichen Industriestaaten. Der Fall von Shell in Nigeria hat deutlich gemacht, welche Rolle eine Multinationale Unternehmung spielen kann, wenn es darum geht, eine Regierung zu ermutigen oder zu entmutigen, die zivilen Rechte ihrer Bürger zu schützen.

Politische Rechte werden zunehmend von der Unternehmung selbst in Anspruch genommen, indem sie durch Lobbying, Parteienfinanzierung und andere Aktivitäten versucht, den politischen Prozess zu beeinflussen. Die Zivilgesellschaft hat den Einfluss der MNU erkannt und richtet ihre Proteste heute zunehmend nicht mehr nur an Regierende, sondern auch direkt an die Unternehmen. Problematisch in diesem Zusammenhang ist sicherlich die Frage, wie der politische Einfluss von Unternehmen kontrolliert und demokratisch legitimiert werden kann. Gleichwohl können die Unternehmen prinzipiell helfen, politische Rechte der Bürger in den Ländern, in denen sie sich betätigen, zu unterstützen. Hier ist allerdings unklar, ob und wie die MNU tatsächlich zu einer Demokratisierung beitragen können.

Da staatlichen Akteuren ausserhalb des eigenen Staatsterritoriums die Hände gebunden sind, stellen Multinationale Unternehmen auf globaler Ebene derzeit die einzigen Akteure dar, die über ihre Marktmacht ausreichend Einfluss besitzen, (Grund-)Regeln zu Umwelt- und Sozialstandards geltend zu machen. Über diese Machtverteilung kann dann auch der Unterschied zwischen Citizenship und Corporate Citizenship festgemacht werden. Unternehmen fungieren in der oben dargelegten Sichtweise von CC mehr als Katalysatoren für die Wahrnehmung von sozialen, zivilen und politischen Rechten durch das Individuum denn als «korporativer» Bürger, dessen Rechte selbst des Schutzes bedürfen. Damit gleicht die Rolle, die nach dem «Citizenship»-Verständnis von Matten et. al. Unternehmen zukommt, eher staatlichen (öffentlichen) Akteuren als der Rolle des privaten Bürgers in der Gesellschaft. Durch diese Betrachtungsweise entwickelt sich CC vom blossen Label zum eigenständigen Konzept und markiert eine neue Dimension der Rolle der Unternehmung in der Gesellschaft. Angepasst an die Unternehmung, bezieht sich diese Sichtweise nämlich weniger auf die Garantie von Rechten für diese, sondern vielmehr auf die damit untrennbar verbundenen Pflichten. Folglich hat die Multinationale Unternehmung als gewichtiger gesellschaftlicher Akteur Verantwortung dafür zu tragen, dass die Individuen einer Gesellschaft ihre Rechte wahrnehmen können.

Diese theoretische Unterfütterung des Citizenship-Begriffes von Matten et al. zeigt, dass die konventionellen Verwendungen von CC im Globalisierungszeitalter zu kurz greifen und wenig zur Klärung der neuen Rolle der Multinationalen Unternehmung in der Globalisierung beitragen. Vielmehr verschleiert die konventionelle Verwendung des CC-Begriffs, dass einige Unternehmen CC vor allem als Imagepflegeprodukt missverstehen, anstatt sich für Bürgerbelange verantwortlich zu zeigen. Ob zum Beispiel in der Sportartikelbranche tatsächlich Good Corporate Citizenship gemäss der hier vorgeschlagenen Begriffsbedeutung Einzug gehalten hat, lässt sich deshalb trotz des offenkundigen Engagements der Sportartikelunternehmen zu sozialen und ökologischen Themen nicht ohne eine genaue Fallbetrachtung ausmachen.

Im dritten Abschnitt dieses Beitrags werden wir daher exemplarisch Aktivitäten der PUMA AG untersuchen und prüfen, ob sich Hinweise finden lassen, die eine Nähe zum Citizenship-Verständnis von Matten et al. anzeigen. Wir werden untersuchen, wie PUMA im eigenen Wirkungsbereich bestehendes positives Recht anwendet, ergänzt und fortschreibt und damit Citizenship verwirklicht (vgl. Steinmann/Scherer 2000, Scherer 2003). Trotz der vielfach noch unreflektierten Verwendung des CC-Begriffes zeigt sich hierin, dass es bereits Unternehmen gibt, die ihre Verantwortung umfassender verstehen, als es die konventionelle Begriffsverwendung von CC vorsieht.

III. Corporate Citizenship bei der PUMA AG

Das System für die Implementierung von Umwelt- und Sozialstandards bei der PUMA AG heisst S.A.F.E. und steht für «Social Accountability and Fundamental Environmental Standards». Mit dem S.A.F.E.-Konzept verpflichtet sich PUMA einerseits zur Achtung von sozialen Werten, wie sie beispielsweise in der UN-Initiative des «Global Compact» oder in den ILO-Sozialstandards formuliert wurden. Andererseits orientiert es sich an ökologischen Richtlinien, wie etwa den Umweltstandards für Textilien, dem ECO-TEX 100. Die beiden grundlegenden Instrumentarien von S.A.F.E. sind der von PUMA selbst entwickelte Code of Conduct und ein Handbuch, in dem alle produktrelevanten Umwelt- und Sozialstandards zusammengefasst sind. Das Handbuch enthält zudem wichtige Informationen hinsichtlich umweltrelevanter Schadstoffe in Materialien, die in der Produktion von Sportartikeln auftreten können. PUMA-Zulieferer werden vertraglich verpflichtet, für die Einhaltung dieser Standards zu sorgen.

Anwendung und Einhaltung bestehenden Rechts

Bei Vertragsunterzeichnung müssen sich die Zulieferer zu einer «Declaration of Principles» bekennen, in der sie die Einhaltung der Umwelt- und Sozialstandards gemäss dem Code of Conduct und dem Handbuch zusichern und diese Standards auch von ihren Subunternehmern einfordern. Bei fundamentalen Verstössen gegen diese Prinzipien hat PUMA die Möglichkeit, die Produktionspartnerschaft aufzukündigen. Massstab für den Code of Conduct sind zunächst die bestehenden Landesgesetze:
«All suppliers must sign the attached Declaration of Principles every year. This action reaffirms their serious intention to comply with all National and Local laws and with the policies set forth in this manual. It also reaffirms their commitment to ensure that all of their subcontractors comply with National and Local laws and with the policies set forth in this manual» (S.A.F.E.-Handbook 2002: 70).

Durch diese Bekräftigung der absoluten Geltung der Gesetze rückt das Rechtssystem des Landes in den Mittelpunkt, und PUMA kann als Multinationales Unternehmen zur Etablierung von diesem beitragen. Auch wenn die Einhaltung der Gesetze zunächst selbstverständlich erscheint, so erweist sich die Gesetzestreue in manchen Ländern für die Praxis doch kritisch. Denn nur in wenigen Ländern fehlen tatsächlich grundlegende Regeln im Arbeitsgesetz, vielmehr werden diese in der Praxis durch die Behörden nur unzureichend überwacht und durchgesetzt. Die Situation in der Volksrepublik China, das für die meisten Sportartikelhersteller derzeit wichtigste Herstellungsland, kann beispielsweise folgendermassen beschrieben werden (vgl. hierzu ausführlich auch Peerenboom 2002): «Die Rechtlosigkeit steht in einem bemerkenswerten Gegensatz zur Gesetzeslage. Die kommunistische Staatspartei, die sich deklamatorisch nach wie vor dem Wohl der Bauern und Arbeiter besonders verpflichtet fühlt, hat 1994 ein Arbeitsgesetz erlassen, das – würde es mit Entschiedenheit durchgesetzt – die meisten Arbeitsrechts- und Arbeitsschutzprobleme in den Fabriken des Landes erst gar nicht entstehen lassen würde» (Piepel 2002: 252).

Die vertraglich geregelte, zeitliche Beschränkung der PUMA-Zulieferer steht mit der Absicht, bestehende Gesetze konsequent anzuwenden, nicht in Widerspruch. Denn bei jedem Audit werden, unabhängig von der Vertragsdauer und der zu fertigenden Stückzahl, die gleichen Prozeduren durchgeführt. Das heisst auch, dass die Befragung der Arbeiter sich nicht nur auf einen begrenzten Zeitraum bezieht, sondern generell untersucht, unter welchen Bedingungen im auditierten Betrieb gefertigt wird.

Diese «Durchsetzungsfunktion» (Steinmann 2003: 5), die PUMA mit der konsequenten Anwendung bestehender Gesetze nach Geist und Buchstabe leistet, eröffnet die Möglichkeit, dass PUMA als Multinationales Unternehmen die Rechtskultur des Herstellerlandes in positiver Weise mitbeeinflusst. Denn die Durchsetzungsfunktion PUMAs kommt auch dann zur Anwendung, wenn der Staat als originärer Hüter des Rechts zu schwach ist, Gesetze selbst durchzusetzen (und PUMA ihn folglich in der Durchsetzung von Gesetzen unterstützt), oder wenn die staatlichen Akteure kein Interesse an der Durchsetzung bestehender Gesetze haben (beispielsweise aus politischen Gründen, wie in China).

Selbstbindung für rechtsleere Bereiche
Während sich die Grundsätze des Code of Conduct auf die bestehenden Landesgesetze beziehen, wird aber auch geregelt, welche Normen gelten sollen, falls für bestimmte Bereiche noch keine oder unzureichende Regelungen von staatlicher Seite getroffen wurden. Bei der Entwicklung von PUMAs Code of Conduct haben die Bestimmungen der

ILO als Anhaltspunkt für die Regelung solcher Fälle gedient. So wurde zum Beispiel das Mindestalter für die Arbeitnehmer auf 15 Jahre festgelegt und damit ausgeschlossen, dass weltweit ein jüngeres Kind in einer PUMA-Produktionsstätte arbeitet. Selbst wenn die lokalen Gesetze ein niedrigeres Alter erlauben, wird eine Beschäftigung nicht vor der Vollendung des 15. Lebensjahrs gebilligt. Mit ihrem Code of Conduct generiert die PUMA AG folglich Regeln, die eine «Ergänzungsfunktion» (Steinmann 2003: 5) zu den bestehenden Landesgesetzen haben und welche in der Lage sind, Konflikte zu regeln, für die es bisher keine Massstäbe gab. In der Konsequenz leistet Pumas Engagement in der Kontrolle und Durchsetzung von Standards einen Beitrag, rechtmässige Zustände gemäss internationalen Standards am Produktionsort herzustellen. Der Code of Conduct stellt insofern «Soft Law» dar, das die Rechtskultur auch ohne Mitwirken von staatlichen Akteuren im Herstellerland beeinflusst (vgl. hierzu Shelton 2000).

Zudem definiert PUMA mit der Festlegung von Minimalstandards Grenzen für das häufig kritisierte «Sozialdumping» durch Multinationale Unternehmen mit ausschliesslicher Produktion im Ausland und setzt so durch eine freiwillige Selbstbeschränkung Standards in Bereichen, die andernfalls aufgrund eines kurzfristigen und rein ökonomischen Kalküls unterlaufen werden könnten. Eine Abwärtsspirale wird auf diese Weise verhindert (vgl. Scherer/Smid 2000).

Dass diese freiwillige Selbstbindung einen «gesetzesähnlich-verbindlichen» Charakter für alle Entscheidungen der PUMA AG hat, wurde mit der Beschreibung des S.A.F.E.-Konzepts und dessen Monitoring-Systems deutlich.

Bemühungen zur Verbesserung der bestehenden Rechtslage und Rahmenordnung
Mit dem Code of Conduct transportiert PUMA Normen in Kulturkreise, deren Rechtsentwicklung in vielen Bereichen noch rückständig ist[1]. Selbst wenn, wie oben erwähnt, Gesetze existieren, hinkt häufig die Implementation dieser Gesetze aus verschiedenen Gründen dem Gesetzbuch hinterher oder berücksichtigt ohnehin nur ausgewählte, der politischen Führung angenehme Bereiche. Ein sehr anschauliches Beispiel in diesem Zusammenhang ist das in PUMAs Code of Conduct verankerte Recht auf Koalitionsfreiheit, welches in China nicht anerkannt ist. Die Gründung von unabhängigen Gewerkschaften ist vielmehr verboten.[2] Für PUMA produzierende Betriebe jedoch unterliegen primär dem PUMA Code of Conduct und folglich kommt dort das Recht auf Mitbestimmung oder das Recht auf Entlohnung gemäss dem gesetzlich vorgeschriebenen Mindestlohn auch zur Geltung.

Auch wenn die von PUMA gesetzten Standards zunächst nur innerhalb des Unternehmens und seiner Zulieferer gelten und noch nicht genau bestimmt werden kann, wie Pumas Verhalten auf das Umfeld der Produktionsstätten wirkt, so zeigt sich doch, dass zumindest innerhalb vieler Betriebe bereits ein Lernprozess stattgefunden hat. Die Erfahrungen des S.A.F.E.-Teams zeigen, dass vermehrt Audits durchgeführt wurden, bei denen die Manager der Zulieferer schon zu Beginn einer Überprüfung darauf verwiesen hatten, dass eine ausführliche Aufklärung über den Code of Conduct nicht notwendig sei, da sie die grundlegenden Inhalte bereits auch von anderen Sportartikelherstellern gut kennen und auf deren Umsetzung achten würden (vgl. Forum Wirtschaftsethik 2002: 5). Dies zeigt, dass durch konsequente Überprüfung der Einhaltung von Umwelt- und Sozialstandards durch eine zunehmende Anzahl Multinationaler Unternehmen, der Prozess eines Regel- und Kulturwandels auf der Managementebene eingeleitet werden konnte.

Auf der Ebene der Arbeiter tragen Schulungen, die PUMA in Zusammenarbeit mit NGOs durchführt, dazu bei, dass die Arbeiter über die ihnen zustehenden Rechte aufgeklärt werden. Nach einer solchen Aufklärung wird es wahrscheinlicher werden, dass die Arbeiter ihre Rechte auch einfordern und damit im Grunde selbst kontrollieren, inwiefern die PUMA-Standards im Betrieb umgesetzt werden. Und da in den meisten Fällen die Gesetzgebung des Landes die von PUMA geregelten Gebiete bereits abdeckt, jedoch die Arbeiter davon häufig nichts wissen und/oder die Durchsetzung dieser Rechte bisher nicht erfolgt ist, wird eine Aufklärung und Bestätigung dieser Rechte durch PUMA als einflussreiches Multinationales Unternehmen die Chance erhöhen, dass diese Rechte auch ausserhalb von PUMA-Herstellerbetrieben von den Arbeitern selbst eingefordert werden und damit ein Regelwandelprozess einsetzt, der nicht auf Puma-Herstellerbetriebe beschränkt ist.

IV. Schlussbetrachtung
Aus den Untersuchungen der PUMA-Fallstudie lässt sich schliessen, dass Unternehmen in der Tat einen Beitrag zur Corporate Citizenship im Sinne von Matten/Crane leisten und damit die Wahrnehmung von Bürgerrechten ermöglichen können in Ländern, in denen dies von staatlicher Seite (noch) nicht erfolgt. Sie tragen damit zur Weiterentwicklung der Weltgesellschaft bei.

Unklar bleibt dabei allerdings, wie die Entwicklungsprozesse demokratisch kontrolliert werden können. Unternehmen und Entscheidungsorgane werden nicht durch die Bürger gewählt und autorisiert. Insofern öffnet sich damit eine Legitimationslücke, deren Schliessung nicht ohne einen fundamentalen Eingriff in die derzeitig vorherrschende Corporate-Governance-Struktur denkbar ist. Nur wenn zugleich eine Demokratisierung der Unternehmenssteuerung erfolgt, ist überhaupt eine Legitimation der regelsetzenden und -durchsetzenden Aktivitäten privater Akteure denkbar. Offenheit, Partizipation und Transparenz sind Schlüsselgrössen in einem solchen Prozess (Parker, 2002, Driver/ Thompson 2002).

1   Die Einschätzung einer recht geringen Wirksamkeit des PUMA Code of Conduct von van Tulder/Kolk aus dem Jahr 2001 muss heute zurückgewiesen werden. In ihrer Studie konnten die aktuelle Version des PUMA Code of Conduct und die neueren Entwicklungen des S.A.F.E.-Programms noch nicht berücksichtigt werden.

2   Das Economic Research Institute fasst den Status quo der Gewerkschaften in China folgendermaßen zusammen: «The Constitution provides for freedom of association. However, in practice, workers are not free to organize or join unions of their own choosing. The All-China Federation of Trade Unions (ACFTU, which is controlled by the Communist Party and headed by a key Party official, is the sole legal workers' organization. The ACFTU chairman is a member of the Standing Committee of the Central Committee of the Communist Party. The Trade Union Law gives the ACFTU control over the establishment and operation of all subsidiary union organizations and activities throughout the country, including approximately 500,000 enterprise-level unions. Independent unions are illegal» (www.erieri.com/freedata/hrcodes/ china.htm). Folglich gibt es ausser der politisch kontrollierten Gewerkschaft (ACFTU) keine unabhängigen Gewerkschaften.

Literatur

- Asia Monitor Research Centre and Hong Kong Christian Industrial Committee (1997): Working Conditions in Sports Shoe Factories in China. Making Shoes for Nike and Reebok, http://www.saigon.com/~nike/ NikeChina.html (1. Okt. 1998).
- Beck, U. (1997): The Reinvention of Politics. Cambridge, Polity Press 1997.
- Berlin, I. (1958). Two Concepts of Liberty. Oxford, Oxford University Press 1958.
- Carroll, A.B. (1991): «The Pyramid of Corporate Social Responsibility: Toward the Moral Management of Organizational Stakeholders», Business Horizons 34 (4), S. 39–48.
- Connor, T. (2001): Still Wanting for Nike to Do it. Nike's Labor Practices in the Three Years Since CEO Phil Knight's Speech to the National Press Club, San Francisco (Calif.), Global Exchange Publication 2001.
- Connor, T. (2002): We are not Machines: Nike and Adidas Workers in Indonesia. Despite some Small Steps Forward, Poverty and Fears Still Dominate the Lives of Nike and Adidas Workers in Indonesia, March 2002,

http://www.globalexchange.org/economy/corporations/nike/machines (19.04.2002)
- Driver, C./Thompson, G. (2002): «Corporate Governance and Democracy: The Stakeholder Debate Revisited». Journal of Management and Governance 6, S. 111-130.
- Faulks, K. (2000): Citizenship. London, Routledge 2000.
- Forum Wirtschaftsethik (2002): Preis für Unternehmensethik 2002. Der Preisträger: PUMA AG, Herzogenaurach. Stuttgart, Grafik Druck.
- Habermas, J. (1992): Faktizität und Geltung. Frankfurt a. M., Suhrkamp 1992.
- Habermas, J. (1996): «Drei normative Modelle der Demokratie» In: ders. Die Einbeziehung des Anderen. Frankfurt a. M., Suhrkamp 1996, S. 277-292.
- Hartmann, L.P./Arnold, D.G/Wokutch (Eds.) (2003): Rising Above Sweatshops. Innovative Approaches to Global Labor Challenges. London, Praeger 2003.
- Interfaith Center on Corporate Responsibility (1998): Report: Some Conditions are Improving but Wages Remoain so Low Workers Struggle to Subsist, http:www.caa.org. au/campaigns/nike/iccr.html (6. Oct. 1998).
- Jensen, M.C. (2002): «Value Maximization, Stakeholder Theory, and the Corporate Objective Function» Business Ethics Quarterly 12, S. 235-256.
- Maignan, I./Ferrell, O.C. (2000): «Measuring Corporate Citizenship in Two Countries: The case of the United States and France». Journal of Business Ethics 23, S. 283-297.
- Maignan, I./Ferrell, O.C. (2001): «Antecedents and Benefits of Corporate Citizenship: An Investigation of French Businesses». Journal of Business Research 51, S. 37-51.
- Maignan, I./Ferrell O.C./Hult, G.T.M. (1999): «Corporate Citizenship: Cultural Antecedents and Business Benefits». Journal of the Academy of Marketing Science 27 (4), S. 455-467.
- Margolis, J.D. / Walsh, J.P. (2003): «Misery Loves Companies: Rethinking Social Initiatives by Business». Administrative Science Quarterly, 48, S. 268-305.
- Matten, D./Crane, A. (2004): «Corporate Citizenship. Towards an Extended Theoretical Conceptualization» Academy of Management Review 29 (im Erscheinen).
- Matten, D./Crane, A./Chapple, W. (2003): «Behind the Mask: Revealing the True Face of Corporate Citizenship». Journal of Business Ethics 45, S. 109-120.
- Parker, B. (1998): Globalization and Business Practice. Managing Across Boundaries. London, Sage 1998.
- Parke, C. (2002): The Open Corporation. Cambridge, Cambridge Univ. Press.
- Peerenboom, R. (2002): China's Long March Towards Rule of Law. Cambridge, Cambridge Univ. Press.
- Piepel, K. (2002): «Hinter verschlossenen Türen - Verhaltenskodizes in der Spielzeugindustrie». In: Scherer, A.G./Blickle, K.-H./Dietzfelbinger, D. (2002): Globalisierung und Sozialstandards. München und Mering, Hampp 2002.
- Porter, M.E./Kramer, M.R. (2002): «The Competitive Advantage of Corporate Philanthropy». Harvard Busi-

ness Review (Dec. 2002), S. 5-16.
- PUMA (2001): Einblicke. Produktbezogener Umwelt- und Sozialbericht. Herzogenaurach.
- PUMA (2002): S.A.F.E. – PUMA Social Accountability and Fundamental Environmental Standards. Handbuch der produktbezogenen Umwelt- und Sozialstandards (2. Auflage). Herzogenaurach.
- Rosenzweig, P. M. (1995): «International Sourcing in Athletic Footwear: Nike and Reebok». In: Bartlett, c.a./Goshal, S. (Eds.): Transnational Management, 2nd ed., Irwin, Chicago 1995, S. 170-182.
- Scherer, A. G. (2003): Multinationale Unternehmen und Globalisierung. Heidelberg, Physica 2003.
- Scherer, A. G./Kustermann, B. (2004): «Business & Society-Forschung versus Kritische Strategieforschung – Kritik zweier Ansätze zur Integration von sozialer Verantwortung und strategischer Unternehmensführung». Managementforschung, Vol. 14 (2004, im Erscheinen).
- Scherer, A. G./Smid, M. (2000): «The Downward Spiral and the US Model Business Principles – Why MNEs Should Take Responsibility for the Improvement of World-Wide Social and Environmental Conditions». Management International Review 40, S. 351-371.
- Seitz, B. (2002): Corporate Citizenship. Rechte und Pflichten der Unternehmung im Zeitalter der Globalität. Wiesbaden, Deutscher Universitäts Verlag 2002.
- Shelton, D. (Ed.) (2000): Commitment and Compliance – The Role of Non-Binding Norms in the International Legal System. Oxford, Oxford University Press 2002.
- Steinmann, H. (2003): «Unternehmensethik und Globalisierung. Das politische Element in der multinationalen Unternehmung». In: Holtbruegge, D. (Hrsg.): Management Multinationaler Unternehmungen, Festschrift zum 60. Geburtstag von M. K. Welge, Heidelberg, Physica 2003, S. 377-398.
- Steinmann, H./Löhr, A. 1995: «Unternehmensethik als Ordnungselement in der Marktwirtschaft». Zeitschrift für betriebswirtschaftliche Forschung 47 (1995), S. 143-174.
- Steinmann, H./Scherer, A. G. (2000): «Corporate Ethics and Management Theory». In: Koslowski, P. (Ed.): Contemporary Ethics and Businesss Ethics. Berlin, Springer 2000, S. 148-192.
- Stone, Ch. D. (1975): Where the Law Ends. New York, Harper and Row 1975.
- Van Tulder, R./Kolk, A. (2001): «Multinationality and Corporate Ethics: Codes of Conduct in the Sporting Goods Industry». Journal of International Business Studies 32, S. 267-283.
- Vernon, R. (1998): In the Hurricane's Eye. The Troubled Prospects of Multinational Enterprises. Cambridge (Mass), Harvard University Press 1998.

Von der Nische in den Massenmarkt

Max Havelaar und Helvetas
Unternehmensethik und Nichtregierungsorganisationen

Von Gegen- zu Mitspielern: Nichtregierungsorganisationen, Wirtschaftsunternehmen und Regierungsstellen müssen gegenseitige Feindbilder abbauen und dabei die Zähne behalten: Starke Akteure sind nötig, um etwas zu bewegen; und es braucht das Zusammenspiel aller, um die Herausforderungen der Zukunft zu meistern.

Tobias Meier, lic. oec. (*1964), Abschluss des Studiums an der Universität St.Gallen, 1991, Vertiefungsrichtung Volkswirtschaftslehre. Nachdiplomstudium Umweltmanagement HWV Luzern 1993/94. Drei Jahre Marketingberater bei der Marktforschungsfirma AC Nielsen SA in Buchrain. Beratung von Kunden wie Masterfoods, Nestlé, Ricola und anderen. Seit 1994 ist Tobias Meier Leiter des FairShops der Schweizer Entwicklungsorganisation Helvetas. Seit 1995 ist er Mitglied des Stiftungsrates von Max Havelaar und seit 2002 deren Präsident.

Ziel des FairShops sind einerseits Mittelbeschaffung, anderseits Bewusstseinsbildung und Sensibilisierung für die Anliegen von Helvetas. Mit Kalendern, Büchern, Bio-Baumwolltextilien, Kunsthandwerksprodukten, Nahrungsmitteln und Karten wurde 2003 vor allem über den Versandhandel bei einem Umsatz von 3,4 Mio Franken ein Reingewinn von 500'000 Franken erwirtschaftet.

Tobias Meier ist für Helvetas aktiv bei den entwicklungspolitischen Themen fairer Handel, Corporate Social Responsibility, Zusammenarbeit Privatwirtschaft und NGOs bei nachhaltigen vertikalen Produktewertschöpfungsketten, vor allem im Bereich Bio-Baumwolltextilien, tätig.
www.helvetas.biz

Fairer Handel: Von der Nische in den Massenmarkt

Der so genannte Faire Handel hat innerhalb von 30 Jahren den Weg von einer kleinen, aktiven, vor allem kirchlichen Basisbewegung, hin zu einem ernst zu nehmenden, nachhaltigen Wirtschaftsmodell beschritten.

Der entscheidende Schritt vom belächelten Nischenplayer hin zu einem ernst zu nehmenden Erfolgsmodell gelang Anfang der 90er-Jahre. Damals begann der Staat, Bestrebungen hin zu faireren Handelsbeziehungen zu unterstützen. Die Privatwirtschaft, vor allem auf Druck von verschiedenen Kampagnen, zeigte Bereitschaft für eine Zusammenarbeit mit Initiativen und Nichtregierungsorganisationen (NGOs). Dieser Stakeholder-Dialog zwischen NGO's, Wirtschaft und Staat führte verschiedene Initiativen (Max Havelaar, STEP, FSC-Label, Clean Clothes Campaign) zu einem beachtlichen Erfolg.

Die Nischenanbieter haben mit der richtigen Strategie als Pioniere auch im neuen Konkurrenzumfeld ihre Berechtigung und Chance. Die Labels erreichen eine immer grössere Akzeptanz und verzeichnen hohe Wachstumsraten.

Neben den bestehenden Labels, die hohe ethische und ökologische Standards setzen, gibt es die Diskussionen um Code of Conducts, Corporate Social Responsibility und deren glaubwürdige Umsetzung und Kontrolle. Bei diesen Codes geht es um das Einhalten von absoluten Mindeststandards. Gerade in diesem Bereich ist es notwendig, den Diskurs zwischen den Stakeholdern zu intensivieren und gemeinsame Lösungen und Standards zu definieren. Auch soll deren Einhaltung glaubwürdig kontrolliert werden.

Je intensiver die Diskussionen um Labels und um Codes und je grösser die Akzeptanz und Glaubwürdigkeit ist, desto grösser wird auch der Druck auf diejenigen Akteure im Wirtschaftsleben, die nicht mitmachen, eigene, überzeugende Modelle zu entwickeln. Gerade diese Freiwilligkeit, wenngleich teilweise mit öffentlichem Druck erzwungen und gefordert, ist das erfolgversprechende und zukunftsweisende an dieser Entwicklung.

In der vernetzten Welt ist es elementar, dass sich die verschiedenen Akteure, ob hier im Norden oder in den Entwicklungsländern im Süden, gemeinsam für eine gerechtere Welt einsetzen. Der Stakeholder-Dialog ist wichtig, die NGOs sollen die Wirtschaft und die Staaten herausfordern, sie sollen aber auch Hand bieten für gemeinsame Lösungen. Die Staaten sollen faire Rahmenbedingungen schaffen und diese ebenfalls gemeinsam mit den NGOs und der Privatwirtschaft erarbeiten. Auch die Wirtschaft, vor allem die Multis, aber auch die KMUs sollen ihre Verantwortung wahrnehmen und sich überall, wo sie tätig sind, ihrer sozialen Verantwortung bewusst sein und dementsprechend handeln. Es wurde schon einiges erreicht, es bleibt aber noch vieles zu tun.

In den folgenden Abschnitten wird die Erfolgsgeschichte des Fairen Handels beschrieben, die noch nicht zu Ende ist.

Mit der Banane fing alles an
Bei der Gründung der Fairhandelsbewegung in den 70er-Jahren spielte die Privatwirtschaft und auch der Staat keine aktive Rolle, ausser, dass diese beiden Akteure sehr stark kritisiert und angegriffen wurden. Durch Medienberichte, vor allem mit dem Dokumentarfilm «Bananera Libertad» von Peter von Gunten, und durch Informationen von Entwicklungshelfern und Reisenden wurde enthüllt, wie die Produzenten in den Entwicklungsländern, vor allem die Kleinbauern von Cash-Crops wie Kaffee, Bananen, Honig, Tee und anderen Produkten, richtig gehend ausgebeutet wurden. Sie waren und sind den Händlern aus dem Norden ausgeliefert. Die Bananen-Frauen von Frauenfeld, die in den Migros-Filialen Bananen kauften und diese vor den Läden mit Informationen über die schlechten Arbeitsbedingungen 15 Rappen teurer wiederverkauften, können als die wirklichen Pioniere dieser Bewegung angeschaut werden. Mit diesen Aktionen machten sie ab dem Jahr 1972 auf die katastrophalen Arbeitsbedingungen und die niedrigen Löhne in der Bananenindustrie aufmerksam. Die Geschichte der Bananenfrauen und dieser Pioniere kann im Buch «Bananenfrauen» von Ursula Brunner (Haupt 1999) nachgelesen werden.

Das konsequente Vorgehen brachte eine Basisbewegung hervor, die zuerst nur am Lack des Establishments kratzte, aber durch ihre Hartnäckigkeit die Basis für den späteren Durchbruch des Fairen Handels legte.

Die Geschichte der claro-Weltläden
1977 wurde OS3, die Importorganisation der Weltläden, als Genossenschaft gegründet. Überall im ganzen Land entstanden Weltläden. Diese wurden häufig von kirchlichen Leuten gegründet und von ehrenamtlichen Mitarbeiterinnen geführt. Verkauft werden Kunsthandwerk von kleinen Handwerksbetrieben und Nahrungsmittel von Kleinbauern aus Entwicklungsländern. 1997 entstand die claro fairtrade AG. Die Organisation wurde

straffer, es wurde eine gemeinsame Corporate Identity entwickelt. Leider gerieten bei dieser Umstellung die Kosten aus dem Ruder. Im Jahr 1999 stand die AG kurz vor dem Konkurs. Ein radikaler Kapitalschnitt folgte, bei dem engagierte Läden, Privatpersonen, aber auch Hilfswerke viel Geld verloren. Dank einem straffen Kostenmanagement und einem erfolgreichen Auftritt, verbesserter Qualität und weiterhin einem starken Rückhalt bei einer engagierten Bewegung konnte die Organisation auf sichere Füsse kommen und erzielt wieder Gewinn. Sie behauptet sich heute wieder auf dem Markt und hat als Vorreiter auch weiterhin eine äusserst wichtige Rolle. www.claro.ch

Von der Kaffeekampagne zum Max-Havelaar-Kaffee

Im Frühling 1991 beschlossen verschiedene Hilfswerke gemeinsam mit OS3, eine Machbarkeitsstudie zur Einführung eines Fair-Handels-Labels im Schweizer Markt in Auftrag zu geben. Vorbild war das Max-Havelaar-Label in Holland. Kaum jemand hätte zu hoffen gewagt, dass eine Markteinführung so rasch und erfolgreich gelingen könnte. Nach anfänglicher Skepsis und Ablehnung des Handels gegenüber der Einführung eines Labels, zwang die Marktdynamik die Hilfswerke, noch vor Abschluss der Studie mit der konkreten Planung und Umsetzung der Label-Idee zu beginnen. Treibende Kraft war die grosse Konkurrenz zwischen den Detaillisten Coop und Migros. Diese gesunde Konkurrenzsituation sollte auch in Zukunft einer der Motoren des Erfolges sein. Unter unglaublichem Zeitdruck mussten Konzepte und Kriterien erarbeitet, ein Label entworfen, ein

---

Max Havelaar-Stiftung (Schweiz)

Die Max-Havelaar-Stiftung verfolgt folgende Ziele

- Marktzugang für Produkte von bäuerlichen Genossenschaften und Arbeiterinnen und Arbeitern in benachteiligten Regionen des Südens zu fairen und nachhaltigen Handelsbeziehungen sichern
- Zertifizierung und Kontrolle, dass Produkte mit dem Max-Havelaar-Gütesiegel gemäss den internationalen Kriterien des fairen Handels produziert werden

Was heisst fairer Handel gemäss Max Havelaar

- Kostendeckende Preise
- Garantierte Mindestlöhne für Arbeiterinnen und Arbeiter
- langfristige Handelsbeziehungen
- Anbau der Produkte gemäss strengen Richtlinien (Sozial und Umwelt) und erstklassige Qualität

Name gefunden, eine Stiftung gegründet und Lizenzverträge ausgehandelt werden, damit bereits im März 1992 Kaffee mit dem Max-Havelaar-Gütesiegel flächendeckend in der ganzen Schweiz eingeführt werden konnte. Der Erfolg übertraf alle Erwartungen auch des Handels. Bereits im ersten Jahr erreichten die Kaffees mit dem Gütesiegel gegen 5% Marktanteil im Detailhandel. Im Jahr 2004 erreichte der Bekanntheitsgrad von Max Havelaar ungestützt 64% (gestützt 78%). Ein unglaublicher Erfolg in einem gesättigten Markt.

Meilenstein des Max-Havelaar-Labels: Eigenfinanzierung erreicht
Anderthalb Jahre nach dem Kaffee wurde als zweites Produkt Honig eingeführt. Später kamen Schokolade, Tee, Bananen, Orangensaft, Blumen, Reis, Ananas, Mangos, Zucker und Topfpflanzen hinzu. Im Jahr 2003 erreichten die Blumen den höchsten Anteil an den Lizenzeinnahmen.

Wie schon beim Start der Fair-Trade-Bewegung spielten die Bananen eine Schlüsselrolle. Bis zum Jahr 1999 erhielt die Max Havelaar-Stiftung immer noch Beiträge vom Staat (Staatssekretariat für Wirtschaft, Seco, früher BAWI). Auch die 6 Trägerwerke Helvetas, Swissaid, HEKS, Brot für Alle, Fastenopfer und Caritas haben während der Startphase je mehr als 300'000 Franken in die Stiftung investiert. Die Lancierung der Bananen war der kritische Punkt auf dem Weg zur Selbstfinanzierung und zum Durchbruch. Bei der Lancierung dieses Produktes gab es auch eine Zerreissprobe zwischen den Pionieren, den Bananenfrauen und der Max Havelaar-Stiftung.

Dank dem Erfolg der Bananen, die schon bald den Kaffee als wichtigstes Produkt ablösten, konnte ab dem Jahr 2001 die Eigenfinanzierung der Stiftung sichergestellt werden.

Bananen zum Dritten: von der Nische in den Massenmarkt
Beim wirklichen Durchbruch spielten die Bananen und Blumen eine wichtige Rolle. Im Jahr 2003 erreichten Bananen mit dem Max-Havelaar-Label im Detailhandel einen hohen Marktanteil von 30%. Anfang 2004 überraschte Coop mit der Ankündigung, ab sofort nur noch Max-Havelaar-Bananen anzubieten. Die mächtigen Multis wurden aus diesem in der Schweiz wichtigen Markt verdrängt. Gerade bei den Bananen zeigt sich auch, dass die Labelprodukte auch einen grossen Einfluss haben auf den Markt, der die Labels nicht führt. Innerhalb der zehn Jahre seit Bestehen des Max-Havelaar-Labels ha-

ben sich auch die Arbeitsbedingungen bei den Multis und deren Umweltengagement stark verbessert.

Internationale Einbindung des Fairen Handels
Die Initiative für das Max-Havelaar-Label kam aus Holland. Dort ist die Romanfigur Max Havelaar, ein Kämpfer gegen den Kolonialismus, eine bekannte Person. Weil bei der Lancierung des Labels in der Schweiz alles sehr schnell gehen musste, übernahm man einfach diesen Namen. Der Name erwies sich schon bald als Glücksfall. Er ist sehr einprägsam. Um die Definition der internationalen Fair-Trade-Kriterien sowie die Kontrollen zu koordinieren, wurde 1997 die «Fairtrade Labelling Organizations International» (FLO) gegründet. Im Jahr 2004 waren siebzehn nationale Organisationen in FLO vertreten. Die Schweiz ist im Umsatz pro Einwohner und auch in absoluten Zahlen mit grossem Abstand das erfolgreichste Land. Anfang 2002 setzte eine Neuorientierung und Umstrukturierung von FLO ein: Das Netzwerk harmonisiert im internationalen Verbund die Standards für fairen Handel, professionalisiert die Kontrollmechanismen und koordiniert die Zertifizierung. FLO dient auch als Plattform für den weltweiten Erfahrungs- und Meinungsaustausch.

In den folgenden Abschnitten will ich auf die Rolle der verschiedenen Akteure, die zum Erfolg von Max Havelaar beigetragen haben, eingehen.

Die Rolle der Pioniere: Ein schmerzvoller Prozess
Es braucht den Druck von der Strasse, von den Medien, von engagierten Organisationen und Privatpersonen, will man etwas verbessern. Dies gilt sowohl für die Politik, als auch fürs Geschäftsleben. Die Bananenfrauen von Frauenfeld haben etwas ausgelöst. Sie haben viel Druck ausgeübt, haben die Konsumenten, aber auch den Handel und die Produzenten, dazu gezwungen, sich des Themas anzunehmen. Leider war es den Pionieren nicht vergönnt, die Ernte ihrer langjährigen Bemühungen einzufahren. Wie dies häufig der Fall ist, braucht es Leute, die aufrütteln, Kampagnen machen, um etwas zu bewegen. Wenn die Sensibilisierung dann Erfolg hat, braucht es nachher andere Organisationen, die glaubwürdig Hand bieten für Lösungen. Diese Rolle fiel der Max Havelaar-Stiftung zu.

Die Stiftung wirkte bei der Basisbewegung und den engagierten Organisationen und Kampagnenleuten als arrogant, hochnäsig und diplomatisch ungeschickt. Dies wurde einerseits möglicherweise durch ein wenig gefühlvolles Vorgehen verursacht, war andererseits aber auch systembedingt. Fast bei jeder Einführung eines neuen Produktes gab es diese Grundsatzdiskussionen, ob Max Havelaar das richtige Vorgehen ist. Diese Auseinandersetzungen waren schmerzhaft, aber notwendig. Für die Stiftung Max Havelaar, die gezwungen war, auf alle Stakeholder zu hören, war sie sehr lehrreich. Genauso wie den Initianten der Bananenkampagne. Im Moment ist man dran, die Lancierung von Textilien mit dem Max-Havelaar-Label zu planen. Auch hier gibt es intensive Auseinandersetzungen und Diskussionen mit der Clean Clothes Campaign, die sich schon seit Jahren erfolgreich gegen die vorherrschenden katastrophalen Arbeitsbedingungen in der Konfektion von Textilien in den Entwicklungsländern einsetzt.

Die Weltläden haben ebenfalls eine beispielhafte Funktion ausgeübt. Sie haben gezeigt, dass es möglich ist, ein faires, funktionierendes Handelssystem aufzuziehen. Sie haben auch aufgezeigt, dass für solche Produkte eine Nachfrage besteht. Der wirkliche Durchbruch des Fairen Handels geschah aber erst mit der Einführung von Kaffee im Detailhandel. Die claro-Weltläden spielen weiterhin erfolgreich die Rolle des Pioniers und Fair-Trade-Spezialisten und fordern mit ihrem Engagement den Detailhandel heraus. Es ist zu hoffen, dass dieses Engagement, das auf viele ehrenamtliche Mitarbeiterinnen in den Läden zählt, noch lange anhält. Die Weltläden sind eine der wenigen aktiven Basisbewegungen. Sie kämpfen für gerechtere Handelsbeziehungen zwischen dem Norden und dem Süden. Der Durchbruch des Max-Havelaar-Labels ist einer der Löhne für dieses beinahe 30-jährige Engagement.

Die Rolle der Nichtregierungsorganisationen (NGOs) beim Max-Havelaar-Label
Max Havelaar wurde von den sechs Schweizer Hilfswerken Helvetas, Caritas, Fastenopfer, Swissaid, Brot für Alle und HEKS gegründet. Diese Trägerwerke stehen für eine unabhängige Organisation. Dank Ihrer Arbeit und den unzähligen Mitgliedern hier in der Schweiz, aber auch dank der direkten Erfahrung in den Entwicklungsländern konnte die Stiftung Max Havelaar gegenüber den Medien, dem Handel, den Produzenten, und den Konsumenten als glaubwürdiger und kompetenter Partner auftreten. Die NGOs spielen in der Entwicklungspolitik eine äusserst wichtige Rolle. Es gibt die so genannten Kampagnenorganisationen, die anprangern, aufrütteln, Visionen entwerfen, unrealistische, aber berechtigte Forderungen aufstellen. Dann braucht es aber auch Organisationen, die im Stakeholderdialog zwischen der Zivilgesellschaft, dem Staat und der Privatwirtschaft vermitteln und lösungsorientiert arbeiten können. Die Entwicklungsorganisationen waren erfolgreich, weil sie geeint, offen und glaubwürdig auftraten und ihre Forderungen

aufs Realisierbare herunterbrachen und die Umsetzung gemeinsam mit den anderen Stakeholdern, der Privatwirtschaft und dem Staat, anpackten.

Eine kleine Episode zum Dialog zwischen NGOs und Privatwirtschaft
In den späten 90er-Jahren war ich als Vertreter von Helvetas an einen Workshop zum Thema ökologische Textilien an der Universität St. Gallen eingeladen. Im Stakeholderdialog von Multis, KMUs, Wissenschaft und NGOs sollten Lösungen erarbeitet werden. Ich stand als Vertreter der Entwicklungsorganisationen plötzlich im Mittelpunkt des Interesses. Mir wurde als Vertreter der NGOs vorgeworfen, dass mit der undifferenzierten Postkartenaktion der Clean Clothes Campaign zwar das richtige Thema angeschnitten wird, dass dies aber auf eine destruktive Art und Weise erfolge. Wir NGOs sollten doch vernünftig sein und das Gespräch mit der Privatwirtschaft suchen, so könne man in Ruhe Lösungen entwickeln. Im weiteren Gespräch stellte sich dann heraus, dass sie mich wohl ein Jahr zuvor kaum empfangen und angehört hätten, wäre ich mit diesem Anliegen zu ihnen gekommen. Es braucht den Druck von der Strasse, von den Medien, den Konsumenten, der NGOs, aber auch von engagierten Mitarbeitern, nur so kann die Energie freigemacht werden, um Lösungen zu finden. Wenn die verschiedenen NGOs ihre Rolle richtig spielen, kann sehr viel erreicht werden.

Die Rolle des Staates beim Max-Havelaar-Label
Das Max-Havelaar-Label gäbe es nicht ohne die wichtige Unterstützung des Staates. Das Seco (früher BAWI) stellte namhafte Beträge zum Aufbau des Labels zur Verfügung. Das Engagement des Seco führte dazu, dass auch die Hilfswerke ihren Beitrag leisteten. Die Anschubfinanzierung mit dem Ziel der finanziellen Eigenständigkeit war sehr wichtig. Das Signal des Staates gegenüber den Hilfswerken, aber auch gegenüber der Privatwirtschaft und den Konsumenten ebenfalls. Das in Max Havelaar investierte Kapital war eine erfolgreiche Hilfe zur Selbsthilfe. An diesem Beispiel sieht man sehr gut, wo im Handelsförderungsbereich der Staat eingreifen kann.

Max Havelaar etablierte sich nicht so schnell, wie geplant. Glücklicherweise engagierten sich die Trägerwerke und vor allem auch der Bund länger als vorgesehen.

Die Rolle der Unternehmen beim Max-Havelaar-Label
Will man auf dem Markt erfolgreich sein, muss man auch lernen, mit den Marktmechanismen umzugehen. Die NGOs müssen die Unternehmungen verstehen lernen, aber die

Unternehmen müssen auch lernen, die nicht profitorientierten Anliegen der NGOs ernst zu nehmen und auch soziale und ökologische Faktoren zu berücksichtigen.

Das Max-Havelaar-Label war ein Erfolg, weil die Organisation unabhängig ist, die Herausforderungen und Rahmenbedingungen der Partner im Norden und Süden in ihre Arbeit einfliessen lässt und glaubwürdige, machbare Standards setzt. Dank dieser engen Zusammenarbeit zwischen Privatwirtschaft und NGO's konnte das Max Havelaar-Label immer weiter entwickelt werden.

Die Rolle der Medien beim Max-Havelaar-Label

Dass das Max-Havelaar-Label innerhalb von sechs Jahren eine Bekanntheit von mehr als 60 Prozent erreichen konnte, war zu einem grossen Teil auch auf die begeisterte Aufnahme der Initiative in den Medien zurückzuführen. Der Werbewert der positiven Reportagen über Max Havelaar war unbezahlbar, vor allem in der Aufbauphase. Natürlich haben hier auch die vielen Berichterstattungen in den Medien von Coop und Migros einen wichtigen Beitrag geleistet. Mit der Zeit wurden die Medien aber kritischer. Dies ist aber auch richtig. So muss sich die Max Havelaar-Stiftung fortlaufend hinterfragen und glaubewürdig kommunizieren und agieren. Die Glaubwürdigkeit ist sowieso das grösste Kapital der Organisation, das es zu behüten gilt.

Die Rolle von einzelnen Personen

Der Erfolg eines solchen Labels ist gerade auf die erfolgreiche Zusammenarbeit von unzähligen Leuten in den verschiedensten Rollen an den verschiedensten Orten zurückzuführen.

Es braucht aber auch die richtigen Personen am richtigen Ort, um erfolgreich zu sein. Die Pionierrolle von Ursula Brunner habe ich bereits erwähnt. Rolf Buser war die ideale und glaubwürdige Besetzung als Geschäftsführer. Er brachte grosse Erfahrungen aus dem Süden mit und konnte auch einen guten Draht aufbauen zu den verschiedensten Stakeholdern. Richard Gerster, damals Geschäftsleiter der AG der Hilfswerke, lieferte die theoretischen, aber praxisnahen Grundlagen für das Label. Bruno Riesen, Geschäftsleiter von Swissaid, sorgte als Präsident während zehn Jahren für Kontinuität. Beim Wechsel von der Nische in den Massenmarkt konnte ausserdem mit Paola Ghillani eine neue Geschäftsleiterin gefunden werden, die als Quereinsteigerin aus der Wirtschaft grosse Akzeptanz beim Handel hat und auch die Anliegen und Ziele der Stiftung sehr schnell aufnahm und adaptierte. Sie schaffte es, organisatorisch die Weiterentwicklung von Max Havelaar voranzutreiben und die strategischen Vorgaben umzusetzen.

Auch bei den Lizenznehmern, den Unternehmungen, brauchte es mutige Leute, die den Schritt zum Fairen Handel konsequent gingen.

Die erfolgreiche Zusammenarbeit der NGOs, des Staates und der Unternehmen
Die Probleme dieser Welt können nur in gemeinsamen Aktionen von NGOs, dem Staat und den Unternehmen gelöst werden. Aus der Erfahrung bei Max Havelaar können folgende wichtige Elemente für eine erfolgreiche Zusammenarbeit genannt werden:

- Es braucht einen Leidensdruck, der aufgebaut werden muss, damit sich Strukturen verändern lassen. Es muss Kampagnen geben, die Missstände aufzeigen und Lösungen fordern. Die Erfahrung hat gezeigt, dass es vielfach in den Unternehmungen Leute hat, die sehr wohl etwas verändern wollen, ohne Druck haben sie aber keine Argumente, diese Veränderungen auch durchzusetzen.
- Die NGOs müssen die Unternehmen verstehen lernen und umgekehrt. NGOs müssen wirtschaftlich denken. Das müssen sie sowieso, wollen sie erfolgreich arbeiten. Die Unternehmen müssen ihre soziale und ökologische Verantwortung wahrnehmen. Auch das müssen sie sowieso, wollen sie langfristig erfolgreich arbeiten.
- Der Staat kann als wichtiger Akteur Veränderungen unterstützen, Plattformen bieten und Anschubfinanzierungen leisten. Er kann ein äusserst wichtiger Fascilitator sein und vermitteln, allenfalls auch mit der Gesetzgebung.
- Wichtig ist, dass es nicht beim Gespräch bleibt, sondern dass direkt Aktionen ausgelöst werden, die messbar sind. Labels sind in dieser Hinsicht vorbildlich, bei den allgemeinen Codes besteht die Gefahr, dass es zu unkonkret ist und man aneinander vorbeiredet.

IV. Ethik in der Praxis

Wie ethisch sind Ethikfonds?

Sozial verantwortbare Geldanlagen

Die Methoden sozial verantwortbarer Anlagefonds haben sich seit ihrem Ursprung weiterentwickelt. Während es früher vor allem darum ging, Sünder wie Rüstungs- und Tabakfirmen vom Portfolio auszuschliessen, werden heute eine ganze Reihe von sozialen, ökologischen und ethischen Indikatoren geprüft, bevor in ein Unternehmen investiert wird.

Der Autor Matthias Voigt und der Koautor Martin Kratochwil haben mit diesem Beitrag versucht, einen Brückenschlag von Theorie und Praxis sowie von Vergangenheit, Gegenwart und Zukunft des Investierens aufzuzeichnen. Sicherlich ein Spagat, aber bei der Betrachtung der heutigen Umstände eine Anregung, festgefahrene Verhaltensstrukturen zu lösen und, unter Berücksichtigung der Erfahrungen aus der jungen Vergangenheit, neu auszurichten. Gesunder Menschenverstand, Selbstbewusstsein, Kritikfähigkeit oder Verantwortung sollten mehr im Vordergrund stehen. Kritik sollte nicht persönlich, sondern als Anregung verstanden werden. Nur im einvernehmlichen Zusammenspiel der Kräfte aller Beteiligten lassen sich kontinuierliche, erfolgreiche Entwicklungen generieren und Vertrauen zurückgewinnen.

Matthias Voigt (*1955), blickt auf eine lange Berufserfahrung in den weltweiten Finanzmärkten zurück. Heute ist er Managing Director der TheFund AG, Vaduz (www.thefund.li), und gleichzeitig Präsident des LAFV Liechtensteinischer Anlagefondsverbandes (www.lafv.li). Die TheFund AG ist Partnerin und die Fondsleitung des BlueValue EthicFund, der nach liechtensteinischem Recht konzessioniert und aufgelegt ist.

Martin Kratochwil, dipl. Private Banker (FH) (*1964), ist seit vielen Jahren bei der CentrumBank AG, Vaduz (www.centrumbank.li) als Assistent der Geschäftsleitung tätig. Er hat eine Diplomarbeit zum Thema Ethik im Private Banking im Rahmen seines Nachdiplomstudiums an der Fachhochschule Liechtenstein geschrieben und sein Hobby in das berufliche Umfeld einfliessen lassen. Die CentrumBank AG ist Depotbank und Administrator des BlueValue EthicFund.

Modernes Investment setzt auf Ethik
Geld oder Kapital verhält sich wie ein scheues Reh: Lässt man es in Ruhe äsen und stört die Umgebung nicht, ist alles ruhig und beschaulich. Ist man aber laut und stört die Idylle, verschwindet das Reh, und man hat Mühe, es wiederzufinden.

Dieser, zugegebenermassen leicht philosophische Gedanken zeigt den Problemkreis um das Kapital und das Verhalten der Anleger, gleich welcher Grösse, sehr deutlich auf.

Blickt man auf die letzten zwanzig Jahre zurück, sieht man unschwer die Störungen, welche die Geld- und Kapitalmärkte erleben mussten. Krisen und Ruhe-, besser Aufschwungphasen, gaben sich den Staffelstab wechselweise in die Hand und prägten sehr eindrücklich die Entwicklungen und nicht zuletzt die rechnerische Vernichtung von gutem Kapital. Das neue Jahrtausend begann mit dem Paukenschlag des 11. September, im negativen Sinn, als Sahnehäubchen der jüngeren Vergangenheit. Einhergehend mit kriegerischem Säbelrasseln, Kriegen und fast dramatischen Irritationen nicht zuletzt auch durch Bilanzskandale und bizarre Geschäftsgebaren einiger Unternehmen an den Weltbörsen, hat sich eine Vertrauenskrise aller höchsten Ausmasses entwickelt. Um die einleitenden Worte nochmals zu bemühen: Das scheue Reh hat sich versteckt, und es ist äusserst schwierig und delikat, es wieder anzulocken.

Mit Blick auf obiges, grob umrissenes und vielleicht übertriebenes Szenario, ergeben sich verschiedene Punkte, die zu diskutieren sind. Zunächst besteht der Status quo, die Vertrauenskrise. Schaut man auf die jüngsten Marktentwicklungen, erkennt man unschwer, dass die Angst regiert. Hoffnungsschimmer werden gnadenlos genutzt, um entweder alte Verluste zu realisieren oder neue Positionen mit kleineren Gewinnen zu verkaufen. Weitläufig könnte man das als Konsolidierung auf niedrigem Niveau bezeichnen. In der Realität sollte man es aber eher als Unsicherheit, Angst oder fehlendes Vertrauen bezeichnen. Zu gross war die Gier in den letzten Jahren, als Investments, in egal welcher Form, getätigt wurden, nur um an den fulminanten und nach oben zeigenden Entwicklungen Teil zu haben, wie der «Neue Markt» eindrücklich dokumentierte. Zu gross war der Frust am Ende, als die Blase geplatzt war und das eingesetzte Kapital halbiert und die Gewinne komplett abgeschmolzen wurden.

Betrachtet man die heutige Situation, stellen sich unweigerlich die Fragen: Wie bewältigt man diese Krise, wie gewinnt man das Vertrauen zurück, und wie kann man nachhaltige und kontinuierliche Entwicklungen einleiten? In einer kurzen Betrachtung des beschriebenen Umfeldes kann man feststellen, dass sich das Verhalten der Anleger langsam zu verändern beginnt. War es in der letzten Zeit oberstes Ziel, möglichst viele Gewinne zu erzielen und schnell reich oder gar noch reicher zu werden, beginnt heute ein Prozess, bei dem Investments sehr viel feinfühliger und genauer betrachtet werden. Es scheint, dass Anleger heute einen Ansatz für ihre Entscheidungen wählen, der sich vermehrt an Nachhaltigkeit und den «moralischen und ethischen» Grundsätzen orientiert. Nachdem man sich nicht mehr unbedingt auf die Führer der vielen Aktienindizes dieser Welt verlassen kann, die Globalisierung ihre Spuren hinterlässt und strategische/ taktische Massnahmen in diesem Zusammenhang eher Momentaufnahmen als nachhaltige Prozesse sind, zieht sich der Investor zurück. Dies aber keinesfalls, um die vorhandene Liquidität auf Sparkonten oder im Geldmarkt zu parken, sondern mit Blick auf Investments, die er selbst beurteilen kann, die er versteht und bei denen er implizierte Risiken erkennt bzw. nachvollziehen kann. Vermehrt kommt in diesem Muster der ethische Aspekt zum Tragen. Hierbei steht sicherlich nicht ausschliesslich der ökologische (grüne) Bereich der Ethik im Vordergrund, wie vielfach immer wieder beschrieben wird, sondern durchaus alle ethischen Bereiche, in denen Vertrauen, Vertrauensbildung, Soziales oder Soziologisches behandelt wird.

Anleger setzen sich viel intensiver als bisher mit ethischen Werten auseinander und versuchen, diese als Grundlage für ihre Entscheidungen zu nutzen. In der Auseinandersetzung mit diesem Thema gehen Anleger bis an die Wurzeln der ethischen Grundgedanken, um mit den Erfahrungen der Vergangenheit den Veränderungen der Zukunft Rechnung tragen zu können. Die Fragen, die dem Anleger und dem Investor durch den Kopf gehen könnten, sind: Was ist Ethik und was will Ethik? Kann Geld und Investment mit ethischen Aspekten verbunden werden? Ist die Vermehrung von Geld nicht in sich schon unethisch. Kann ich durch gezielt ethisches Investment etwas bewegen? Was ist Nachhaltigkeit, und zahlt sich diese aus?

In diesem Beitrag können sicherlich nicht alle Fragen beantwortet werden. Er soll dennoch eine Hilfe sein und einen Leitfaden geben, was es heisst, ethisch zu investieren. Es kann daher nicht ausbleiben, dass wir mit der Frage beginnen, was Ethik ist und woher sie kommt. Die überlieferte ethische Besinnung könnte bei Platons Streit mit den Sophisten begonnen haben. Zur eigenständigen Disziplin wurde sie bei Aristoteles. Besonderes Gewicht massen ihr dann im Laufe der Zeitgeschichte Thomas von Aquin in der

Verbindung des «Naturgesetzes» mit der christlichen Offenbarung und dann insbesondere Immanuel Kant mit seiner These des Kategorischen Imperativs bei. (I. Kant: «Handle so, dass du die Menschheit, sowohl in deiner Person, als in der Person eines jeden anderen, jederzeit zugleich als Zweck, niemals bloss als Mittel brauchest»).

Wer Ethik als einen Gesichtspunkt neben anderen begreift, setzt Ethik zu tief an. Ethik ist der Inbegriff dessen, was massgeblich, buchstäblich entscheidend sein soll, bzw. das Nachdenken darüber. Es gibt keine «Metaethik», denn dann würde sich ja eine über- und damit ausserethische Instanz anschicken, der Ethik Vorschriften machen zu wollen. Wer von Ethik spricht, muss konsequenterweise zugleich das Primat der Ethik anerkannt haben.

Ethik ist also gewissermassen die Ermutigung zu selbstbestimmtem eigenverantwortlichem Handeln. Ethik ist von der systematischen Frage geleitet, wie – eigenbestimmt – moralisch richtig gehandelt werden soll. Ethik ist Rechenschaftslegung und kritische Hinterfragung verborgener, unreflektierter Wertannahmen mit dem Ziel, zu konsistenten Wertmassstäben und Handlungsregeln zu gelangen, die einer Prüfung unter zunehmend verschärften Begründungsansprüchen standhalten können.

Ethik hat sicher nicht die Aufgabe, die Menschen im Handeln fremdzubestimmen und autoritativ festzulegen. «Die Ethik kann und soll sich nicht stellvertretend für handelnde Subjekte moralische Kompetenz anmassen, sondern die Handelnden dazu anleiten, selber moralische Kompetenz zu erwerben und auszuüben.» (A. Pieper: Angewandte Ethik)

Ethik ist demnach vielmehr die Abkehr von Unmündigkeit und die Absage an die Bequemlichkeit, aus Faulheit und Feigheit andere für sich denken und entscheiden zu lassen, wie recht zu handeln sei. Somit kann man durchaus Immanuel Kant, auf die Situation angepasst, zitieren, der die Frage «Was ist Aufklärung» wie folgt beantwortet: «Es ist so bequem, unmündig zu sein. Habe ich ein Buch, das für mich Verstand hat, einen Seelsorger, der für mich Gewissen hat, den Berater, der mein Geld verwaltet oder die Medien, die mich anleiten: so brauchte ich mich nicht selbst zu bemühen. Ich habe nicht nötig zu denken, wenn ich nur bezahlen kann, andere werden das verdriessliche Geschäft schon für mich übernehmen.»

Es scheint so, als ob Ethik für die Theorie zuständig ist und Moral für die Praxis. Dem ist aber sicherlich nicht so. Beides ist notwendig und bedingt sich gegenseitig. Beides ist auf der einen Seite theoretisch wie auch praktisch. Ethik ist nicht eine weltfremde Ansicht der Dinge, Handlungen und der Aufgaben, die es zu lösen gilt. Sie ist auch nicht ein abstraktes Gedankengut, welches nur von einigen wenigen verstanden werden kann. Ethik ist praktisch. Ein wachsender Prozess, der sich, wenn er ernst genommen werden will, sich an klare Regeln zu halten hat. Daher wird ein persönlicher philosophischer Standpunkt umso fester sein, je besser Ethik und Moral verbunden sind. Wenn man weiss, was gut und böse ist, sollte man auch in der Lage sein, richtig und falsch zu unterscheiden. Man muss die Möglichkeiten einschätzen, die Pro und Kontras abwägen und einen Weg finden, das anstehende Problem zu bedenken, so dass man Entscheidung auch als moralisch gerechtfertigt empfindet. Hat man diese Empfindung nicht, dann sollte man die Entscheidung nicht treffen, egal, was es ist. Wenn etwas richtig ist, lässt es sich auch immer rechtfertigen. Das ist eine ganz andere Sache, als etwas zu rationalisieren. Man kann alles rationalisieren, jede Idee so umformen und verdrehen, dass sie ins Konzept passt (es merkt ja keiner). Rechtfertigung hat die Wurzel wie Recht und gerecht. Sie verlangt grössere Beachtung und gibt dafür ein stabileres Fundament.

Die Herausforderung besteht darin, ein persönlich, ethisches System zu entwickeln, auf das man sich als moralische Richtschnur verlassen kann. Man muss damit anfangen, darüber nachzusinnen, was gut und böse ist. Dieses Problem der Philosophie hat durch die Zeiten hindurch manche harte Nuss zu knacken gegeben. Somit kann man am Ende keine vollständige und unfehlbare Antwort darauf erwarten. In «Der Staat» entwickelt Plato einen Dialog, in dem Sokrates ihn aufforderte, das Gute zu definieren: «Ist es Wissen, Vergnügen, oder etwas anderes?» Er hatte bereits verschiedene Tugenden bestimmt, einschliesslich Mässigung und Gerechtigkeit, aber angesichts dieser Aufgaben antwortet er Sokrates: Es tut mir Leid, das übersteigt meine Fähigkeiten.»

Investment und Ethik
Die Frage, ob es sich bei den Ethikangeboten teilweise um eine «Mogelpackung» handelt, stellt sich naheliegenderweise insbesondere dann, wenn damit zugleich die langfristökonomische Koinzidenz von – schlagwortartig – Ethik und Erfolg behauptet wird. «Ethik zahlt sich langfristig aus» – right or wrong? Dabei lässt sich die Frage nach einem möglichen «Etikettenschwindel» in zweierlei Hinsicht stellen: Es ist zu fragen, ob es denn tatsächlich dasjenige ist, was ethisch geboten ist, was sich (angeblich) zugleich langfristig auszahlen soll. Und hier kann man weiter unterscheiden: Es sind ja einige, für sich betrachtet, durchaus legitime Normen, deren Einhaltung sich langfristig auszahlt. Auf

der Basis von Lug und Betrug lässt sich kaum erfolgreich wirtschaften. Dies bedeutet aber noch nicht, dass sich all das, was eigentlich ethisch geboten wäre, sich auch langfristig auszahlte. Oder es könnte sein, dass das, was sich da langfristig bezahlt macht, damit jedoch dem ethisch Gebotenen in nur sehr unvollständiger Weise Genüge getan ist.

Der mögliche «Etikettenschwindel» kann jedoch noch in einer anderen Hinsicht bestehen. Nimmt man einmal an, es sei tatsächlich das ethisch Gebotene, das sich da langfristig auszahlt. Wie aber steht es mit dem langfristigen Auszahlen selbst? Dies wäre ja damit gleichsam indirekt ethisch pauschal legitimiert. Ist nicht das wirtschaftliche Gewinn-, Einkommens- und Erfolgsstreben oder gar die Gewinn- und Erfolgsmaximierung nur dann ethisch neutral, wenn es unter «ethischen» Bedingungen abläuft? Davon ist auszugehen.

«Verzicht auf heute möglichen, aber ethisch zweifelhaften Umsatz und Gewinn wird zur langfristig ausgerichteten Investition für Marktanteile, Umsatz und Gewinn. Sie werden zum Instrument der Zukunftssicherung des Unternehmens.»

«Moral bringt Kapital». Ohne Zweifel: Moral erzeugt Kosten. Aber diese Kosten sind Investitionen in ein Vertrauenskapital, dessen Rendite in der Schaffung stabiler Handlungserwartungen, und dass heisst sinkende Transaktionskosten, entsteht.

Erstaunlich ist eigentlich, dass die Auffassung, dass sich «Ethik» langfristig auszahlt, zwar weit verbreitet ist, nicht nur in Managerkreisen, jedoch bislang niemand hinterfragt hat, warum sich Ethik langfristig und nicht etwa kurzfristig auszahlen soll. Dies ist besonders darum erstaunlich, weil ja der kurzfristigen Erfolgsorientierung nicht etwa eine Begrenzung der Vorteils- oder Durchsetzungsorientierung, sondern eine durchaus konsequente, reine Form der Eigeninteressenverfolgung zugrunde liegt.

Wenn man dies auf das Interesse am Erzielen von Gewinnen bezieht, so läuft die langfristökonomische These auf die Rechtfertigung der Orientierung an Gewinnmaximierung hinaus. Von «langfristiger Gewinnmaximierung» zu sprechen, ist etwas weitschweifig, von «kurzfristiger Gewinnmaximierung» zu sprechen, in sich widersprüchlich.

Gewinnmaximierung ist per Definition langfristig ausgerichtet. Gewinne sollen eben so gross wie möglich sein, und wenn man die Chancen, die da morgen lauern, auslässt, so beschränkt man eben sein Gewinnstreben. «Ethik zahlt sich langfristig aus» heisst also: Man darf alles daran setzen, dass Gewinne so gross wie möglich sind, denn dies kann man ja nur, wenn «der Ethik» Genüge getan wird.

Eine Erklärung dafür, warum es das langfristige, konsequente und nicht etwa das kurzfristige, begrenzte Gewinnstreben ist, von dem angenommen wird, dass mit ihm zugleich der ethischen Vernunft gedient ist, findet man in der Stakeholder-Theorie, so wie sie heute gemeinhin vertreten wird. Die Formel Langfristökonomie = Ethik lässt sich ja auch so fassen, dass behauptet wird, dass allen legitimen Ansprüchen an die Unternehmensführung in ethisch angemessener Weise Rechnung getragen wird. «Die Interessen der Aktionäre kann eine Unternehmensführung dauerhaft nur dann bedienen, wenn sie die berechtigten Interessen der anderen Beteiligten – Mitarbeiter, Kunden, Lieferanten und Gesellschaft – nicht vernachlässigt, sondern stets als gleichrangige Interessen im Auge behält.»

Neben dem Profit (für den Anleger) erscheint häufig die «moralische Präferenz» der Anleger als konstruktiv für die Ausrichtung von «Ethikfonds», was natürlich nicht beides zugleich möglich ist. Es gelte «eine Produktauswahl zu treffen, die nicht nur ihren wirtschaftlichen Zielen, sondern auch ihren grundlegenden Wertvorstellungen entspricht». Schliesslich gehe es beim «Ethical Investment» darum zu wissen, «was Geld tut, sowie darum, dass seine Verwendung mit ihren eigenen ethischen Standards übereinstimmt».

Einem solchen, latenten subjektivistischen Ethikverständnis folgend, scheint so mancher «spezialisierte Anlagefonds» einzig als Antwort auf die «weltweit steigende Nachfrage nach ökologisch und ethisch vertretbaren Anlagen» zu begreifen. Es handle sich eben um eine spezielle Nachfrage, die genauso wie jede andere Nachfrage bedient wird. Schliesslich seien «Moralvorstellungen individueller Natur», was durch die Möglichkeit der individuellen Gestaltung der Zusammensetzung eines Anlageuniversums «konsequent umzusetzen» sei.

Dann allerdings stellt sich die Frage, ob man es noch als selbstverständlich voraussetzen kann, es mit einem «Prozess zum Management von Nachhaltigkeit» zu tun zu haben. Wird da tatsächlich «Nachhaltigkeit realisiert» oder irgendetwas, nämlich das, was die Anleger bzw. Fondsnachfrager als «nachhaltig» oder «ethisch verantwortungsbewusst» begreifen? Genau genommen ist (oder wäre) dies nämlich exakt die Konsequenz einer Sicht, die «Moral» als Sache subjektiver Präferenzen oder «Wertvorstellungen» missversteht und das Angebot «ethischer» Anlageprodukte als Befriedigung einer zufällig gegebenen «Nachfrage» sieht. Dies liefe auf «Ethik»-Marketing hinaus und zeugte noch nicht von einer wohl fundierten Marketing-Ethik des anbietenden Finanzintermediär. Die Anlageprodukte trügen in dieser Sicht nur darum das Attribut «ethisch» (oder nachhaltig), weil sich mit dieser Etikettierung eine Reihe von Anlegern an das eigene Leistungsangebot binden lassen. Man hätte es letztlich mit einem opportunistischen Konzept der Anpassung an mehr oder minder beliebige, bloss als «ethisch» apostrophierte «Kundenwünsche» zu tun.

Demgegenüber ist festzuhalten, dass Ethik keine Präferenz neben anderen ist, sondern der Inbegriff des normativ Richtigen und insofern Verbindlichen. Es mögen – und sollen! – unterschiedliche Vorstellungen darüber bestehen, worin eine verantwortbare Geschäftspolitik besteht und, davon abgeleitet, eine verantwortbare Anlagestrategie. Doch treten diese unterschiedlichen, mehr oder weniger gefestigten oder vorläufig normativen Überzeugungen wohlverstandener Weise mit dem Anspruch auf, mehr als bloss eine individuelle Präferenz zum Ausdruck zu bringen. Vielmehr möchte man damit etwa Zeichen setzen, nicht nur gegenüber den Unternehmen, in die man letztlich investiert, sondern auch gegenüber den Fondsanbietern und möglicherweise auch – im Sinne eines Vorbildes – gegenüber den Anlegern.

Wer Prinzipien hat, frönt nicht nach dem Gewinnprinzip

Wer wahrhaftig an Ethik interessiert ist, der hat nicht bloss Präferenzen, sondern Prinzipien. «Prinzip» ist buchstäblich, was zuerst kommt. Und damit klärt sich auch das Verhältnis von Prinzip und Profit fast schon von selbst: Wer Prinzipien hat, der frönt logischerweise nicht dem «Gewinnprinzip», sondern strebt von vornherein nur nach einem in verantwortlicher Weise verdienten Kapitalertrag.

Von sich selbst zu abstrahieren, d.h. sich in die Rolle anderer zu versetzen, ist die erste Vorleistung für moralisches Handeln. Sich mit den Adressaten des eigenen Tuns austauschbar denken («Wie wäre es, wenn ich auf der anderen Seite des Geschehens stünde?») ist die Bereitschaft, seine Ich-Zentriertheit zu transzendieren und sich als Mensch unter Menschen bzw. als Lebewesen unter Lebewesen (Tiere) zu verstehen.

Um Probleme sensibel wahrzunehmen, benötigt man ein entwickeltes Sensorium, das die Aufmerksamkeit für bestimmte Belange schärft. Offensichtliche Probleme sind nicht zu übersehen (es sei denn, man will sie absichtlich übersehen); weniger offensichtliche entgehen hingegen leicht der Aufmerksamkeit.

«Denn die einen sind im Dunkeln / Und die andern sind im Licht. / Und man sieht die im Lichte / Die im Dunkeln sieht man nicht.» Was Brecht in den Schlussstrophen zur «Dreigroschenoper» in sozial kritischer Absicht von Personen aussagt, kann im übertragenen Sinn auch für moralische Probleme gelten: Weil man «die im Dunkeln» naturgemäss nicht sieht, benötigen wir eine Art Suchscheinwerfer, der die Dunkelheit gezielt nach Problemen absucht und ans Licht bringt. Die Funktion des Suchscheinwerfers kann darin bestehen, gezielte systematische Rückfragen zu stellen und sich dadurch im Handeln bestmöglich zu versichern.

Private Banking setzt voraus, dass man den Kunden sehr genau kennt. Es besteht zwischen Bank, Berater und dem Kunden eine sehr grosse Bindung. Eine Bindung, die mit einem Schalterkunden in dieser Weise nie aufgebaut werden kann. Der Berater versucht, von «seinem» Kunden möglichst viel zu erfahren und auch viel über seine Lebensumstände und Lebensziele auszumachen, damit er als Berater mit ihm für die Zukunft die richtigen Entscheidungen treffen kann.

So sehr ein solches Vertrauensverhältnis wünschenswert ist, so sehr birgt es auch Gefahren. Ist der Berater wirklich immer in der Lage, die ethischen Grundsätze, welche er von seinem Arbeitgeber vermittelt bekommt, in einem solchen tiefen Verhältnis auch dann zu verteidigen, wenn diese sich nicht mit den ethischen Grundsätzen des Kunden decken? Besteht nicht die Gefahr, dass zugunsten des Kunden so manche ethischen Grundsätze über Bord geworfen werden? Nicht einmal aus schlechter oder unlauterer Absicht, aber den Kunden kennt man ja, und es ist bis jetzt auch alles gut gegangen. Der Private Banker muss sich aber auch eingestehen, dass er den Kunden nicht wirklich kennen kann, auch dann nicht, wenn ein sehr enger Kontakt zu diesem besteht. Ethische Grundsätze die von einer Bank als solche definiert wurden, können im Gegensatz zu solchen stehen, die sich Kunden auferlegt haben. In einer solchen Situation wird es für den Berater schwierig. Auf welche Argumentationen soll er sich nun verlassen? Kann und darf er überhaupt den Kunden beeinflussen? Der Berater kommt unweigerlich in einen Konflikt, noch dazu kommen hierbei persönliche Einstellungen zum Tragen. Es muss gesehen werden, dass Ethik nicht etwas Statisches ist und dass es keine Antwort gibt, die abschliessend und unwiderruflich ist.

Der Konflikt kann nur dann gelöst werden, wenn von Seiten der Bank, aber auch von Seiten der Berater, Ethik als etwas Lebendiges und immer neu Wachsendes gesehen und akzeptiert wird. Den Mitarbeitern an der Front kann von der Bank aber insofern geholfen werden, als dass entweder ein Ethikkomitee oder eine Anlaufstelle für ethische Fragen geschaffen wird. Eine Anlaufstelle, an der über verschiedene Anliegen und Betrachtungsweisen einer Situation offen und ehrlich diskutiert werden kann.

Es ist ersichtlich, dass es ein Spannungsfeld zwischen Moral, Ethik, Auftrag der Bank, und dem Auftrag des Kunden gibt. Dieser Konflikt wird ein immer Währender bleiben, nur darf daraus nicht geschlossen werden, dass es nicht notwendig ist, sich mit dem Thema Ethik zu beschäftigen. Ethik muss als Chance begriffen werden. Als Chance, das Profil einer Bank noch mehr zu festigen, und auch als Chance dafür, sich von den Mitbewerbern abzuheben. Ethik ist nicht nur eine Sache, die nach innen gelebt werden soll, sondern auch durchaus als Marketinginstrument eingesetzt werden kann. Wie es sich zeigt, würde dies auch dem Wunsch der Kunden entgegenkommen. Auf welche Themen und Bereiche sich eine Bank innerhalb der Ethik beschränken will oder nicht, wird eine Entscheidung jedes einzelnen Institutes selbst sein.

Zusammenfassend bleibt festzuhalten, dass jeder, also Märkte, Finanzintermediäre und Anleger, gleich welcher Grösse, mehr Verantwortung für sein Tun übernehmen muss und dass die Wünsche und Erwartungen der Märkte und der Investoren derzeit unter dem nachhaltigen Einfluss der beschriebenen Vertrauenskrise leiden. Beide Interessengruppen sind heute sehr weit voneinander entfernt. Die Anleger oder Investoren, die als direkt Betroffene grossen Schaden im Rahmen ihrer persönlichen Dispositionen und Besitzstände erfahren mussten, werden, aus der Not eine Tugend machend, die ersten Schritte richtig unternehmen, um ihre Lage zu verbessern. Sie werden sich intensiver mit den Inhalten ihrer Investments befassen. Sie werden selbst analysieren. Sie werden implizierte Risiken nur dann akzeptieren, wenn sie selbst innerlich sicher sind. Sie werden vorsichtig im Umgang mit ihren Beratern. Sie werden sensibler mit dem Inhalt der Informationen, die zur Verfügung stehen.

Die Finanzdienstleister werden mit den gestellten Anforderungen wachsen und ihre Produktsysteme umstellen müssen. Sie müssen ihre Kunden nicht nur in der Theorie, sondern vor allem in der Praxis in den Mittelpunkt ihrer Aktivitäten stellen. Sie müssen weniger Standard und mehr Individualität produzieren. Sie müssen schliesslich akzeptieren, dass es das Kapital der Kunden, also fremdes Gut ist, was seine Anlagen sucht. Sie müssen respektieren, dass nicht jeder Kunde gleich ist und jedermann Anspruch auf Individualität hat.

Ein Produkt – der BlueValue EthicFund – ist ein kleiner, aber wegweisender Schritt in diese Richtung. Hier handelt es sich um ein Fondsvermögen, das nach strengen ethischen Grundsätzen seine Gelder in nachhaltige und durchaus sichere Finanzinstrumente wie z.B. Obligationen, investiert. Ein Ethikbeirat überprüft ständig die ethische Wertbeständigkeit der bestehenden Anlagestrategie sowie natürlich die globalen Veränderungen der internationalen Finanzwelt. Es ist ein Schritt von vielen, die gemacht werden können und müssen. Es handelt sich beim BlueValue EthicFund schwerpunktmässig um Anlagen in Obligationen von Staaten, so können in weiteren Produkten alle Möglichkeiten der Märkte ausgeschöpft werden, die den strengen ethischen Bewertungs- kriterien genügen. Hier sind der Fantasie keine Grenzen gesetzt. Wichtig scheint vor allem, dass die Interessen der Märkte und die der Investoren in Zukunft mehr zusammenfliessen und einvernehmlich, auf der Basis von Geben und Nehmen, Entscheidungen umgesetzt werden.

1   (Gardient 2002), S. 2
2   (Thielemann 2002)
3   Vgl. zur Kritik des Konzeptes «moralischer Präferenzen» Thielemann (1996: 112f. 132ff.).
4   Vgl. Verbraucherzentrale Bundesverband/Bundesminister für Umwelt, Naturschutz und Reaktorsicherheit (2002: 6)
5   Vgl. UBS (2002b: 17)
6   Vgl. Dohmen (2002: 379) «Moralvorstellungen» sind natürlich genau genommen definitionsgemäss «individueller Natur», nicht aber Moral als Inbegriff intersubjektiver (zwischenmenschlicher) Verbindlichkeiten. Wir kommen sogleich hierauf zurück.
7   Ebenda
8   Ebenda
9   Hiermit ist keineswegs gesagt, dass Dohme diese Position vertritt.